은행산업 발전을 위한
금융개혁 방향

남주하 · 김동원 · 조장옥 · 박정수

弘 文 社

들어가는 글

광복 후 지금까지 70년간 실물경제는 세계 10위권 수준으로 성장했지만 국내은행의 경쟁력은 세계선진은행들에 비해 크게 뒤쳐져 **"국내에는 삼성전자와 현대자동차와 같은 글로벌 금융회사는 왜 없는가?**"라는 탄식에 가까운 질문이 수도 없이 되풀이되고 있다. 최근 박근혜 대통령도 수차례에 걸쳐 한국금융의 낙후와 보신적인 금융관행을 비판하면서 금융산업의 발전을 위한 금융개혁의 실천이 절실하다는 절박한 마음을 강조한 바 있다. 지금까지 새로운 정부가 들어설 때마다 금융산업 발전을 위한 금융정책들이 동원되었으나 여전히 국내은행과 해외선진은행 사이의 격차는 좁혀지지 않고 있다. 이제는 금융산업 발전을 위해 동원됐던 과거 금융정책들에 대해 실패를 인정하고 좀더 근본적인 금융개혁의 추진이 절실해 보인다.

최근 발표한 WEF의 한국 금융경쟁력의 결과가 아프리카 후진국과 비슷한 것으로 나타나 또 한번 한국금융에 충격을 주고 있다. 그러나 결론부터 말한다면 서베이를 통해 금융만족도에 가까운 조사를 갖고 국내은행 전체를 희화화하는 것은 결코 금융산업의 발전에 도움이 되지 못한다. 한국의 금융경쟁력에 대한 WEF의 순위는 실물경제의 발전에 비해 뒤떨어지는 금융산업에 대한 실망감을 반영한 것이지 금융경쟁력을 제대로 조사한 것은 아니다. 한국의 금융수준이 국제선진수준에 비해 낙후된 것은 사실이지만 그렇다고 해서 아프리카 후진국에 비해서도 못하다는 것은 진실과 거리가 있어 보인다. 다만 서베이의 세부항목들은 금융산업 발전 및 금융제도 개선을 위한 정책적 시사점을 찾는 데 매우 유용할 수 있기 때문에 원인분석을 위해 활용하는 것이 중요하다.

본 저서의 주요목적은 한국금융의 낙후원인을 객관적으로 분석하고, 종합적이고 근본적인 금융개혁방안을 모색하는 데에 있다. 금융산업 발전을 위해 과거 수없이 추진되었던 시도들이 실패한 이유는 국내금융산업의 낙후원인을 제대로 밝히지도 않은 채 설익은 금융개혁정책들을 동원했기 때문이다. 한국금융의 실상은 한마디로 "고비용·저효율"로 요약할 수 있으며, 이에 대한 원인을 철저히 진단하고, 근본적인 대책들을 장기적으로 추진할 때 국내은행의 경쟁력은 제고될 수 있다.

박근혜 정부도 금융산업 발전을 위해 핀테크 활성화, 서민금융제도 개선, 잘못된 감독관행 개선, 금융규제 완화, 기술금융 정착 등을 중심으로 금융개혁을 추진하고 있지만 금융개혁의 성공을 위해서는 좀더 깊이 있는 원인분석과 근본적인 금융제도의 개선이 필요하다. 은행 내부의 비효율성과 함께 지금과 같은 과도한 금융규제와 관치금융이 성횡하는 여건 속에서 어떻게 은행의 삼성전자를 꿈꿀 수 있는지를 자문해 본다면 해답은 자명해 보인다. 종합적이고도 근본적인 대책 없이 지금의 은행산업 낙후를 금융기관과 종사자들의 책임으로 몰아가는 것은 금융산업의 발전에 결코 도움이 되지 못한다. 한국의 금융산업이 낙후한 주요원인은 금융기관 경영의 비효율성외에도 경영외적 요인들이 복합적으로 작용하고 있기 때문이다.

본 저서는 5개의 장으로 구성되어 있으며 각 장들은 은행산업의 문제점을 분석하고 선진은행으로의 발전을 위한 제도개선을 다양한 측면에서 제안한다.

1장은 WEF와 IMD, 그리고 세계100대 은행의 경영성과자료를 바탕으로 한국금융의 낙후원인을 객관적으로 분석하고, 정책적 대안을 제시한다. WEF와 IMD의 금융경쟁력 순위가 비록 금융만족도에 가까운 결과라 하더라도 서베이의 세부항목들은 국내금융의 낙후원인을 파악하는 데에 중요한 역할을 할 수 있다. 또한 경쟁력의 순위를 장기간에 걸쳐 트랜드를 관찰한다면 국내금융산업의 발전 여부를 판단할 수 있기 때문에 두 기관이 발표한 경쟁력 자료는 상당한 가치를 지니고 있다. 다만 WEF와 IMD 결과의 신뢰성이 떨어지기 때문에 세계 100위 내에 드는 주요선진은행의 경영성과를 국내은행과 비교하여 국내은행의 문제점들을 정확하게 파악할 필요가 있다. 100대 은행들을 1~10위 내 그룹, 11~50위 그룹, 그리고 100위 내에 들어 있는 국내 6대은행의 평균적 경영성과를 비교하여 국내은행의 장단점을 파악하였다. WEF·IMD 경쟁력 결과와 국내외 주요은행들의 경영성과 결과에 의하면 국내은행과 세계 주요선진은행과의 경쟁력 격차는 상당한 것으로 나타났다. 소위 고비용·저효율로 요약되는 국내은행들의 경영성과 외에도 주요선진은행과는 다른 특이한 경영구조가 발견되었다. 국내은행의 지나친 고임금구조는 수익성과 고용창출을 저해하고, 종업원을 충분히 고용하지 못해 금융서비스의 양과 질을 떨어뜨리고 있다. 또한 비이자수익의 비중이 낮고 구조가 단순하여 저수익구조가 고착화될 우려도 있는 것으로 나타났다. 특히 금융서비스의 대가인 수수료는 지나치게 낮아 저수익성의 주요원인으로 작용하고 있어 수수료의 현실화가 시급한 과제이다.

국내은행의 낮은 국제경쟁력 원인 은행 내부의 책임도 크지만 정부와 감독당국, 그리고 언론의 책임도 크다는 사실도 간과해서는 안 된다. WEF·IMD 분석에서도 확인됐듯이 국내은행의 낮은 경쟁력의 원인으로 은행 내부의 낮은 기술적 경쟁력 외에도 과도한 금융규제와 금융정책 및 금융감독의 투명성 부족도 주요원인으로 작용하고 있다. 국내은행들의 고비용·저효율에 대한 책임은 은행뿐만 아니라 정부와 감독당국, 언론 등이 공동으로 져야 한다는 사실을 받아들여야 한다. 국내은행의 낙후를 남 탓으로 돌리지 말고 정부, 감독당국, 은행, 언론(사회)이 금융발전을 위해 자기책임을 다하는 자세가 중요하다. 지금 시점에서 가장 절박한 것은 은행경영의 자율성을 확보하는 것이며, 아래의 4가지 방향의 근본적이고 종합적인 금융개혁을 꾸준히 추진하는 것이 필요하다.

① 금융정책의 투명성 제고와 금융규제를 대폭 완화하여 은행경영의 자율성 확보
② 금융감독체계 개편과 금융소비자 보호를 강화하여 금융규율 확립과 금융약자 보호
③ 고비용·저수익 경영구조 개선 및 금융서비스의 양과 질 제고
④ 언론 등 수익성 경영에 대한 긍정적 분위기 조성

은행은 고임금과 같은 고비용과 저수익, 그리고 낮은 금융서비스의 양과 질에 대해서, 금융정책당국은 과도한 인사개입과 지나친 금융규제, 금융정책의 투명성 부족에 대해서, 금융감독 당국은 해이해진 금융규율과 경영의 자율성을 해치는 감독관행, 그리고 금융소비자 보호의 미흡에 대해서, 언론 등 사회는 수익성 위주의 경영에 대한 부정적 분위기 조성에 대해 책임을 다할 때 국내은행의 선진화가 가능하다.

2장에서는 왜 우리나라 금융산업은 만년 낙후상태를 벗어나지 못하는가?에 대한 이유를 생태계 측면에서 살펴보았다. '미운 오리'의 처지에 있는 한국 금융산업이 발전하지 못하는 이유를 '황금 오리' 대접을 받는 영국의 금융산업과 비교해 본 결과, 두 나라의 금융산업은 생산구조가 달랐으며, 생태계가 현저하게 다른 것으로 파악되었다. 영국의 '황금 오리'도 2008년 세계 금융위기와 특히 2012년 Libor Scandal, FX scandal을 겪으면서 '심각하게 병든 오리'로 판정되었다. 그러나 '병든 황금 오리'의 치유과정 또한 우리에게 많은 시사점을 주고 있다. 영국 국민들과 국제금융사회로부터 무너진 신뢰를 회복하기 위한 의회 차원의 심도 있는 청문과정과 보고서 발표(『*Changing banking for good*』), 금융업계 차원에서 영업행위와 문화의 'standard'를 높이기 위한 노력(*The Banking Standard Review Council*), Barclays PLC의 조직문화 혁신을 위한 노력(Salz Review) 등은 돌파구를 찾지 못하고 있는 한국 금융산업의 발전과제에 대해 유용한 해답을 제시해 주고 있다.

이러한 영국의 시사점에 비추어 본다면, 우리나라의 금융발전이 안 되는 이유는 감독당국의 독립성은 물론 금융업계 공통의 '문화'도 미약하며, 금융회사의 내부통제는 형식적이며, 금융인 개인의 윤리의식도 기반이 취약하다는 데 있다. 즉 금융의 '독립성－혁신성－효율성'을 확보하기 위해서는 제대로 된 감독, 금융업계의 '문화', 금융회사의 '내부통제' 및 금융인의 '윤리의식'을 하나의 일관된 체계로 갖추어야 금융이 바로 서고, 이러한 시스템의 작용 결과로 금융이 발전한다.

즉 금융발전을 도모하기 위해서는 금융생태계가 총체적으로 혁신되어야 하며, 감독당국의 규제개혁만으로 금융발전의 조건이 만들어진 것은 아니라는 점을 주목할 필요가 있다. 이러한 금융생태계 혁신을 추진하기 위한 구체적인 실행과제는 다음과 같다.

첫째, 감독 당국은 외압으로부터 금융산업을 보호하고 일관성 있는 감독정책 기조를 지속해야 한다. 이를 위해 감독기구의 독립성 확보가 필수조건이며, 독립성을 확보하는 제도적인 방안으로 금융위는 금융감독 기능에 집중하고 실질적인 '합의체 위원회'로 개편될 필요가 있다.

둘째, 규제개혁을 금융발전의 계기로 삼기 위해서 감독당국은 금융기관들에게 수익기회와 경쟁을 보다 적극적으로 확대하여 자발적인 혁신을 촉진할 필요가 있다. 영국의 1986년 'Big Bang'이 대표적인 사례다.

셋째, 감독당국의 규제개혁 다음 단계로 금융업계 스스로 금융업의 'standard'를 높이는 자구노력을 기울어야 한다. 이를 위해 각 금융업협회의 역할이 대정부관계 업무중심에서 금융업계의 혁신추진자로 전환되어야 한다.

넷째, 금융기관들은 '내부통제'를 감독당국의 규제에 의한 수동적 장치가 아니라 위법적인 사건과 행위로부터 회사 평판을 보호하기 위한 자발적인 시스템으로 개편해야 하며, 직원들의 '윤리'를 중시하는 조직문화로 혁신해야 한다. 이를 통해 현재 감독당국과의 과제인 소비자보호를 금융회사 자신의 과제로 중심을 전환하여 고객의 신뢰를 회복하는 것이 금융산업 발전의 전기를 마련하는 기본이다.

3장은 국내금융회사의 매우 취약한 지배구조에 대한 문제점과 개선방안을 제시하였다. 금융감독원 전자공시시스템(DART, Data Analysis, Retrieval and Transfer System)의 공시자료, 공기업 인사자료 등을 이용하여 공기업 임원인사에서 지연과 학연의 역할 및 정치적 개입(낙하산인사)을 분석하였다.

먼저 금융회사의 사외이사 분석을 통해 다음과 같은 결과를 얻을 수 있었다. 안건의 성향을 보면 금융회사의 경우 감독안건이 75% 정도였으며, 이는 사외이사제도를 처음 도입할 때 의도한 견제와 감시의 기능이 어느 정도 작동하고 있음을 보여주고 있다. 그러나 사외이사들의 투표성향을 보면 참석률은 높으나 부결률이 낮아 CEO를 적극적으로 견제하지 못(안)하는 경향이 발견되었다.

공기업의 임원인사를 분석한 결과, 공기업 전체의 외부 인사개입은 16.7%(낙하산인사/전체 임원인사)로 나타났다. 이를 지역과 학벌로 분류하여 보면 공기업 임원과 낙하산인사가 서울·경기와 영남에 치우쳐 있으나 인구비중을 고려하여 분석하여 보면 지역편중이 감소한다. 출신대학별로는 서울대(낙하산 임원의 22.9%)와 기타(45.7%) 및 미상(8.6%) 출신에 임원과 낙하산인사가 집중되는 현상(77.2%)이 나타난다.

금융공기업만을 따로 분석한 결과에 의하면 금융공기업의 낙하산임원 비중은 전체 임원의 21.7%로 공기업 전체 16.7%보다 5%포인트 높다. 인구비중을 고려해도 영남의 금융공기업 낙하산인사의 비중은 다른 지역으로 그다지 이동하지 않는 특성이 발견된다. 출신대학별로 분석하여 보면 공기업 전체의 경우보다 실세대학(서강, 성균관, 영남)의 진출이 두드러져 금융공기업이 공기업 전체보다 외부 인사개입에 취약함을 보여주는 것이다.

이와 같은 분석결과를 기반으로 우리나라 금융회사의 지배구조에 관하여 다음과 같은 정책적 시사점을 제시한다. 먼저 사외이사 거수기론은 타당한 것으로 나타나 이사의 책임회피와 무임승차가 금융회사 이사회에 적지 않게 존재하기 때문에 이에 대한 개선책이 시급하다.

「금융회사 지배구조 모범규준」 같은 법과 규칙을 만드는 것과 함께 적절한 모니터링 시스템이 필요하다. 안건별로 출석과 찬반뿐만 아니라 찬반의 이유를 정형화하여 공시함으로써 사외이사의 경영자 견제 능력을 투명하게 볼 수 있도록 하여야만 한다. 나아가 사외이사추천위원회를 통해 사외이사제도가 권력화하고 권력의 사유화가 이루어지는 현상에 대하여도 모니터링이 이루어져야 한다.

금융회사 지배구조에 대한 외부개입은 주지하는 바와 같이 지연, 학연, 관료 및 정치로 요약된다. 따라서 결국 사람으로 귀착되며, 그렇기 때문에 좋은 제도뿐만 아니라 그것을 지킴으로써 쌓이는 명성(reputation)에 대한 보상시스템이 제도적으로 마련되어야 할 필요가 있다. 그러나 명성 쌓기에는 비용이 따르기 때문에 당연히 그에 대한 보상이 주어져야만 명성에 의미 있는 가중치가 주어질 것임은 자명하다. 때때로 등장하는 CEO의 전횡 문제뿐만 아니라 낙하산인사의 문제가 오히려 소유의 지나친 분산 때문인 경우가 적지 않다. 따라서 소액주주/투자자의 법적 보호와 함께 소유구조에 대한 심도 있는 논의가 재개될 필요가 있다.

4장은 최근 활발하게 논의되고 있는 핀테크의 발전방향과 은행산업에 미치는 파급효과에 대해 논의하였다. 핀테크는 현재 우리 금융산업과 금융규율체계에 새로운 변화를 일으키고 있으며, 국내은행산업의 경쟁력을 높이는 데 중요한 역할을 할 것으로 기대된다. 핀테크기업들의 사업영역은 초기에는 전통적 금융영역에 IT가 결합된 영역에서 출발하여, 이후 독자적인 핀테크 사업영역을 구축하였고, 최근에는 크라우드펀딩과 같은 신규 영역을 개척하고 있다. 글로벌 핀테크시장의 진화과정을 살펴보면, 초기에는 은행인프라, 외환송금, 금융관련 연구 및 자료수집 분야로 시작되었다. 중기에는 주로 소기업금융, 보안, 개인금융, 결제, 대출, 소비자금융, 기관투자, 소매투자로 확대되었으며, 최근에는 핀테크투자, 자본조달, 크라우드펀딩 등으로 그 영역이 확대되고 있다. 글로벌 핀테크 시장규모는 투자 측면에서 2008~2013년 기간 동안 연평균 26.1%의 고성장을 기록하고 있으며 이러한 성장추세는 향후 수년간 지속될 것으로 예상되고 있다. 국가별 핀테크산업 현황을 살펴보면, 미국 및 영국은 성장기라 할 수 있으며, 이스라엘·홍콩·호주·싱가포르 등은 도입기라 할 수 있다. 대부분의 핀테크기업은 북아메리카에 집중되어 있으며, 미국은 세계 최대의 핀테크시장인 반면 영국은 핀테크기업들의 성장률이 두드러진 특징을 보인다.

우리나라의 경우, 핀테크산업이 활성화되기에 유리한 조건을 보유하고 있음에도 불구하고 국제경쟁력은 낮다. 높은 규제장벽으로 인하여 핀테크기업의 등장 및 발전이 더딘 상황이다. 최근 새로운 핀테크 Start-up이 출현하고는 있으나 여전히 결제 및 송금 중심이라는 한계가 존재하는 상황으로서, 아직 태동기라 할 수 있다.

핀테크 활성화는 우리 경제에 여러 측면에서 긍정적인 변화를 초래할 것으로 기대되고 있다. 핀테크는 금융거래에 수반되는 거래비용을 크게 낮출 것이고 풍부한 데이터를 활용한 정보분석의 개선으로 금융거래에서 정보의 비대칭성을 완화시켜 주어 상호편익을 증진시킨다. 또한 핀테크는 기존 금융서비스를 위협하는 한편 금융산업 발전의 기회를 제공하고 기존 금융에 대한 대체서비스와 혁신적인 새로운 서비스를 제공할 것이어서 금융권에서는 경쟁촉진을 초래할 것이다. 핀테크 기반의 새로운 금융기업의 출현은 금융회사 간 경쟁을 촉발하여 혁신상품 개발, 글로벌시장 개척 등 금융산업 경쟁력 제고에 기여할 것으로 보인다. 한편 핀테크가 정착되는 과정에서 단기적으로는 기존 금융권의 고용감소가 예상되는 한편 핀테크 기반 서비스 확대에 따른 IT 및 금융전문인력 고용확대가 예상되어 노동수요에 대한 구조적 변화가 나타날 것으로 예상된다.

금융당국의 정책적 지원에도 불구하고 핀테크의 성공적인 발전을 위해서는 시급히 해결되어야 하는 몇 가지 이슈들이 있다. 첫째, 최근 금융당국은 인터넷 전문은행 도입을 확정하고 사업자 선정을 진행하고 있다. 인터넷 전문은행의 성공적인 도입은 핀테크 발전에 매우 중요한 기초가 될 것이므로 인터넷 전문은행의 진입과 정착이 성공적으로 이루어질 수 있도록 인프라를 갖추어야 하고 이런 측면에서 빅데이터 활용 허용 및 비대면 실명확인 편의성의 보장이 시급한 상황이다. 둘째, 핀테크가 정착되기 위해서는 금융회사의 자율성과 혁신을 통한 경쟁적 환경이 확보되어야 한다. 이를 위해서는 기존 금융당국의 인증제를 통한 사전규제 패러다임에서 벗어나 민간 자율체계를 확립해야 하고 금융회사에게 무과실 책임주의의 원칙을 부과하는 것이 필요하다.

셋째, 빅데이터 분석을 위해서 현재 허용되고 있지 않은 비식별 개인금융정보공유 문제를 시급히 해결해야 한다. 빅데이터 분석을 위한 기술수준과 인프라(빅데이터 분석기술, 빅데이터 수집·가공, 빅데이터 정보접근성 등)와 관련 전문인력 확보도 중요하다. 마지막으로 핀테크에 절대적으로 필요한 비대면 실명확인방식은 금융회사 책임 하에 자율에 맡기는 것이 바람직하다.

5장은 TD Canada Trust, Wells Fargo, US Bancorp, SC, Santander 등 5대 해외선진은행의 경영사례를 통해 국내은행발전을 위한 시사점을 제시한다. 금융이 내수산업이라는 점에 동의하면서도 금융시스템이나 경기는 금융회사의 성과에 결정적인 변수가 될 수 없음을 우리는 경험적으로 체험하고 있다. 오히려 내부의 인재육성 전략이나 영업방식의 고유성 등 미시적 측면에서의 기업문화가 은행의 경쟁력에 절대적인 영향을 미친다는 점을 국제적 모범사례 은행에 대한 분석을 통해 알 수 있다. 조직구조는 그 나라의 규제체계에 순응하면서 금융회사가 성장하기 위해 채택한 최적의 모델에 불과하며, 중요한 것은 기능(function) 측면에서 소프트웨어 측면의 경쟁력이라 고 볼 수 있다.

TD나 Wells Fargo는 CRM이 강한 소매금융 중심의 은행으로서 고객유지율(customer retention rate)이 매우 높다. US Bancorp는 리스크관리를 잘하는 은행으로 정평이 나 있는데, 이런 은행은 이익의 변동성이 상대적으로 낮게 나타난다. 이처럼 US Bancorp, TD Canada Trust, Wells Fargo 등 세 은행은 국내은행에게 많은 시사점을 던져준다. 왜냐하면 셋 다 국내영업 중심이고 전통적 은행업무에 강점을 가지고 있기 때문이다. IB업무는 최소화함에도 불구하고 리스크관리를 통해 최고수준의 TSR, PBR, ROA, ROE를 시현하고 있다. 그럼에도 불구하고 SC, Santander를 추가적으로 선택한 이유는 국내은행들이 국내영업에 한계를 느끼고 결국 국제화를 확대해야 할 필요성이 있으며 실제 실행계획(action plan)을 추진 중에 있기 때문에 국제화를 통해 비즈니스모델을 구축한 두 은행 사례를 통해 시사점을 찾고자 함이었다. 특히, 두 은행은 지배구조가 강하고 매트릭스조직에 대한 이해도가 매우 높아 강한 인프라를 활용하여 현지화에 성공하면서도 통일된 브랜드(one brand)의 이미지 구축에 성공한 결과 대형은행임에도 불구하고 비교적 우수한 TSR, PBR 등을 유지하고 있다.

글로벌 모범사례(best practice) 은행들은 핵심역량 중심의 다양한 성장경로를 보여주고 있으나, 변화와 혁신과정에서 리더십, 시장선도성 등의 가치를 공유하고 있다. 틈새시장 창출이나 해외 등과 같은 새로운 시장으로의 진출을 선도하고 상품 및 서비스를 혁신적으로 만들어 내는 시장혁신자(market innovator)로서의 리더십을 발휘할 뿐만 아니라 오랜 기간 동안 임직원간 공유되어 왔던 기업문화 또는 기업철학을 제외하고는 인사시스템, 평가 및 보상, 조직구조 등의 측면에서 변화를 두려워하지 않는 행보를 보여 왔다. 이러한 노력은 성장과 함께 시가총액이 기하급수적으로 증가하고 업종이 다각화되는 등 금융그룹의 면모를 갖추게 되었다.

글로벌 모범사례 은행들은 고객유지를 위한 체계적인 마케팅 전략의 실행, 인사관리 선진화, 임직원이 공유할 수 있는 기업문화 유지, 기타 금융기관의 무형자산(intangible asset) 경쟁력 제고에 필요한 모든 조치를 강구하는 등 유연한 비즈니스 모델을 구축하고 있고, 여기에는 일관된 전략을 실행할 수 있는 지배구조의 확립이 작용한다. 즉, 소유구조의 형태보다는 최고경영자의 역량, CEO 승계·발굴과정의 구비, 합리적인 보상체계 및 내부통제체제 구축 등과 같은 지배구조 이슈가 은행의 지속경영을 담보할 수 있다. 앞서 언급한 것처럼 산탄데르 그룹이 보틴 일가 소유로 착각될 정도의 높은 지배력을 발휘하는 것은 경영의 연속성에 바탕을 둔 일관된 경영전략 및 높은 경영성과에 기인한다고 판단된다. 아울러 '혈연'이 아닌 '실력'에 의한 CEO 승계가 이루어지고 있음을 이해관계자들은 인식하고 있다는 점 또한 보틴 일가의 오랜 지배권 행사를 설명할 수 있는 근거가 될 것이다.

아울러 해외의 대표적인 은행들은 해당 국가의 금융산업 규제정책이 변화할 때 이에 적극적으로 대응하여 M&A를 추진하거나 글로벌 금융위기와 같이 금융시장이 불안하고 변동성이 증가할 때 보다 공격적인 행보를 보여 왔다. M&A에 의한 산탄데르의 성장방식은 60년대 규제강화 시기에도 효과를 발휘하였고, 90년대 은행산업 구조조정 시기에는 획기적인 도약(Quantum Jump)을 가능하게 했다.

마지막으로 TD뱅크 그룹의 최대주주는 8.74%의 지분을 소유하고 있는 RBC(Royal Bank of Canada) 산하 펀드이며 몬트리올 은행계 펀드가 5.71%, CIBC가 5.65%를 보유하고 있다. 국내은행계 금융지주회사들도 그룹 내 자산운용사를 활용하여 세계적 은행의 지분을 점차 확대해 나갈 필요가 있다. 이런 과정을 통하여 해당 금융회사와의 포괄적인 전략적 제휴가 가능한 지분교환까지 고려할 수 있을 것이다. 또는 적어도 인력교류 등이 이루어지면 인적 역량의 업그레이드에도 도움이 될 것으로 판단된다. 은행도 장치산업처럼 돈을 벌던 시대는 지나갔고, 추가적인 수익을 발생시키기 위해서는 제품(product)을 서비스나 해법(solution)으로 전환시켜 제공할 수 있어야 한다.

이번 저서는 서강시장경제연구소의 주관 하에 지난 9개월 동안 많은 분들의 협조와 도움에 의해 발간이 가능했다. 먼저 바쁜 와중에도 공동저자로 흔쾌히 참여해 준 김동원 초빙교수(고려대 경제학과), 조장옥 교수(서강대 경제학부), 박정수 교수(서강대 경제학부)께 감사드린다. 이외에도 해외선진은행의 경영사례 및 국내은행의 경영관련 귀중한 자료를 제공해 주고 수차례의 자문에 흔쾌히 응해준 김우진 박사(금융연구원), 서강시장경제연구소 주최 정책심포지엄에서 좋은 논평을 해주신 권재중 부행장(신한은행), 김명수 금융부장(매일경제신문), 류찬우 은행감독국장(금융감독원), 양원근 박사(금융연구원), 정지만 교수(상명대 경제학과), 지배구조 관련 데이터에 관한 조언을 아끼지 않으신 KDI의 김재훈·이화령 박사께도 진심으로 감사드린다. 또한 수많은 데이터를 정리해 주고, 교정을 위해 많은 고생을 한 김숙영 조교(서강대 경제학과 박사과정), 조무상 조교(서강대 경제학과 박사과정), 김태영 조교(서강대 경제학과 박사과정), 김진호 조교(서강대 경제학과 석사과정), 박인희 조교(서강대 경제학과 석사과정), 윤혜연 조교(서강대 경제학과 석사과정) 등에게도 고마운 마음을 전한다. 끝으로 본 저서의 완성에 필요한 연구와 세미나를 위해 경제적 후원을 해준 농협은행, 우리은행, 수출입은행, 산업은행의 관계자 및 많은 격려와 함께 오랜 기간 인내심을 갖고 발간을 기다려준 홍문사의 임권규 사장께도 감사드린다.

2015년 11월

대표저자 남 주 하

차 례

Directions for Financial Reform to Develop the Korean Banking Industry

Ⅰ. 국내외 주요은행의 경영성과 비교 및 발전방안

Directions for Financial Reform to Develop the Korean Banking Industry

Ⅱ. 규제개혁과 은행산업 생태계 혁신방안

Directions for Financial Reform to Develop the Korean Banking Industry

Ⅲ. 지배구조 등 경영외적 요건과 발전방안

Directions for Financial Reform to Develop the Korean Banking Industry

Ⅳ. 핀테크 발전과 은행산업 경쟁력 제고방안

Directions for Financial Reform to Develop the Korean Banking Industry

V. 해외 주요선진은행의 경영사례와 시사점

I

국내외 주요은행의 경영성과 비교 및 발전방안

Directions for Financial Reform to Develop the Korean Banking Industry

I 국내외 주요은행의 경영성과 비교 및 발전방안

1. 한국 금융산업의 현주소

1.1 금융경쟁력과 국가경쟁력과의 상관관계

애쓰모글로와 로빈슨이 쓴 "국가는 왜 실패하는가?"에 의하면 국가의 번영과 경제성장은 포용적인 정치·경제 제도의 정착이 중요하다고 강조하였다. 반면에 경제성장에 실패한 국가들은 포용적이지 못하고 착취하거나 일부 계층이 전체 경제를 통제하는 것과 대비된다. 포용적 경제제도는 사유재산권 보장과 신기술에 대한 투자를 장려하여 경제성장에 기여하고, 포용적 정치제도에도 기여하여 궁극적으로 국가경쟁력을 향상시킨다. 이러한 제도적 접근방법은 금융경쟁력의 제고에도 응용이 가능하다.[1] 금융경쟁력을 결정하는 정점에는 정치제도가 있고 하부구조로 경제제도가 있으며, 착취적 정치제도와 경제제도가 성행한다면 금융경쟁력은 상실하게 된다. 금융산업과 금융시스템의 발전을 위해서는 금융권 외부에서 정치적 요인과 관치적 요인들이 배제될 때만이 가능하다. 결국 금융산업의 발전과 성장은 착취적이 아닌 포용적인 정치, 경제, 금융제도의 도입과 정착에 달려있다고 볼 수 있다. 경제성장을 위한 경제제도의

1) 제도적 측면에서 금융경쟁력과 국가경쟁력과의 관계에 대한 자세한 내용은 강임호(2013)의 "금융경쟁력과 국가경쟁력"을 참조할 것.

중요성은 이미 많은 경제학자들이 주장해 왔으며, 20세기에 들어서는 경제성장의 지속을 위해서는 금융제도의 중요성도 특히 강조되고 있다. 효율적인 금융제도와 금융발전 없이는 지속적인 경제성장은 어렵게 된다. IMD(International Institute for Management Development)는 국가경쟁력 보고서에서 국가경쟁력의 순위는 경제적 성과, 정부효율성, 기업효율성, 인프라 등 크게 4분야에 의해 결정되는 것으로 보고하고 있다. 국가경쟁력을 결정하는 주요요인들이 효율적 제도가 중요하다는 사실을 알 수 있고, 효율적인 금융제도도 국가경쟁력의 결정에 중요하다는 사실을 유추할 수 있다.

최근 매일경제 주최 제5차 글로벌 한인금융인포럼에서 스티브 하우 언스트 & 영 미주 총괄회장은 "한국경제의 도약을 위해서는 기업가정신, 여성인력 활용과 금융선진화의 중요성"을 강조하였으며, 한국경제의 위상에 비해 금융의 낙후성을 지적하였다.[2)]

금융발전과 효율적인 금융제도가 경제성장에 중요한 역할을 한다는 인과관계는 이미 수많은 실증연구들에 의해 밝혀졌다.[3)] 금융발전과 심화는 자본의 축적과 적기의 자금공급, 효율적이 자금중개기능에 의한 경제효율성과 총 요소생산성(total factor productivity) 제고, 투자의 자금유동성 제약의 완화, 기업의 금융비용 절감 등을 통해 경제성장에 기여한다. 결국 금융제도의 발전 없이는 지속적인 경제성장은 어렵다는 결론을 얻을 수 있다.

WEF(World Economic Forum)와 IMD이 발표하는 국가경쟁력과 금융경쟁력의 순위를 기반으로 한 두 변수간의 상관관계 분석에서도 금융경쟁력과 국가경쟁력은 높은 양(+)의 상관관계가 있는 것으로 나타났다. WEF와 IMD의 국가경쟁력 및 금융경쟁력 순위를 기반으로 과거 7년간의 상관관계를 분석해 보면 WEF의 국가경쟁력과 금융경쟁력 간의 상관계수는 85.45%, IMD의 경우 72.83%로 나타나 금융경쟁력과 국가경쟁력

2) 매일경제 2015. 10. 보도자료.

3) 금융발전이 경제성장에 중요하다는 실증연구는 다음의 연구논문들을 참고할 것. King and Levine(1993), "Finance and Growth: Schumpeter Might Be Right,", Levine et al.,(2000) "Financial Intermediation and Growth: Causality and Causes,", Levine and Zervos,(1998) "Stock Markets, Banks, and Economic Growth,", Beck et al.(2000), "Finance and the Sources of Growth,", Rajan and Zingales(1998), "Financial Dependence and Growth,", Beck et al.(2000), "Finance and the Sources of Growth," Levine(2005), "Finance and Growth: Theory and Evidence," in Handbook of Economic Growth, eds. Philippe Aghion and Steven Durlau, Honohan(2004), "Financial Development, Growth and Poverty: How Close Are the Links?"

간에는 밀접한 상관관계가 있는 것으로 분석되었다.

표 1-1 국가경쟁력과 금융경쟁력 간의 상관관계

부 문	2008	2009	2010	2011	2012	2013	2014	전 체
IMD	80.74%	81.18%	61.74%	84.55%	77.84%	73.96%	71.17%	72.83%
WEF	46.75%	76.79%	82.89%	91.42%	92.94%	92.22%	96.68%	85.45%

출처: WEF, The Competitiveness Report(2006~2014).
IMD, World Competitiveness Yearbook(2008~2014).

또한 WEF와 IMD의 국가경쟁력 산출기준은 상이하나 두 기관 간의 경쟁력순위의 상관관계는 높은 것으로 나타났다. WEF와 IMD의 국가경쟁력의 상관계수는 과거 7년간 전체를 대상으로 분석한 결과 71.2%이며, 금융경쟁력 순위의 두 기관 간의 상관관계는 78.7%로 높은 양(+)의 상관관계를 보이고 있어 두 기관의 결과가 상당히 일관성을 유지하고 있다.

표 1-2 WEF-IMD 간의 국가경쟁력 및 금융경쟁력 상관관계

부 문	2008	2009	2010	2011	2012	2013	2014	전 체
전체 순위	92.8%	96.1%	57.9%	66.0%	67.9%	69.0%	79.4%	71.2%
금융경쟁력	71.3%	80.9%	84.6%	75.2%	90.5%	90.0%	93.1%	78.7%

출처: WEF, The Competitiveness Report(2006~2014).
IMD, World Competitiveness Yearbook(2008~2014).

최근 WEF가 발표한 국가경쟁력의 순위는 2014년에 같은 26위로 나타났으나 금융경쟁력은 87위로 2014년에 비해 7단계나 퇴보한 결과를 보여주고 있다. 금융경쟁력의 제고 없이는 국가경쟁력의 향상도 어렵다는 사실을 시사한다. IMD의 결과는 WEF에 비해 극단적이지는 않지만 금융경쟁력(31위)이 국가경쟁력(25위)에 뒤지고 있어 금융경쟁력이 국가경쟁력의 장애요인으로 확인되고 있다. WEF와 IMD가 발표한 금융경쟁력의 객관성과 신뢰성은 차치하더라도 한국의 금융경쟁력은 진정한 금융서비스가 적절히 제공되고 있는지가 관건이다. 국내은행들의 잘못된 금융관행은 치료비를 갚을 능력이 없는 환자의 병을 치료하지 않는 나쁜 은사는 치료비보다는 환자치료를 우선시하는 좋은 의사와 곧잘 비교된다. 병원비를 갚을 능력이 없는 환자의 경우 치료를 거부당하여 목숨까지도 잃는 경우가 종종 발생하기 때문에 국내은행들도 좋은 의사가 아닌 나쁜 의사의 행태를 닮지는 않았는지 자문해 봐야 한다. 돈이 필요해서 은행을 찾아온 고객에게 적절한 금융서비스를 제공하기보다 원금상환능력에만 관심이 있는 은행들은 치료비를 낼 능력이 부족한 환자를 내쫓는 나쁜 의사와 별반 다르지 않다. 돈이 필요해서 은행을 찾아왔다면 어떻게든 그 사람의 상환능력에 맞는 대출상품, 즉 적절한 금융서비스를 찾아주는 것이 금융서비스업의 진정한 태도이다. 원금상환능력이 높으면 높은 대로 낮으면 낮은 대로 다양하고 적합한 금융서비스를 제공하지 못한다면 은행의 존재의 이유가 없다. 안전한 개인에게만 대출을 하는 땅 짚고 헤엄치기식, 즉 지나치게 위험을 기피하는 경영으로는 은행의 미래는 어두울 수밖에 없다.

그러나 종합적이고도 실현가능성이 있는 대안도 없이 이러한 지금의 국내은행산업의 낙후를 금융기관과 종사자들의 책임으로 전적으로 몰아가는 것은 금융산업의 발전에 결코 도움이 되지 못한다. 한국의 금융산업이 낙후한 주요원인은 금융기관 경영의 비효율성 외에도 경영 외적인 요인들이 복합적으로 작용하기 때문이다.

박근혜 대통령은 지난 8월 5일 청와대에서 주재한 수석비서관 회의에서 금융개혁이 얼마나 절박한지를 강조한 바 있다. "금융부문 개혁은 더 이상 지체할 수 없는 과제이며, 금융개혁은 4대 개혁 중 가장 와닿기가 쉽지 않은 개혁이지만 실은 우리 경제를 살리는 토대라고 할 수 있다. 우리 경제의 혈맥인 금융이 본연의 기능을 회복하도록 낡고 보신적인 제도와 관행은 과감하게 타파하고 시스템 전반에 경쟁과 혁신을 불어넣어야 한다"라고 언급하면서 박대통령은 이날 기술금융 정착 및 확대, 핀테크 육성, 금융감독 개선 등 금융개혁의 실천목표를 강조하였다. 금융개혁이 얼마나 더디면 대통령이 이렇게 절박하게 호소를 하고 있겠는가?

본 저서에서는 국내은행산업의 경쟁력을 객관적으로 분석하고, 낙후원인을 파헤쳐 종합적인 금융개혁방안을 제시하는 데에 있다. 이번에도 금융개혁이 성공하지 못한다면 금융개혁의 기회는 더 이상 오기 어렵고 국내은행산업의 선진은행 수준으로의 진입도 불가능해 보인다. 벼랑 끝에 선 심정으로 금융발전을 위한 금융개혁의 고삐를 단단히 잡아야 한다.

1.2 실물경제에 대한 금융산업의 기여도

국내 최초 은행인 대한천일은행(우리은행 전신)이 설립된 지 110여년(1899년 1월 설립)이 지났으나 실질적인 경영자율권을 갖고 발전한 국내은행의 역사는 그리 길지 못하다. 1997년 금융위기를 겪고서야 금융자율화가 실질적으로 추진되어 본격적인 금융산업 발전의 시발점이 되었다. 은행산업의 발전이 하루아침에 이루어지는 것이 아니나 1997년 금융위기 이후 18년이 지났지만 아직도 선진은행에 비해 낙후한 것은 분명해 보인다.

미국 상업은행의 역사는 한국보다 100여년 이상 앞서지만 국내은행의 금융경쟁력과는 차이가 있는 것으로 나타나고 있다. 미국의 최초 상업은행은 1782년에 필라델피아에서 뱅크 오브 노스 아메리카(Bank of North America)의 설립으로 은행산업의 시초가 되었으며, 노스 아메리카 은행의 성공적인 경영으로 인해 다른 은행산업의 디딤돌 역할을 하였다. 비록 한국 상업은행의 출발은 늦었다 하더라도 아직도 국제수준에 비해 낮은 금융경쟁력은 실물경제의 발전에 걸림돌이 될 수 있기 때문에 하루빨리 은행산업의 선진화가 시급하다.

먼저 한국의 금융산업은 다른 선진국에 비해 실물경제에 기여하는 정도가 미흡하다. 금융산업의 역할이 단순히 실물경제에 필요한 자금을 지원하는 중개기능 외에도 GDP의 확대에 기여하는 것도 중요하다. 한국 금융산업의 GDP에 기여하는 비중(2013년 기준)은 5.8%로 독일(4.3%)을 제외한 일본(6.075%), 미국(6.509%), 영국(6.589%), 싱가포르(11.9%) 등 주요국에 비해 낮은 수준이다. 또한 한국 금융업의 부가가치 비중은 2007년의 6.57%에서 추세적으로도 하락하고 있어 금융업이 글로벌 금융위기 이후 지속적으로 위축되고 있다. 물론 선진 주요국들의 금융업도 비슷한 상황에 직면하고 있어 향후 금융업의 성장은 대부분 국가들에게 공통된 과제가 될 수밖에 없다.

표 1-3 국가별 GDP 대비 금융업 부가가치 비중

	2007	2008	2009	2010	2011	2012	2013
한국	6.570%	6.500%	6.498%	6.052%	5.813%	5.837%	5.811%
일본	6.438%	5.568%	5.845%	5.842%	5.762%	5.858%	6.075%
독일	4.988%	4.865%	4.756%	4.636%	4.383%	4.471%	4.308%
미국	7.163%	6.139%	7.257%	6.971%	6.663%	6.509%	–
영국	8.152%	8.115%	8.229%	7.393%	7.156%	6.966%	6.589%
싱가포르	12.2%	12.0%	12.2%	10.9%	10.9%	11.1%	11.9%

출처: OECD iLibrary, National Accounts of OECD Countries(2014).
Rebasing of Singapore's National Accounts to Reference Year 2005(2010).
Rebasing of Singapore's National Accounts to Reference Year 2010(2014).

고용에 기여하는 금융산업의 비중은 2013년에 3.45%로 일본(3.03%), 독일(3.23%)에 비해 약간 높으나 미국(4.27%), 영국(3.87%), 싱가포르(7.87%)에 비해서는 상당히 낮은 수준이다. 대체적으로 금융산업의 고용비중이 GDP에 기여하는 비중보다는 낮으나 향후 금융업의 고용확대의 여지는 더 있어 보인다. 최근 경제성장이 고용을 수반하지 못하는 소위 고용 없는 성장의 난국을 타개하기 위해서도 금융업의 고용확대가 중요하다.

표 1-4 주요국 금융산업 고용비중

	2005	2006	2007	2008	2009	2010	2011	2012	2013	2014
한국	3.26%	3.39%	3.44%	3.48%	3.26%	3.39%	3.49%	3.41%	3.45%	–
일본	3.07%	3.02%	2.99%	3.13%	3.17%	3.07%	2.99%	3.01%	3.03%	–
독일	–	–	–	–	3.46%	3.43%	3.31%	3.29%	3.23%	–
미국	4.52%	4.54%	4.48%	4.43%	4.45%	4.42%	4.38%	4.35%	4.32%	4.27%
영국	4.23%	4.36%	4.37%	4.37%	4.30%	4.09%	4.05%	4.20%	3.87%	–
싱가포르	–	–	–	6.67%	6.52%	6.42%	7.28%	7.38%	7.19%	7.87%

출처: OECD Statistics, Yearbook of Statistics Singapore, 2015, http://data.bls.gov/cgi-bin/dsrv.

1.3 국내 금융산업의 낙후원인

국내 금융산업의 경쟁력은 어느 정도일까? 최근(2015. 10. 1.) WEF에서 140여 개국의 국가경쟁력과 금융경쟁력을 발표하였다. 한국의 금융경쟁력은 2014년의 80위에서 87위로 추락하여 충격을 주고 있다. 정부와 금융권에서는 총점의 87.5%가 설문을 이용한 서베이 결과여서 신뢰하기가 어렵다는 주장도 한다. 한국의 금융경쟁력이 아프리카의 후진국과 비슷하거나 못하다는 결과는 대한민국 국민이라면 누구나 동의하기 어렵다. WEF의 금융경쟁력 순위는 실제 경쟁력을 조사했다고 보기 어렵기 때문에 순위 자체에 의미를 두기보다 서베이의 세부항목의 결과를 이용해 한국금융의 낙후원인을 파악하는 것이 더 중요하다. 한국금융의 위상이 아프리카 후진국에 비해서 떨어진다는 WEF의 경쟁력보고서의 결과는 신뢰성이 떨어지지만 다음의 몇 가지 의미있는 시사점을 던져주고 있다.

첫째, WEF가 발표한 금융경쟁력의 순위는 금융경쟁력을 객관적으로 조사했다기보다는 금융수요자가 느끼는 금융만족도의 조사에 가깝다. 좀더 정확하게 표현한다면 실물경제의 발전 정도에 대비한 금융만족도(즉, 금융만족도/실물경제 발전 정도)를 조사한 결과로 판단된다.[4] 설문조사의 대상이 모두 자금수요자인 기업경영자들이어서 설문내용에 대한 응답은 실물경제의 규모와 발전에 비해 금융의 발전은 너무 더디고 금융서비스의 양과 질이 부족하다고 느낀 결과이다. 기업경영인들은 기업발전과 실물경제의 발전에는 자부심을 갖고 있지만 금융산업은 실물경제의 발전과 금융서비스 측면에서 많이 부족하다고 판단하고 있다.

둘째, 한국인들은 스스로에 대해서 자학적인 평가를 내리려는 경향이 있어 서베이를 통한 국제경쟁력과 관련한 각종 결과들이 부정적으로 나타날 수 있다. 임마뉴엘 페스트라이쉬의 「한국인만 모르는 다른 대한민국」에 의하면 한국인들은 '새우 콤플렉스'에 의해 자신의 가치를 제대로 인정하지 않는 경향이 있다고 한다. 한국은 오랫동안 지정학적으로 강대국의 틈새 사이에서 살아남기 위해 조심하면서 살려는 자학적 콤플렉스에 사로잡혀 있다는 것이다.[5] 이러한 자학적인 공포심에 의해 우리 스스로를

4) WEF와 IMD의 국내 설문조사기관은 각각 KDI와 KIEP이며, WEF의 경우 2014년과 2015년에 100명을 대상으로 설문을 조사하였으며, IMD의 경우 73명과 86명을 대상으로 조사하였다.

낮게 평가하려는 성향이 국내금융산업에 대한 실망감을 과도하게 표현한 결과인지도 모른다.

셋째, 금융경쟁력의 순위가 추세적으로 나쁜 것은 최소한 한국의 금융경쟁력이 개선되지 못하고 있다는 증거이다. 지금까지 수차례에 걸쳐 금융산업 발전을 위한 금융선진화를 추진하였지만 결과는 오히려 악화되고 있어 그동안의 금융산업의 발전을 위한 노력이 실질적으로 도움이 되지 못했다는 사실을 인정할 때도 된 것 같다.

넷째, 금융경쟁력을 구성하고 있는 세부항목별로 순위를 살펴보면 국내 금융산업의 낙후원인을 파악할 수가 있다. 비록 순위 자체의 신뢰성은 떨어지지만 금융서비스에 대한 수요자들이 느끼는 금융만족도를 통해 국내금융의 낙후원인을 파악한다면 금융산업의 발전을 위한 대안을 찾는 데 매우 유용할 수 있다.

(금융낙후 원인 분석: 금융만족도에 가까운 WEF 결과)[6)]

먼저 금융경쟁력이 중요한 이유는 한국경제의 재도약은 금융경쟁력에 달려있기 때문이다. 금융기관의 역할이 효율적인 자금중개기능을 통해 기술개발이나 기업의 경영을 원활하게 하는 것이기 때문에 지속적인 경제성장을 위해서는 효율적인 금융시스템이 전제되어야 한다. 금융심화나 효율적인 금융시스템의 구축이 경제성장에 중요하다는 사실은 이미 여러 연구에서 증명된 사실이다. 144개국을 대상으로 조사한 WEF의 국가경쟁력 결과에 의하면(2014년 기준) 한국은 전체 국가경쟁력은 26위로 상위권에 있으나 금융경쟁력은 80위로 하위권에 머무르고 있다. 더욱이 금융경쟁력은 2007년에 27위로 가장 높았으나 이후 지속적으로 하락하고 있어 금융경쟁력의 제고가 시급하다. 박근혜 대통령은 「경제 재도약을 위해 국민 여러분께 드리는 말씀」(2015. 8. 6.)에서도 "세계 10위권의 경제규모를 가진 우리나라가 아프리카 국가들과 비슷한 80위권의 금융경쟁력을 갖고 있다는 세계경제포럼(WEF)의 평가는 우리 금융의 현실을 단적으로 보여주고 있습니다. 세계 금융질서의 변화 흐름을 외면하며, 낡은 시스템과 관행에 안

---

5) '새우 콤플렉스'에 대한 자세한 내용은 임마뉴엘 페스트라이쉬(2013)의 「한국인만 모르는 다른 대학민국」을 참조할 것.

6) 이미 본 저서에서는 WEF의 금융경쟁력의 의미를 실물경제의 발전 정도 대비 금융만족도로 재해석한바 있지만 본 저서의 목적이 국내은행의 낙후원인을 찾는 데 있기 때문에 순위 자체에는 큰 의미를 부여할 필요가 없다.

주해 온 탓입니다"라고 지적한 바 있으며, 금융산업의 발전을 위한 금융개혁의 추진이 시급하다고 강조한 바 있다.

표 1-5 우리나라의 부문별 경쟁력 순위

	전체 순위	기본요인				효율성 증진						기업혁신 및 성숙도	
		제도적 순위	인프라	거시 경제	보건 및 초등교육	고등교육 및 훈련	상품시장 효율성	노동시장 효율성	금융시장 성숙도	기술수용 적극성	시장 규모	기업 활동 성숙도	기업 혁신
2006	23	42	23	5	34	21	28	47	49	12	14	23	14
2007	11	26	16	8	27	6	16	24	27	7	11	9	8
2008	13	28	15	4	26	12	22	41	37	13	13	16	9
2009	19	53	17	11	27	16	36	84	58	15	12	21	11
2010	22	62	18	6	21	15	38	78	83	19	11	24	12
2011	19	65	9	6	15	17	37	76	80	18	11	25	14
2012	19	62	9	10	11	17	29	73	71	18	11	22	16
2013	25	74	11	9	18	19	33	78	81	22	12	24	17
2014	26	82	14	7	27	23	33	86	80	25	11	27	17

출처: WEF, The Competitiveness Report(각 년도).
주: WEF의 조사대상 국가 수는 144개국.

특히 아시아 조사대상국 12국 중에서 경제규모면에서 한국보다 못하다고 생각해 온 국가들에 비해서 크게 못 미치는 최하위 수준에 머물러 금융경쟁력의 진위 자체는 차치하고서라도 실물경제의 발전에 비해 금융발전은 그만큼 부족하다는 증거이다. 아시아 12개국 중 하위권에 있는 인도(51), 태국(34위), 중국(54), 인도네시아(42위), 필리핀(49)과 한국(80위)과는 큰 격차가 있는 것으로 나타났다. 앞에서도 지적한대로 아시아 국가들의 실물경제의 발전이 한국에 비해 더디기 때문에 금융발전에 대한 기대도 높지 않을 수 있어 아시아 국가들의 경쟁력 순위가 한국에 비해 높게 나온 것으로 판단된다.

표 1-6 아시아 국가의 금융성숙도 순위 및 추이

	2008	2009	2010	2011	2012	2013	2014
홍콩	1	1	1	2	1	1	1
싱가포르	2	2	2	1	2	2	2
호주	6	4	3	6	8	7	6
말레이시아	16	6	7	3	6	6	4
인도	34	16	17	21	21	19	51
대만	58	54	35	24	19	17	18
일본	2	40	39	32	36	23	16
태국	49	49	51	50	43	32	34
중국	109	81	57	48	54	54	54
인도네시아	57	61	62	69	70	60	42
필리핀	78	93	75	71	58	48	49
한국	37	58	83	80	71	81	80

출처: WEF, The Competitiveness Report(각 년도).

이러한 금융낙후는 실물경제의 경쟁력과 발전에 비해 크게 뒤쳐져 실물경제의 발전에 도움이 되기보다는 오히려 장애요인으로 작용할 수 있다. 2014년 니혼게이자이신문에서 조사한 50개 주요품목의 세계시장 1위 국가들을 살펴보면 한국이 8개로 13년의 6개에 비해 증가하였으며, 일본에 비해서는 1위 품목이 작으나 중국에 비해서는 많은 수준으로 여전히 한국의 기술경쟁력은 유지되고 있는 것으로 나타났다.

표 1-7 2014년도 세계시장 1위 품목

	미국	유럽	중국	일본	한국
개 수	16 (18)	10 (8)	6 (6)	9 (11)	8 (6)

주: (　)는 2013년도 1위 품목 개수.
출처: 니혼게이자이신문「日本勢´ 素材·部品で存在感　14年世界シェア調査」(7월 6일 조간).

한국의 GDP 규모와 무역규모도 각각 13위와 8위로 나타나 실물경제의 규모와 발전은 세계의 많은 국가들의 부러움의 대상이 되고 있다. 많은 국민과 경영인들은 실물경제는 세계 어느 국가와도 견줄 수 있는 수준으로 발전했다고 생각하지만, 금융산업은 실물경제의 발전에 비해 너무 실망스러워 금융경쟁력이 아프리카 후진국과 비슷하게 나타난 것이다. 그만큼 실물경제의 발전에 비추어 금융산업에 대한 기대가 실망으로 나타나 상대적으로 더 나쁘게 나타난 결과이다.

표 1-8 2014년 국가별 GDP 순위 및 무역규모 순위

(단위: 백만 불)

국가별 GDP 순위			국가별 무역규모 순위		
순위	국가	GDP	순위	국가	무역규모
1	미국	17,419,000	1	중국	4,306,330
2	중국	10,360,105	2	미국	3,968,610
3	일본	4,601,461	3	독일	2,621,420
4	독일	3,852,556	4	일본	1,502,396
5	영국	2,941,886	5	네덜란드	1,241,329
6	프랑스	2,829,192	6	프랑스	1,233,345
7	브라질	2,346,118	7	영국	1,114,862
8	이탈리아	2,144,338	8	한국	1,098,165
9	인도	2,066,902	9	홍콩	1,018,901
10	러시아	1,860,598	10	캐나다	981,653
11	캐나다	1,786,655	11	이탈리아	972,634
12	호주	1,453,770	12	벨기에	902,280
13	한국	1,410,383	13	멕시코	837,510
14	스페인	1,404,307	14	러시아	783,459
15	멕시코	1,282,720	15	인도	778,245

출처: 국가별 GDP는 World Bank, 국가별 무역규모 순위는 한국무역협회.
주: 무역규모는 수출액과 수입액의 총합.

60개국을 대상으로 조사한 IMD 순위결과 역시 WEF보다는 낫지만 한국의 금융경쟁력은 29위로 중위권에 머무르고 있다. 아시아 13개국에서는 12위로 최하위권에 있어 금융경쟁력의 현주소를 보여주고 있다. IMD 분석결과에 의하면 2012년까지 금융경쟁력 순위가 상승하다가 2014년까지 다시 하락하는 추세를 보이고 있어 금융경쟁력의 하락원인을 분석하여 금융발전을 도모하는 것이 시급해 보인다.

표 1-9 한국의 전체 및 금융성숙도 순위의 추이

	전체 순위 (세계 기준)	전체 순위 (아시아 기준)	금융성숙도 (세계 기준)	금융성숙도 (아시아 기준)
2006	32	11	37	10
2007	29	10	31	9
2008	31	11	40	12
2009	27	10	33	10
2010	23	8	30	10
2011	22	8	28	10
2012	22	6	25	10
2013	22	7	28	11
2014	26	9	29	12

출처: IMD, World Competitiveness Yearbook 2006~2014.

아시아에서 한국보다 못한 국가는 인도네시아(32위)에 불과하며, 인도(28위), 중국(27위), 태국(21위), 필리핀(27위) 등도 한국보다 금융경쟁력이 높은 것으로 나타나 WEF의 결과와 유사하다는 사실을 알 수 있다.

표 1-10 아시아 국가의 금융성숙도 순위의 추이(세계 60개국 중)

	2006	2007	2008	2009	2010	2011	2012	2013	2014
홍 콩	2	2	1	1	1	1	1	2	2
싱가포르	19	5	7	6	4	9	7	7	8
호 주	15	12	10	7	8	5	6	4	5
뉴질랜드	29	27	19	18	29	25	21	25	18
말레이시아	33	26	21	15	9	17	10	9	12
인 도	26	24	23	13	14	18	23	23	28

대 만	16	14	18	19	7	11	11	12	16
일 본	21	16	15	14	17	20	22	13	9
태 국	41	44	31	22	18	19	15	10	21
중 국	51	35	39	42	35	35	38	32	27
인도네시아	32	52	47	38	34	30	34	34	32
필리핀	55	45	33	36	36	34	29	26	27
한 국	37	31	40	33	30	28	25	28	29

출처: IMD, World Competitiveness Yearbook 2006~2014.

(은행의 국제경쟁력지수 산출과 금융낙후의 원인 분석)[7]

국내은행의 금융경쟁력이 낮은 것은 WEF와 IMD의 순위에 의해 확인된 바 있으나 구체적으로 개별은행의 경쟁력을 결정하는 요인은 무엇인지, 국내은행의 경쟁력이 국제수준에 비해 어느 정도 낮은지는 알 수가 없다. 일본은행에서 발간된 연구보고서(1992)에 의하면 개별은행의 경쟁력을 결정하는 요인으로 정보의 생산능력, 규모의 경제, 비용구조 등 내부요인 외에 거시경제 환경과 금융제도와 감독·규제 등 외부요인을 들고 있다(일본은행, 1992). 이머징 마켓에서는 은행경영이 외부환경에 더 예민하게 반응할 수 있기 때문에 금융경쟁력을 결정하는 데 오히려 내부환경보다 중요한 역할을 할 수도 있다.

본 절에서는 일본은행(1992)의 "은행의 경쟁력에 관한 보고서"를 참조하여 은행의 국제경쟁력지수를 산출하고, 주요국과 비교하였다.[8] 〈그림 1-1〉에서 보듯이 일본은행(1992)은 은행경쟁력을 평가하기 위한 기준을 크게 내부요인과 외부요인으로 분류하며 내부요인에는 생산기술과 비용구조, 안정성을 외부요인에는 경제 환경과 금융제도 및 감독으로 분류하여 평가하였다. WEF와 IMD의 경쟁력 데이터 중에서 54개국의 은행경쟁력을 결정하는 변수들을 사용하였다. WEF의 조사대상국이 144개국이고, IMD가 2013년부터 60개국(이전은 55개국)이나 룩셈부르크를 제외한 54개국을 대상으로 2008~

7) 경쟁력지수의 산출도 순위 자체보다는 다른 국가들에 비해 금융낙후 원인을 찾는데 관심을 둘 필요가 있다.

8) 일본은행(1992)의 보고서를 이용하여 국내은행의 국제경쟁력을 분석한 선행연구로는 현석원92008)이 있음.

그림 1-1 은행의 국제경쟁력을 규정하는 요인

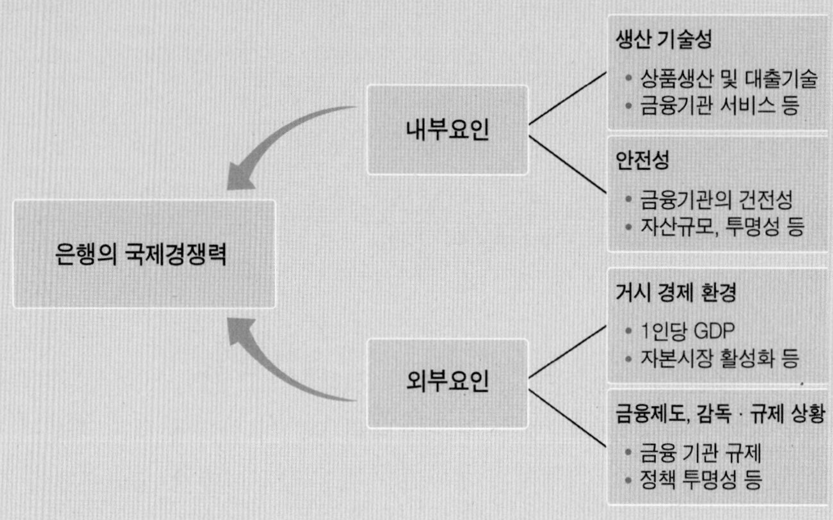

자료: 일본은행(1992).

2014년 사이의 패널 데이터를 사용하여 분석하였다.[9] 또한 지수구축과정에서 IMD의 금융기관 투명성(안전성), 낮은 규제수준(금융제도 및 감독), 그리고 WEF의 자본시장의 정교함(경제환경), 회사신용 획득(경제환경)은 자료가 절단되어 이 변수들은 제외할 수밖에 없었다.

은행의 국제경쟁력을 결정하는 내부변수로는 생산기술 분야의 은행 및 금융서비스, 금융기술, 대출접근의 용이성, 벤처자본 이용도 등 4개 변수와 안전성 분야의 은행의 건전성과 은행부문 자산 등 2개의 변수가 사용되었다. 외부요인으로는 경제환경 분야에서 1인당 GDP, 경상수지, 국가신용등급, 자금조달 시 주식시장의 활용도 등 4개의 변수와 금융제도와 감독 분야에서 금융리스크 요인, 금융과 은행의 규제, 정부정책 투명도, 소수주주 이익보호, 주주권리 등 5개의 변수 등 총 15개의 변수들을 이용하여 경쟁력지수를 산출하였다.

9) 룩셈부르크의 경우 은행부문 자산이 다른 국가들에 비해 현저하게 높기 때문에 샘플에서 제거하였음(이상치).

표 1-11 내부요인 변수 정리

구분		변수 및 형태	변수설명	출처
내부요인	생산기술	은행 및 금융 서비스(설문)	은행과 금융 서비스가 비즈니스 활동을 효과적으로 지원하는가?(1=효과적으로 지원하지 않음~10=효과적으로 지원함)	IMD
		금융기술(설문)	금융기술이 손쉽게 이용가능한가? (1=손쉽게 이용가능하지 않음~10 손쉽게 이용 가능함	IMD
		대출 접근의 용이성(설문)	담보 없이 좋은 비즈니스 계획만으로 은행에서 대출을 쉽게 이용가능한가?(1=매우 어려움~7=매우 쉬움)	WEF
		벤처자본 이용도(설문)	혁신적이지만 리스크가 높은 프로젝트를 가진 기업이 벤처자본을 쉽게 이용가능한가?(1=매우 어려움~7=매우 쉬움)	WEF
	안전성	은행의 건전성(설문)	은행의 건전성을 어떻게 평가하는가?(1=매우 낮음-자본재확충이 필요~7=매우 높음-건전한 대차대조표를 보유)	WEF
		은행부문 자산	GDP 대비 은행자산 비중	IMD

표 1-12 외부요인 변수 정리

구분		변수 및 형태	변수설명	출처
외부요인	경제환경	1인당 GDP	달러표시 1인당 GDP	IMD
		경상수지	GDP 대비 경상수지 비중	IMD
		국가신용등급	기관투자자들이 평가하는 국가신용등급(0=낮음~100=높음)	IMD WEF
		자금조달 시 주식시장의 활용도(설문)	주식시장에서 주식발행을 통한 자금조달이 얼마나 용이한가? (1=매우 어려움~7=매우 쉬움)	WEF
	금융제도 및 감독	금융리스크 요인(설문)	금융시스템에서 리스크요인이 적절하게 공지되었는가? (1=그렇지 않음~10=적절하게 공지됨)	IMD
		금융과 은행의 규제(설문)	금융과 은행의 규제가 충분히 효율적인가? (1=그렇지 않음~10=매우 효율적임)	IMD
		정부정책 투명도(설문)	정부정책의 투명도가 만족스러운가? (1=전혀 그렇지 않음~10=매우 만족스러움)	IMD
		소수주주 이익 보호(설문)	소수주주의 이익이 법에 의해 어느 정도 보호받는가? (1=전혀 보호받지 않음~7=충분히 보호받음)	WEF
		주주 권리(설문)	주주의 권리가 충분히 이행되는가? (1=전혀 그렇지 않음~10=잘 이행됨)	IMD

주: IMD와 WEF의 데이터는 크게 설문데이터와 수치데이터로 구성됨, IMD의 설문데이터의 경우 1에서 10 사이의 숫자로 구성된 반면, WEF의 설문데이터의 경우 1에서 7 사이의 숫자로 구성됨. 숫자가 높을수록 좋음.

국제금융경쟁력지수의 산출을 위해 수치데이터의 경우 2008~2014년 동안의 모든 데이터에서 수치가 가장 큰 국가의 데이터를 100점으로 하고, 가장 낮은 국가의 데이터를 0점으로 처리하여 보간법을 이용하여 0~100점 사이의 상대적 점수들을 계산하였다. 설문데이터의 경우 IMD는 10점, WEF는 7점을 각각 총점으로 하되 100점 환산하여 계산하였다.

54개국을 분석한 결과에 의하면 한국의 금융경쟁력은 40위로 중하위권에 머무르고 있으며, 12개 아시아 국가들 중에서는 한국이 최하위를 기록해 국내은행산업의 경쟁력은 국제수준에 크게 못 미치고 있는 것으로 나타났다.[10] 특히 금융제도 및 감독(48위)과 생산기술(44위) 부문이 은행산업의 주요 낙후원인으로 작용하고 있으며, 경제환경(22)과 안전성(35위) 부문은 상대적으로 경쟁력이 높게 나타나 한국의 금융개혁의 방향을 가늠케 한다.

표 1-13 **전체 및 요소별 순위와 총점**[11]

(단위: 점수)

순위	국가	생산기술	국가	안전성	국가	경제환경	국가	금융제도 및 감독	국가	총점
1	Malaysia	267.6	Hong Kong	180.7	Norway	330.2	Norway	393.9	Singapore	1051.4
2	Hong Kong	267	Taiwan	133.6	Switzerland	305.2	Finland	390.6	Hong Kong	1046.9
3	USA	258.7	Japan	131.3	Singapore	299.1	Sweden	379.3	Switzerland	1041.3
4	Singapore	258.1	Switzerland	128.3	Sweden	273.6	Singapore	370	Sweden	1019.4
5	Finland	257	Singapore	124.2	Denmark	262.7	Canada	368.8	Finland	1005.3
6	Norway	256.2	Sweden	114.9	Netherlands	262.5	Switzerland	360.3	Australia	955.8
7	Sweden	251.6	Netherlands	114.3	Australia	258.3	Denmark	359.2	Denmark	943.7
8	Canada	249.1	Finland	112.9	Germany	256.2	Australia	358.4	New Zealand	940.4
9	Switzerland	247.5	Australia	111.1	USA	255.6	New Zealand	350.8	Malaysia	931.2
10	New Zealand	239.6	Thailand	110	Canada	250.5	Malaysia	350.7	USA	931

10) 본 절에서 분석한 금융경쟁력지수의 목적이 국내금융의 낙후원인을 찾는 데 있고, 순위 자체도 금융만족도 측면에서 해석하는 것이 바람직하다.

11) 노르웨이 및 캐나다의 경우 GDP 대비 은행자산비중이 보고되지 않고 있기 때문에 총점 계산에서 제외.

11	Indonesia	235.6	Denmark	109.4	Hong Kong	248.7	Hong Kong	350.5	Netherlands	920.3
12	Israel	233.1	China Mainland	109.1	Taiwan	244.9	Chile	338.4	Taiwan	910.3
13	Taiwan	229	Malaysia	109	Finland	244.8	Netherlands	333.3	Japan	897.6
14	Australia	228	New Zealand	107.8	New Zealand	242.2	South Africa	331.6	Germany	896.2
15	Chile	227.2	Austria	106.3	Austria	240.5	USA	326.5	Chile	858.3
16	Germany	222.9	France	105.9	Japan	234.1	Ireland	321.9	United Kingdom	847.7
17	Japan	219.2	Germany	103.6	United Kingdom	229.3	Estonia	318	Israel	842.6
18	India	218.2	Brazil	103.1	France	228	Germany	313.5	Ireland	826.4
19	Philippines	215.6	South Africa	102.3	Belgium	221.6	Japan	313	France	821
20	Thailand	213.9	United Kingdom	101.1	Ireland	212.2	United Kingdom	309.7	South Africa	805.5
21	France	213.4	Israel	100.2	Israel	212.2	Indonesia	306.6	Estonia	794.7
22	Denmark	212.4	Chile	97.7	Korea	212	Taiwan	302.8	Austria	794.1
23	Netherlands	210.2	Spain	97.4	Malaysia	203.9	Israel	297.1	Belgium	791.4
24	Jordan	208.8	Czech Republic	96.4	Chile	195	Czech Republic	294	Thailand	781
25	Turkey	208.7	Jordan	95.9	Italy	193.3	Philippines	289.2	Indonesia	776.8
26	United Kingdom	207.6	Portugal	94.4	China Mainland	191.2	Turkey	282.9	Czech Republic	768.2
27	Belgium	202.7	Ireland	93.4	Estonia	188.2	Thailand	281.4	Philippines	765.3
28	Slovak Republic	201.3	Slovak Republic	91.9	Czech Republic	180.8	Brazil	278.6	China Mainland	730
29	Ireland	198.9	Belgium	91.7	Poland	178.8	Belgium	275.4	Turkey	729.8
30	Estonia	198.6	Italy	91.2	Slovenia	176.7	France	273.7	Poland	726
31	South Africa	198.5	USA	90.2	Russia	175.9	Jordan	273.7	Brazil	719.9
32	China Mainland	197.5	Estonia	89.9	Thailand	175.7	Peru	273.2	Slovak Republic	718.7
33	Czech Republic	197	Turkey	88.7	Spain	175.1	Lithuania	269.7	Jordan	709.2
34	Poland	195.5	Philippines	87.4	Lithuania	173.8	Poland	267.8	India	705.9
35	Austria	189.8	Korea	87.1	Slovak Republic	173.8	Portugal	265.3	Peru	695.2
36	Peru	181.2	Bulgaria	86.6	Philippines	173.1	Austria	257.5	Lithuania	674.3
37	Russia	180.5	Croatia	86.4	South Africa	173.1	India	256.5	Portugal	672.7

38	Romania	173.9	Colombia	84.4	Mexico	169.9	Slovak Republic	251.7	Mexico	661.8
39	Colombia	173	Poland	83.9	Brazil	168	Colombia	244.4	Colombia	661
40	Brazil	170.2	Peru	83.3	Portugal	160.2	Mexico	244	Korea	659.5
41	Venezuela	167.8	Mexico	81.5	Colombia	159.2	China Mainland	232.2	Russia	651.4
42	Mexico	166.4	Hungary	80.1	Indonesia	158.6	Russia	229.9	Spain	643.2
43	Lithuania	165.7	Indonesia	76	Croatia	157.6	Spain	226	Italy	628.9
44	Korea	156.3	India	73.7	India	157.5	Romania	222.3	Romania	614
45	Ukraine	153.5	Venezuela	69.4	Peru	157.5	Hungary	213.4	Hungary	594.6
46	Portugal	152.8	Argentina	67.6	Bulgaria	156	Italy	208.2	Croatia	585
47	Hungary	145.7	Romania	66.4	Hungary	155.4	Greece	205.3	Bulgaria	571.7
48	Spain	144.7	Lithuania	65.1	Romania	151.4	Korea	204.1	Venezuela	537.6
49	Bulgaria	142.2	Russia	65.1	Turkey	149.5	Croatia	201.2	Greece	535.6
50	Croatia	139.8	Greece	64.2	Jordan	130.8	Bulgaria	186.9	Slovenia	519.9
51	Greece	136.2	Ukraine	56.4	Greece	129.9	Ukraine	179	Ukraine	494
52	Italy	136.2	Slovenia	49.6	Venezuela	126.4	Venezuela	174	Argentina	466.2
53	Argentina	129.2	Canada	–	Argentina	120.4	Slovenia	166.6	Canada	–
54	Slovenia	127	Norway	–	Ukraine	105.1	Argentina	149	Norway	–

2014년 기준 한국금융의 국제경쟁력을 일본, 중국, 미국, 싱가포르 등 주요국과 분야별로 경쟁력의 격차를 절대적인 측면에서 파악하기 위해 편차를 계산해 보았다. 〈표 1－14〉에 계산된 5개국의 평균과 한국의 분야별 점수 차인 편차를 살펴보면, 한국 금융산업의 경쟁력하락은 주로 내부요인의 생산기술과 외부요인의 금융제도에 기인하는 것으로 나타났다. 한국의 금융제도평균의 편차는 －17.0점으로, 생산기술의 편차 -15.4점보다 커서 국제경쟁력을 떨어뜨리는 주요원인으로 밝혀졌다. 비록 금융만족도에 가까운 서베이 자료를 이용해서 산출한 결과이지만 모든 부분에서 중국보다 경쟁력 점수가 낮은 것으로 분석되어 국내은행산업의 낙후 정도는 상당히 심각해 보인다.

표 1-14 2014년 5개국 금융 국제경쟁력 비교

(단위: 점수)

구 분		한국	일본	중국	싱가포르	미국	전체평균
국가별 전체 평균		44.0 (−13.0)	59.8 (2.9)	48.7 (−8.3)	70.1 (13.2)	62.1 (5.1)	56.9
내부요인	총 평균	40.6 (−13.8)	58.4 (4.0)	51.1 (−3.3)	63.7 (9.3)	58.2 (3.8)	54.4
	생산기술평균	39.1 (−15.4)	54.8 (0.3)	49.4 (−5.1)	64.5 (10.0)	64.7 (10.2)	54.5
	안전성평균	43.6 (−10.6)	65.6 (11.4)	54.6 (0.4)	62.1 (7.9)	45.1 (−9.1)	54.2
외부요인	총 평균	46.2 (−12.4)	60.8 (2.2)	47.0 (−11.6)	74.3 (15.7)	64.7 (6.1)	58.6
	경제환경평균	53.0 (−6.6)	58.5 (−1.1)	47.8 (−11.8)	74.8 (15.2)	63.9 (4.3)	59.6
	금융제도평균	40.8 (−17.0)	62.6 (4.8)	46.4 (−11.4)	74.0 (16.2)	65.3 (7.5)	57.8

출처: IMD 및 WEF.
주: 괄호 안은 각 요소의 국가별 평균에서 전체평균을 차감한 편차를 나타냄.

〈그림 1−2〉의 시계열자료를 보면 2008년 금융위기 이후 한국의 금융 국제경쟁력은 하락하는 추세이나 다른 국가들은 상승하는 추세를 보이고 있어 금융산업 발전을 위한 국내금융정책들이 별 효과가 없는 것으로 보인다. 2012년부터는 금융경쟁력이 중국보다 낮은 역전현상이 나타난 후 그 격차가 확대되고 있어 보다 근본적인 금융개혁정책이 필요한 것으로 판단된다. 싱가포르가 가장 높은 국제경쟁력을 지닌 것으로 나타났으나 추세적으로는 미국과 일본이 경쟁력의 상승을 보이고 있어 한국과 상반된 추이를 보이고 있다.[12)]

12) 전체평균과 국가별의 연도별 편차추이에서도 2008년 이후 한국의 편차가 음의 방향으로 지속적으로 확대되나 중국의 경우 2012년 이후 한국에 비해 경쟁력이 강화되는 추세(상대적으로 작은 음의 편차)를 보이고 있다.

그림 1-2 연도별 국제금융경쟁력 지수(전체 평균)의 변화

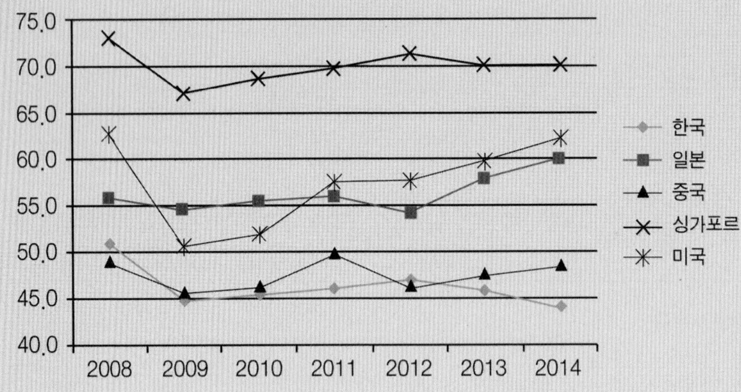

국제경쟁력을 구성하고 있는 세부항목들의 분석결과를 살펴보면 금융과 은행의 규제가 주요국과의 편차가 −23.0으로 가장 커서 경쟁력 낙후의 주요원인이 되고 있으며, 은행 및 금융서비스와 대출접근의 용이성의 편차도 각각 −20.9와 −17.8로 경쟁력의 주요 저하요인으로 작용하고 있다. 비록 편차분석은 절대적 격차를 나타내고 있으나 국내은행의 경쟁력 약화는 주로 생산기술과 금융제도의 낙후에서 찾을 수 있다.

표 1-15 2014년 5개국 금융 국제경쟁력 비교(세부항목)

(단위: 점수)

구 분			한국	일본	중국	싱가포르	미국	평균
내부요소	생산기술	은행 및 금융 서비스	39.7 (−20.9)	64.1 (3.5)	48.5 (−12.5)	76.3 (15.7)	74.6 (14.0)	60.6
		금융기술	61.7 (−4.8)	65.3 (−1.2)	54.2 (−12.3)	71.7 (5.2)	79.4 (12.9)	66.5
		대출접근의 용이성	27.2 (−17.8)	46.7 (1.67)	45.8 (0.7)	56.5 (11.4)	49.1 (4.1)	45.1
		벤처자본 이용도	27.7 (−18.1)	43.1 (−2.7)	49.0 (3.2)	53.6 (7.8)	55.6 (9.8)	45.8
	안전성	은행의 건전성	48.7 (−17.8)	71.6 (5.1)	62.3 (−4.2)	82.0 (15.5)	67.7 (1.3)	66.5

		은행부문 자산	38.4 (−3.5)	59.7 (17.8)	46.8 (4.9)	42.2 (0.3)	22.5 (−19.4)	41.9
외부요소	경제환경	1인당 GDP	26.0 (−9.8)	38.5 (2.7)	6.7 (−29.1)	54.8 (18.9)	53.1 (17.3)	35.8
		경상수지	63.3 (2.3)	52.3 (−8.7)	55.0 (−6.1)	88.1 (27.1)	46.4 (−14.6)	61.0
		국가신용등급	79.2 (−5.5)	82.5 (−2.2)	77.5 (−7.2)	92.8 (8.1)	91.3 (6.6)	84.7
		주식시장의 활동도*	43.5 (−13.4)	60.8 (3.9)	52.0 (−4.9)	63.4 (6.5)	64.8 (7.9)	56.9
	금융제도	금융리스크 요인	40.3 (−17.5)	65.7 (7.9)	45.6 (−12.2)	75.3 (17.5)	62.2 (4.4)	57.8
		금융과 은행의 규제	38.9 (−23.0)	64.4 (2.5)	56.5 (−5.4)	80.3 (18.4)	69.2 (7.3)	61.9
		정부정책 투명도	38.0 (−13.2)	56.4 (5.2)	33.7 (−17.5)	72.3 (21.1)	55.7 (4.5)	51.2
		소수 주주이익 보호	43.0 (−15.3)	66.5 (8.2)	51.8 (−6.5)	68.3 (10.0)	62.0 (3.7)	58.3
		주주권리	43.9 (−16.0)	60.0 (0.1)	44.6 (−15.3)	73.8 (13.9)	77.4 (17.5)	59.9
총점			659.5 (−194.4)	897.6 (43.7)	730.0 (−123.9)	1051.4 (197.5)	931.0 (77.1)	853.9

출처: IMD 및 WEF.
주: 각 요소는 100점을 기준으로 환산된 점수로 만점은 1,500점(15개 요소).

한국금융의 국제경쟁력을 주요국과의 상대적 격차를 분석하기 위해 비율분석을 시도하였다. 〈표 1−16〉은 한국금융의 국제경쟁력의 점수를 다른 나라에 대비해 구한 비율을 통해 주요국과 대비한 상대적 금융경쟁력을 비교분석한 결과이다. 한국의 금융 국제경쟁력은 중국의 경쟁력에 비해 90.3%로 나타났으며, 일본에 비해서는 73.26%, 미국에 비해 70.9%, 싱가포르에 비해 62.8% 수준에 불과한 것으로 나타났다. 특히 금융제도 수준을 보면 주요국 전체평균에 비해 70.6%로 다른 요인들보다 가장 낮고, 일본에 65.2%, 중국에 87.9%, 싱가포르에 55.1%, 미국에 비해 62.5%에 그쳐 다른 요인보다 상대적으로 큰 낙후 정도를 보이고 있다. 생산기술 부문에서는 5개국 전체평균 대비 71.7% 불과하며, 일본에 비해 71.4%, 중국에 비해 79.1%, 싱가포르에 비해 60.6%, 미국에 비해 60.4%로 나타나 큰 차이는 없지만 금융제도 다음으로 생산기술 부문이 국내은행산업의 경쟁력을 떨어뜨리는 원인으로 나타났다. 국내 금융산업의 발전을 위해서는 금융제도 발전과 은행내부의 혁신이 가장 중요하다는 결론을 얻을 수 있다.

표 1-16 2014년 5개국 금융 국제경쟁력 비교(비율분석)

(단위: %)

구 분		한국/일본	한국/중국	한국/싱가포르	한국/미국	한국/평균
국가별 전체 평균비율		73.6	90.3	62.8	70.9	77.3
내부 요인	총 평균비율	69.5	79.5	63.7	69.8	74.6
	생산기술 평균비율	71.4	79.1	60.6	60.4	71.7
	안전성 평균비율	66.5	79.9	70.2	96.7	80.4
외부 요인	총 평균비율	76.0	98.3	62.2	71.4	78.8
	경제환경 평균비율	90.6	110.9	70.9	82.9	88.9
	금융제도 평균비율	65.2	87.9	55.1	62.5	70.6

주: 〈표 1-16〉의 수치는 요소별 국가간 비율을 나타낸 것으로 수치가 높을수록 경쟁력이 있음. 평균은 5개국 전체 평균을 나타냄.

〈그림 1-3〉은 국가별 전체 평균비율의 연도별 추이를 나타낸 것으로 2012년 이후 모든 국가들에 비해 한국의 금융경쟁력이 지속적으로 하락하고 있다. 2007년 후반기에 발생한 글로벌 금융위기 이후 한국의 금융경쟁력은 지속적으로 추락하다가 2012년에 일시적으로 상승한 후에 다시 하락하고 있어 한국의 금융경쟁력의 낙후는 단기적이 현상이 아니라 오랜 기간에 걸쳐 장기적으로 지속되어 왔다는 사실을 시사한다.

세부항목의 비율분석결과를 살펴보면, 주요국 전체평균에 비해 대출접근의 용이성(60.3%), 벤처자본 이용도(60.5%), 은행 및 금융서비스(65.5%) 등 생산기술 부문의 낙후성이 크고, 금융과 은행의 규제(62.8%)도 경쟁열위의 주요원인으로 나타나 금융산업의 발전을 위해서는 경영내적 혁신과 함께 경영외적 혁신도 중요하다는 사실을 확인할 수 있다.

그림 1-3 국가별 전체 평균비율의 연도별 추이

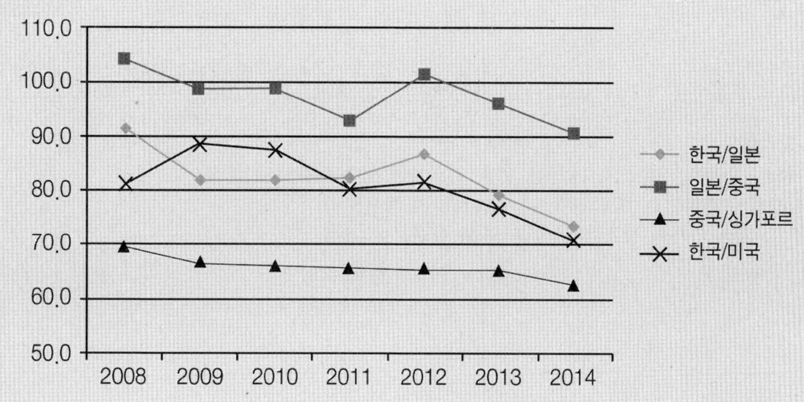

표 1-17 2014년 5개국 금융 국제경쟁력 비교(세부항목의 비율분석)

(단위: %)

구 분			한국/일본	한국/중국	한국/싱가포르	한국/미국	한국/평균
내부요소	생산기술비율	은행 및 금융 서비스	61.9	81.9	52.0	53.2	65.5
		금융기술	94.5	113.8	86.1	77.7	92.8
		대출접근의 용이성	58.2	59.4	48.1	55.4	60.3
		벤처자본 이용도	64.3	56.5	51.7	49.8	60.5
	안전성비율	은행의 건전성	68.0	78.2	59.4	71.9	73.2
		은행부문 자산	64.3	82.1	91.0	170.7	91.6
외부요소	경제환경비율	1인당 GDP	67.5	388.1	47.4	49.0	72.6
		경상수지	121.0	115.1	71.9	136.4	103.8
		국가신용등급	96.0	102.2	85.3	86.7	93.5
		주식시장의 활동도*	71.5	83.7	68.6	67.1	76.4
	금융제도비율	금융리스크 요인	61.3	88.4	53.5	64.8	69.7
		금융과 은행의 규제	60.4	68.8	48.4	56.2	62.8

	정부정책 투명도	67.4	112.8	52.6	68.2	74.2
	소수주주 이익 보호	64.7	83.0	63.0	69.4	73.8
	주주권리	73.2	98.4	59.5	56.7	73.3
총점비율		73.5	90.3	62.7	70.8	77.2

출처: IMD 및 WEF.
주: 각 요소는 한국을 기준으로 계산된 비율 즉 (한국/해당국가)*100 방식으로 계산.
* 주식사장의 활용도는 자금조달 시 주식시장의 활용도임.
총점은 해당 국가의 요소별 점수를 단순 합산하여 계산.

2. 국내외 세계 주요은행의 경영성과 분석과 시사점

2.1 세계 주요은행의 경영현황(개관)[13]

본 장에서는 세계 100대 은행의 실제 경영지표를 사용하여 100대 안에 들어있는 국내 6개 은행들의 경영성과와 세계선진은행과의 경영성과를 비교하여 국내은행들의 실질적 경쟁력을 분석하였다. 앞장에서의 분석결과는 주로 WEF와 IMD의 경쟁력 순위를 이용했기 때문에 분석결과를 신뢰하는 데 어려운 측면이 있다. 주요은행들의 실제 데이터들을 이용하여 세계선진은행들의 경영지표와 국내은행들의 경영지표를 직접 비교한다면 국내은행들의 경쟁력을 정확하게 파악할 수 있을 것이다. 먼저 기본자본 기준에 의한 상위 10위대 은행들의 개괄적 특징으로는 미국계 은행들의 수익성(ROA 및 ROE 기준)이 높지 않은 은행들도 일부 포함되어 있지만 대체적으로 수익성이 높다는 것이다. 반면에 세계 100대 은행에 들어 있는 6개의 한국계 은행들의 수익성은 상당히 낮은 편이다. 또한 건전성 지표인 BIS 자기자본비율은 낮고 수익성의 대표지표인 순이자마진(NIM)은 높지 않아 건전성은 떨어지고, 수익성도 계속해서 악화될 가능성이 높다. 비록 개괄적인 경영지표의 분석이지만 국내은행들의 경영성과는 세계선진은행들에 비해 상당히 나쁜 것으로 나타났다. 특히 수익성의 악화는 두드러져 국내은행의

13) 세계 100대 은행의 주요경영지표에 대해서는 부록의 〈별첨 1〉을 참조할 것.

표 1-18 세계 주요은행 경영현황

(백만 달러, %)

순위	은행명	국적	기본자본	총자산	총자산이익률(ROA)	BIS 비율	무수익 여신 비율	NIM	ROE	신용등급
1	ICBC	중국	248,608	3,368,190	1.8	14.5	1.1	3.1	19.6	A1
2	China Construction Bank	중국	202,119	2,736,416	1.8	14.9	1.2	3.3	19.6	A1
3	JP Morgan Chase & Co	미국	186,632	2,573,126	1.2	15.1	2.6	2.0	9.8	A3
4	Bank of China	중국	184,231	2,492,463	1.5	13.9	1.2	2.8	16.5	A1
5	Bank of America	미국	168,973	2,106,796	0.3	16.5	3.2	2.4	2.0	Baa1
6	Agricultural Bank of China	중국	167,699	2,610,582	1.5	12.8	1.5	3.5	19.1	A1
7	Citi group	미국	166,519	1,842,530	0.7	18.1	2.0	2.9	3.6	Baa1
8	Wells Fargo & Co	미국	154,666	1,687,155	2.0	15.5	3.9	2.9	13.3	A2
9	HSBC Holdings	영국	152,739	2,634,139	0.7	15.6	2.7	1.5	7.6	A1
10	Mitsubishi UFJ FinancialGroup	일본	117,645	2,382,398	0.6	15.7	1.2	1.0	7.1	A2
11	Credit Agricole	프랑스	88,774	2,139,275	0.4	18.4	3.3	1.3	6.1	A2
12	BNP Paribas	프랑스	85,410	2,521,552	0.2	12.6	4.2	1.2	0.5	A1
13	Barclays	영국	81,220	2,118,418	0.2	16.5	2.0	0.9	1.3	Baa3
14	Goldman Sachs	미국	78,433	856,301	1.4	20.0	3.3	0.6	10.5	A3
15	Banco Santander	스페인	77,973	1,536,767	0.8	12.0	5.2	2.9	8.2	A3
16	Deutsche Bank	독일	77,546	2,073,669	0.2	17.2	2.7	1.0	2.6	A3
17	Bank of Communications	중국	76,886	1,024,399	1.4	14.0	1.3	2.7	14.8	A2
18	RBS	영국	73,505	1,639,256	−0.1	17.1	6.4	1.0	−4.5	Ba1
19	Sumitomo Mitsui Financial Group	일본	71,007	1,527,288	0.7	16.6	1.4	1.3	8.8	Aa3
20	Morgan Stanley	미국	66,962	801,382	0.8	20.1	2.2	0.2	5.2	A3
62	한국산업은행	한국	23,507	252,254	0.3	13.7	2.5	1.1	3.8	Aa3
65	국민은행	한국	22,060	280,527	0.6	15.5	1.4	2.4	5.3	A1
69	신한금융지주	한국	20,173	307,516	0.9	13.1	1.0	2.4	7.3	A1
82	하나금융지주	한국	16,565	287,071	0.4	12.6	1.4	1.8	4.6	Baa1
91	우리은행	한국	14,234	245,776	0.6	14.3	2.1	1.9	5.9	A1
97	농협금융지주	한국	13,569	287,222	0.3	14.2	1.7	2.6	4.2	A1

자료: bankscope.
주: 신용등급은 Moody's 사용.

표 1-19 100대 은행의 국가별 분포

순위	국가	전체 (1~100)	순위	국가	1~50위	순위	국가	51~100위
1	중국	16	1	중국	10	1	미국	7
2	미국	15	2	미국	8	2	중국, 한국	6
3	일본	7	3	프랑스, 영국	5	4	독일	4
4	캐나다	6	5	일본	4	5	일본, 캐나다, 싱가포르, 스웨덴	3
5	한국	6	6	캐나다, 호주	3	9	브라질, 스페인, 인도	2
6	프랑스, 독일, 영국	5	8	브라질, 스페인, 네덜란드, 이탈리아, 스위스	2	12	호주, 네덜란드, 러시아, 오스트리아, 벨기에, 덴마크, 말레시아, 노르웨이, 터키	1
9	호주, 브라질, 스페인	4	13	독일, 러시아	1	22	영국, 이탈리아, 스위스	0
12	네덜란드, 싱가포르, 스웨덴		15	싱가폴, 스웨덴, 인도, 오스트리아, 벨기에, 덴마크, 말레시아, 노르웨이, 터키, 한국	0			
15	인도, 이탈리아, 러시아, 스위스,	2						
19	오스트리아, 벨기에, 덴마크, 말레이시아, 노르웨이, 터키	1						

출처: bankscope.

경쟁력을 높이기 위한 근본적인 대책이 하루빨리 동원되지 않는다면 국내은행산업의 장래는 어두울 수밖에 없다. 국내은행들이 선진은행으로 도약하기 위해서는 국내은행의 낙후를 남 탓으로 돌리지 말고 객관적인 원인을 찾아 근본적인 금융발전방안들을 꾸준히 추진하여야 한다.

세계 100대 은행의 국가별 분포를 살펴보면 1~50위에 중국이 10개, 미국이 8개, 프랑스와 영국이 5개, 일본이 4개, 캐나다와 호주가 3개, 브라질, 스페인, 이탈리아, 스위스가 2개, 독일과 러시아가 1개 있으며, 한국은 50위 내에 드는 은행이 1개도 없어 경제규모에 비해 은행의 규모는 상대적으로 상당히 작은 편이다. 51~100위 안에는 산업은행, 국민은행, 신한금융지주, 하나금융지주, 우리은행, 농협금융지주 등 6개 한국계은행들이 포함되어 상대적으로 규모가 큰 은행이 없는 상황이다. 반면에 중국은 1~50위 안에 드는 은행들이 10개나 있어 미국의 8개보다 많아 일단 규모면에서는 중국의 은행들이 미국보다 작지 않은 편이다.

51~100위 사이의 은행들의 국가별 분포에서는 미국이 7개, 중국과 한국이 각각 6개, 독일이 4개, 일본, 캐나다, 싱가포르, 스웨덴이 3개, 브라질, 스페인, 인도가 2개로 나타났다. 1~50위 내의 은행과의 규모차이가 워낙 크기 때문에 한국계 은행들이 비록 6개나 포함되어 있지만 실물경제의 크기에 비해 은행규모는 확실히 작은 것으로 나타났다. 한국의 GDP규모가 13위인 걸 감안한다면 최소한 1~50위 내에 드는 국내은행이 최소한 1~2개는 있어야 한다. 그만큼 국내은행들의 외형적 발전도 더딘 사실이 확인되고 있다.

2.2 국내은행과 주요 선진은행과의 규모 비교

은행의 높은 경쟁력을 유지하기 위해서는 규모가 어느 정도 커야 한다. 〈그림 1-1〉에서도 살펴봤듯이 은행의 국제경쟁력의 내부결정요인으로 규모가 중요하다는 사실을 확인한바 있다. 규모가 어느 정도 있어야만 안정성을 유지할 수 있고, 규모의 경제를 통해 수익성을 높일 수 있기 때문이다. 국내은행들의 크기는 실물경제규모에 비해 이미 작은 것으로 나타났다. 본 절에서는 좀더 구체적으로 국내은행들의 규모가 실물경제에 비해 구체적으로 얼마나 작은지를 국제비교를 통해 분석하였다.

먼저 소득수준과 은행의 규모는 높은 양(+)의 상관관계를 갖는 것이 일반적인 현상이다. 소득이 커진다는 것은 경제규모가 커지고, 은행의 예금·대출거래가 커지게 되기 때문에 은행규모가 커져야 한다는 결과는 쉽게 유추할 수 있다. 이러한 국민소득

그림 1-4 100대 은행의 1인당 명목소득 대비 총자산 분포

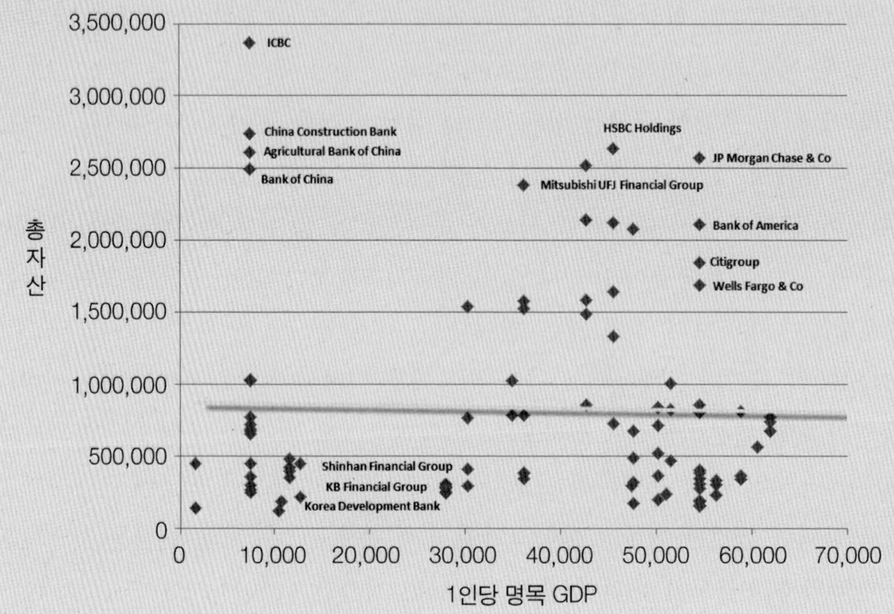

출처: bankscope, World Development Indicator.

과 은행의 크기와의 양의 상관관계를 확인하기 위해 100대 은행의 1인당 국민소득과 총자산과의 상관관계를 분석하였다. 1인당 명목국민소득과 100대 은행의 총자산 간에는 중국을 포함하면 일정방향의 상관관계(〈그림1-4〉)는 나타나지 않으나 중국을 제외하면 미약한 양(+)의 상관관계(〈그림1-5〉)가 나타났다. 〈그림 1-5〉은 소득이 증가하면 은행의 자산도 커진다는 사실을 뒷받침하는 증거가 될 수 있다. 세계 10대 은행들은 모두 국민소득수준에 비해 자산 크기는 매우 커서 높은 경쟁력을 유지할 수 있다는 사실을 확인할 수 있다. 반면에 한국계 6대 은행들은 모두 1인당 소득수준에 비해 총자산규모는 추세선보다 상당히 아래쪽에 위치해 규모가 상대적으로 매우 작다는 사실을 알 수 있다. 한국의 소득수준이 3만불에 육박하나 국내은행들의 규모는 세계 주요 은행들의 평균수준에도 한참 못 미치는 것으로 나타나 규모의 경제를 기대하기 어려운 상황이다. 이러한 규모로는 국내은행들이 국제경쟁력을 얻는 것은 어려워 보인다.

그림 1-5 100대 은행의 1인당 명목소득 대비 총자산 분포(중국 제외)

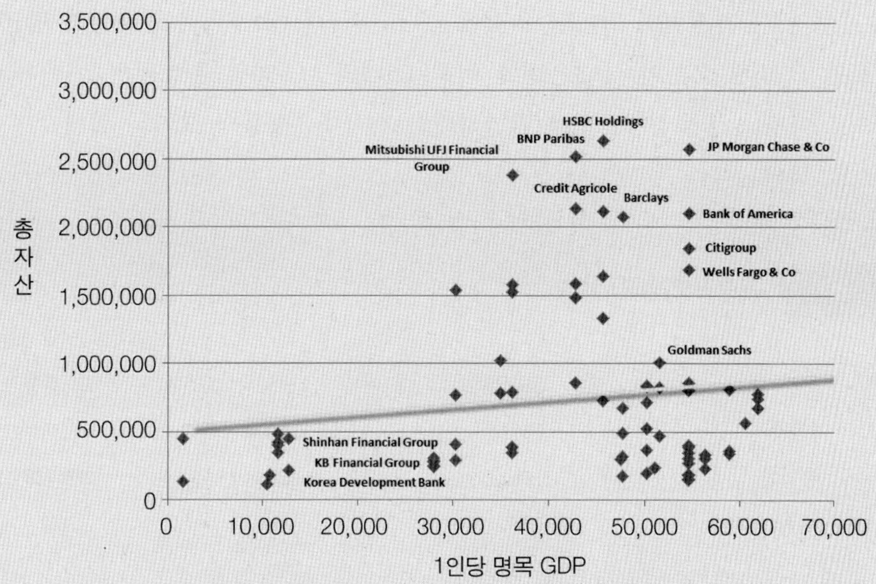

출처: bankscope, World Development Indicator.

국내은행들의 규모가 작은 데는 여러 이유가 있을 수 있지만 국내 주요은행들의 규모는 소득수준에 비해 지나치게 작아 짧은 기간에 경쟁력 회복은 쉽지 않을 수도 있다. 규모 측면에서만 판단한다면 세계 주요은행에 비해 국내은행들이 가장 열악한 상황에 처해 있다는 사실을 확인할 수 있다. 소득증가에 비해 국내은행들의 자산증가가 더 빨라야 이러한 규모의 격차가 해소될 수 있다. 다만 규모확대를 위해 인위적인 합병에 의한 메가뱅크를 만들려는 생각은 오히려 경쟁력을 떨어뜨려 금융시장 전체의 위험을 가중시킬 수 있기 때문에 배제하여야 한다.

한국계 6대 은행들의 규모의 크기를 좀더 구체적으로 살펴보면 기본자본, 총자산, GDP 대비 총자산이 1~10위 및 11~50위 은행들에 비해 얼마나 작은지는 〈표 1-20〉에 잘 나타나 있다. 먼저 기본자본의 규모를 비교해 보면 국내 6대 은행의 평균 기본자본은 18,351백만 달러로 1~10위 은행의 평균 자본규모인 174,983백만 달러에 비해 10분의 1에 불과하며, 11~50위 은행들도 한국계 은행들에 비해 2.84배나 커서 규모면에서 상당한 차이가 나고 있다. 총자산의 크기도 1~10위 은행들은 국내은행에 비해 평균적으로 8.8배나 크고, 11~50위의 은행들은 3.7배나 커서 규모면에서 국내은행들은 국제수준에 비해 경쟁력이 떨어질 수밖에 없다. 각국의 GDP 대비 총자산의 평균비교에 따르면 1~10위 은행이 국내은행에 비해 1.5배와 11~50위 은행들은 2.3배나 각각 큰 것으로 나타나 실물경제규모를 감안하더라도 국내은행들의 크기는 절대적으로 작은 것으로 나타났다.

표 1-20 은행규모(평균) 비교

(단위: 백만 달러, %)

	1~10위	11~50위	국내은행
기본자본	174,983	52,175	18,351
총자산	2,443,379	1,029,919	276,728
GDP 대비 총자산	29.7	44.9	19.6

주: 농협, 신한, 하나, 우리, 국민, 산업은행. 각 항목은 해당 그룹 평균임.

실물경제의 규모를 감안한 국내은행의 크기를 좀더 구체적으로 살펴보기 위해 국가별로 GDP 대비 1위 은행의 자산비중과 1~3위의 은행자산비중을 각각 비교하였다. 먼저 주요국 24개 국가별로 GDP 대비 1위 은행의 자산비중은 한국이 17.9%, 22위로 주요국에 비해 매우 낮은 것으로 나타났으며, 한국보다 작은 비중은 미국(14.8%)과 터키(14.9%) 두 나라에 불과하다. 이러한 국내은행의 규모의 열세는 GDP 대비 1~3위 내의 은행자산비중에서도 잘 나타나고 있다. 한국의 경우 60%로 14개 분석 대상국 중에서 12위로 브라질(53.5%)과 미국(59%)만이 한국보다 작은 것으로 분석되었다. 〈표 1-21〉의 결과는 국내은행들의 규모가 국제수준에 비해 상대적으로 작아 경쟁력의 열세를 면치 못할 수밖에 없다는 사실을 시사한다.

국내은행들의 규모가 국제수준에 비해 작은 주요이유로는 자산증가율이 세계 주요은행들에 비해 낮기 때문이다. 글로벌 금융위기를 포함한 최근 9년 사이(2005~2014년) 세계 주요은행들의 평균 자산증가율을 살펴보면 1~10위 은행들이 216.9%로 월등히 높으며, 한국의 6개 은행들의 평균 자산증가율은 47.5%로 11~50위 평균 자산증가율

표 1-21 국가별 은행자산, 1~3위 은행자산 규모 및 GDP 대비 비중

(단위: 백만 달러, %)

국가명	은행자산	국가별 1~3위 자산	국가별 GDP 대비 1위 은행자산	국가별 GDP 대비 1~3위 은행자산	국가별 100대 은행수
호주	2,864,027	2,189,624.5	51.0	150.6	4
오스트리아	238,213	238,213	54.6	–	1
벨기에	297,541	297,541	55.8	–	1
브라질	1,656,993	1,256,134	18.1	53.5	4
캐나다	3,473,031	2,385,601	46.7	133.5	6
중국	18,398,911	8,597,069	32.5	83.0	16
덴마크	564,126	564,126	165.0	–	1
프랑스	8,590,667	6,145,413	75.6	217.2	5
독일	3,736,563	2,924,945	53.8	75.9	5
인도	586,720	586,720	21.7	–	2
이탈리아	1,809,034	1,809,034	47.8	–	2
일본	7,396,824	5,488,944	51.8	119.3	7
말레이시아	183,205	183,205	56.0	–	1
네덜란드	2,301,644	2,301,644	115.6	264.7	3
노르웨이	356,573	356,573	71.3	–	1
러시아	664,645	664,645	24.1	–	2
싱가포르	869,514	869,514	108.4	282.4	3
한국	1,660,367	840,298	17.9	60.0	6
스페인	3,008,900	2,714,638	109.4	193.3	4
스웨덴	1,517,740	1,517,740	142.4	266.0	3
스위스	2,006,006	2,006,006	135.9	–	2
터키	118,818	118,818	14.9	–	1
영국	8,451,418	6,391,813	89.5	217.3	5
미국	12,271,759	10,269,819	14.8	59.0	15

출처: bankscope.

(70.78)에도 크게 못 미치고 있다. 세계주요은행의 높은 자산증가율은 활발한 M&A와 해외시장 개척 등에 가능하였으며 앞으로도 이러한 추세가 지속된다면 한국계 은행들의 규모는 세계 주요은행들에 비해 규모면에서 격차가 오히려 커질 것이다. 국내 은행들의 규모면에서 격차확대는 국내은행의 경쟁력을 더욱 떨어뜨릴 수 있기 때문에 국내 금융시장이 포화상태라서 총자산 증가가 어렵다면 해외시장으로 눈을 돌려서라도 적극적인 마케팅과 M&A를 통해서 국내은행들의 규모를 키우는 전략이 필요하다.

표 1-22 2005년 대비 은행 총자산 변동 현황

(단위: 백만 달러, %)

순위	은행명	2005년 총자산	2014년 총자산	총자산 증가율
1	ICBC	799,996	3,368,190	321.03
2	China Construction Bank	568,232	2,736,416	381.57
3	JP Morgan Chase & Co	1,198,942	2,573,126	114.62
4	Bank of China	587,352	2,492,463	324.36
5	Bank of America	1,291,803	2,106,796	63.09
6	Agricultural Bank of China	591,190	2,610,582	341.58
7	Citi group	1,494,037	1,842,530	23.33
8	Wells Fargo & Co	481,741	1,687,155	250.22
9	HSBC Holdings	1,501,970	2,634,139	75.38
10	Mitsubishi UFJ Financial Group	1,519,015	2,382,398	56.84
1~10위 평균 증가율				216.9
11~50위 평균 증가율		603,053	1,029,919	70.78
한국계 6개 은행 평균 증가율				47.53

자료: bankscope.

세계 주요은행들의 종업원 수를 살펴보면, 한국계 은행들의 종업원 수는 세계 주요은행들에 비해 절대적으로 적은 수준이다. 국내은행들의 평균종업원 수(산은 제외)는 14,701명으로 1~10위 은행들의 평균 종업원 수 297,732명으로 국내은행에 비해 무려 20.3배, 11~50위 사이의 평균 84,968명으로 5.8배로 절대적으로 적은 것으로 나타났다.

표 1-23 주요은행 종업원 수

순 위	은행명	종업원 수
1	ICBC	462,282
2	China Construction Bank	372,321
3	JP Morgan Chase & Co	241,359
4	Bank of China	308,128
5	Bank of America	220,000
6	Agricultural Bank of China	493,583
7	Citigroup	241,000
8	Wells Fargo & Co	264,500
9	HSBC Holdings	266,000
10	Mitsubishi UFJ Financial Group	108,153
	1~10위 평균	297,732
11~50위 평균		84,968
62	한국산업은행	3,182
65	국민은행	21,283
69	신한금융지주	14,058
82	하나금융지주	8,988
91	우리은행	15,094
97	농협금융지주	14,085
	한국계 은행 평균(산은 제외시)	12,781(14,701)

출처: bankscope, 금융통계정보시스템.
주: 국내은행의 경우 금융감독원의 금융정보통계시스템을 이용.

자산규모가 국내은행들에 비해 1~10위 은행들은 평균적으로 9.5배와 11~50위 은행들이 2.8배인 사실을 감안하더라도 국내은행들의 종업원 수는 너무 적은 것으로 결론을 내릴 수 있다. 이러한 결과는 국내은행들이 임금은 계속 올리면서 고임금의 부담을 고용억제로 해결해 왔기 때문이다. 금융서비스는 결국 사람에 의해 가능하나 작은 종업원의 수로는 국제수준에 걸맞는 그리고 은행이 본연적으로 해야 하는 금융서비스의 양과 질을 충분히 제공하기 어렵다. 사람이 부족하다면 금융서비스를 제대로 제공할 수가 없기 때문에 임금을 낮춰 종업원을 더 뽑아서라도 금융서비스의 양과 질을 높여야 국내은행의 경쟁력이 근본적으로 개선될 수 있다.[14)]

2.3 수익성/비용구조/건전성/생산성 비교

은행들은 주로 예금을 통해 조달한 자금을 대출 및 유가증권의 투자 등의 자산운용에 의해 수익을 창출한다. 은행의 순이익(net income)은 대체적으로 이자비용과 대출수익과의 차이에 의해 결정되며, 판매관리비와 수수료 수입, 그리고 대손충당금의 적립 등도 부차적으로 중요한 역할을 한다. 은행의 수익성 결정요인이 은행산업의 발전에 중요한 역할을 하기 때문에 이에 대한 연구들이 오래 전부터 국내외에서 진행되어 왔다.[15)] 예대마진이나 NIM이 수익성을 결정하는 데에 중요하다는 사실은 이미 학계에서도 공통적으로 인정하는 결과이다.[16)] 다만 저금리가 반드시 낮은 NIM을 초래하지 않기 때문에 저수익의 원인을 분석할 때에는 저금리와 낮은 NIM의 역할을 구분하는 것이 필요하다. NIM의 결정요인은 은행 경영진의 위험회피성향, 영업비용, 경영전략 선택의 결과, 시장지배력, 은행경영의 기술적 우위, 자기자본비율 등이 중요하여 지금과 같은 저금리시대에서도 높은 NIM이 나타났을 수도 있기 때문에 은행의 수익성에 대한 논의를 할 때는 단순히 저금리와 낮은 NIM를 같은 개념으로 동일시하는 것은 삼가야 한다.[17)]

앞에서도 개략적으로 살펴보았듯이 국내은행의 수익성은 세계 주요은행들에 비해 크게 떨어진다. 최근 저금리로 인한 순이자마진의 하락이 저수익의 주요원인으로 지적되기도 하지만 저금리와 낮은 순이자마진은 세계 대부분 은행들이 직면하고 있는

---

14) 국내은행들의 신용등급은 세계 주요은행들과 평균수준과 비슷한 것으로 나타나 본문에서 설명하는 것은 생략함.

15) 은행수익성에 관한 주요 국내외 연구들은 Pyle(1972), Ho and Saunders(1981), Berger(1995), Angbazo(1997), Demirguc-Kunt and Huizinga(1999), Williams(2007), Demirguc-Kunt and Huizinga (2009), Liu and Wilson(2010), Hefferman and Fu(2010), 이영수·정용관(2002), 박창균·연태훈(2009), 서지용(2011), 조성제·박순식(2013), 정지만(2001) 등을 참고할 것

16) 예대마진과 NIM이 은행이익에 중요하다는 국내연구결과로는 서지용(2011), 홍정효·고보현(2009), 정지만(2001) 등을 참고할 것.

17) NIM 결정요인에 관한 국내연구로는 박창균·연태훈(2009), 조성제·박순식(2013) 등을 참고할 것.

일반적인 현상이기 때문에 저금리 때문에 국내은행들의 수익성이 특별하게 떨어진다는 논리는 적절하지 못하다.

국내은행들의 경영상 최대 취약한 부분은 낮은 수익성에 있다. 수익성을 나타내는 대표적인 지표인 총자산수익률(ROA: return on asset)과 자본수익률(ROE: return on equity)의 6대 국내은행들의 평균은 각각 0.5%와 5.2%로 1~10위 평균인 1.2%와 11.8%, 그리고 11~50위의 평균인 0.9%와 10%에 비해 절반도 안 되는 수준이다. 이러한 낮은 수익성의 주요원인으로 저금리에 따른 낮은 이자수익, 즉 낮은 NIM을 들고 있으나 같은 저금리시대와 비슷한 NIM 수준 하에서도 세계 주요은행들은 국내은행들보다 훨씬 높은 수익성을 보이고 있다. 국내은행의 평균 NIM은 2.04%로 1~0위 사이의 평균 NIM인 2.54%에서는 낮은 편이나 중국을 제외하면 2.1%로 유사하며, 11~50위 사이의 NIM은 1.99로 오히려 국내보다 낮은 수준이다. 저금리와 낮은 NIM 하에서도 높은 수익을 창출하는 세계 주요은행들의 수익구조와 높은 경영효율성을 배울 필요가 있다.

먼저 국내외 은행들의 수익성 격차의 원인으로는 낮은 NIM보다 수익구조의 차이를 들 수 있다. 국내은행들의 이자이익비중은 67.4%로 1~10위 사이 은행들의 평균인 62.9%(중국을 제외한 경우,53.3%)와 11~50위 사이의 평균인 59.4%(중국을 제외한 경우 56.8%)에 지나치게 높은 수준이다. 다양한 비이자수익구조를 갖고 있는 세계 주요은행들에 비해 국내은행들은 지나치게 이자수익에 의존하는 단순한 수익구조로 이익을 창출하는 데에 근본적인 한계를 지니고 있다. 특히 비이자이익 중에서 수수료 이익이 세계 주요

표 1-24 은행의 수익성 지표

(단위: 억 달러, %)

구분	세전이익			ROA			ROE			NIM			1인당 총자산		
	전체	중국 제외	중국 평균	전체	중국 제외	중국 평균	전체	중국 제외	중국 평균	전체	중국 제외	중국 평균	전체	중국 제외	중국 평균
1~10위	301	195	598	1.2	0.7	1.1	11.8	7.2	14.5	2.54	2.1	2.9	9.4	10.91	7.0
11~50위	70	64	130	0.9	0.6	0.5	10.0	8.4	8.8	1.99	1.8	1.7	19.6	19.43	12.6
국내 은행	14			0.5			5.2			2.04			24.1		

출처: bankscope.

주: 농협, 신한, 하나, 우리, 국민, 산업은행. 각 항목은 해당 그룹 평균임.

은행들에 비해 지나치게 낮아 저수익성의 주요원인이 되고 있다. 국내은행들은 금융서비스를 제공하고 그 대가인 수수료를 제대로 못 받고 있는 것이다. 국내은행들이 다양한 수익구조를 찾지 못해 비이자수익이 전반적으로 낮은 것은 사실이나 금융서비스에 들어가는 행정비용도 금융소비자들이 제대로 지불하지 않고 있다. 금융소비자들은 은행들이 제공하는 금융서비스에 대해 정당한 대가를 지불하는 것이 당연하나 국내 금융소비자들은 은행의 금융서비스에 대해 '공짜' 인식이 만연하여 은행들의 수익성을 저해하는 주요원인이 되고 있다. 이는 은행에서 제공하는 금융서비스에 대해 정당한 가격을 지불하려는 인식이 부족하고, 은행의 공공성을 지나치게 강조한 결과이다. 혹자는 은행에서 제공하는 금융서비스를 중국집에서 공짜로 제공하는 '만두서비스'에 빗대어 금융소비자들의 금융서비스에 대한 인식을 비판하기도 한다.[18] 금융기관에서 제공하는 금융서비스가 중국집에서 종종 공짜로 제공하는 만두서비스와는 같을 수는 없지 않은가? 은행이 이익을 제대로 창출하고, 국제경쟁력을 높이려면 금융서비스를 만두서비스와 같이 취급하는 행태부터 고쳐야 한다.

표 1-25 그룹별 수익구조

(단위: %)

	이자이익 비중	비이자이익 비중						
		트레이딩 및 파생상품 이익	기타 유가증권 이익	유가증권 시가평가 이익	보험이익	수수료 이익	기타 영업이익	합계
1~10위	62.9	5.2	0.7	0.3	0.5	25.7	4.7	37.1
11~50위	59.4	8.9	1.7	0.0	−0.2	25.8	4.4	40.6
국내 은행	67.4	3.6	4.1	−1.8	−4.9	13.3	18.2	32.6

출처: bankscope.
주: 농협은 2012년 이후 포함. 각 그룹별 평균.

〈표 1-25〉에 의하면 한국의 은행의 수수료 이익비중(13.3%)이 1~10위(25.7%)와 11~50위 은행들의 비중(25.8%)에 비해 절반 수준에도 못 미치고 있어 결국 국내 주요은행들의 저수익의 주요원인은 단순한 수수료 구조와 저수수료에 기인한다는 사실을 알

18) 이재우(2015) "군만두 '서비스'와 우리나라 금융 서비스", 국가미래연구원 블로그.

수 있다. 특히 국내은행들의 각종 금융서비스에 부과하는 수수료 수준은 국제 주요은행에 비해 크게 낮아 국내은행들이 제공하는 금융서비스에 대해 대가를 제대로 받지 못하고 있는 것으로 나타났다.

표 1-26 중국은행을 제외한 그룹별 수익구조

(단위: %)

중국 제외	이자이익 비중	비이자이익 비중						
		트레이딩 및 파생상품 이익	기타 유가증권 이익	유가증권 시가평가 이익	보험이익	수수료 이익	기타 영업이익	합계
1~10위	53.3	8.0	1.1	3.4	0.6	30.2	6.8	50.0
11~50위	56.8	11.1	2.2	0.0	−0.4	26.5	5.3	44.8
국내은행	67.4	3.6	4.1	−1.8	−4.9	13.3	18.2	32.6

출처: bankscope.
주: 농협은 2012년 이후 포함. 각 그룹별 평균.

최근 전국은행연합회에서 최근 발표한 금융선진은행들과의 수수료 비교에 의하면(〈표 1−27〉 참조) 국내은행들은 같은 금융서비스에 대해서 상당히 낮은 수수료를 부과하고 있는 것으로 나타났다. 송금수수료의 경우 자행 내의 수수료는 대부분 무료로 큰 차이가 없지만 타행으로의 송금수수료는 큰 차이가 있다. 국내은행들은 창구이용을 하는 경우 500~3,000원을 부과하고 있지만 미국의 시티 은행과 영국의 바클레이즈 은행은 각각 35달러와 25파운드로 4만여 원의 수수료를 부과하여 큰 차이를 보이고 있다.[19] 자동화기기를 이용한 송금수수료의 경우에도 한국은 400원에서 1,600원 정도에 불과하나 시티와 바클레이즈는 18.35~45달러(약 21,100~ 51,750원)와 25파운드(42,500원)를 부과하는 등 한국보다 훨씬 높은 수수료 수준으로 나타났다. 인터넷뱅킹과 텔러·모바일뱅킹도 한국은행들은 500원 이하의 수수료를, 반면에 시티와 바클레이즈는 17.5~25불(20,000~28,000원)과 25파운드(42,500원)를 부과하여 극명한 대조를 보여주고 있다. 특히 계좌관리수수료의 경우 한국은 아무런 수수료 없이 무료로 관리를 해주고 있으나

19) 달러와 파운드의 수수료는 미 달러의 경우 환율은 1,150원, 파운드의 경우 환율은 1,700원을 적용하여 대략적으로 계산한 것임.

표 1-27 주요국의 은행 수수료 비교

(단위: 천원, 백 엔, 달러, 파운드)

<table>
<tr><th colspan="4">구 분</th><th>한국
(천원)</th><th>일본 UFJ[1]
(100엔)</th><th>미국 Citi[1]
(달러)</th><th>영국
Barclays[1]
(파운드)</th></tr>
<tr><td rowspan="10">송금수수료
(국내 기준)</td><td rowspan="5">자행[2]</td><td colspan="2">창구 이용</td><td>0</td><td>3.24~5.4</td><td>0</td><td>0</td></tr>
<tr><td rowspan="2">자동화기기</td><td>마감 전</td><td>0</td><td rowspan="2">0</td><td rowspan="2">0</td><td rowspan="2">0</td></tr>
<tr><td>마감 후</td><td>0</td></tr>
<tr><td colspan="2">인터넷뱅킹</td><td>0</td><td rowspan="2">0</td><td rowspan="2">0</td><td rowspan="2">0</td></tr>
<tr><td colspan="2">텔레·모바일뱅킹</td><td>0</td></tr>
<tr><td rowspan="5">타행[3]</td><td colspan="2">창구 이용</td><td>0.5~3</td><td>6.48~8.64</td><td>35</td><td>25</td></tr>
<tr><td rowspan="2">자동화기기</td><td>마감 전</td><td>0.4~1.2</td><td rowspan="2">2.7~4.32</td><td rowspan="2">18.35~45</td><td rowspan="2">25</td></tr>
<tr><td>마감 후</td><td>0.5~1.6</td></tr>
<tr><td colspan="2">인터넷뱅킹</td><td>0~0.5</td><td>2.16~3.24</td><td rowspan="2">17.5~25</td><td rowspan="2">25</td></tr>
<tr><td colspan="2">텔레·모바일뱅킹</td><td>0~0.5</td><td>2.16~3.24</td></tr>
<tr><td rowspan="4">자동화기기
인출수수료</td><td rowspan="2">자행</td><td colspan="2">마감 전</td><td>0</td><td>0</td><td rowspan="2">0</td><td rowspan="2">0 [5]</td></tr>
<tr><td colspan="2">마감 후</td><td>0~0.7</td><td>1.08</td></tr>
<tr><td rowspan="2">타행</td><td colspan="2">마감 전</td><td>0.6~0.9</td><td>1.08</td><td rowspan="2">0~2.5 [4]</td><td rowspan="2">0 [5]</td></tr>
<tr><td colspan="2">마감 후</td><td>0.7~1</td><td>2.16</td></tr>
<tr><td rowspan="6">기타 수수료</td><td rowspan="2">자기앞수표
발행수수료</td><td colspan="2">정액권</td><td>0~0.1</td><td rowspan="2">8.64 [6]</td><td rowspan="2">0 [6]</td><td rowspan="2">15 [6]</td></tr>
<tr><td colspan="2">일반권</td><td>0~0.4</td></tr>
<tr><td rowspan="2">어음수표용지
교부수수료</td><td colspan="2">어음용지</td><td>10~12</td><td>10.80</td><td>–</td><td>–</td></tr>
<tr><td colspan="2">수표용지</td><td>10~12</td><td>3.24</td><td>0 7)</td><td>0</td></tr>
<tr><td colspan="3">통장·증서 재발행 수수료</td><td>0.1~2</td><td>10.80</td><td>–</td><td>–</td></tr>
<tr><td colspan="3">제 증명서 발행수수료</td><td>2</td><td>5.4~8.64</td><td>5</td><td>5</td></tr>
<tr><td rowspan="2">입금수수료
(국내 기준)</td><td colspan="3">자행계좌로부터의 입금</td><td rowspan="2">0</td><td rowspan="2">0</td><td>0 [2]</td><td rowspan="2">0</td></tr>
<tr><td colspan="3">타행계좌로부터의 입금</td><td>0~15 [3]</td></tr>
<tr><td>계좌관리
수수료</td><td>월 수수료
(Monthly Fee)</td><td colspan="2">상품별
차등 적용</td><td>0</td><td>0</td><td>10~30</td><td>0~7</td></tr>
</table>

주: 1) 일본·미국·영국의 경우 각 은행 홈페이지 참고('15.5월 기준). 2) Citibank Global Transfer(미국 내외 시티 은행으로의 자행송금제도) 이용 기준. 3) 美 Fed-wire를 통한 당일자 결제 시 수수료, 英 CHAPS를 통한 당일자 결제 시 수수료 기준. 4) 타 기관 ATM(CIRRUS, MAESTRO, MasterCard 로고 부착 ATM)에서 수수료를 징구. 수수료는 ATM에 따라 다르며, 계좌잔고 조회 시에도 수수료 징구하기도 함. 5) LINK(영국 내 최대 ATM 연결망)에 연결된 기기를 통한 인출 시에 한함(일부 기기는 transaction fee 징구), 그 외 연결망에 속한 기기 또는 우체국에서 인출 시에는 인출액의 2%(최저 1.5~최고 4.5파운드) 수수료 징구. 6) 日 銀行振出小切手, 美 Official Check, 英 Banker's Draft 기준. 7) counter check 기준, 계좌 개설시 최초 수령분 무료, 이후 지급분은 가격 다양.

자료: 전국은행연합회.

시티와 바클레이즈는 각각 10~30불(11,500~34,500원)과 0~7파운드(0~11,900원)를 부과하여 금융서비스에는 공짜가 없음을 보여주고 있다. 이러한 수수료의 큰 격차가 유지되는 한 국내은행들의 수익성은 개선되기 어렵다.

국내은행들이 금융서비스에 대한 대가인 수수료를 제대로 받지 못하는 주요이유는 정치권, 정책당국, 언론, 일부 시민단체 등이 서민들에게 피해가 크다는 이유로 수수료 현실화를 오랫동안 비판하여 은행들이 올리지 못한 결과이다. 금융서비스의 대가를 제대로 받지 못하는 경영환경 하에서 국내은행들의 수익성 개선과 국제경쟁력의 제고를 기대하는 것은 불가능하다. 빠른 시일 내에 수수료의 현실화가 이루어질 필요가 있다.

표 1-28 중국은행의 그룹별 수익구조

(단위: %)

중국 은행	이자이익 비중	비이자이익 비중						
		트레이딩 및 파생상품 이익	기타 유가증권 이익	유가증권 시가평가 이익	보험이익	수수료 이익	기타 영업이익	합계
1~10위	77.4	0.9	0.4	−0.1	0.8	19.0	1.7	22.6
11~50위	74.1	2.1	0.1	0.2	0.0	21.9	1.8	26.1

출처: bankscope.
주: 농협은 2012년 이후 포함. 각 그룹별 평균.
각 그룹 내에 있는 중국은행을 추출하여 계산한 수치.

중국계 은행들도 지금은 높은 수익성을 보여주고 있지만 수익구조를 들여다보면 미래는 그리 낙관적이지 못하다. 중국은행의 이자이익 비중은 1~10위가 77.4%, 11~50위가 74.1%로 한국보다 높은 이자의존도를 보이고 있어 장기적으로 경쟁이 치열해지면 수익성은 크게 떨어질 가능성이 있다.

국내은행들의 자산운용형태의 유사성도 저수익성의 원인으로 작용하고 있다. 중국을 제외한 세계 선진은행들의 자산운용은 대출 외에 다양한 자산운용을 보이고 있으나 국내은행들의 경우 지나치게 단순하고 유사하다.[20] 세계 주요은행들의 자산

20) 김우진(205)은 국내은행들의 자산운용구조가 단순하면서 대부분 비슷해 차별성이 없어 저수익의

표 1-29 10대 은행 주요자산별 비중

(단위: 십억 달러)

	ICBC	China Construction Bank	Bank of China	Agricultural Bank of China	Bank of America	Citi group	Wells Fargo	HSBC	Mitsubishi UFJ
TotalEarning Assets (총 적립자산)	2,698 (80.1)	2,248 (82.2)	1,996 (80.1)	2,097 (80.3)	1,704 (81.0)	1,630 (88.4)	1,561 (92.5)	2,402 (91.2)	1,855 (80.5)
Loans (대출)	1,760 (52.2)	1,507 (55.1)	1,356 (54.4)	1,265 (48.4)	880 (41.8)	629 (34.1)	870 (51.6)	975 (37.0)	920 (39.9)
Other Earning Assets (기타 수익자산)	938 (27.8)	741 (27.1)	641 (25.7)	832 (31.9)	824 (39.2)	1,001 (54.3)	691 (41.0)	1,427 (54.2)	934 (40.6)
Loans and Advances to Banks (은행 간 대출 및 전도금)	204 (6.1)	129 (4.7)	185 (7.4)	243 (9.3)	199 (9.5)	252 (13.7)	256 (15.2)	280 (10.6)	105 (4.6)
Derivatives (파생상품)	4 (0.1)	2 (0.1)	8 (0.3)	1 (0.0)	53 (2.5)	68 (3.7)	23 (1.4)	345 (13.1)	108 (4.7)
Other Securities (기타 증권)	729 (21.6)	610 (22.3)	445 (17.9)	584 (22.4)	572 (27.2)	562 (30.5)	391 (23.2)	793 (30.1)	721 (31.3)
Remaining earning assets (잔여 적립자산)	–	–	3 (0.1)	3 (0.1)	–	119 (6.5)	21 (1.2)	9 (0.3)	–
Fixed Assets (고정자산)	33 (1.0)	25 (0.9)	28 (1.1)	25 (1.0)	10 (0.5)	–	9 (0.5)	11 (0.4)	11 (0.5)
Non–Earning Assets (비적립자산)	638 (18.9)	463 (16.9)	468 (18.8)	489 (18.7)	390 (18.5)	213 (11.6)	117 (6.9)	222 (8.4)	437 (19.0)

* JP Morgan은 투자은행으로 제외, ( )는 전체 대비 비중.
자료: bankscope.
주: 2014년 기준.

운영이 다양한 이유는 수익창출을 위해 다른 은행과 차별화를 추구한 노력의 결과이다. 반면에 중국계 은행들도 국내은행과 마찬가지로 단순한 수익구조를 갖고 있어 규모는 크지만 수익구조나 자산운용의 구조는 그리 선진적이지 못하다. 국내은행들이 좀더 다양한 자산운용을 하기 위해서는 선진금융기법을 배우고 경영의 효율성을 높여야 한다. 특히 금융전문성과 위험관리 능력이 전제되지 않는다면 자산운용의 다양

원인으로 작용함을 지적하였음.

화는 현실적으로 어렵다. 수익이 높은 파생상품이나 증권에 대한 투자를 확대하기 위해서는 그만큼 내재되어 있는 위험에 대한 철저한 분석과 헷지능력이 있어야 가능하기 때문이다.

국내은행들의 고비용구조도 저수익성의 주요원인으로 작용하고 있다. 특히 높은 인건비는 고비용과 저수익의 주요원인으로 작용하고 있다. 판관비 대비 인건비 비중은 국내은행 평균이 62%로 세계 주요은행들의 평균인 54% 수준에 비해 매우 높은 편이다. 2008년 글로벌 금융위기 이후 꾸준히 증가한 국내은행들의 판관비는 대부분 인

표 1-30 국내 주요은행 자산별 비중

(단위: 십억 달러)

	국민	신한	하나	우리
TotalEarning Assets (총 적립자산)	222.9 (89.0)	208.6 (89.7)	141.1 (90.0)	227.3 (92.5)
Loans (대출)	185.5 (74.0)	167.1 (71.8)	113.3 (72.2)	183.0 (74.5)
Other Earning Assets (기타 수익사산)	37.4 (14.9)	41.5 (17.8)	27.8 (17.7)	44.3 (18.0)
Loans and Advances to Banks (은행 간 대출 및 전도금)	1.2 (0.5)	4.2 (1.8)	2.5 (1.6)	10.1 (4.1)
Derivatives (파생상품)	1.7 (0.7)	1.2 (0.5)	2.4 (1.6)	2.1 (0.9)
Other Securities (기타 증권)	34.1 (13.6)	35.4 (15.2)	22.6 (14.4)	31.8 (12.9)
Remaining earning assets (잔여 적립자산)	0.4 (0.1)	0.7 (0.3)	0.2 (0.1)	0.3 (0.1)
Fixed Assets (고정자산)	2.6 (1.0)	1.9 (0.8)	1.2 (0.8)	2.3 (0.9)
Non-Earning Assets (비적립자산)	25.0 (10.0)	22.1 (9.5)	14.5 (9.2)	16.2 (6.6)

자료: bankscope.
주: 2014년 기준.
( )은 전체 대비 비중.

표 1-31 그룹별 비용 비교

(단위: 억 달러, 천 달러)

전체 평균	1~10위				11~50위				국내 은행			
	인건비	판관비	1인당 인건비	1인당 판관비	인건비	판관비	1인당 인건비	1인당 판관비	인건비	판관비	1인당 인건비	1인당 판관비
2008	151.2(52.4)	288.4	50.66	124.35	76.5 (57.3)	133.6	83.23	163.08	8.66 (55.5)	15.59	76.23	136.22
2009	177.3 (54.5)	325.4	57.81	137.69	87.2 (58.4)	149.3	101.85	190.89	9.31 (56.6)	16.44	81.44	144.00
2010	191.9 (52.1)	368.4	60.55	150.83	89.1 (57.5)	154.9	106.38	199.65	9.64 (54.3)	17.74	85.86	154.97
2011	209.4 (53.1)	394.2	64.47	156.09	87.5 (56.3)	155.4	111.84	218.84	10.90 (59.6)	18.30	96.53	164.18
2012	215.9 (55.2)	391.3	67.07	155.40	88.3 (55.4)	159.4	116.72	222.00	12.27 (60.9)	20.15	102.22	157.81
2013	221.2 (55.2)	400.4	70.01	156.22	89.5 (54.5)	164.2	118.74	227.59	12.40 (60.8)	20.40	99.72	154.52
2014	224.9 (54.1)	415.8	72.57	164.44	82.7 (54.4)	151.9	110.85	213.01	12.57 (62.0)	20.27	97.69	161.34

출처: bankscope, 금융통계정보시스템(국내은행).

주: 각 항목은 농협, 신한, 하나, 우리, 국민, 산업은행의 평균임(농협은 2012년 이후 포함).
매년 말 환율 데이터를 이용하여 원을 달러로 환산.
( )는 판관비 중 인건비가 차지하는 비중임(%).

건비의 증가에 기인하는 것으로 나타났다. 판관비에서 차지하는 인건비 비중이 2008년의 55.5%에서 2014년에 62.0%로 크게 증가한 사실이 이를 증명하고 있다. 반면에 1~10위사이의 세계 주요은행들은 판관비 대비 인건비 비중이 2008년의 52.4%에서 2014년에 54.1%의 미미한 증가에 그치고 있으며, 11~50위 사이의 은행들의 인건비 비중은 2008년의 57.3%에서 2014년에 54.4%로 오히려 감소하였다. 글로벌 금융위기 속에서 세계주요은행들의 위기극복을 위한 저비용을 위해 많은 노력을 기울였으나 국내은행들의 인건비는 지속적으로 확대되어 국내은행들의 수익성과 경쟁력을 훼손하고 있다. 중국계 은행을 제외한 경우의 판관비 대비 인건비 비중(〈표 1-32〉 참조)은 1~10위의 은행들은 50%가 조금 넘는 수준에서 안정적이며, 11~50위 은행들은 2008년의 57.9%에

표 1-32 그룹별 비용 비교(중국 제외)

(단위: 억 달러, 천 달러)

중국 제외 평균	1~10위				11~50위				국내 은행			
	인건비	판관비	1인당 인건비	1인당 판관비	인건비	판관비	1인당 인건비	1인당 판관비	인건비	판관비	1인당 인건비	1인당 판관비
2008	214.6 (54.2)	395.7	84.26	181.77	88.5 (57.9)	152.8	105.50	189.07	8.66 (55.5)	15.59	76.23	136.22
2009	256.8 (57.0)	450.9	97.34	202.42	103.5 (59.3)	174.6	139.73	240.12	9.31 (56.6)	16.44	81.44	144.00
2010	269.5 (53.4)	505.1	99.57	220.37	104.5 (58.1)	179.9	127.61	223.47	9.64 (54.3)	17.74	85.86	154.97
2011	281.0 (54.5)	515.4	102.76	207.68	99.8 (56.8)	175.7	120.73	222.89	10.90 (59.6)	18.30	96.53	164.18
2012	281.3 (56.5)	498.2	106.28	218.60	99.3 (55.7)	178.3	123.83	229.08	12.27 (60.9)	20.15	102.22	157.81
2013	277.7 (56.1)	494.7	109.66	216.37	99.8 (54.7)	182.3	123.45	233.23	12.40 (60.8)	20.40	99.72	154.52
2014	276.4 (54.6)	505.9	113.54	227.65	91.2 (54.7)	166.8	115.43	217.09	12.57 (62.0)	20.27	97.69	161.34

출처: bankscope, 금융통계정보시스템(국내은행).
주: 각 항목은 농협, 신한, 하나, 우리, 국민, 산업은행의 평균임(농협은 2012년 이후 포함).
매년 말 환율 데이터를 이용하여 원을 달러로 환산.
( )는 판관비 중 인건비가 차지하는 비중임(%).

서 2014년에는 54.7%로 하락하여 글로벌 금융위기를 겪으면서 오히려 인건비의 증가를 억제하는 경향을 확인할 수 있다. 중국계 은행들의 경우(〈표 1-33〉 참조)에는 1~10위와 11~50위의 은행 모두 50% 초중반의 안정적인 추세를 보이고 있어 국내은행들의 인건비가 얼마나 과도한지를 알 수가 있다. 국내은행들이 글로벌 금융위기기간 동안에서도 판관비의 증가는 전반적으로 억제하면서 인건비는 지속적으로 높여 수익성과 경쟁력을 상실하는 결과를 초래하였다.

국내은행들의 평균임금이 얼마나 높은지를 파악하기위해 세계 주요은행들의 1인당 평균인건비를 각국의 1인당 명목소득과 대비하여 비교해 보았다. 각국의 국민소득 수준을 감안한 인건비(1인당 인건비/1인당 명목국민소득)는 국내 6대 은행의 평균은 3.52로 중국계 은행을 제외한 1~10위 사이의 세계 주요은행들의 평균인 2.13에 비해 1.64배나

표 1-33 그룹별 비용 비교(중국)

(단위: 억 달러, 천 달러)

중국 평균	1~10위				11~50위				국내 은행			
	인건비	판관비	1인당 인건비	1인당 판관비	인건비	판관비	1인당 인건비	1인당 판관비	인건비	판관비	1인당 인건비	1인당 판관비
2008	116.6 (52.0)	224.3	41.8	78.3	62.7 (52.4)	119.7	49.4	89.5	8.66 (55.5)	15.59	76.23	136.22
2009	149.4 (52.5)	284.6	48.5	91.0	74.0 (53.5)	138.4	43.7	84.1	9.31 (56.6)	16.44	81.44	144.00
2010	168.8 (48.7)	346.3	50.5	100.6	78.0 (56.0)	139.4	44.7	86.3	9.64 (54.3)	17.74	85.86	154.97
2011	189.9 (50.1)	379.1	53.3	104.3	77.8 (55.6)	140.0	54.5	99.4	10.90 (59.6)	18.30	96.53	164.18
2012	199.8 (52.3)	382.1	56.2	109.5	77.5 (55.2)	140.3	54.9	100.5	12.27 (60.9)	20.15	102.22	157.81
2013	209.7 (51.7)	405.5	59.7	121.5	78.8 (53.3)	147.8	57.8	106.2	12.40 (60.8)	20.40	99.72	154.52
2014	213.6 (51.5)	414.4	61.5	117.3	73.0 (54.0)	135.2	59.5	109.8	12.57 (62.0)	20.27	97.69	161.34

출처: bankscope, 금융통계정보시스템(국내은행).
주: 각 항목은 농협, 신한, 하나, 우리, 국민, 산업은행의 평균임(농협은 2012년 이후 포함).
매년 말 환율 데이터를 이용하여 원을 달러로 환산.
( )는 판관비 중 인건비가 차지하는 비중임(%).

높고, 11~50위 사이의 은행들의 평균인 2.59에 비해서도 1.35배나 높아 국내은행들의 인건비가 주요 선진은행들에 비해 30~60% 정도 높은 것으로 분석되었다. 이렇게 높은 임금수준으로 이익을 창출하고 경쟁력을 높인다는 것은 쉽지 않아 보인다. 임금안정 없이는 국내은행들의 고용창출도 경쟁력의 회복도 불가능하다.

반면에 중국계 은행들의 인건비(1인당 인건비/1인당명 목국민소득)는 1~10위 은행들의 평균은 5.2와 11~50위 은행들은 7.84로 국내은행들보다 1.48배와 2.2배나 높은 것으로 나타나 중국계 은행들이 소득수준에 비해 지나치게 높은 임금을 받고 있는 것으로 나타났다. 중국계 은행들도 국제경쟁력을 지속적으로 유지하기 위해서는 임금의 안정적 관리가 중요해 보인다.

표 1-34 2014년 주요은행 1인당 인건비/1인당 명목GDP

(단위: 달러)

순위	은행명	$\frac{1인당인건비}{1인당명목GDP}$	중국평균
1~10위 평균		3.50(2.13)	1~10위 중: 명목대비 5.20 11~50위 중: 명목대비 7.84
1	ICBC	5.21	
2	China Construction Bank	5.29	
3	JP Morgan Chase & Co	2.29	
4	Bank of China	5.44	
5	Bank of America	2.81	
6	Agricultural Bank of China	4.86	
7	Citigroup	1.82	
8	Wells Fargo & Co	2.07	
9	HSBC Holdings	1.68	
10	Mitsubishi UFJ Financial Group	–	
11~50위 평균		3.39(2.59)	
65	KB Financial Group	3.37	
69	Shinhan Financial Group	3.68	
82	Hana Financial Group	3.32	
91	Woori Bank	3.67	
97	NongHyup Financial Group	3.56	
한국 평균		3.52	

출처: bankscope, World Bank(1인당 GDP).
주: 일본은행의 경우 평균에 계산에서 제외.
괄호 안의 숫자는 중국을 제외한 평균임.
단 한국산업은행은 제외.

건전성 측면에서는 한국의 은행들은 부실채권비율은 낮지만 커버리지비율, BIS자기자본비율, Tier1비율이 낮아 열악한 상황이다. 특히 국내은행들의 커버리지비율은 78.4%에 불과해 1~10위 은행의 129%, 그리고 11~50위 사이의 118.7%에 비해 크게 낮은 수준이다. 국내은행들이 그만큼 부실채권 대비 대손충당금을 충분히 쌓지 못하고 있어 경기침체기에 은행의 수익구조가 크게 악화될 수 있는 취약한 구조를 지니고 있다.

그림 1-6 금융감독체계 개편방향

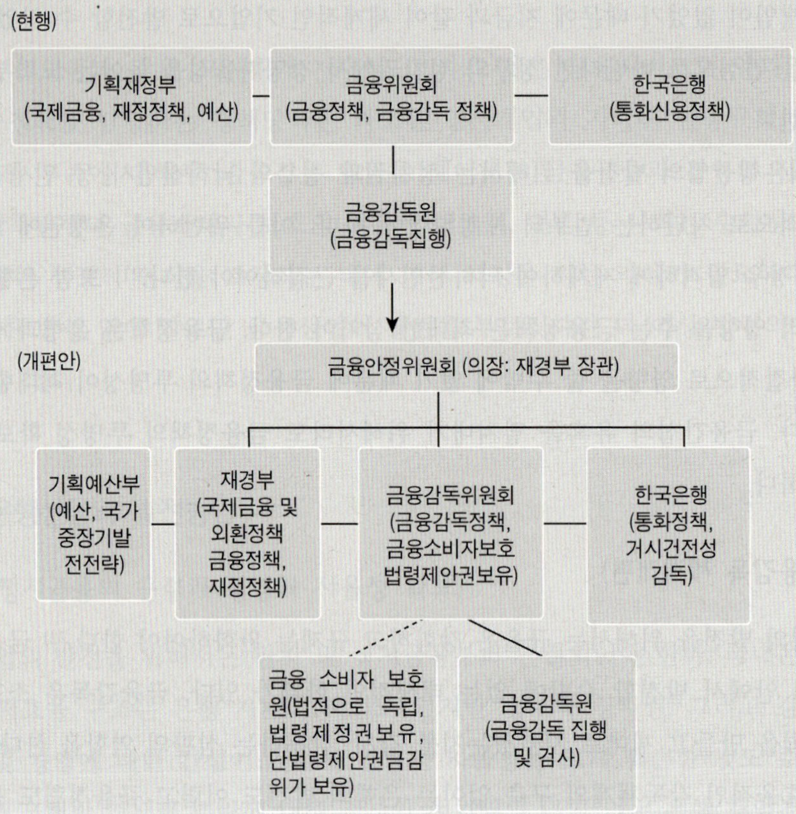

* 미시건전성 감독과의 업무조화를 위해 금융소비자보호원은 금융감독위원회의 산하에 두되 금융소비자보호원의 법적 독립성을 나타내기 위해 상기 〈그림 1-6〉에서 점선으로 표시.

자료: 남주하·김정렬·이규복(2012), 「금융위기의 원인과 한국의 금융제도 개혁」.

장과 금감원 원장은 동일인이어야 한다(구체적인 감독체계 개편방안은 〈그림 1-6〉을 참고).

글로벌 금융위기의 주요원인으로 지적되고 있는 금융시장의 시스템 리스크의 관리와 거시건전성 감독업무는 주로 중앙은행에서 담당하고 있기 때문에 한국은행법에 거시건전성 감독기능을 구체적으로 부여하여 최근 가계부채와 같은 금융안정 문제를 적극적으로 해결할 수 있는 기틀을 마련토록 해야 한다. 대부분 주요국가들은 중앙은행의 목적조항에 물가안정 외에 금융안정의 기능을 포함하고 있으나 한국은행법에는 금융안정 목적조항이 지나치게 약하게 들어가 있어 가계부채와 같은 금융안정을 위한 정책들을 적극적으로 펴기가 어렵다. 한국은행법을 개정해서라도 목적조항에 지금과 같이 "금융안정에 유의한다"에서 금융안정 기능을 좀더 확실하고 적극적인 표현으로 바꿔야 하다. 또한 이러한 금융안정의 목적을 달성하기 위해 거시건전성 감독기능을 한국은행에 구체적으로 부여하여야 한다. 거시건전성 감독을 통해 금융 불안정을 사전에 예방하는 것이 금융안정의 목적이다.

감독기관 간의 협력 및 공조강화를 위해 금융안정위원회(FSC: financial stability committee)를 구성하여 감독기구 및 기능 간 이견과 갈등을 해결하는 역할을 담당하여야 한다. 금융정책과 금융감독정책 간의 이해상충, 미시건전성 감독과 금융소비자 보호기능 간의 이해상충, 미시건전성 감독과 거시건전성 감독 간의 이해상충을 방지하기 위해 각 감독기능을 떨어뜨려 독립적으로 운영하는 것이 바람직하나 감독기능 간 이견과 갈등이 발생했을 때 협의를 통해 이러한 문제들을 해결하기 위한 협의체가 필요하다.

(금융소비자보호원 독립)

국내은행들이 갖고 있는 문제점은 금융약자인 금융소비자에게 제대로 된 금융서비스를 하지 않는다는 것이다. 금융소비자들은 금융상품이나 금융서비스에 대한 정보가 부족하고 협상력이 은행에 비해 약해 불공정한 금융거래를 자주 직면한다. 2007년 글로벌 금융위기기간에도 금융소비자 보호가 미흡하여 수많은 금융약자들이 금융위기로부터 큰 경제적 피해를 입었다. 은행들이 금융소비자들에게 필요한 정보를 제공하고 공정한 금융거래를 통해 이익을 창출한다면 어느 누구도 고수익에 대해 비난이나 비판을 할 수 없을 것이다. 그러나 국내은행들은 그동안 적잖이 금융약자들에게 불편부당한 금융거래와 약탈적 대출을 통해 이익을 추구해 왔다. 이러한 불공정한 금융거래로부터 금융약자의 피해를 보호하기 위해 법적으로 독립된 금융소비자보호원의 신설이 필요하다. 금융당국도 금융소비자 보호를 위해 노력을 하고는 있지만 금융소비자보호원의 신설을 통해 금융소비자를 보호한다면 더욱 진정성이 있어 보일 것이다. 박근혜 정부도 이러한 금융소비자 보호의 중요성을 인식하여 대통령 공약으로 천명한 바 있으나 금융당국의 태도에는 강한 실천의지를 엿볼 수 없다. 현재 추진중인 금융소비자보호법안의 추진과정에서의 갈등요인은 금융소비자 보호를 위해 별도조직을 신설하느냐의 여부이나 미시건전성 감독과 금융소비자 보호기능의 이해상충 방지를 위해서도 금융기관의 건전성을 감독하는 곳과 금융소비자 보호를 담당하는 곳이 달라야 한다. 현재 국회에서 논의 중인 금융소비자보호원의 신설을 골자로 하는 '금융위원회 설치 등에 관한 법률'의 개정은 금융위와 야당 간의 이견이 커서 통과되기 어려운 상황이다. 야당은 금융소비자 보호를 위해 독립적인 금융소비자보호위원회를 설립하고 집행기구로 금융소비자보호원을 운용하자는 주장을 하고 있으나 독립성을 지나치게 강조하여 현실성이 떨어진다. 반면에 금융당국은 현재 금융위원회의 산하에 금융감독원에서 금융소비자 보호기능을 분리하여 금융소비자보호원을 두자는 의견이나 이는 금융개혁의 의지가 부족해 보인다. 정답은 두 주장의 중간에 있다. 금융소비자 보호기능의 강화를 위해서 가장 핵심적인 요소는 법적으로 독립된 기구의 설립이다. 법적으로 독립된 기구의 의미는 다른 금융정책이나 미시건전성 감독기능과의 독립을 의미하기 때문에 야당안처럼 지나치게 독립성을 부여하는 구조나 금융당국처럼 독립성을 인정하지 않으려는 태도는 모두 문제가 있어 보인다. 또한 금융소비자보호원은 다른 감독기능과의 조화를 위해 금융감독위원회에 두는 것이 바람직하다. 만약 금융위원회가 금융감독위원회로 전환이 정부조직법의 개편 등으로 현실적으로 어렵다면 다른 감독기능과의 업무협조와 효율적 감독기능의 수행을 위해서도 현재의 금융위원회 산하에 두는 것이 차선책이다.[24)]

(금융감독기관의 독립성 강화)

금융감독기능을 정치 및 정부, 그리고 금융회사들로부터 독립적으로 원활히 수행하기 위해서는 중앙은행의 통화정책의 독립성에 준하는 독립성과 책임성이 확보되어야 한다. 금융감독기관장 및 이사회(금융감독위원회, 금융소비자보호원 이사회)의 멤버들은 금융전문가 중심으로 임명하여 상근화하되 임기(예: 3년)를 철저하게 보장할 필요가 있다. 금융감독정책을 결정하는 이사들은 정치권과 정부, 그리고 금융권으로 로비 및 포획의 대상이기 때문에 이러한 가능성을 사전에 막을 장치를 최대한 마련하여야 한다. 금융감독기관의 독립성 보장 없이 효율적인 감독기능의 수행과 금융산업의 발전을 바라

24) 미국과 영국도 글로벌 금융위기 이후 금융개혁의 일환으로 법적으로 독립된 금융소비자보호원을 설립하되 위치는 중앙은행 내부, 즉 연방준비은행(Fed)과 영란은행 내부에 두기로 하였음.

는 정치인이나 정부관료가 있는 한 한국의 금융은 발전할 수 없다.

(금융서비스의 양과 질 개선)

국내은행들은 금융서비스에 대한 인식부터 근본적으로 달라져야 한다. 은행은 금융서비스를 제공하고 그 대가로 수익을 창출하는 금융회사이나 금융소비자들이 필요한 금융서비스를 얼마나 충족시키려고 노력을 하고 있는지 의심스럽다. 은행을 찾아오는 금융소비자들의 수요를 파악하고, 거기에 맞는 금융상품을 찾아 최대한 충족시키는, 즉 필요한 금융서비스를 금융소비자의 수준과 상황에 맞춰 최대한 충족시키는 것이 금융업의 기본이다. 이러한 인식의 전환이 없다면 국내은행들은 영원히 금융관공서라는 비난을 받을 수밖에 없다. 국내은행들이 아시아권에서도 좋은 평가를 받지 못하는 이유는 기본적으로 자금의 수요자들에게 자금을 적기에 최대한 공급하려는 금융서비스의 자세가 부족하기 때문이다. 신용등급이 낮은 서민이 대출을 받기 위해 은행을 방문하는 경우 최선을 다해 저신용자에게 적절한 금융상품을 찾아주는 은행이 몇 군데나 있는지 의심스럽다. 금융서비스의 양과 질의 획기적인 개선이 없다면 국내은행들은 문턱이 높고, 고자세로 일관한다는 비판을 계속해서 받을 수밖에 없다.

(고임금 개선)

국내은행들의 고비용의 원인은 주로 고임금에서 기인한다. 세계 주요은행보다 30~60% 정도 높은 임금구조로는 세계 선진은행과의 경쟁도 어렵지만 높은 임금수준을 유지하기 위해 새로운 인력확충도 못하고 있다. 새로운 인력확충 없이는 양질의 금융서비스를 제공하는 것은 불가능하고, 기존의 판에 박힌 금융상품을 팔거나 위험이 없는 대출에 의존한 영업행위를 할 수밖에 없다. 국내은행들의 임금이 얼마나 높은지를 살펴보면 상당히 충격적이다. 국내은행들의 판관비에서 인건비 비중과 국민소득 대비 1인당 인건비는 세계 주요은행에 비해 최고수준으로 나타나 임금안정화를 통한 고비용 구조 개선이 시급하다. 이러한 고임금현상은 국내은행들의 단일호봉제와 같은 잘못된 임금체계가 한 몫하고 있다. 고임금의 안정이 이뤄지지 않는다면 국내은행들의 국제경쟁력 제고는 어려워 보인다. 고임금의 안정을 위해서는 일률적인 인위적 임금삭감 방식보다는 업무의 내용과 기능에 따라 임금체계가 달라져야 한다. 텔러와 같은 단순업무에는 낮은 임금을 적용하고, 리스크관리, 외환·국제금융업무, 파생상품업무, IT업무 등 고도의 전문성이 필요한 전문인력에 대해서는 임금을 차등화하여야 한다. 또한 성과주의를 확대하여 고임금은 철저히 고노동 생산성·고효율과 연계되어야 한다. 고효율이 전제되지 않는다면 고임금은 절대 허용되어서는 안 된다. 고비용·저효율 구조에서 벗어나기 위해서는 합리적인 임금체계의 도입이 절대적으로 필요하다.

국내은행들의 금융서비스의 질과 양이 부족한 데는 고임금 때문에 새로운 인력 확충이 어렵기 때문이다. 임금안정화를 통해 고용을 대폭 확대한다면 금융서비스의 양과 질을 높이는 데 기여할 수 있을 것이다. 이제는 찾아오는 고객에 대한 수동적인 금융서비스의 개념에서 벗어나 금융서비스가 필요한 고객에게 적극적으로 찾아가서 만족을 시키는 능동적인 금융서비스가 필요한 때이다.

(이익확대 방안)

국내은행들의 저수익의 원인은 은행규모가 작아 규모의 경제(economy of scale)가 작동되지 않은 측면이 있다. 세계 주요은행들에 비해 실물경제 대비 은행규모는 상당히 작은 편이다. 특히 국내은행들의 자산증가율도 작아 규모의 차이는 더욱 확대될 전망이어서 규모의 경제에 따른 경영의 효율성 제고는 기대하기 어려워 보인다. 규모를 확대하는 방안으로 인위적인 M&A를 통해 메가 뱅크를 만드는 방법은 경쟁력 제고에 전혀 도움이 되지 못하기 때문에 경계해야 한다. 10%대의 중금리 시장이 사각지대로 남아 있기 은행들은 중위험지대로 자산운영을 대폭 확대해 나가는 것이 필요하다. 또한 해외로 적극적으로 진출하여 성장가능성이 높고 시너지효과가 있는 해외의 금융회사들을 인수하여 자산을 늘리는 것도 좋은 대안이 될 수 있다. 국내에서도 비효율성이 높은 은행이 있다면 인수합병을 통해 효율성을 증대시키는 것도 가능하다.

국내은행들의 저수익의 주요원인으로 저수수료도 한몫하고 있다. 국내은행들의 금융서비스에 대한 대가인 수수료를 제대로 받지를 못해 수익창출에 한계를 초래한다. 저수수료의 현실화 없이는 수익성 제고는 불가능해 보인다. 실제 금융서비스에 들어가는 행정비용보다 수수료가 낮을 뿐더러 세계 주요은행들에 비해서도 수수료가 낮아 저수익성을 초래하고 있다. 은행이 제공하는 금융서비스는 중국집에서 제공하는 만두서비스처럼 공짜가 있어서는 안 된다. 공짜 좋아하다가 은행이 망할 수도 있다. 수익성 제고를 위해서는 금융서비스에 대한 대가인 수수료를 정당하게 지불하는 것이 중요하고, 사회 전반적으로도 금융서비스가 공짜가 아니라는 인식의 전환이 필요하다. 수수료 현실화에 대해 사회 전반적으로 만연한 부정적 분위기를 바꾸는 언론의 노력도 병행되어야 한다. 수수료의 현실화와 함께 수수료 수입원의 다양화도 중요하다. 국내은행들의 업무영역이 아직까지 단조로워 수수료의 구성이 매우 단순하다. 다양한 금융서비스와 상품을 개발하고, 증권, 보험과의 연계업무를 통해 다양한 수수료를 창출하여야 한다. 국내은행들이 주로 전통 상업은행의 업무에 치우쳐 있어 단기에 비이자수익을 확대하는 것은 쉽지 않으나 기본적인 대 고객수수료 외에 수익증권, 외환 등의 수익을 확대하면서 장기적으로 파생상품 취급과 수수료 확대가 필요해 보인다.

국내은행들의 돌파구는 중금리 및 중위험 상품 확대와 금융서비스 제고에서 찾아야 한다. 국내금융시장은 저금리의 은행시장과 고금리의 제2금융권으로 분리되어 10%대의 중금리 시장이 사각지대로 남아 있다. 은행들은 과거 70년대 자금의 초과수요시기에 추진됐던 여신관리제도에 의해 대기업 여신만을 주로 취급하다보니 위험이 높지 않은 저금리금융에 익숙해졌고, 자금의 초과수요 부분은 제2금융권에서 충족되다보니 인위적으로 왜곡된 금융구조가 오랫동안 유지되어 왔다. 요즘처럼 자금의 초과공급시기에서는 인위적으로 양극화된 금융시장구조로는 저신용, 저소득 금융소비자들에게 필요한 금융서비스를 제공하지 못한다. 현재와 같이 저성장, 저금리 시대에 자금의 초과공급 상황에서는 제2금융권의 고금리는 고착화되어 중금리 대출이 어렵고, 은행은 문턱이 높다는 부정적인 여론을 의식하여 10%대의 금융상품(새희망홀씨대출은 예외)이 거의 없어 저신용 서민들의 자금가용성이 축소되고 있다. 은행은 중금리 상품을 개발하여 저신용자들의 대출가용성을 확대하고, 수익성 제고의 기회로 활용하여야 한다. 10%대의 중금리 시장의 적극적인 공략은 은행의 자산규모 확대, 수익성 제고, 저신용자에 대한 금융서비스의 확대와 금융비용 절감, 은행의 위험관리능력 제고 등 일석사조의 결과를 초래하는 황금알을 낳는 거위가 될 수 있다.

(언론의 친수익성 사회분위기 조성)

언론도 금융의 낙후에 대해서 자유롭지 못하다. 은행들이 수익을 많이 내면 부정적 시각으로 사회여론을 형성하는 등 은행의 수익성 위주의 경영에 대해 부정적 인식을 조장하고 있다. 만약 은행이 금융약자를 대상으로 불편부당한 금융거래를 통해 수익을 창출한 것이라면 비판의 대상이 될 수 있지만 금융소비자 보호를 제대로 했다면 높은 수익은 비난보다는 칭찬을 받아야 한다. 언론은 은행의 수익에 대해 일방적 비판보다는 금융소비자 보호가 미흡한 게 있는지를 보다 철저하게 파헤쳐 보도하는 자세가 중요하다. 혹시라도 언론을 포함해 사회 전반적으로 은행은 수익을 내면 안 되는 공공기관으로 인식하고 있다면 크게 잘못된 것이다. 은행이 수익을 좀 냈다 하면 수수료 장사를 했다거나 고금리 장사를 통해 얻은 것으로 비약해 수수료를 내리거나 금리를 내려야 한다는 식의 비난을 서슴지 않고 있다. 이런 식의 부정적 여론이 만연한 상황 하에서는 금융경쟁력의 제고는 불가능하다. 나아가 은행들로 하여금 10%가 넘는 중금리 대출상품을 취급토록 하여 수익기회를 높이도록 하여야 한다. 한 자리 숫자의 저위험, 저금리 상품으로는 수익을 창출하는 데 한계가 있다. 오히려 은행은 10%대의 금융상품을 취급하지 않는, 즉 지나치게 위험 기피적인 행태를 비판하는 것이 맞다. 규율을 지키고 공정한 경쟁을 통해서 창출한 은행의 수익은 최대한 인정받고 존중되어야 한다. 은행산업의 발전을 위해서 은행의 수익성 위주의 경영을 부정적으로 다루기보다 장려하는 분위기를 조성하는 것이 언론이 해야 할 일이다.

〈부록〉

▌별첨 1▐ 세계 100대 은행 경영현황

(백만 달러, %)

순위	은행명	국적	기본 자본	총자산	총자산 이익률 (ROA)	BIS 비율	무수익 여신 비율	NIM	ROE
1	ICBC	중국	248,608	3,368,190	1.8	14.5	1.1	3.1	19.6
2	China Construction Bank	중국	202,119	2,736,416	1.8	14.9	1.2	3.3	19.6
3	JP Morgan Chase & Co	미국	186,632	2,573,126	1.2	15.1	2.6	2.0	9.8
4	Bank of China	중국	184,231	2,492,463	1.5	13.9	1.2	2.8	16.5
5	Bank of America	미국	168,973	2,106,796	0.3	16.5	3.2	2.4	2.0
6	Agricultural Bank of China	중국	167,699	2,610,582	1.5	12.8	1.5	3.5	19.1
7	Citigroup	미국	166,519	1,842,530	0.7	18.1	2.0	2.9	3.6
8	Wells Fargo & Co	미국	154,666	1,687,155	2.0	15.5	3.9	2.9	13.3
9	HSBC Holdings	영국	152,739	2,634,139	0.7	15.6	2.7	1.5	7.6
10	Mitsubishi UFJ Financial Group	일본	117,645	2,382,398	0.6	15.7	1.2	1.0	7.1
11	Credit Agricole	프랑스	88,774	2,139,275	0.4	18.4	3.3	1.3	6.1
12	BNP Paribas	프랑스	85,410	2,521,552	0.2	12.6	4.2	1.2	0.5
13	Barclays	영국	81,220	2,118,418	0.2	16.5	2.0	0.9	1.3
14	Goldman Sachs	미국	78,433	856,301	1.4	20.0	3.3	0.6	10.5
15	Banco Santander	스페인	77,973	1,536,767	0.8	12.0	5.2	2.9	8.2
16	Deutsche Bank	독일	77,546	2,073,669	0.2	17.2	2.7	1.0	2.6
17	Bank of Communications	중국	76,886	1,024,399	1.4	14.0	1.3	2.7	14.8
18	RBS	영국	73,505	1,639,256	−0.1	17.1	6.4	1.0	−4.5
19	Sumitomo Mitsui Financial Group	일본	71,007	1,527,288	0.7	16.6	1.4	1.3	8.8
20	Morgan Stanley	미국	66,962	801,382	0.8	20.1	2.2	0.2	5.2
21	Mizuho Financial Group	일본	62,445	1,579,259	0.5	14.6	1.2	0.8	7.6
22	Lloyds Banking Group	영국	61,713	1,333,691	0.2	22.0	3.3	1.4	3.4
23	Groupe BPCE	프랑스	60,642	1,484,585	0.4	15.4	3.7	1.1	5.6
24	Societe Generale	프랑스	57,502	1,587,585	0.3	15.0	6.0	0.9	5.3
25	UniCredit	이탈리아	55,218	1,024,536	0.4	13.4	9.9	1.7	4.6
26	BBVA	스페인	50,894	766,920	0.6	15.1	5.8	2.8	6.4

27	Credit Suisse Group	스위스	50,358	931,711	0.4	20.8	0.5	1.2	5.0
28	China Merchants Bank	중국	49,351	773,301	1.6	12.4	1.1	3.0	19.3
29	Norinchukin Bank	일본	48,381	787,193	0.5	24.2		0.5	6.2
30	Intesa Sanpaolo	이탈리아	46,416	784,499	0.5	17.2	10.5	1.8	2.9
31	Credit Mutuel	프랑스	45,500	857,670	0.6	18.3	3.1	1.2	7.0
32	ING Bank	네덜란드	45,024	1,005,585	0.5	15.5	3.0	1.6	7.8
33	China Citic Bank	중국	43,239	676,387	1.3	12.3	1.3	2.9	16.6
34	UBS	스위스	43,158	1,074,295	0.2	25.5	0.9	0.7	7.0
35	Shanghai Pudong Development Bank	중국	42,815	685,721	1.5	11.3	1.1	2.9	20.1
36	Industrial Bank	중국	42,300	720,118	1.4	11.3	1.1	2.7	20.6
37	Rabobank Group	네덜란드	41,109	826,561	0.3	21.3	3.8	1.5	4.8
38	China Minsheng Bank	중국	40,200	656,175	1.5	10.7	1.2	3.0	20.2
39	Standard Chartered	영국	38,799	725,914	0.6	16.7	2.5	1.9	5.8
40	Royal Bank of Canada	캐나다	37,413	833,821	1.3	13.4	0.5	1.7	17.3
41	Itau Unibanco Holding	브라질	36,232	424,587	2.6	16.9	3.1	5.4	23.7
42	US Bancorp	미국	36,020	402,529	2.0	13.6	2.2	3.2	13.7
43	Sberbank	러시아	35,689	447,951	1.5	12.1	3.2	5.6	14.9
44	PNC Financial Services Group	미국	35,687	345,243	1.6	15.8	2.2	2.8	9.3
45	Commonwealth Bank Group	호주	35,227	741,337	1.5	12.0	0.8	2.1	18.2
46	National Australia Bank	호주	34,784	772,792	0.9	12.2	1.2	1.7	11.2
47	ANZ Banking Group	호주	33,772	675,496	1.3	12.7	0.7	2.0	15.4
48	Scotiabank	캐나다	33,753	714,243	1.2	13.9	1.1	1.7	15.4
49	Banco do Brasil	브라질	33,712	481,226	1.2	16.1	4.3	4.6	16.5
50	Toronto Dominion Bank	캐나다	31,914	837,537	1.0	13.4	0.6	2.1	14.7

(백만 달러, %)

순위	은행명	국적	기본 자본	총자산	총자산 이익률 (ROA)	BIS 비율	무수익 여신 비율	NIM	ROE
51	Capital One Financial Corporation	미국	31,355	309,083	2.1	15.1	1.4	6.7	10.2
52	Nordea Group	스웨덴	31,053	812,308	0.6	20.7	2.0	0.9	11.3
53	Westpac Banking Corporation	호주	30,619	674,402	1.4	12.3	1.0	2.0	15.7
54	Postal Savings Bank of China	중국	30,557	1,029,306	0.6	9.6	0.6	3.5	17.3
55	Commerzbank	독일	30,489	676,710	0.1	14.6	2.7	1.1	1.4
56	Banco Bradesco	브라질	29,066	350,320	2.1	16.5	3.5	6.8	20.0
57	China Everbright Bank	중국	28,972	447,297	1.4	11.2	1.2	2.7	17.4
58	DBS Bank	싱가폴	26,270	333,585	1.1	15.3	0.5	1.7	11.3
59	State Bank of India	인도	25,624	449,270	0.9	12.0	2.1	3.2	11.2
60	Danske Bank	덴마크	23,666	564,126	0.2	19.3	3.5	1.1	2.6
61	Bank of Montreal	캐나다	23,583	521,861	0.9	14.3	0.7	1.7	13.0
62	Korea Development Bank	한국	23,507	252,254	0.3	13.7	2.5	1.1	3.8
63	Caixa Economica Federal	브라질	22,303	400,860	0.6	16.1	8.4	2.8	14.6
64	NRW Bank	독일	22,153	174,567	0.0	43.9		0.3	0.1
65	KB Financial Group	한국	22,060	280,527	0.6	15.5	1.4	2.4	5.3
66	LaCaixa Group	스페인	21,960	410,951	0.1	16.1	9.7	1.4	2.5
67	Bank of New York Mellon	미국	20,503	385,303	0.9	16.9	0.3	0.9	6.9
68	Nomura Holdings	일본	20,473	347,875	0.8	14.8		0.3	8.5
69	Shinhan Financial Group	한국	20,173	307,516	0.9	13.1	1.0	2.4	7.3
70	DNB Group	노르웨이	19,668	356,573	1.0	15.2	1.5	1.4	13.7
71	Oversea Chinese Banking Corporation(OCBC)	싱가폴	19,666	303,729	1.2	15.9	0.6	1.4	13.1
72	Ping An Bank	중국	19,487	357,323	1.2	10.8	1.0	3.1	16.3
73	ABN AMRO Group	네덜란드	19,399	469,499	0.4	19.7	2.9	1.7	8.0
74	United Overseas Bank	싱가폴	18,847	232,200	1.3	16.9	1.2	1.8	11.6
75	American Express Company	미국	18,176	159,103	5.7	15.6	0.8	3.9	29.3
76	Sumitomo Mitsui Trust Bank	일본	17,989	384,947	0.5	15.6	0.6	0.7	6.6
77	BB&T Corp	미국	17,840	186,814	1.6	14.9	1.3	3.4	9.4
78	KBC Group	벨기에	17,568	297,541	1.0		5.5	1.9	11.4
79	Sun Trust Banks	미국	17,554	190,447	1.2	12.5	1.3	3.0	8.0
80	VTB Bank	러시아	17,542	216,695	0.3	12.0	5.8	3.9	0.1
81	Hua Xia Bank	중국	16,671	302,766	1.3	11.0	1.1	3.2	19.2
82	Hana Financial Group	한국	16,565	287,071	0.4	12.6	1.4	1.8	4.6

83	Ally Financial	미국	16,389	151,828	0.9	13.2	0.7	1.7	7.8
84	DZ BANK	독일	16,271	488,523	0.7	16.8	1.9	0.8	13.4
85	State Street Corp	미국	15,816	274,119	0.9	19.8		1.0	9.7
86	Landesbank Baden Wurttemberg(LBBW)	독일	15,743	323,095	0.2	19.9	2.4	0.7	3.3
87	Bank of Beijing	중국	15,698	249,132	1.3	11.1	0.9	2.5	17.9
88	SEB Group	스웨덴	15,551	341,379	0.9	22.2	0.8	0.8	14.9
89	Canadian Imperial Bank of Commerce	캐나다	15,337	367,822	0.9	15.5	0.7	2.0	17.5
90	BFA Tenedorade Acciones(Bankia)	스페인	14,412	294,262	0.3	14.5	12.9	1.3	3.2
91	Woori Bank	한국	14,234	245,776	0.6	14.3	2.1	1.9	5.9
92	China Guangfa Bank	중국	14,114	269,334	0.9	10.5	1.0	2.2	15.0
93	Resona Holdings	일본	14,106	387,866	0.7			1.2	10.6
94	Svenska Handelsbanken	스웨덴	13,717	364,053	0.7	25.6	0.3	1.2	12.8
95	Maybank	말레이시아	13,673	183,205	1.4	16.2	1.5	2.3	13.5
96	TurkiyeIs Bankasi	터키	13,587	118,818	1.7	15.3	1.6	4.0	13.0
97	NongHyup Financial Group	한국	13,569	287,222	0.3	14.2	1.7	2.6	4.2
98	Desjardins Group	캐나다	13,178	197,747	0.9	17.9	0.2	1.9	8.8
99	Erste Group	오스트리아	12,892	238,213	−0.4	15.7	8.5	2.5	−9.3
100	ICICI Bank	인도	12,865	137,451	2.2	17.2	3.8	3.2	15.6

자료: bankscope.

주: ICBC는 Industrial and Commercial Bank of China를 지칭.

Ⅱ

규제개혁과 은행산업 생태계 혁신방안

Directions for Financial Reform to Develop the Korean Banking Industry

Ⅱ 규제개혁과 은행산업 생태계 혁신방안

1. "미운 오리"와 "황금 오리"의 차이

1.1 들어가는 이야기

"세계 10위권의 경세규모를 가진 우리나라가 아프리카 국가들과 비슷한 80위권의 금융경쟁력을 갖고 있다는 세계경제포럼(WEF)의 평가는 우리 금융의 현실을 단적으로 보여주고 있습니다. 세계 금융질서의 변화 흐름을 외면하며, 낡은 시스템과 관행에 안주해 온 탓입니다"(박근혜 대통령, 「경제 재도약을 위해 국민 여러분께 드리는 말씀」, 2015. 8. 6).

종전에 우리나라 금융업의 발전에 대하여 흔하게 제기되는 질문은 실물경제에서는 삼성전자와 같은 글로벌 기업이 나오는데, 왜 금융업에서는 삼성전자와 같은 글로벌 뱅크가 나오지 않는가 하는 것이었다. 한편 세계경제포럼 국가경쟁력 보고서[1) 2014~2015년 판에는 우리나라 금융시장의 발전수준을 세계 80위로 79위 Malawi와 81등 Uganda 사이로 평가하였으나 2015~2016년 보고서에서는 Uganda는 81위, 우리나라

1) WEF, The Global Competitiveness Report 2014~15, 2015~16.

는 87위로 추락했으니 이유여하를 막론하고 금융업의 삼성전자를 거론하는 자체가 사치한 질문이 되었다. 물론 WEF의 경쟁력 평가가 타당한가에 대해서는 논란의 여지가 많다.[2] WEF 보고서(2014~15년) 평가에 의하면 세계에서 가장 금융업이 발달한 나라로 평가되는 영국조차도 15위, 미국은 9위로 나왔다. WEF의 평가결과를 보다 정확하게 해석한다면, 우리나라 금융산업의 수준이 절대적인 기준에서 아프리카 수준에 있는가의 여부가 아니라 금융서비스에 대한 국민들의 만족 정도가 상대적으로 아프리카 국가들과 비슷하다고 해석하는 것이 타당할 것이다.[3] 여하간 우리나라의 금융업이 어떻게 국민들로부터 이렇게 부정적으로 평가 받는 산업이 되었는가?

우리나라 금융산업 수준이 아프리카 국가들과 비슷한 수준이라는 WEF의 평가를 받아들이기 어렵다면, 좀더 객관적이고 설득력 있는 자료가 있다. IMF 보고서(〈그림 2-1〉 참조)에 따르면, 은행업의 심화 정도를 민간신용의 대 GDP비율로 측정할 경우, 한국과 베트남은 100%로 거의 비슷한 수준을 보이고 있다. 그러나 성인들의 은행이용비율에 있어서는 한국이 거의 100%에 달하는 반면에 베트남은 성인의 20%만이 은행거래를 하고 있어 현저한 차이를 보이고 있다. 이 자료는 우리나라 은행의 저축-투자 중개기능이 베트남에 대비하여 얼마나 비효율적인가를 시사한다.

여하간 우리나라 금융산업의 발전 정도나 은행산업의 효율성이 경제규모에 비해 상대적으로 현저하게 낮은 수준에 있는 것이 사실이라면, 그 원인은 무엇인가? 그 원인은 지금까지 주로 소위 "관치금융"으로 대변되는 과다한 규제로 인하여 금융산업이 억압 받았기 때문으로 설명되어 왔다. 다행히 박근혜 정부는 "금융개혁"을 4대 개혁과제의 하나로 채택하였으며, 이러한 배경 하에서 최근 금융위원회는 전례 없이 강력하게 규제개혁을 추진하고 있다. 그렇다면 우리나라 금융산업도 이제 규제의 억압을 벗어나서 새로운 발전의 궤도에 진입할 수 있는 전환점을 맞았다고 평가할 수 있는가? 하지만 금융업의 규제를 혁신하겠다는 것은 현재의 금융위원회의 전신인 1998년 금융감독위원회가 출범한 이래 끊임없이 추진되어 왔던 과제이다. 그런 만큼 규제개혁을 바라보는 시장의 시각은 그렇게 긍정적인 것만은 아닌 것으로 보인다. 이번 규제개혁이 제대로 작용하도록 하기 위해서는 무엇이 필요한가? 또는 이번 규제개혁으로 충분

2) 서울경제, "韓 금융, 아프리카 수준 아니다", 2015년 8월 12일.

3) 평가항목 8개 중 7개 항목은 금융서비스 이용자들의 주관적인 평가에 의해 점수가 결정된다.

그림 2-1 금융심화 대 접근성

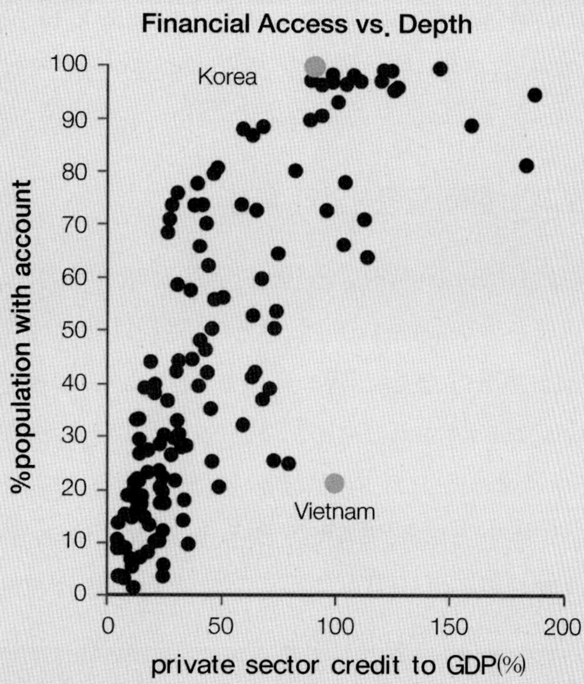

자료: Ratna Sahay and others, "Rethinking Financial Deepening: Stability and Growth", 2015, IMF, p. 11.

하지 않다면, 또 무엇이 문제인가?

(황금 오리와 미운 오리)

한국의 금융산업과 영국의 금융산업을 비교한다면, 한국의 금융산업은 한국경제에서 밥값을 제대로 못해서 국민들의 미움을 받는 "미운 오리"의 위치에 있다고 할 수 있고, 영국의 금융산업은 영국경제에서 애지중지하는 "황금 오리"의 위치에 있다고 할 수 있을 것이다. 또는 영국의 금융산업을 "귤"이라고 한다면, 한국의 금융산업은 척박한 토양으로 인하여 "탱자"[4]로 변해 버린 귤에 비유할 수 있을 것이다. 우리는 여기서

4) 중국 춘추시대 제나라 재상 안영(安瓔)이 초나라 영왕이 제나라를 비꼬는 말을 받아치는 대답으로 "귤을 회수를 건너 심으면 탱자가 된다"(橘化爲枳)는 고사. 같은 씨앗이 자연환경이나 제도에 따라 다른 결실을 가져올 수 있음을 의미.

금융업에 대한 근본적인 두 가지 의문을 제기해 볼 수 있을 것이다. 첫째, 같은 금융업이 국가에 따라서 "미운 오리"와 "황금오리"로 달리지는 결과를 가져오는 요소는 무엇인가? 둘째, 어떻게 하면 "탱자"를 "귤"로, 또는 "미운 오리"를 "황금 오리"로 바꿀 수 있는가? 이 두 가지 질문에 대한 해답을 모색하는 것이 이 작업의 목적이다.

1.2 "미운 오리": 한국 금융산업의 특성

우리나라 경제활동규모(GDP)에서 차지하는 금융업의 비중은 5.1%(2014년)이며, 고용에서 차지하는 비중은 3.0%(2015년 6월)에 달한다. 우리나라 금융업이 경제활동에서 차지하는 중요성은 이 비중이 높은 영국(6.6%, 관련 전문서비스 포함 11.8%, 2013)보다는 낮지만, 독일(GDP 비중 4.31%, 고용비중 3.2%, 2013년)보다는 높고, 일본(GDP 비중 6.1%, 고용비중 3.0%, 2013년)과는 비슷한 수준에 있으므로 각국 금융산업의 특성을 고려하지 않고 상대적인 차이만으로 금융업의 발전 정도를 평가하는 것은 타당하지 않다. 문제는 〈표 2-1〉이 보여주는 바와 같이 경제활동에서 차지하는 금융업의 비중이 추세적으로 감소하고 있다는 점에 있다. 그것도 참여정부 이래 등장하는 정부마다 금융업을 육성하겠다는 전략을 발표하고 대대적인 규제개혁을 추진했음에도 불구하고 거의 대부분의 지표에 있어 금융업은 세계 금융위기 이전보다 현저하게 후퇴되어 있다. 우리나라 금융발전의 정도가 아프리카 우간다와 비슷한 수준이라는 WEF의 평가결과에 대한 타당성을 논외로 하더라도 금융산업에 대한 금융소비자들의 신뢰와 민원 측면에서 금융산업의 발전

표 2-1 '미운 오리'의 민낯

	2007	2008	2009	2010	2011	2012	2013	2014
WEF(세계 순위) 금융시장 발전	27	37	58	83	80	71	81	80
국내은행 순이익(조원)	15.0	7.7	6.9	9.3	11.8	8.7	3.9	6.2
증시자금조달 (주식발행, 조원)	62.3 (17.2)	57.8 (5.1)	95.8 (11.6)	93.9 (10.3)	114.5 (12.9)	104.2 (2.3)	95.5 (5.2)	122 (5.8)
금융보험/GDP(%)	5.9	5.9	5.6	5.7	5.8	5.5	5.0	5.1
금융보험/총취업자(%)	3.4	3.5	3.3	3.4	3.5	3.4	3.4	3.1

표 2-2 금융산업의 신뢰도(한국금융연구원, 2015. 3. 11)

	긍정적 응답비중(%)	보통(%)	부정적 응답비중(%)
금융제도의 공정성과 합리성	8.5	36.8	42.3
금융감독기관의 금융회사에 대한 감독	16.0	20.8	63.2
금융감독기관의 소비자 보호 노력	16.3	23.8	55.2
금융회사의 고객 서비스	29.2	31.4	55.2
금융 종사자에 대한 신뢰도	25.9	34.4	38.5

상태에 대해 긍정적인 평가를 내리기는 어렵다. 금융회사 서비스에 대한 고객들의 신뢰도(〈표 2-2〉 참조)는 부정적인 평가의 비중이 긍정적인 평가의 비중보다 거의 배나 높은 반응을 보이고 있다. 한편 금감원에 제기되는 금융민원 건수(〈표 2-3〉 참조)도 감소할 기미를 보이지 않고 있다.

실물경제에서 삼성전자와 같은 글로벌 기업이 나온 만큼, 금융산업에서도 이에 걸맞는 글로벌 은행이 나와야 한다는 주장은 금융산업의 특성에 대한 이해가 부족한 이야기라고 본다. 그럼에도 불구하고 금융산업의 발전 정도가 실물기업들의 발전에 크게 미치지 못함으로써 전체적으로 경제발전에 발목을 잡고 있다는 평가에 대해서는 누구도 부정할 수 없을 것이다. 그만큼 금융산업은 한국경제의 발전에 걸맞지 않는 낙후된 산업으로 수사적인 별명을 붙인다면 '미운 오리' 내지는 어떻게 해도 해답이 없는 '천덕꾸러기'와 같은 위치에 있다고 해도 과언이 아닐 것이다.

표 2-3 금융민원 발생 추이(금감원, 건수)

	2012	2013	2014	2015. 1~6
은행	10,999	11,993	11,589	5,124
비은행	24,269	22,472	19,228	6,714
보험	38,862	39,345	44,054	22,892
금융투자	2,697	4,198	3,760	1,403
합계	76,827	78,008	78,631	36,133

1.3 "황금 오리": 영국 금융산업의 특성

왜 영국의 금융산업은 "황금 오리"로 불리는가? 그 이유는 "황금 알"을 낳기 때문이다. 영국의 금융업을 대변하는 'The City'는 영국에 황금 알을 낳아 주기 때문에 1067년 정복왕 윌리엄이 자치권을 부여한 이래 누구도 "황금 알을 낳는 거위"를 감히 해치지 못했다.[5] 그 이유는 황금 알을 낳는 거위를 해치는 것은 영국의 국익을 훼손하는 행위와 같기 때문이다. 조세피난처로서 '시티'의 이면을 파헤친 베스트셀러 Treasure Islands[6]에서 '시티'는 "국왕도 국민도 함부로 못하는 국가 속의 국가"라고 지칭하고 있다. 그러면 왜 정복왕 William조차도 'The City'에 함부로 손대지 못했는가?[7] 그 해답은 바로 왕의 '돈줄'(금고) 역할을 했기 때문이다(Box 참조). 한마디로 영국의 금융업이 가지고 있는 '독립성'은 11세기 Edward왕 이래 천년을 지켜온 역사적인 산물이라고 할 수 있다.

역사적으로 'The City'는 영국 왕의 금고이자 황금 오리였지만 영국 국민들과는 무관했다. 그러나 놀랍게도 대영제국이 막을 내리던 시점에서부터 황금 오리는 주인을 잃었지만, 2차 대전 후 영국경제의 쇠퇴에도 불구하고 스스로 역외 금융센터로의 변신과 Merchant Banking의 발전, "Big Bang"(1986년) 등을 통해 세계 최고의 국제금융센터로서의 끊임없는 혁신을 도모함으로써 영국경제와 국민들의 황금 오리의 자리를 지키고 있다.

---

5) 시티의 특권을 인정하지 않고 괴롭힌 유일한 왕은 헨리 8세였다. 헨리 8세는 고문인 Wolsy 추기경의 자문에 따라 시티의 기업들에게 중과세에 더하여 헌금 명목으로 사실상 착취를 했을 뿐만 아니라 갑옷과 은제 식기까지 빼앗아 갔다. 그러나 시티는 Wolsy 추기경에게 모반 혐의를 뒤집어씌워 1529년 실각케 했으며, 시티의 자치권을 위협하는 사건의 재발을 막기 위해 1571년 왕의 채무를 일깨우기 위한 왕실 채무징수관(remembrancer) 자리를 제도화했다. 이 채무징수관 자리는 역사상 가장 오래된 의회 로비스트로 의원이 아닌 사람으로서 유일하게 의회에 출석하여 현재까지 의회가 시티의 자치권을 침해하는 입법을 추진하지 않는지 여부를 감시하는 역할을 수행하고 있다 (Treasure Islands, p. 257)

6) Nichols Shaxson, Treasure Islands, 2012, Vintage.

7) 로마인들은 AD 190~225년간 London성을 쌓았으며, 성의 크기는 현재의 The City와 거의 같다. 이 London성에 상인들이 모임으로써 교역이 왕성하게 이루어지는 특유의 교역중심지로 발달했으며, Edward왕(1042~62) 시대부터 City는 왕으로부터 상당한 자치권을 부여 받고 있었으며, 이 특권을 정복왕 William은 1067년 인정했다. 12세기에 들어 City를 운영하는 공식적인 자치조직이 구성되었으며, 1189년 처음으로 City 자치조직을 대표하는 시장이 취임했다. 1191년 John왕에 의해 공식적으로 City 자치조직이 인정되었으며, John왕은 1215년 시민들에게 매년 시장을 선출하는 권한을 부여하였다.

"시티의 자치권은 국왕으로부터 여러 양보들을 얻어 내며 점차적으로 획득한 것이다. 런던은 자신이 갖고 있는 교역과 인구와 부의 중심지로서의 중요성 덕분에 다른 마을이나 도시보다 먼저 자유와 권리를 확보할 수 있었다. 중세부터 스튜어트 왕조에 이르기까지 국내외에서 자신의 정책을 뒷받침해 줄 자금이 필요했던 군주들에게 시티는 주요한 대부처였다"(Nichols Shaxson, Treasure Islands, p. 255. 번역본 『보물섬』(이유영, 부키) p. 433 참조)

영국의 금융산업은 영국 GDP의 11.8%(2013년)를 차지하는 최대산업이자, 고용의 7.2%(2013년)를 차지하며, 총 조세수입의 11.5%(2013년)를 충당하고, 무역수지 적자의 54%를 금융부문 흑자로 충당(2014년)함으로써 파운드화의 안정에 결정적인 역할을 한다. 이 정도면 영국의 금융산업과 그 핵심인 The City야 말로 영국 경제의 '황금 오리'라고 해도 손색이 없을 것이다.[8)]

이러한 이유로 'The City'의 'offshore centre'로서 경쟁력을 유지하도록 하기 위해 'The City'에 대하여 비밀보장과 조세 등에 있어 거의 방임하는 영국정부의 정책은 사실상 국가이익을 도모하기 위해 자국 산업을 보호하는 일종의 산업정책과 같다. 특히 제조업의 고용비중이 1978년 25%에서 2015년 9.7%로 격감하는 구조 하에서 금융업의 고용증가는 영국경제의 안정과 성장에 더욱 중요할 수밖에 없다.

즉 역사적으로 영국의 금융산업의 DNA는 자치와 독립성에 뿌리를 두고 있으며, 왕이나 정부의 규제를 받지 않는 독자적인 권위와 자율의 전통을 가지고 발전해 왔다.[9)] 1946년 이전에는 영국에 중앙은행이 존재하지 않았다는[10)] 사실은 영국 금융산업의 자발적 발전을 단적으로 보여주는 증거다. 또한 영국은 1974년에 발생한 2차 은행위기의 대책으로 1979년 「은행법(Banking Act)」이 제정되기 이전까지는 은행업에 대한 공식적 또는 법적인 정의가 없었다. 1979년 은행법의 제정으로 영국의 금융산업은 정부규제의 틀 속에 들어갔으나, 금융자유화와 금융혁신 등 금융환경의 변화에 대응하여 영국 금융산업의 경쟁력을 확보하기 위한 대응책으로 1986년 금융업종 간의 전통적인 벽을 허무는 "Big Bang"을 단행함으로써 다시 자본시장은 규제완화의 시대를 맞

8) TheCityUK, Key Facts about UK Financial and related Professional Services, March, 2015.

9) The City의 외국 금융기관들도 The City의 지역별 대표자 선거(100명 Common Council, 25명의 Aldermen)에 투표권을 행사한다.

10) The Bank of England는 1694년 해군 건설자금 대출을 목적으로 The City의 부유한 개신교들의 출자에 의해 민간기관으로 설립되어 1946년 국유화됨으로써 중앙은행이 되었다.

게 되었다.[11] 금융산업에 대한 감독은 각 산업별 자율규제기구(SRO)에 맡겨졌다. 1997년 노동당 정부가 들어서자 자율감독기구에 맡겨졌던 감독권은 2000년 Financial Service and Market Act에 의해 단일통합감독기구인 FSA로 개편되었다. 하지만 FSA는 "Principles of good regulation"을 추구하여 기본적으로 전통적인 "light touch regulation"을 계승했다. 그러나 2007년 9월 Northern Rock Bank에 중앙은행(BOE)의 유동성이 지원되고 2008년 2월 국유화됨에 따라 FSA의 "Light touch regulation"은 비판대상이 되었다. 보수당이 2010년 집권함에 따라 FSA는 영업행위 감독을 전담하는 FCA와 건전성 감독을 전담하는 PRA(BOE 부속기구)로 분리되고 금융회사들의 영업행위에 대한 규제는 강화되었다.

이런 가운데 2012년 Libor 사태와 2013년 FX스캔들에 더하여 PPI(연금보험 상품) 불완전 판매 사건까지 연이어 발생함으로써 금융업계에 대한 신뢰는 크게 추락하였다. 이러한 최악의 상황에 대하여도 영국의 감독 당국은 전통적인 "light touch regulation의 원칙"[12]을 고수했다는 점을 주목할 필요가 있다. FCA는 금융기관들에게 거액의 벌금을 부과하는[13] 외에 책임 있는 개인에 대한 귀책을 강화하여 책임이 발생할 경우, 문책 대상이 되는 금융회사 임직원의 범위를 5만7천 명을 추가하여 7만4천 명으로 확대했다.

Libor사태가 발생하기 전까지 은행 간 자금시장은 사실상 감독 대상이 아니었다. BOE는 Libor사태에 대한 대응으로 은행 간 자금시장을 감독대상에 포함하였으며, BOE의 FICC시장[14] 개선 보고서[15]는 FICC를 감독대상에 포함하는 등 규제를 강화하였다. 그러나 보고서의 기본 기조는 금융업계의 자발적인 기준을 높이도록 촉진하는 데 두어졌다.

이러한 감독당국의 대응에 대하여 BOE의 보고서(FEMR)의 권고는 소극적인 규제에 불과하여 시장의 변화를 기대하기 어려우며, 따라서 당국이 개혁을 금융회사들에게

11) All-Change in the City, Margaret Reid, The Macmillan Press, 1988. 참조.

12) "The FSA pointed out in their Report, The Failure of the Royal Bank of Scotland, that failings were the result, in part, of a "light-touch" approach to regulation which arose from "a sustained political emphasis on the need for the FSA to be 'light touch' in its approach and mindful of London's competitive position", Parliamentary Commission, Changing banking for good, 2013.

13) FCA가 금융업계에 부과한 벌금은 2013년 474백만 파운드, 2014년 471백만 파운드, 2015년 1~8월간 818백만 파운드에 달한다.

14) Fixed Income, Currency, Commodity 거래시장

15) Fair and Effective Markets Review, June 2015, The Bank of England.

다시 맡김으로써 금융회사들과 시장을 근본적으로 개혁할 수 있는 기회를 놓치고 있다는 비판론이 대두되었다.[16] 이와 같이 감독당국이 FICC 시장을 혁신하는 데 미온적이라는 언론의 비판에도 불구하고 영국의 감독당국자는 금융시장이 태생적으로 가지고 있는 역동성과 혁신성을 손상해서는 안 된다는 원칙에 따라 "rule-based"보다는 "principle-based regulation"이 타당하다는 입장을 고수했다.[17]

이상에서 살펴 본 바와 같이 1979년 은행법이 제정되기 전까지는 "은행업"이라는 정의 자체가 존재하지 않았다는 사실이나, 2012년 Libor스캔들이 발생하기 이전에는 은행 간 자금시장은 감독대상이 아니었다는 사실은 영국의 금융업이 전통적으로 정부의 규제 없이 금융업계의 자율적인 문화를 중심으로 발전해 왔음을 보여준다.

특히 2008년 세계 금융위기 이후 영국과 미국 양국의 대응조치를 비교해 보면 금융업에 대한 양국 정부의 입장 차이가 현저하게 드러난다. 즉 미국정부가 Dodd-Frank법(2010년 7월 공포)을 제정하여 은행의 과도한 위험투자를 엄격하게 규제하는 '볼커 룰'(Volker's rule)[18]을 2015년 7월부터 시행하고 있다. 반면에 영국은 통합감독기구인 FSA를 건전성 감독을 전담하는 PRA와 영업행위 감독을 전담하는 FCA로 분리하는 데 그쳤다. 하지만 2011년 Libor scandal과 FX scandal이 발생함에 따라, 영국도 미국의 '볼커 룰'만큼 강력하지는 않지만 가계와 중소기업을 상대로 하여 예대업무를 위주로 하는 은행은 소매금융업무와 투자 및 도매금융영업을 분리하고 높은 자기자본비율을 유지하도록 규제하는 'ring-fence'법을 2013년 12월 제정하였으나 2019년 전면 시행을 앞두고 현재 Osborne 보수당 정부와 The City는 힘겨루기를 하는 과정에 있다. 'ring-fence rules'에 대한 금융계의 반대에도 불구하고 Osborne 총리는[19] 2019년 시행 입장을 분명히 밝히고 있으며, 금년 10월 BOE 산하기구인 PRA는 구체적인 시행방안을 발표할 예정에 있으나, The City의 강력한 반발[20]로 인하여 시행 여부는 아직 불투

16) FT, "UK banks rule reformers call end to age of big stick", June 11, 2015.

17) "The markets are incredibly dynamic and innovative. And we don't want to lose that". … There is more regulation here, but it is focused and proportionate", FT, "UK banks rule reformers call end to age of big stick", June 11, 2015.

18) '볼커 룰'은 은행과 관련회사, 금융지주회사 및 연준의 감독 하에 있는 비은행금융기관들이 대고객 서비스가 아닌 자신의 이익을 위한 고위험 자기자본거래(proprietary trading), 사모펀드·헤지펀드를 소유·투자·지원하는 것을 원천적으로 금지한다(Dodd-Frank Act 622조).

19) "George Osborne: we will not backtrack on ring fence rules", July 22 2015, The Telegraph.

20) "Former Barclays chairman: Bank ring-fence is redundant and should be scrapped", June 02, 2015,

명해 보인다.

한편 영국 금융업이 규제 없이 자율로 금융산업을 운영해 왔다면, 구체적으로 시장자율이 어떻게 작동했다는 것인가? 이를 대표하는 말로 'My word is my bond'라는 말이 있다.[21] 1748년 라틴어로 된 명문 기록("Dictum Meum Pactum")이 있는 만큼, the City에서 신용은 일종의 불문율과 같은 효과를 가지고 있었으며, 금융업계에 신용을 축적한 결과로 얻게 되는 개인이나 금융회사에 대한 평판(reputation)은 규제와 같은 효과를 갖고 있다. 즉 평판이 곧 개인의 몸값이기 때문에 약속을 지키지 않는 일과 같은 평판을 훼손하는 일은 금융업계에서 일종의 자살행위와 같다. 또한 평판이 나쁜 금융업자나 금융회사에 대해서는 금융업계가 거래를 기피함으로써 금융업계에서 존립 자체가 위협받기 때문에 사실상 위법행위에 대한 감독당국의 제재와 같은 효과를 갖는다.

한편 영국과 한국의 금융업의 두드러진 차이점으로 영국에는 있고 우리나라에는 없는 것이 있고, 반면에 영국에는 없고 우리나라에는 있는 것이 있다. 영국에는 있고, 우리나라에는 없는 것으로 감독기관(FCA, PRA, The Bank of England etc)에 대한 불만(complaints) 제기가 2014~15년간에 116건(FCA 61건 포함)이 있다는 점과 FCA에 신고된 금융회사 직원의 내부고발(whistleblowing)이 연 1,340건에 달한다는 점이다. 우리나라에서는 금융회사 직원들의 금감원에 대한 불만을 처리해 주기 위한 '옴부즈맨제도'가 있음에도 불구하고 '을'인 금융회사 직원이 '갑'인 금융감독원이나 직원에 대한 불만을공식적으로 제기한 전례가 아직 없을 뿐만 아니라 금융회사 직원의 내부고발로 금융회사가 제재를 받은 사례도 없다. 이 두 가지 특이사항에 대해서는 여러 가지 해석이 가능하겠지만 기본적으로 불만제기와 내부고발은 감독기관의 공정성에 대한 신뢰를 바탕으로 한다는 점에서 주목할 필요가 있다고 본다. 한편 영국에는 없고, 우리나라에는 있는 것이 있다. 그것은 바로 금융회사에 강력한 노조가 있다는 점이다. 강력한 노조가 있기 때문에 은행들은 수지상황에 상관 없이 임금은 매년 인상되어야 하며, 인력구조조정은 매우 어렵다.

영국의 금융산업은 태생적으로 천년에 가까운 독립성과 자발성을 기초로 발전해

The Telegraph., "We have better things to do than implement the ring-fence, say HSBC", Jun 30 2015, The Telegraph.

21) 1923년 이래 London Stock Exchange의 공식 Motto, 1934년 이래 Security Trades Association의 공식 Motto.

왔으며, 그 결과로 특유의 역동성과 혁신성을 발휘하여 오늘날 세계 최고 부동의 국제 금융 허브로서 위치를 확보하고 있다. 홍콩·싱가포르가 국제금융센터로서 높은 경쟁력을 확보하고 있는 이유는 바로 영국의 "역외금융센터"를 옮겨 놓고 영국 금융업의 DNA로 운영되기 때문이다.[22] 즉 홍콩과 싱가포르가 국제금융센터로서 발전하는 이유는 영국 금융업의 생태계를 그대로 옮겨 조성하는 데 성공했기 때문이다.

1.4 무엇이 금융산업의 차이를 결정하는가?

GDP에서 차지하는 금융산업의 비중을 비교(〈표 2-4〉 참조)해 보면, 대략 미국은 우리나라 비중의 1.5배, 영국은 2배, 홍콩은 3배에 달한다. 한편 고용에 있어서 금융업의 비중(전체 취업자 중 금융업 취업자의 비중)을 비교해 보면 홍콩은 우리나라 비중의 6배, 영국은 2배, 미국은 1.6배에 달한다. 홍콩은 도시국가이자 국제적 중개무역 항구라는 점에서 예외적이라고 하더라도 미국과 영국의 GDP와 고용에서 차지하는 금융업의 비중이 우리나라의 1.5배 또는 2배에 달한다는 것은 주목할 만한 현상이다. 경제활동 규모에 대비한 금융업의 상대적 비중 차이는 금융산업의 발전 정도와 금융시장의 심화(depth)의 차이에서 발생한다고 볼 수 있다.

한국의 금융산업과 영국의 금융산업의 구조적인 차이점은 투입-산출표(Input-

표 2-4 경제활동에 있어서 금융업의 비중: 한·영·홍콩 비교

	한국	영국[1)]	미국	홍콩
GDP 비중(%)	5.1 (2014)	11.8 (2013)	7.2 (2013)	16.2 (2013)
취업자 비중(%)	3.3(2014)	3.9%(2015. 4) 7.2%(전문서비스 포함, 2013)	5.4 (2012)	19.7 (2015.02)

주: 1) ① 금융산업에서 영국 총 조세수입의 11.5%를 부담.
② 2014년 영국의 무역수지에서 금융서비스 부문은 $95bn 흑자 기록(무역수지 적자 $162bn의 53.6%에 상당)

22) "영국의 이권이 유지되는 홍콩과 싱가포르", 보물섬(Treasure), pp. 196~197.

표 2-5 한국과 영국의 금융산업 투입 구성 비교(투입-산출표)

	한국(2010)		영국(2010)	
	금액(10억 원)	구성비(%)	금액(백만£)	구성비(%)
농업	29	0.1	0	–
제조업	7,297	12.7	7,310	6.4
건설업	87	0.2	3,565	3.1
유통, 수송, 음식료, 숙박	4,446	7.8	16,377	14.3
정보, 통신	7,695	13.4	15,360	13.4
금융, 보험	18,879	32.9	30,588	26.8
부동산	3,378	5.9	3,665	3.2
전문지식서비스	6,600	11.5	33,632	29.4
공공, 보건, 교육, 사업지원	6,616	11.5	2,226	1.9
기타	2,324	4.1	1,489	1.3
중간투입 계	57,352	100.0	114,212	100.0
중간투입 계	57,352	43.2	114.212	47.4
조세-보조금	5,990	4.5	2,064	0.9
피용자보수	29,013	21.9	62,507	25.9
고정자본소모	4,873	3.7	–	–
영업잉여	35,532	26.8	62,124	25.8
부가가치 계	75,410	56.8	126,695	52.6
총산출	132,762	100.0	240,907	100.0

자료: 한국은행, www.ons.gov.uk

output table)에서 분명하게 드러난다. 금융산업의 부가가치 생산에 투입되는 각 산업의 비중을 비교해 보면(2010년 자료, 〈표 2-5〉 참조), 전문지식서비스의 투입비중이 한국의 금융산업 부가가치에서는 11.5%를 차지하는 반면에 영국의 금융산업에서는 29.4%를 차지하는 것으로 나타났다. 즉 영국 금융산업의 경우 금융서비스를 생산하는 데 있어 법률·회계·경영전략 등 전문지식 자문서비스의 투입 비용의 비중(29.4%)이 금융보험산업 내부의 투입비용 비중(26.8%)보다 높다. 반면에 한국의 금융산업에 있어서는 금융서비스를 생산하는 데 투입되는 요소 중 가장 높은 비중을 차지하는 산업은 금융보험업

자체(32.9%)이며, 전문지식서비스의 비중은 11.5%에 불과하다.

이러한 금융업의 투입구조의 차이는 한국과 영국의 금융산업의 특징적인 차이를 단적으로 보여주고 있다. 즉 영국 금융산업의 금융서비스 생산에 있어 법률·회계·경영전략 등 전문지식 자문서비스의 투입이 가장 큰 비중을 차지하는 이유는 고객이 필요로 하는 새로운 금융서비스를 생산하는 비중이 높기 때문으로 해석된다. 기존의 정형화된 금융서비스를 공급하는 데는 법률적 해석이나 회계 자문이 필요치 않다. 반면에 정형화되지 않은 새로운 금융서비스를 공급할 경우, 기존 법체계와의 상충 여부를 확인할 필요가 있으며, 법 해석, 새로운 금융거래에 대해 기존의 회계기준에 부합하는 회계처리 방법을 모색하기 위해서는 회계자문이 필요하다. 또한 기업합병 등 경영상의 문제나 기업가치의 문제를 내포하고 있는 경우에는 경영자문을 필요로 한다. 이러한 영국금융업의 특징은 불문법체계를 기반으로 하여 법률이나 판례로 명시적으로 규정한 사항 외에는 모든 것이 기본적으로 규제를 받지 않는 규제시스템(negative regulation system)과 금융수요자의 요구를 위주로 서비스를 개발하는 London의 The City의 금융업 문화가 금융업을 이끌어 가고 있기 때문이다.

반면에 한국의 금융산업은 기본적으로 성문법체계를 기반으로 하여 법률이 명시적으로 규정한 금융서비스만 허용(positive regulation system)되기 때문에 금융서비스가 정형화되어 있으며, 그 결과로 정형화된 상품을 다루는 저부가가치를 창출하는 다수 인력이 요구된다. 그 결과로 한국의 금융서비스 생산에는 금융보험업 자체의 투입비중이 높고 저부가가치의 외부인력 노동력 투입비중이 높은(인력공급 등 사업지원 서비스의 비중이 중간투입물의 10.4%를 차지) 반면에 전문지식서비스의 투입비중은 낮다.

그렇다고 해서 영국의 수요자중심의 모든 것이 타당하다고 할 수는 없다. 최근 드러났던 "Libor scandal"과 "Forex scandal"이 시사하는 바는 평판을 중시하는 The City의 금융가에서도 감독당국의 자유방임을 악용하여 금융업계와 금융회사 내부에서는 성과주의 조직문화를 배경으로 하여 도매 금융시장에서 부당거래와 가격조작을 묵인하거나 심지어 보상으로 이를 촉진하는 잘못된 조직문화가 금융업계에 보편화되어 있음이 드러났다.[23)24)] 그 결과 The City는 신뢰성에 상당한 손상을 입었으며, 감독당국

23) Tracy McDermott, "Learning the lessons of the pastas an industry", FCA, 2014. 2. 12.
FT, "Regulation alone will not restore faith in markets", May 26, 2015.

표 2-6 한국과 영국의 금융생태계 비교

	한 국	영 국
법체계	성문법	불문법
금융산업의 연원	감독 당국의 인·허가	역사적 발전
금융업 규제체계	적극적 규제 (positive regulation system)	소극적 규제 (negative regulation system)
금융산업 문화	규제 적응적	혁신적
감독당국의 태도	규제·제재위주	자유방임
감독당국-금융업계의 관계	수직적 관계	partnership
금융서비스	정형화된 금융서비스	비정형 금융서비스
부가가치	저부가가치 서비스위주	고부가가치 서비스위주
금융시스템	공급주도	수요주도
경쟁	과점구조	경쟁구조
처벌	제재	평판 손상
거래	감독당국의 인·허가	신뢰

으로 하여금 시장감시와 규제를 초래했다.

〈표 2-6〉은 영국과 우리나라 금융산업의 환경과 작용을 총체적으로 보여주는 금융생태계를 비교한 것이다. 즉 영국의 금융산업은 '불문법체계-자유방임-간접규제-금융업의 독립성-신뢰-평판-금융서비스의 혁신성'으로 연결되는 금융생태계의 총체적인 작용의 결과라고 할 것이다. 또한 감독당국과 금융업계의 관계가 다르고, 금융산업의 상당한 자율권과 독립성의 전통은 역사적인 배경을 가지고 발전해 온 것이다. 이것은 규제나 금융감독 당국의 감독정책과 태도가 금융산업의 상태를 결정하는 데 중

24) FT, "Tom Hayes says he was not alarmed by warnings over Libor fixings", July 16, 2015.
UBS의 엔 파생상품 거래원인 Tom Hayes는 금리 조작을 위해 브로커로부터 도움을 요구했으며, 자신의 부당행위에 대해 UBS 경영진이 인지하고 있었음에도 불구하고 내부통제 시스템으로부터 경고 받은 바가 없다고 증언했다. Tom Heyes의 증언은 libor 금리조작이 일부 몰지각한 개인의 실수로 빚어진 일이 아니라 경영진의 묵인과 내부통제 시스템의 마비 등 Libor시장과 FX시장의 거래은행들 내부의 조직문화와 시스템의 문제가 빚은 결과임을 입증해 주었다.

표 2-7 세계 금융시장의 국가별 비중

(단위: %)

	UK	US	Japan	Hong Kong	Others
Cross-border bank lending (Sep 2014)	17	11	11	4	57
FX turnover (April 2014)	41	19	6	4	30
Exchange-traded derivatives, number of contract traded(2014)	6	36	2	1	55
Interest rates OTC derivatives turnover (Apr 2013)	49	23	2	1	75
Marine insurance net premium income (2013)	26	5	7	1	39
Fund management (as a source of funds, end of 2013)	8	46	7	1	62
Hedge funds assets (end-2013)	18	65	2	1	14
Private equity - investment value (2013)	13	53	2	-	32

자료: TheCity UK, "Key Facts about the UK as an International Financial Centre report, 2015.

요한 요소임은 분명하지만, 규제개혁이나 감독정책의 변화만으로 금융산업의 상태가 혁신적으로 변화하기 어렵다는 점을 시사한다고 할 것이다.

한편 금융서비스 산업은 세계적으로 특정 국가나 도시로의 집중도가 매우 높은 산업(〈표 2-7〉 참조)이라는 점을 주목할 필요가 있다. 영국은 세계 GDP의 3.4%(2013년)로 미국 22.5%의 6.6분의 1에 불과함에도 불구하고 국제금융시장의 비중에서는 미국보다 압도적인 위치에 있다. 영국 런던에서 세계 외환거래규모의 41%, 해상보험계약의 26%, 역외은행대출의 17%, 이자파생상품 거래의 49%가 이루어진다. 또한 국제금융센터로서의 경쟁력 평가에 있어 영국의 런던과 미국의 뉴욕은 부동의 위치를 보이고 있다. 한편 중국의 경제규모가 급격하게 커지기 전까지 G2의 위치를 장기간 누렸으며, 자금력을 배경으로 지난 40년간 해외진출을 추진해온 일본의 경우도 역외대출(11%)과

외환거래(6%)를 제외하고는 세계시장 비중이 미미하다.

국제금융시장의 집중도가 높은 이유는 다음 네 가지로 볼 수 있다. 첫째, 고도화된 금융서비스는 은행 등 한 분양의 서비스로 해결되는 것이 아니라 은행·증권·보험·자산운용·파생상품 등 세부 금융산업들이 복합적으로 연결된 일련의 과정을 통해 만들어지기 때문에 금융산업은 "범위의 경제성"이 높은 산업이다. 이것은 어느 나라의 금융업이 특정 한 분야만 발전하기는 어렵다는 점을 시사한다. 둘째, 기존의 거래나 계약방식이 아닌 혁신적인 금융서비스일수록 그 금융서비스가 정당하고 타당하다는 것을 입증하기 위해서는 법률·회계·경영자문·홍보 등 다양한 연관 전문서비스의 지원이 필요하며, 따라서 이러한 전문서비스를 필요할 경우 물리적으로 쉽게 지원받을 수 있어야 한다. 셋째, 금융업은 정보의 비대칭성 문제가 현저하고 상대에 대한 신뢰가 중요하기 때문에 네트워크 비즈니스(network business)의 성격이 강하다. 넷째, 금융인은 물론 전문서비스 공급자들이 생활하고 휴식을 취하기 위해서는 예술 등 고급문화를 즐길 수 있는 상부구조와 공황 등 도시의 하부구조가 갖추어져 있어야 한다.

도대체 영국의 런던은 무엇을 가지고 있기 때문에 세계의 금융수도로서 부동의 위치를 지속하고 있는가? 런던의 시티가 역외금융시장(off-shore financial market)으로 성공할 수 있었던 비밀을 파해 친 『Treasure Islands』의 설명[25]은 다음과 같다. 첫째, 세계를 지배했던 대영제국의 수도였던 런던은 "수 세기에 걸쳐 축적된 고도화된 전문지식이 밀집되어 있다"는 점을 지적했다. 한때 "해가 지지 않는 나라"로서 세계 곳곳을 지배했던 경험에서 축적한 전문지식을 물리적으로 The City라는 사방 1마일에 불과한 공간 안에서 활용할 수 있다는 것은 어떤 도시도 모방할 수 없는 역사적 자산이라고 할 것이다.

둘째, 런던이 2차 대전 후 역외금융시장으로 발전했다는 점이다. 1950년대 The City는 역외 유로마켓을 개발했다. 미국은 1933년 은행법을 비롯하여 금융산업에 대한 규제를 강화함에 따라 탈출구가 필요했고, 규제가 거의 없는 런던의 유로마켓은 전세계 금융회사들과 실체를 드러내고 싶지 않은 자금들을 끌어들였다. 1973년 세계 석유파동이후 막대한 부를 모은 중동 자금의 대부분이 런던에서 운영되었으며, 1990년대에는 엔고를 피해 해외로 나온 일본의 부유층 자산과 아프리카의 신흥 석유부호들의

25) 보물섬(Treasure Island), p. 420.

표 2-8 WEF 글로벌 경쟁력 금융부문 평가 비교

(순위)	한 국		영 국		홍콩	
	2014	2015	2014	2015	2014	2015
국가경쟁력	26	26	9	10	7	7
금융발전	80	87	15	16	1	3
1. 금융서비스 가용성	100	99	7	7	3	3
2. 금융서비스 적합성	90	89	19	19	4	4
3. 증권시장을 통한 자본조달	65	47	10	7	1	2
4. 대출 접근의 용이성	120	119	82	82	5	5
5. 벤처자본 가용성	107	86	19	14	5	9
6. 은행 건전성	122	113	89	63	7	7
7. 증권거래에 대한 규제	89	78	22	21	3	4
8. 소유권 지수(10: 최고)	29	63	1	24	1	24

자료: WEF, The Global Competitiveness Report 2014~2015.
WEF, The Global Competitiveness Report 2015~2016.

자금이 몰려들었으며, 2000년대에 들어서는 러시아 기업과 부호들이 런던으로 몰려왔다.

셋째, 런던이 역외금융시장으로 번성할 수 있었던 핵심은 규제가 거의 없다는 점과 더불어 "묻지도 답하지도 말라"는 "금융 비밀주의" 사업문화가 실체를 드러내고 싶지 않은 세계의 고객들을 끌어들였다. 영국의 신탁회사법은 역외기업들이 영국회사에 이사로 참여하는 것을 허용함으로써 실질적인 소유주를 알 수 없도록 보호해 준다. 뿐만 아니라 소위 "본적지 규정"(domicile rule)에 의해 영국 거주민이나 영국이 본적지가 아닌 납세자들은 영국 본토에서 벌어드린 소득에 대해서만 세금을 내고 영국 외 지역에서 벌어드린 소득에 대해서는 조세를 회피할 수 있다.

2. 규제혁신과 금융발전

2.1 규제가 금융발전을 어렵게 하는가?

"금융발전이란 시장의 유동성과 규모로 측정되는 심화(depth)와 개인이 금융서비스를 이용할 수 있는 접근성(access)과 금융서비스를 이용자들에게 낮은 비용으로 제공하는 동시에 지속적인 수익을 실현하고 자본시장에서 적정수준의 활동을 하는 금융기관의 역량을 의미하는 효율성(efficiency), 이 세 가지의 결합으로 정의된다".

출처: IMF, Rethinking Financial Deepening, May 2015, p. 5.

그림 2-2 **금융발전(Financial Development)의 결정요인**

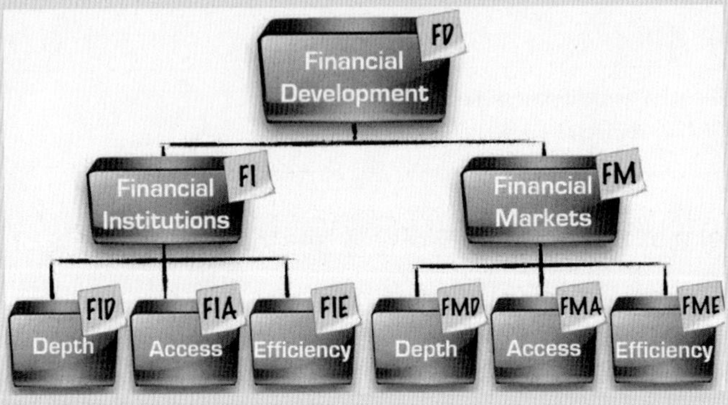

금융발전에 대한 IMF 정의에 따른다면, 금융기관과 금융시장 공히 '깊이'·'접근성'·'효율성' 조건을 충족해야 금융발전이 이루어진다. 기본적으로 금융기관의 효율성과 금융시장의 효율성은 상호작용의 관계에 있다. 그러나 금융시장은 주로 금융기관 간의 시장이므로 효율성을 확보하지 못한 금융기관들이 모인 금융시장이 효율성을 확보할 가능성은 미약하다. 따라서 금융기관의 효율성이 금융발전의 핵심이라고 할 수 있다.

우리나라 금융산업과 금융시장이 안고 있는 문제의 핵심은 금융심화와 접근성의 문제가 아니라 효율성의 문제라고 할 것이다. 금융연관비율(금융자산 잔액/GDP)은 1962년 1.02에서 1980년 2.88, 2000년 5.66, 2014년 9.15로 증가하였으므로, 금융심화를 금융연관비율로 측정한다면, 우리나라 금융심화는 2000년대에 들어서도 빠른 속도로 진행되고 있으며, 미국의 동 비율 11.6(2014년)보다 낮지만 그렇다고 해서 금융심화가 부족하다고 할 수는 없을 것이다. 한편 15세 이상 거의 전 국민이 은행거래를 하고, 인터넷뱅킹 서비스 등록 고객수가 11,329만 명에 달하며, 15세 이상 인구 1인당 평균 4.48매의 신용카드(체크카드 포함)를 보유하고 있는 나라에 금융의 접근성이 부족하여 금융발전이 장애를 받고 있다고 할 수는 없을 것이다. 따라서 우리나라 금융발전의 문제의 핵심은 금융기관들의 효율성 문제로 집약된다.

규제가 금융발전을 어렵게 한다는 대표적인 주장이 "금융억압론"(financial repression)이다. 경제의 안정과 성장을 도모하기 위해 정부의 금융시장 개입과 규제가 필요한 것도 사실이다. 특히 소규모 개방경제의 경우 해외로부터의 충격으로부터 국내 금융시장의 안정을 확보하기 위해서는 어느 정도의 정부개입이 불가피한 측면이 있다. 문제는 거시경제 안정을 확보하기 위한 규제의 적정범위를 한정하는 것이 어렵다는 점에 있다. 규제와 정부개입은 정부가 당면한 각종 과제를 해결하는 가장 유용한 수단이기 때문에 경제상황의 전개에 따라 관성적으로 늘어나게 되어 있으며, 어느 정도 시간이 지나 축적된 규제가 경제운영의 효율성을 손상하는 상황이 되면, 다시 규제완화를 추진하는 과정이 반복되어 왔다. 특히 한국경제는 무역자유화와 금융시장의 개방 정도에 대비하여 금융산업과 금융시장에 대한 규제의 자유화 속도가 미치지 못함에 따라 양자 간의 불균형이 확대되고, 그 결과 금융산업과 금융시장이 실물경제 활동이 필요로 하는 금융서비스를 효율적으로 제공하지 못하는 문제가 발생하고 있다고 할 것이다. 이런 이유에서 혁신적인 금융개혁의 필요성이 있다.

본질적으로 금융안정과 금융발전의 관계, 금융발전과 경제발전의 관계에는 상충이 없으며, 적절한 규제는 금융안정과 금융발전을 촉진한다.[26] 즉 금융규제 자체가 문제가 되는 것이 아니라 행정편의적인 '과도한 규제' 또는 '부적절한 규제'가 문제가 된

26) "there is very little or no conflict between promoting financial stability and financial development. Better regulation is what promotes financial stability and development", Rethinking Financial Deepening, IMF, 2015.

가지고 있으므로 여론으로 국회에 압력을 넣었으며, 이에 따라 국회의원들은 감독당국에 대책을 요구하게 되었고, 감독당국은 카드사에 압력을 넣어 가맹점 수수료를 낮추게 되었다. 이러한 과정에서 카드수수료의 적정성에 대한 검토는 그 결과 신용카드사들은 비용을 충당하기 어려운 낮은 수수료로 인하여 신용카드 사업에서는 거의 이익을 내지 못하는 반면에 카드대출을 통해 대부분의 이익을 내는 기형적인 수익구조를 가지게 되었다.

가장 문제가 되는 규제는 소위 '그림자 규제'다. '그림자 규제'의 범위는 행정지도, 모범규준, 관행적인 사전보고 또는 협의요구, 인사개입 등을 포함한다. 금융위의 정의에 따르면, '그림자 규제'의 범위는 크게 행정지도와 감독행정으로 구분해 볼 수 있으며, '행정지도'는 금융당국이 금융회사에 대하여 임의적 협력에 기초하여 특정행위를 하거나 하지 않을 것을 요청하는 행정작용을 말한다. 한편 '감독행정'은 감독업무 수행과정에서의 법령·규정에 대한 설명·통보, 주의환기, 이행촉구 등 행정지도 외(外) 영역을 말한다. '그림자 규제'의 특성은 명시적인 법규가 아님에도 불구하고 피감기관의 입장에 있는 금융회사로서는 사실상 규제로 인식할 뿐만 아니라 더 세밀하고 준수하기 어려운 규제로 인식되어 있다는 점이다.

2.3 규제개혁 추진 내용

임종룡 금융위원장

"금융이 왜 낙후돼 있는지, 왜 뒤져 있는지 생각해 보면, 외적인 측면에서는 저성장, 저금리, 고령화, 금융과 비금융의 융합화 현상, 이런 것들인데 금융 내적으로 보면 그동안 갖고 있던 낡은 규제, 무사안일 등이 금융산업의 저체를 이뤄왔습니다. 이제 이런 게 한계에 왔다고 생각합니다. 지금 바뀌지 않으면 영영 산업으로서 실물경제를 지원하는 혈맥 기능을 하지 못할 뿐만 아니라, 완전히 산업으로도 경쟁에서 탈락할 거라는 절박감이 있습니다. 그래서 금융개혁이 필요합니다".

출처: 문화일보, 2015년 8월 21일자.

금융위원회는 2015년 4월에서 7월 말까지 규제 1,769건(숨은 규제 921건) 발굴하고 이 중 40%에 해당하는 711건(숨은 규제 471건)을 개선한 것으로 발표했다.[28] 특히 같은 기간

중 197개 금융회사를 현장 방문하여 약 2,400건의 건의 사항을 접수하였으며, 이중 회사대상 1,436건 중 662건을 수용하는 현장 중심이자 금융회사 중심의 획기적인 금융규제혁신을 단행하였다.

특히 「은행의 자율성·책임성 제고방안」을 발표(2015년 8월 13일)하여 기존의 금리·수수료·배당 등에 대한 소위 "그림자 규제"에 대해 무효화를 선언하는 한편 비공식적인 행정지도를 중단하고 앞으로는 필요한 경우 법령이 규정한 명시적 규제의 범위 내에서 공식적이고 투명한 행정지도 절차에 따라 감독정책을 추진할 것을 발표했다. 한편 이러한 금융당국의 은행 규제여건 개선에 상응하여 은행의 책임성을 제고하기 위한 방안을 발표했다. 금융위원회는 그동안 규제개혁의 사각지대로 지적되어 왔던 '그림자 규제'에 대한 혁신방안(9월 15일) 발표했다. 핵심내용은 다음과 같다. ① '행정지도·감독행정 미준수만을 이유로 제재를 할 수 없도록 제도화하는 것',[29] ② '금리, 수수료 등 가격이나 배당, 인사 등 고유 경영행위에 대한 행정지도 금지,[30] ③ 개선방안 내용의 이행에 대한 투명성을 확보하기 위해 옴부즈맨 등 외부기관이 당국의 이행 여부를 점검하고, 그 결과를 공개할 예정.

한편 금융기관 임·직원들에게 '보신주의'를 가져오는 직접적인 원인인 제재에 대한 혁신이 추진됨으로써 제도적으로 '보신주의'의 원인이 대폭 제거되었다('금융분야 제재개혁 추진방안', 2015. 9. 1). 즉 종래에 금융기관 임·직원에 대한 제재는 개인에 대한 신분제재 중심으로 운영되고, 제재시효제도가 없어 오래된 위반행위도 제재위험에 노출되어 있어 보수적 행태를 유발하는 한편 감독당국이 직원들을 직접 개별적으로 제재함으로써[31] 금융기관이 자율적 내부통제 역량을 키울 기회가 제한한다는 문제점을 안고 있었다.

반면에 기관제재는 주의·경고가 대부분을 차지하고, 동일 검사에서 다수의 위반행위가 적발되어 사안이 중대하더라도 경합가중하지 않아 위반행위 수준에 상응한 제재가 부과되지 않음으로써 제재의 실효성이 부족하다는[32] 문제점을 안고 있었다. 한

28) 금융위, 금감원, "금융규제 개혁 추진방향", 2015. 6. 15.

29) 검사 이후 컨설팅 성격의 경영유의·개선사항을 불이행한 것에 대해 제재해오던 관행을 근절하기 위해 관련 제재근거* 삭제, 「금융기관 검사 및 제재에 관한 규정」 제15조 제2항.

30) 10월부터 실시하되, 금융위원회·금융감독원이 금융규제·감독 과정에서 준수할 내부규범인 「금융규제 운영규정」(12월 제정)에 반영 예정.

31) '12~'14년 제재(개인제재+기관제재) 4,303건 중 직원 제재가 약 73.8% (3,175건).

32) '12~'14년 기준 기관제재 중 주의·경고 비중: 약 89.5%

편 금융기관에 대한 금전제재는 부과금액이 낮아 징벌적 효과가 미흡했다.[33] 한편 법규위반이 아닌 내규·행정지도 위반도 제재하고 자체시정이 가능한 법규위반에 대해서도 개별적으로 제재함으로써 금융기관의 내부통제 역량의 제고를 어렵게 한다는 문제점이 있었다. 이번 개혁조치의 핵심은 금융기관 임·직원 개인에 대해서는 감독 당국이 직접 제재하지 않고 금융기관이 자체 징계하도록 하는 자율처리제도를 도입하고, 법정부과비율을 약 3배 인상했다는 점이다. 벌금의 인상 정도는 제재의 실효성을 확보하는 데 여전히 미약한 것으로 보인다.

전반적으로 이번 규제개혁은 다음 네 가지 특징을 가지고 있는 것으로 평가된다. 첫째, 규제 문제를 다루는 접근방법에 있어 책상에서 검토하는 것이 아니라 실제 어떤 규제가 어떻게 작용하는지 현장탐방을 통하여 실제적이고 세밀하게 규제의 실체를 적출했다는 점에서 평가 받을 만하다. 둘째, 종래의 규제철폐의 사각지대에서 상존함으로써 규제철폐를 사실상 무효화시키는 작용을 했던 '그림자 규제'를 대폭 적출했을 뿐만 아니라 '그림자 규제'의 폐지를 제도화함으로써 '그림자 규제'가 잡초처럼 다시 살아날 근거를 제도적으로 제거했다는 점에서 큰 의미가 있다. 셋째, 금융기관 임·직원들의 '보신주의'를 가져온 원인이 되었던 검사 관행과 제재의 틀을 시장 친화적으로 대폭 혁신함으로써 최소한 더 이상 검사나 제재를 이유로 '보신주의'를 정당화할 수 있는 여지는 대폭 제거되었다. 넷째, '비조치 의견서'를 활성화함으로써 금융기관들의 혁신역량을 촉진하는 계기를 마련한 것으로 평가된다.

2.4 규제개혁의 한계와 과제

규제 풀어줘도 좌불안석인 금융권

"알아서 하라는 건 좋죠. 근데 솔직히 눈치가 보입니다. 이러다 윗분들이 바뀌거나 큰일 한 번 터지면 언제든 원상복귀될 수 있으니 미리 몸 사리는 측면도 있고요."(A금융사 임원)

〈머니투데이, 2015. 8. 17, 전혜영〉

---

33) 1건당 벌금규모: 금융위 2.7억 원, 공정위 71.2억 원, 방통위 58.3억 원.
한편 2012년 영국 FSA는 Barclays PLC에 Libor scandal에 대하여 59.5백만 파운드(1,062억 원)의 벌금을 부과했으며, 미국 SEC는 2015년 5월 Deutch Bank에 55백만 달러(약 650억 원) 벌금을 부과했다.

금융당국이 추진하고 있는 '규제개혁'에 대하여 두 가지 의문이 제기된다. 첫째, 왜 규제개혁은 반복되는가? 둘째, 이번 규제개혁은 금융발전의 전기(轉機)를 마련할 수 있을까?

(왜 규제개혁은 반복되는가?)

문민정부·국민의 정부·참여정부·MB정부·박근혜 정부에 이르기까지 새 정부가 들어설 때마다 금융규제개혁은 핵심 국정과제로서 단골 정책 메뉴로 등장해 왔다. 대표적인 사례로 노무현 정부에서 "동북아금융허브 추진전략"에 의거하여 2005년 4월 민·관합동회의 결과 총 101건 중 43건 수용한 바 있다. 또한 이명박 정부에서는 금융위원회에 '금융규제개혁심사단'을 설치하고 2008년 9월 1,440건 심사하여 316건 완화·폐지 결정한 바 있다. 그럼에도 불구하고 2015년 4월 박근혜 정부에서 금융규제 개혁을 추진하면서 발굴한 규제건수는 무려 1,769건에 달하는 것으로 나타났다. 단순하게 계산해 보면, 2008년 9월 이후 2015년 4월까지 금융위원회와 금감원은 무려 645건의 새로운 규제를 만들었다는 것이 된다. 말하자면 규제는 마치 자연생태계에서 자연적으로 발생하는 잡초와 같은 것으로 낫으로 벨 수는 있지만 곧 다시 자라는 것과 같다. 규제가 불멸성을 가지고 있다면, 그 이유는 무엇인가?

첫째, 소규모 개방경제의 특성상 세계 경제나 국제금융시장의 충격으로부터 국내경제와 금융시장의 안정을 확보하기 위하여 규제가 불가피한 측면이 있다(〈사례〉 참고). 소규모 개방경제의 특성상 금융시장 자유화로 인한 충격에 대응하기 위한 방어적 수단으로서 금융당국의 금융시장과 금융기관 통제의 필요성이 상존하고 있기 때문이다. 2015년 9월 25일 현재 외국인은 소유 상장주식 비중은 28.9%(코스피 31.9%, 코스닥 10.2%), 채권 상장잔액의 6.5%에 달하며, 8월 주식거래액에서 차지하는 외국거래의 비중은 무려 40.3%에 달한다. 특히 우리나라 금융시장은 소위 국제금융시장의 "ATM기"라고 불릴 만큼 언제든지 달러의 유출이 자유로운 시장인 만큼, 이로 인해 일시의 대량 외자유출과 같은 금융시장의 잠재적인 위험으로부터 금융시장을 보호하는 수단으로서 규제의 필요성이 있다.

둘째, 대형금융사고가 발생하면 감독당국에 그 책임이 돌려지고 사고근절대책을 마련하는 과정에서 규제는 강화되는 악순환이 반복될 수밖에 없다. 금융계 종사자들은 과거 이러한 누적된 경험을 강하게 인식하고 있기 때문에 "규제를 풀어줘도 좌불안석"이라는 이야기에 공감하는 것이다.

셋째, 다양한 금융서비스가 국민생활 속에 확산될수록 금융서비스에 관련된 이슈들이 국민생활의 중요한 정치적 이슈로 대두되는 사례가 빈번해지고 있다. 신용카드 수수료와 대출금 중도상환 수수료 인하 등이 대표적인 사례다. 이해당사자들이 국회의원들에게 압력을 넣고, 이에 따라 국회의원들은 금융감독 당국에 압력을 넣고, 감독당국은 해당 금융업계에 협조를 요청하는 과정이 반복되고 있다. 금융서비스의 이해당사자들이 이해 갈등을 금감원의 민원과 같은 금융시스템을 통해 해결하려 하지 않고 정치적으로 국회를 통해 힘으로 해결하려는 행태가 만연할 경우, 현실적으로 감독당국은 금융산업의 건전한 발전과 금융소비자 보호기능 간에 균형을 확보하기 어려워지며, 결과적으로 금융생태계는 '원칙'보다 '힘'이 우선하는 더욱 척박한 풍토로 악화될 수밖에 없다. 그림자 규제의 상당부분은 이해당사자 → 언론 → 여론 → 국회 → 감독당국 → 협회 → 금융사의 구조를 가지고 있기 때문에 이러한 비공식적인 "금융압력"의 구조가 작용하는 한에는 그림자 규제가 현실적으로 없어지기 어렵다.

금융규제 개혁이 부진한 이유에 대하여 금융위원회와 금감원 등 금융정책과 감독조직의 기득권 지키기 때문이라는 설명도 있다. 우리 경제에서 차지하는 금융산업의 비중이 축소되어 감에도 불구하고 금융관련 관료조직이나 감독조직의 소위 "밥그릇 지키기" 때문에 규제개혁이 부진하고, 그 결과로 금융산업이 위축되고 있다는 비판적인 견해가 학계를 중심으로 팽배해 왔던 것도 사실이다. 이러한 주장은 "관치금융"의 배경에 대한 설명에 근거를 둔 것이며, 금융규제는 관치금융의 직접적인 수단이 되기 때문에 동시에 "금융규제"의 원인에 대한 설명이기도 하다. 그러나 이러한 주장은 더 이상 타당성이 없어 보인다. 특히 박근혜 정부에서는 금융개혁이 핵심 4대 개혁의 하나로 추진되고 있는만큼 금융위원회는 "규제개혁"으로 업적을 보이기도 급급한 상황에서 "밥그릇 지키기" 때문에 금융규제 개혁을 제대로 하지 않을 여지는 없다고 할 것이다.

(규제개혁의 한계)

> "경제의 '혈맥'인 금융이 본연의 기능을 회복하여 경제의 실핏줄까지
>
> 신선한 혈액을 공급하고 원기를 불어넣도록 만들어야 합니다. 무엇보다 담보나 보증과 같은 낡은 보신주의 관행과 현실에 안주한 금융회사의 영업행태부터 바꿔나갈 것입니다"(대통령 담화, 2015. 8. 6)

만약 한국의 금융산업이 전적으로 정부의 규제억압 때문에 발전하지 못하고 있었다고 한다면, 최근 정부의 규제개혁은 금융산업 발전의 일대 전환점이 될 수 있을 것이다. 그러나 문제는 그렇게 간단하지 않다. 우리나라 금융산업을 옥죄고 있는 것은 비단 정부의 규제만이 아니기 때문이다. 금융생태계가 근본적으로 바뀌기 전에는 행정적 차원의 규제개혁은 상황에 따라 언제든지 "없든 일"이 될 소지를 안고 있다.

한편 박근혜 정부에서 국정의 핵심 4대 개혁과제로서 중요하게 다루어지고 있는 금융개혁의 목표는 실물경제에 원활하게 자금을 지원하는 금융기능 회복에 있다고 하겠다(상기 대통령 담화 참조). 즉 실물경제에 자금이 원활하게 흐르지 않는 이유는 금융기관 종사자들의 '보신주의' 행태에 있으며, '보신주의'는 감독당국의 규제와 제재의 위험에서 비롯되기 때문에 '보신주의'를 타파하기 위해서는 과다한 규제와 제재의 위험을 제거해 줄 필요가 있다. 그러나 실물경제에 대한 원활한 지원기능을 전제로 하는 규제개혁은 금융기능의 효율성 제고를 의미하는 '금융발전' 차원의 규제혁신과는 상당한 성격의 차이가 있다.

규제개혁에도 불구하고 실물경제로의 자금지원이 원활하지 않을 경우에도, 감독당국은 참고 있을 것인가? 규제개혁의 목적이 실물경제에 대한 원활한 자금지원이라면, 감독당국은 자금지원에 소극적이거나 자금을 회수하려는 은행들을 지켜보고만 있을 것인가? 지금까지 규제개혁은 감독당국의 자기혁신으로 금융업계를 기분 좋게 하는 것이었던 만큼 규제개혁에 박수를 보냈다. 그러나 "비 올 때, 우산 뺏는"[34] 문제에 있어서는 감독당국과 은행들 간의 이해는 엇갈리기 쉽다. 한국경제가 저성장의 장기

---

34) 임종룡, "시중은행장 만나 '비 올 때 우산 뺏지 말라'" 2015. 6. 22 이데일리.
진웅섭, "비 올 때 우산 뺏지 말라", 서울경제, 2015. 8. 12.

화로 구조조정기에 진입함에 따라 '비 올 때'가 되었고 '우산을 받쳐 주느냐' 또는 '우산을 뺏느냐' 문제를 두고 감독당국과 은행들은 깊은 고민에 빠질 시점이 다가오고 있다. 정부와 감독당국이 은행들의 '우산 뺏기'로 인한 경제활동의 위축을 감당할 수 없으면, 규제개혁 때 했던 '불개입' 약속을 팽개치고 직접 개입할 가능성이 높다고 보는 것이 시장의 지배적인 관점이다.

(비가 오는데, 우산은 어떻게 할 것인가?)

경기동행지수 순환변동치로 보면 한국경제는 2011년 8월 이래 2015년 8월까지 48개월의 완만한 하향국면을 진행해 오고 있다. 더구나 2015년 GDP 성장률은 2%대 후반으로 전망되고 있으며, 수출부진으로 인하여 2016년 성장률도 2015년 성장률과 거의 비슷한 수준으로 전망되고 있다. 즉 한국경제는 2%대 성장률의 저성장기조로의 전환기가 진행되고 있으며, 저성장 국면이 장기화함에 따라 기업부실과 가계대출의 부실위험에 대한 우려가 높아지고 있다. 박근혜 정부가 들어서 금리 인하(평균 40% 하락)와 가계대출을 대폭 확대하였으나(2012년 말 대비 2015년 9월 말 현재 197조 원 증가), 이러한 금융완화를 앞으로 지속하기 어렵다는 데 문제가 있다.

이미 가계부채는 여러 가지로 위험신호가 나타나고 있다. 3개 금융기관 이상으로부터 차입이 있는 다중채무자의 수는 2012년 말 333만 명에서 2015년 3월 말 현재 341만 명으로 증가하였으며, 이들의 차입액 합계는 같은 기간 중 308.7조 원에서 338.7조 원으로 증대한 것으로 나타났다.[35] 한편 개인사업자 대출 증가규모는 2011년 13조 원, 2012년 15조 원, 2013년 17조 원, 2014년 18.8조 원, 2015년 1~8월간 20.4조 원에 달하며, 2015년 8월 말 현재 229조 7천억 원으로 증가하여 경기부진이 장기화할 경우 부실위험이 높아지고 있다. 특히 한국은행 자료(2014년 3월 말 현재)에 의하면 한계가구(처분가능소득 대비 원리금 상환액의 비율: 40% 이상)의 비중이 부채보유 가구의 13.8%에 달하며, 차입규모는 가계부채 잔액의 32.7%(약 400조 원)에 달하는 것으로 나타났다.

한편 상장기업의 3분의 1은 이자보상비율이 100% 이하에 있으며, 이자보상비율이 100% 이하인 상태를 3년 이상 지속하고 있어 금융지원으로 버티고 있는 소위 '좀비기업'의 비중은 2010년 13%에서 2013년 15.6%로 증가했으며, 그 수는 1만 개에 달하는

35) 오제세 의원, 홈페이지, 2015년 9월 국정감사 자료.

것으로 분석되고 있다.[36)]

이와 같이 거시경제 여건이 저성장의 장기화로 인해 어려움을 겪음에 따라 은행들은 위험관리를 더욱 철저하게 해야 할 자산 구조조정 국면에 진입했다고 할 것이다. 과연 정부가 경제의 구조조정을 은행들에게 맡겨 둘 것인가? 은행들이 자율적으로 원활한 구조조정을 진행할 수 있을 것인가? 은행 주도에 의한 기업과 가계의 구조조정이 부진할 경우에도 경제 전반에 자원의 비효율적 배분 등의 문제로 인하여 정부는 가만히 지켜보기 어려울 것이다. 반대로 은행들이 적극적으로 구조조정을 추진할 경우, 이에 수반되는 민생의 어려움과 기업도산으로 인하여 정부는 크게 압박을 받을 것이며, 이 경우에도 정치권의 압력을 견디지 못해서도 정부가 좌시할 수는 없을 것이다. 그런만큼 거시경제 여건이 악화될수록 규제개혁의 틀은 지속하기 어려워 보인다.

은행 "중기대출 늘리라더니 이제와 좀비기업 구조조정 ?" 불만 (서울경제, 2015. 9. 9일자)

"'비 올 때 우산을 뺏지말라'고 하면서 '여신심사는 강화해야 한다'는 건 솔직히 모순된 얘깁니다. 은행들의 상환 압박이 시작되면 기업들 입장에서는 억울한 사례가 나오지 않을 수 없겠죠."(B은행 여신담당자)

임종룡 금융위원장이 이달 들어 의욕적으로 칼을 빼 든 '좀비 기업' 구조조정과 관련, 금융 당국의 '소 잃고 외양간 고치는 식' 접근에 문제가 있다는 목소리가 은행권 안팎에서 커지고 있다. 지속 가능성이 낮은 기업을 정리해야 한다는 큰 틀의 구조조정 방침에는 공감하지만 최근까지도 기술금융 등을 통해 중기대출 확대를 적극 장려해온 당국의 움직임에 비춰보면 너무 급격한 태도 변화이기 때문이다.금융 당국은 올해 은행권의 중소기업 대출 규모가 경기 흐름에 비해 과도하게 커지는 것을 '창조경제 지원'이라는 명목으로 사실상 묵인해왔다. 은행 여신 전문가들 사이에서는 성동조선 등 중소 조선사에 대한 구조조정에 실패하며 국책은행을 통해 천문학적 지원금을 쏟아넣은 당국이 은행에만 구조조정의 짐을 지우고 있다는 비판도 나온다.

(금융발전의 전기를 마련하기 위해서는 무엇이 필요한가?)

규제를 축소하거나 폐지하는 것은 금융업계가 당연히 환영할 일이다. 더구나 감독제도의 혁신을 통하여 종합검사를 최소화하고 검사 시 금융기관 직원들의 권익보호를 강화했을 뿐만 아니라 인적 제재를 제도적으로 최소화했다. 특히 '비조치의견서'를 활성화함으로써 금융업계의 혁신을 촉진하는 데 진일보한 것으로 평가된다. 그러나

36) "기업 1만 개 금융지원으로 연명 … ", 동아일보, 2015. 9. 23. 인용, KDI 자료.

지금까지의 규제개혁은 금융발전의 필요조건일 뿐 그것으로는 금융발전의 전기(轉機)를 만드는 조건으로 충분하지 않다. 그렇다면 금융발전의 전기를 마련하기 위해 필요한 충분조건은 무엇인가?

> **금융당국, 시장에 `가격` 맡긴다더니...**
> 카드사임원 불러 "수수료 합리적 조정하라" 압박으로 느낀 업계, 카드론 등 이율 낮춰 (매일경제, 2015. 9.12일자)
>
> "금융감독원은 지난 2일 서울 여의도 금감원 건물로 카드업계 임원들을 불러들였다. 금감원 관계자는 이 간담회에서 "시장에서 납득할 수 있도록 수수료율을 합리적으로 조정하라"고 말했다. 그 후 카드회사들은 시차를 두고 수수료율을 내린다고 발표하고 있다. 당시 그 간담회에 참석한 업계 임원은 "수수료율 인하 압박을 강하게 느꼈다"고 전했다.
>
> 금융당국이 최근 금융회사 가격이나 수수료에 개입하지 않는다고 선언했지만 과거 관행을 끊지 못하고 있다. 특히 국정감사 시즌을 맞아 정치권 요구에 맞추기 위해 업계를 압박하고 있다.
>
> 11일 금융권에 따르면 정치권과 금융당국이 서민들을 상대로 수수료율 장사를 하고 있다며 지속적으로 압박하는 데 못 이겨 카드사들이 줄줄이 수수료율을 내리고 있다".

그것은 바로 금융기관들에게 수익 기회를 확대해 주는 것이다. 새로운 수익기회를 확대해 주는 것만큼 금융기관들에게 혁신을 자극하고 촉진하는 것은 없다. 금융위가 은행들의 혁신성을 평가할 필요가 없다. 수익을 얻을 수 있는 영업의 범위를 확대해 준다면, 수익을 좇아 혁신을 경쟁적으로 추진될 가능성이 높다. '복합점포의 개점휴업'이 대표적인 사례에 해당한다, 은행·증권·보험업을 한 공간 안에 모아 놓고도 보험업은 모집행위를 금지하고 있다. 수익을 얻기 위한 영업을 할 수 없는 복합점포가 무슨 의미가 있는가? 이는 전향적으로 시장 마인드가 없는 행정적 규제완화의 사례이며, 이런 규제완화로 어떻게 금융산업에 발전적인 변화를 기대할 수 있는가?

지금 금융업계는 팔짱을 끼고 금융위와 금감원의 규제개혁을 구경하고 있다. 왜 금융업계는 구경만 하고 있는가? 필자의 물음에 한 CEO는 다음과 같이 답했다. "먹을 것이 없는데, 무엇을 할 수 있는가? 수익의 기회가 확대되지 않는 규제개혁은 행정적 행사일 뿐이다". 전적으로 옳은 말이다.

현재 금융위가 추진하고 있는 규제개혁이 금융발전의 전기를 마련하기를 바란다면, 금융위는 금융업계의 수익기회를 확대하는 방안을 찾는 데 노력을 집중해야 한다고 본다. 금융위는 8월 13일 발표한 "은행의 자율성·책임성 제고방안"에서 '새로운 부수업무 신고 시 최대한 탄력적으로 해석'함으로써 수익 다변화를 지원하겠다고 발표했다. 하지만 부수업무의 확대해석으로 은행계의 혁신을 촉진할 수 있을지 의문이다.

보험업계 눈치 보랴, 규제 따르랴... 복합점포 개점휴업 (한국일보, 2015. 9.15)

"금융권 칸막이 완화' '원스톱 금융서비스'를 목표로 야심차게 시작한 은행·증권·보험 복합점포가 한 달째 사실상 개점휴업 상태다. 지난달 문을 연 하나금융과 농협금융의 1호 복합점포의 경우 보험 계약 체결 건수가 한달 여간 10건에도 못 미친다. 기대를 크게 밑도는 저조한 실적에 금융지주사들의 고민도 깊어지고 있다.

복합점포들의 '흥행 참패'의 가장 큰 원인은 공격적 영업을 금지한 데 있다. 금융위의 보험사 입점 복합점포 추진방안에 따르면 복합점포 내 은행·증권 공간에서 보험사 직원 등이 보험상품을 모집하는 행위를 금지하고 있다. 제 발로 찾아와 농협생명 창구 앞에 앉는 고객들에게만 영업을 하는 것이 가능할 뿐, 바로 옆 증권이나 은행 창구에 볼 일을 보러 온 기다리는 고객들에게 보험상품의 소개나 영업을 할 수 없다는 것이다".

한국은 왜 금융 중심지가 되지 못하는가?

이경태 | 고려대 국제대학원 석좌교수

(출처: 국가미래연구원, 블로그, "싱가포르의 금융허브성공과 한국의 실패", 2015. 5. 14)

지금으로부터 10여 년 전에 노무현 정부는 한국을 동북아 금융 중심지로 만들겠다는 청사진을 제시하였다. 싱가포르에 버금가는 국제금융센터로 키우겠다는 것이었다. 초기에는 동북아시대위원회가 그 진전사항을 대통령에게 보고하도록 하면서 기획재정부가 소외되었는데 손발이 없는 대통령자문위원회는 제대로 추진력을 발휘할 수 없었다. 그 후에 기획재정부로 업무가 이관되면서 속도가 붙기 시작했는데 가장 내세울 만한 성과는 자본시장통합법을 제정한 것이었다. 핵심내용은 규제개혁을 통해서 대형 투자은행이 출현하도록 하겠다는 것이었다.

그러나 법 시행 이후 얼마 지나지 않아서 정권이 바뀌었고 세계 금융위기가 발생하였다. 선진국들이 위기재발 방지를 위해서 대형 투자은행에 대한 규제를 강화하는 가운데 이명박 정부도 오히려 규제를 강화하였고 노무현 정부의 국제금융센터 육성은 용도 폐기되었다. 그 이후 지금까지 한국의 금융은 저축은행 부실, 일부 은행들의 지배구조 난맥상을 노출하면서 금융의 생명줄인 투자자와 예금자 신뢰는 추락하였고 우물 안 개구리를 벗어나지 못하고 있다. 그러는 사이에 상해는 이미 한참 앞으로 가버렸다.

금융수장들은 국내은행들이 해외로 진출해야 한다는 입 발린 소리만 되풀이 한 채 국제금융센터로의 도약에 대해서는 아무런 비전을 내놓고 있지 못하다. 이것이 우리가 아직 국제금융센터를 운운하기에는 준비가 안 되어 있다는 정확한 현실인식에 바탕을 두고 차근차근 힘을 기른 이후에 국제금융센터를 지향하겠다는 전략적 정책판단이면 다행이겠으나 현실은 그렇지 않다.

금융업계도 책임에서 자유로울 수 없다. 모든 문제의 원인을 과도한 규제 탓으로만 돌리고 자구노력은 소홀히 하고 있다. 지금과 같은 무책임, 무능력을 그대로 두고 네거티브로 규제를 혁파하였다가 1997년 외환위기 이전에 종합금융회사에 대한 규제완화가 무분별한 외화차입으로 이어져서 위기를 자초한 불행이 되풀이되지 않는다고 단언 할 수 없다. 론스타사태 시에 보여준 금융감독 당국의 무원칙도 외국투자자들의 신뢰를 받기에는 우리가 아직 갈 길이 멀다는 점을 각인시켜 줄 뿐이다.

싱가포르의 성공사례를 보면 우리가 무엇을 어떻게 해야 하는 지는 분명하다. 유능하고 깨끗하고 강력한 금융당국, 국제적으로 인정받는 인력, 진취적이고 혁신적인 금융 CEO 없이는 한국의 금융은 국제중심지는 차치하고 영원한 우물 안 개구리 신세를 벗어나지 못할 것이다.

3. 은행산업의 생태계 혁신방안

3.1 금융생태계의 중요성

금융생태계는 고객, 금융회사, 감독기관을 중심으로 금융의 효율성과 발전의 토양이 된다. 고객과 금융기관과의 관계에서는 고객만족, 고객충성도, 신뢰자산 등이 중요하고, 금융회사와 감독기관 간에는 감독의 적정성, 투명성, 공정이 중요하다. 고객과 감독기관 사이에는 금융안정과 금융감독에 대한 신뢰, 금융신뢰의 최종담보장치가 중요하다. 금융생태계는 금융산업의 수준과 경쟁력에 직접적으로 연결되고, 금융규제의 적정 폭과 강도를 결정하는 데 중요하기 때문에 은행산업의 발전을 위해서는 금융생태계의 혁신은 절대적이다.

그림 2-4 **금융생태계의 구조**

〈고객-금융기관〉
- 고객만족
- 고객충성도
- 신뢰자산

〈금융회사-감독기관〉
- 감독의 적합성, 투명성, 공정성

〈고객-감독기관〉
- 금융안정에 대한 신뢰
- 금융기관 감독에 대한 신뢰
- 금융신뢰의 최종담보 장치

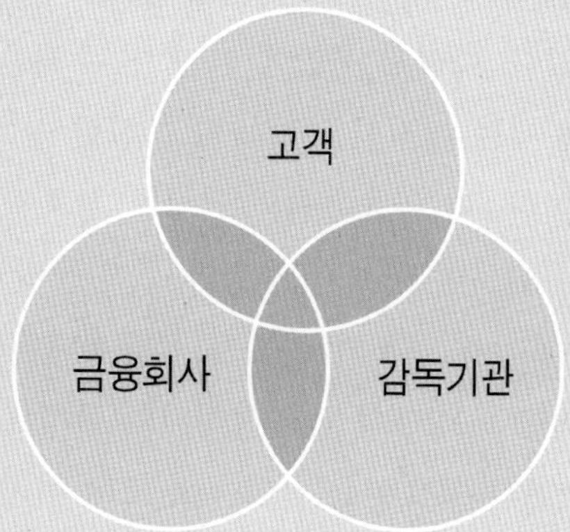

〈다원적 금융신뢰의 폭과 깊이〉
- 한 경제 금융부분의 생태계 상태를 결정
- 한 나라 금융산업의 수준과 경쟁력에 직결
- 금융규제의 적정 폭과 강도를 결정
- 금융의 효율성
- 금융발전의 토양

(왜 금융발전은 진전이 없는가?)

문민정부·국민의 정부·참여정부·MB정부에 이르기까지 지난 20년간 정부마다 금융산업을 신성장동력으로 삼기 위하여 금융산업 낙후문제·금융개혁·금융허브 등을 내길고 핵심 국성과제로 다루어 왔다. 이러한 역대 정권의 국정 아젠다(agenda) 차원의 접근에도 불구하고 금융산업은 발전은 고사하고 1절에서 살펴 본 바와 같이 오히려 뒷걸음치고 있다는 사실을 우리는 주목할 필요가 있다. 그 이유는 금융발전 문제가 금융감독 당국이나 금융회사의 노력만으로 해결될 수 없는 금융환경의 구조적인 요소들이 총체적으로 작용하는 일종의 생태적인 문제의 성격을 가지고 있기 때문으로 해석된다.

경제의 금융부문에 드러난 주체들은 감독 당국−금융기관−금융소비자다. 그러나 좀더 면밀하게 살펴보면 금융부문의 구조는 매우 복잡하다. 감독당국은 '금융안정'과 '금융중개의 효율성' 확보라는 금융부문의 목표만을 추구하는 것이 아니라 정부의 다른 부문(거시경제정책)과 국회 등 목표와 행동유인이 감독당국과는 다른 주체들의 영향하에 놓여 있음을 알 수 있다. 한편 국회는 유권자들의 여론에 민감할 수밖에 없고 그 결과로 유권자의 이익을 대변하는 각종 이익단체들의 압력을 받고 있다. 한편 금융소비자는 금융기관들이 제공하는 금융서비스를 수동적으로 받는 입장에만 있는 것이 아니라 유권자라는 다른 위치를 통해 정치권에 영향을 주고, 다시 이를 통해 감독당국과 금융회사에 영향을 미치고 있다. 따라서 사안에 따라 이 주체들의 역할과 중요성은 변화하지만 분명한 것은 금융문제는 이러한 주체들의 복잡한 상호관계의 총체적인 작용의 결과로 드러난다는 사실이다. 이 금융부문의 복잡한 상호관계는 잘 드러나지 않을 뿐만 아니라 비교역부문이기 때문에 국제적 경쟁의 충격을 받지도 않는다. 이와 같이 금융부문이 가지고 있는 총체적인 구조와 관계를 금융생태계(ecosystem)라고 집약해서 지칭할 수 있을 것이며, 이러한 우리나라 금융생태계의 특성으로 인하여 세계 13위에 달하는 경제규모에도 금융발전의 정도는 실물경제에 크게 미치지 못하는 문제를 안고 있다고 할 것이다.

(금융생태계 혁신의 핵심은 독립성과 자율성 강화)

금융발전의 문제가 금융생태계 차원의 문제라는 사실은 감독당국의 규제개혁만으로 금융발전의 문제가 해결될 수 없다는 점을 시사한다. 예로 우리는 1절에서 영국과의 비교사례에서 금융부문의 독립성이 금융발전에 얼마나 중요한 지를 살펴보았다. 금융업이 발전할 수 있는 양질의 금융생태계의 기본조건은 독립성(independence)에 있다. 금융업은 연속적인 대리인 관계의 계약에 의해 금융거래가 성립하고 이에 따른 불확실성과 가변성, 시장가격의 높은 변동성에도 불구하고 외부효과가 큰 미묘하고 복잡한 산업("Black box") 이기 때문에 금융산업이 발달한 국가들의 공통점은 이러한 금융업의 특성이 원활하게 작동할 수 있도록 정치·정부·기업·실물경제로부터 독립성을 보장 받아 왔다. 이것이 영국의 'The City of London'이 천 년이 넘게 독립성을 유지하는 이유이며, 미국의 경우 'Main street(정부· 실물경제) vs Wall street(금융)'라고 할 만큼 금융부문이 독립성을 누려 왔다.

우리나라의 경우, 실물경제는 정부의 산업정책의 보호를 벗어나 글로벌 경쟁을 통해 세계 13위의 위치를 차지하고 있음에도 불구하고 금융부문은 여전히 정부의 조정수단으로서 중요성을 가지고 있으며, 그 결과 끊임없이 '관치 시비', '감독기구의 독립성 문제', '금융의 정치화' 문제를 불러일으킬 만큼 금융부문이 독립적으로 자신의 문제를 개선해 갈 수 있는 환경을 제공하지 않고 있다. '귤화위지(橘化爲枳)'의 고사는 같은 종자도 환경에 따라 귤이 될 수도 있고, 탱자가 될 수 있음을 시사한다. 이와 같이 금융생태계의 상태에 따라 금융이 실물경제를 주도할 수도 있고, 반대로 실물경제의 발전에도 불구하고 금융부문의 발전은 정체될 수도 있다.

영국과 우리나라 금융산업의 격차는 곧 금융생태계의 차이에 의해 설명된다고 할 것이다. 우리나라 금융생태계는 한마디로 내재적으로 금융발전을 저해하는 악순환구조를 가지고 있다고 할 것이다. 기본적으로 우리 사회는 금융서비스의 가치에 대한 이해 정도가 낮으며, 이는 금융산업의 역할에 대한 부정적인 인식으로 연결되어 있다(Box: 군만두 이야기 참조). 한편 감독당국은 독립성을 확보하지 못하고 있을 뿐만 아니라 시장으로부터 부단하게 시장감독자('watch-dog')로서의 권위를 도전 받고 있다. 한편 금융기관들은 금융서비스 소비자들로부터 신뢰를 얻지 못하고 금융민원을 양산하고 있다. 모든 문제가 '규제의 문제'로 집중되어 감독당국과 금융기관 간의 문제로 다루어질 뿐, 금융회사와 고객 간의 관계에 있어 근본적인 윤리문제와 내부통제의 중요성은 거의 주목되지 않고 있다. 총체적으로 우리나라 금융생태계는 신뢰상실의 악순환구조 속에서 허우적거리고 있는 모양을 하고 있다.

감독당국의 본질적 목적은 금융회사들을 규제·감독하는 것이 아니라 금융소비자와 금융회사 간의 신뢰관계를 개선시켜 "시장의 실패"를 근본적으로 일어나지 않도록 하는 것이다. 따라서 감독당국과 금융산업이 공히 직면하고 있는 "신뢰의 수렁"에서 탈출하는 방안으로 감독당국이 "행정적 대응"을 줄이는 대신에 금융업계가 스스로 시장의 실패를 방지하도록 하는 "시장 친화적 대응"을 확대하는 길을 모색해 볼 필요가 있다.

구체적으로 감독당국은 금융회사가 스스로 금융소비자들과의 신뢰관계를 개선하도록 일깨우고 도와주는 일에 더 노력할 필요가 있다는 것이다. 금융업계 스스로 고객에 대한 윤리와 내부통제를 강화하는 것이 이익이 된다는 것을 설득할 필요가 있다.

한마디로 금융생태계의 혁신은 금융업의 "신뢰의 근간"을 뿌리부터 제대로 세우는 것으로 시작해야 한다고 본다. 금융업의 "신뢰의 뿌리"는 금융인 스스로의 윤리에서 나오는 것이지 감독당국의 감독이나 규제가 금융인의 윤리적인 행동을 보장하는 것은 결코 아니다. 금융인 스스로의 윤리의식이 "신뢰의 뿌리"이며, 이 윤리규율의 실

천을 확보하기 위해 지켜야 할 최소한의 자율규율로 "내부통제"가 있고, 내부통제 중에서도 공공의 이익과 소비자보호를 위한 최소한의 규율을 지켜줄 것을 감독당국은 규제를 통해 요구하고 이를 확인하기 위해 감독을 한다. 그럼에도 불구하고 사후적으로 금융회사와 소비자 관계에 문제가 발생할 경우, 감독당국의 소비자보호장치가 작동되도록 설계되어 있다.

표 2-9 최근 도입한 은행 내부통제 강화방안 주요 내용

KB금융지주	• 지주사 감사조직 확대 • 계열사 주요정보사항 지주 감사위원회 보고 • 대표이사 및 상근 감사위원 성과평가 시 내부통제 항목비중 확대 • 연수, 여름휴가 명령휴가제 대체관행 폐지 • 익명 비위제보 채널 및 계열사 대표이사 직접보고 채널 구축
신한은행	• 기업부문에 내부통제팀 신설(기존 소매금융에 국한) • 전 직원 대상 불시 명령휴가제 실시
우리은행	• 전문검사역 제도 도입 및 검사인력 보강 • 1억 원 이상 예금해지 시 책임자 복수 결제 • 중도해지 시 지점장 SMS 발송 대상에 '적립식 예금' 추가 • PB, FA 등은 검사실에서 직접 불시 명령휴가 지시 • 전 직원 대상 '검사테마제안' 코너 참여 유도로 검사제도 및 프로세스 개선

자료: 세계일보, "금융사고 막자", 2015. 7. 21.

그러나 우리나라 금융업계의 윤리의식의 실체는 말할 것도 없거니와 금융회사와 임직원들을 스스로 보호하기 위한 내부통제조차도 타의적으로 감독원의 요구를 충족하기 위한 형식에 그치고 있다. 최근 직원들에 의한 금융사고가 빈발하자 각 은행들은 내부통제를 강화하고 있으나(〈표 2-9 참조〉), 윤리의 기반과 내부통제의 필요성에 대한 이해가 부족한 상태에서는 조직 내에 정착되기 어렵다. 그 결과, 금융업계의 윤리문화와 내부통제는 우리나라 금융산업의 신뢰체계에서 사실상 의미가 없으며, 감독당국의 감독과 이에 대한 금융업계의 불만만이 대치하고 있는 양상을 보이고 있다. 윤리의 기반이 튼튼하지 않는 금융업계의 풍토 하에서는 금융감독에 대한 업계의 수용성이 낮을 수밖에 없다.

군만두 '서비스'와 우리나라 금융서비스

이재우 보고펀드 대표(출처: 국가미래연구원 블로그, 2015. 4. 21)

우리나라에서 '서비스'라는 말은 어떤 의미인가? 어느 모임에서 한 강연자가 다음과 같이 이야기하는 것을 들었다. "중국음식점에 가면 군만두 줄 때 '서비스'라고 부른다. 즉 '서비스'라는 말은 공짜라는 인식이 우리의 의식 속에 깔려 있다. 그런데 금융업을 금융서비스업이라고 부르는 것이 금융시장 발전에 오히려 저해가 되는 면이 있다." 이야기는 이어진다. "현금인출기를 사용하면서 내는 수수류마저 내가 내 돈 찾는 데 왜 수수료 받느냐고 불평하는 것이 우리 금융소비자들의 정서다."

참 공감이 가는 말이다. 우리나라에 진출해 있는 글로벌 IB들은 국내고객사들이 하도 수수료를 경쟁시키고 깎아 대고 해서 각 나라별로 M&A 자문료, 주식인수 공모수수료 수준을 조사한 적이 있다. 조사결과에 의하면 우리가 최저 3국 중 하나라고 한다. (중략) …

한편 은행은 금융회사라는 인식보다는 공공기관이라는 의식이 팽배하다. 은행장의 연봉은 공개되고, 그마저 더 깎으라는 무언의 압력이 상존한다. 재미있는 사실은 반대로 은행장 자리에 지원하려는 후보자들 또한 그 누구도 보상에 관심이 없고 그저 은행장 자리만 주면 감지덕지라는 식이다. 아직 은행장 후보가 연봉이 적어서 그 자리 안 가겠다고 했다는 이야기를 들어본 적이 없다.

즉 우리나라 금융소비자의 인식을 보면 돈 빌려 이자 내는 것은 몰라도 다른 서비스는 다 '군만두'여야 한다. 그리고 은행장 같은 자리는 명예와 지위를 얻는 자리이지 고용주의 수익을 높이고 그에 따른 보상을 받아 돈 벌 수 있는 자리 또한 아니다. 반면에 선진 금융회사들은 지적 재산을 인정받는 충분한 수수료를 수취해 인재를 모아 적절한 보상을 하고, 주주 이익 극대화를 한 CEO들은 수백억에 이르기도 하는 연봉을 받아가면서 어떻게 더 수익을 확대할지 밤낮으로 고민을 한다. 자리 보존해 보려고 언론 및 정관계 인사들과 인맥 쌓기에 돈과 시간을 들이지 않는다. 어떻게 우리나라 '금융기관'이 이러한 '금융회사'들과 경쟁해서 이기기를 기대할 수 있겠나?

우리나라 은행은 절대로 금융회사가 될 수 없다. 은행장을 거쳐 간 수많은 훌륭한 분들의 잘못도, 또 흔히 탓하는 행정규제만의 이유도 아니다. 우리 국민의 정서와 금융시장의 역사, 그 바탕 위에 만들어진 시장이 이유라면 이유이다. 앞서 서비스의 개념을 말했던 연사는 이런 지적도 했다.

"금융당국의 본연의 역할은 운동경기의 심판 같은 것이지 모든 학생들의 안녕을 책임지는 초등학교 담임선생이 아니다." 다시 말하면 우리의 정서는 금융시장의 모든 사건사고를 금융당국 책임으로 돌리려 한다는 이야기다. 이런 환경 속에 어떤 공무원이 소신을 갖고 새로운 금융기법과 규제개혁을 실천에 옮길 수 있겠는가?

금융생태계를 개선하는 길은 '규제개혁'이 필수조건이라면, 금융업계가 자발적으로 윤리문화와 내부통제 시스템을 개선하여 '신뢰'를 튼튼히 하는 것이 충분조건이라고 할 것이다. 금융업계 스스로 윤리수준과 내부통제 시스템을 업그레이드하는 노력을 기울이고, 감독당국은 검사와 제재에 의한 감독수단만을 동원하기에 앞서 업계의 자구노력을 다각도로 지원한다면, 금융생태계는 혁신적인 변화를 진행할 수 있다고 본다.

최근 발표된 세계국제금융센터 경쟁력평가에 따르면(〈표 2-10〉 참조), 서울은 세계 6위로 평가되고 있다, 사업환경과 기반시설에서는 세계 6위로서 손색이 없음에도 불구하고 금융산업의 발전 정도는 11위, 인력 면에서는 12위로 평가되고 있다. 이 평가 역시 서울이 비금융 부문에서는 국제금융센터로서 강점을 가지고 있으면서도 정작 금융부문에서는 현저한 열세에 있음을 보여주고 있다. 국제금융센터 경쟁력 평가는 금융생태계의 개선이 이루어질 경우, 서울이 가지고 있는 국제금융센터로서의 도약 가능성을 시사하고 있다.

영국 FCA의 핵심 감독수단인 금융기관 핵심 임원에 대한 적합성 검사(fitness test)는 한국에서는 '관치'이기 때문에 도입 불가능?

영국 금융당국은 감독대상 금융기관의 핵심임원(이사회 의장, CEO, CFO, COO 등)의 임명에 대하여 적합성 검사(fitness & proper test)를 실시하고 있다. 이 적합성 검사는 가장 중요한 사전적 감독수단으로 FCA의 중요한 감독수단일 뿐만 아니라 2008년 세계 금융위기 이후 더욱 강화되었다. 그럼에도 불구하고 우리나라에서는 소위 '관치 신드롬'으로 인하여 도입의 필요성조차도 제대로 거론되지 않고 있다. 영국에서는 핵심 감독수단인 반면에 한국에서는 도입 거론조차도 금기시되는 현실은 '귤화위지(橘化爲枳)'의 고사의 전형적인 사례에 해당한다. 그것도 감독권의 강화를 주장하는 학계가 적합성 검사의 도입을 '관치' 수단이라고 반대해 왔다.

즉 과거 '官治'가 남긴 상처는 필수적인 감독수단조차도 '관치수단'으로 인식됨으로써 감독제도의 발전을 가로막고 있다. 이 경우는 금융생태계의 차이가 감독수단의 범위를 제한하고 있는 사례다.

표 2-10 세계 금융센터 경쟁력 평가

Rank (GFCI17)	Centre	Area of Competitiveness Sub-indices-Top Ten				
		Business Environment	Financial Sector development	Infra-structure	Human Capital	Reputational and general
1	London	1	1	1	1	1
2	New York	2	2	2	2	2
3	Hong Kong	3	3	3	3	3
4	Singapore	4	4	4	4	4
5	Tokyo	5	5	5	5	5
6	Seoul	6	11	6	12	–
7	Zurich	7	10	7	7	11
8	Toronto	9	–	9	11	8
9	San Francisco	–	9	–	6	9
10	Washington D.C.	–	8	–	9	–

주) – : outside ranks of Top 12

Business Environment: corruption, rule of Law

Financial Sector Development:

· Professional services clusters are vital.

· Physical proximity still very important.

Infrastructure:

· People are becoming less patient and do't want to wait for transportation.

· ICT infrastructure is now a given–without it a centre can not compete.

Human Capital:

· Centres becoming more competitive in attracting skilled people.

· Diversity of nationalities is become more important.

Reputation:

· Security and safety are becoming more important

· Centre need to market themselves more–they are in a competitive marketplace.

Source: Global Financial Centres Index 18, September 2015, Zyen–QFC.

3.2 병든 황금 오리 고치기: 영국

'Changing Culture and Raising Conduct Standards'

2008년 9월 14일 Lehman Brothers의 도산으로 시작된 세계 금융위기는 미국보다 영국에 더 치명적인 충격을 남겼다.[37] 영국 의회는 2010년 6월 John Vicker를 위원장으로 하는 독립위원회(Vickers Commission)를 설치하여 'too big to fail' 문제와 영국 은행산업의 경쟁문제를 검토하도록 요청했으며, 2011년 9월 동 위원회는 최종보고서(Vicker's Report)를 의회에 제출했다. 이 보고서에서 은행도산으로 인하여 납세자들에게 부담을 지우지 않기 위해서는 소매금융업을 투자금융업의 위험으로부터 안전하게 지킬 필요가 있으며, 이를 위해 소매금융업과 투자금융업을 분리하고 자산 5조 파운드 이상의 은행은 Basel Ⅲ가 요구하는 자기자본비율 3% 추가 이상의 높은 자기자본비율을 요구하도록 하는 소위 'ring-fence'규제의 도입을 정부에 제안하였다. 은행계의 강한 반발에도 불구하고, Osborne 총리는 강행 방침을 밝히고 있으며, The Bank of England는 금년 10월 'ring-fence'규제의 구체적 실행방안을 발표하기로 예정되어 있다.

이런 와중에서 'Libor scandal'과 'FX scandal', PPI의 불완전 판매 등이 연속적으로 터짐으로써 영국의 은행산업은 국민들로부터의 신뢰에 심각한 손상을 가져왔을 뿐만 아니라 특히 '리보' 금리담합사건과 환율조작사건은 국제금융 허브로서 'The City'의 신뢰성을 치명적으로 훼손하는 결과를 가져왔다. 영국이 자랑하는 '황금 오리'에게 있을 수 없는 치부가 세상에 드러난 것이다. 금융업은 '신뢰'를 근본자산으로 하는 산업인 만큼 시장과 고객의 '신뢰'를 잃고서도 영국의 금융산업이 '황금 오리'의 영예를 그대로 누릴 수는 없는 일이다.

어떻게 영국의 금융산업에 이런 일이 발생할 수 있는가? 이 근본적인 의문에 대하여 영란은행 Carny 총재는 한마디로 "윤리적 표류"(ethical drift)라고 집약하고 있다. 그런 만큼 영국의 금융감독 당국과 금융업계는 영국국민들로부터 신뢰를 회복하고 국제금융 허브로서의 명성을 되찾기 위해 각고의 노력을 기울이고 있다.

37) 영국의 GDP는 £ 기준으로는 2007년 수준을 6년 만인 2013년 회복했으며, $ 기준으로는 2014년까지도 회복하지 못했다. 반면 미국 GDP는 2010년에 2007년 수준을 회복했다.

'병든 황금 오리 고치기'는 '미운 오리 병 고치기'와는 차원이 달랐다. Libor Scandal이 발생하자 영국의회는 2012년 7월 영국 은행산업의 'professional standards and culture'를 조사할 필요성을 인식하고 특별위원회(Parliamentary Commission on Banking Standards)를 설치하고 은행산업의 지도자와 감독당국, 전문가 등의 청문회를 거쳐[38] 2013년 6월 보고서를 발표했다(Changing Banking for Good). 이 보고서는 금융기관 경영자들의 무책임한 구조와 과다한 보상에 대하여 통렬하게 주요 임원을 비롯한 핵심 인물들의 책임을 강조하고 장기보상제도의 도입을 제안하였다. 한편 감독기관의 감독 실패에 은행산업의 'professional standards and culture'를 추락시킨 책임이 있음을 지적하고, 감독 당국의 소극적이고 부정확하고 너무 느린 대응이 Libor scandal을 악화시켰다고 지적하였다. 특히 정부와 국회의 책임을 스스로 지적하고 있다는 점도 인상적이다.

한편 은행업계에서는 2013년 9월 7대 은행과 대형 저축은행들의 지원으로 자발적이고 독립적인 기구("The Banking Standard Review Council")를 출범했으며, 은행업 전반에 걸쳐 영업행위와 윤리의 기준을 점검하고 수준을 높이기 위해 무엇을 어떻게 고쳐야 하는지에 대한 해답을 2014년 2월 발표했다.[39]

영란은행은 외환시장 스캔들에 대하여 전반적인 조사보고서[40]를 발표했으며, 고정수익채권－외환－상품시장(fixed－income market, currency market, commodity market)의 문제를 검토하고 개선안을 마련하기 위한 조직('FICC Market Standards Review')을 2014년 6월 만들어 2015년 6월 첫 보고서를[41] 발표하였으며, 보다 열린 토론과 금융업계의 자발적 참여를 이끌어내기 위해 'Open Forum in FICC market'을 설치하였다.

감독당국은 보다 "시장 친화적 대응수단"으로 금융회사의 핵심 임원에게 "전화"를 통해 감독당국이 무엇을 주목하고 있는 가에 대해 사전에 주의토록 하는 도덕적 설득을 중요한 감독수단으로 사용하는 빈도가 크게 높아졌다.

---

38) 청문회에 나온 주요 인사들은 다음과 같다. David Walker, Paul Volker, Martin Wheatley. John Kay, Martin Taylor. John Vickers, Andy Haldane, Andrew Bailey, Adair Turner, Andrew Bailey, Mervyn King 등.

39) Banking Standard Review, 『Consultation Paper』, February 2014.

40) Bank of England, Foreign Exchange Market Investigation, A Report by Lord Grabiner QC.

41) Bank of England, Fair and Effect Markets review, June 2015.

"Building real markets for the good of people"

Mark Carney(The Governor of the Bank of England) 10 June, 2015

- 기준이 허술하게 설정된 결과, 시장구조 자체가 이해상충과 결탁이 용이하고 시장의 깊이가 얇음으로 인하여 금융업 종사자들에게 특정한 악용의 기회를 제공하고 있다.
- 실용되고 있는 시장의 기준에 대하여 시장참여자들의 이해도가 보편적으로 빈약할 뿐만 아니라 그조차도 때로 무시되고, 제대로 지켜지지 않았다.
- 금융회사 내부의 지배구조와 통제 자체가 넓은 시장은 말할 것도 없을 뿐더러 유착관계에 있는 거래원의 규율을 잡거나 회사의 이익을 우선시하는 분위기를 제압할 수 없었다.
- 금융인들에 대한 보상체계가 장기 가치나 반듯한 행실보다는 단기적인 성과를 중시하는 구조로 왜곡되어 있었다.
- 시장에 보편화되어 있는 면책문화(제재를 받게 되면 회사가 벌금을 내고 행위자 개인에 대한 책임은 묻지 않는)로 인하여 금융인들의 책임성이 부족했다.

이상의 문제들은 한마디로 '윤리적 표류(ethical drift)'로 귀결된다. 비윤리적 행동이 점검되지 않았을 뿐만 아니라 확산되고 심지어 '당연한 것'(a norm)이 되었다. 너무 많은 금융인들이 잘못된 시스템에 대하여 책임을 느끼거나 자신들의 행동이 가져올 결과를 제대로 인식하지도 못했다.

3.3 어떻게 금융생태계를 혁신할 것인가?

규제개혁이 단행된 만큼 더 이상 책임을 돌릴 데가 없어졌다. 이제는 금융업계가 깨어나지 않으면 금융산업 발전의 대안은 없다. 금융생태계를 혁신할 수 있는 이 절호의 기회를 놓쳐서는 안 된다는 절박감이 금융업계의 자기혁신의 원동력으로 작용해야 한다. 그러나 아직 그런 절박감을 보이는 어떤 움직임도 발견할 수 없다. 그런 점에서 이번의 규제개혁의 성과도 결코 낙관적이지 않다.

우리나라 금융산업의 발전이 정체된 문제의 본질은 개발시대의 공급주도 금융발전(supply-leading financial development)에서 수요주도 금융발전(demand-following financial development)으로 전환이 이루어지지 않았다는 점으로 집약될 수 있을 것이다. 금리가 자유화되고, 1997년 외환위기로 개발시대가 끝났으며, 2000년대 들어 금융시장의 대폭적인 대외개방이 이루어졌음에도 불구하고 금융산업은 여전히 정부의 보호와 규제의 장벽

하에서 안주함으로써 수요주도 금융발전 모델로의 전환이 이루어지지 못했다. 그 결과로 금융산업의 생태계는 규제와 피규제의 관계로만 왜곡되고 정작 핵심인 금융기관과 금융소비자의 관계는 소홀하게 다루어지게 됨으로써 감독당국과 금융기관 공히 후진적 행태를 탈피하지 못했다.

바람직한 금융생태계의 조건은 다음 두 가지라고 본다. 첫째, 감독당국과 금융업계 및 금융회사들이 소기의 자신의 역할을 다하도록 촉진하는 환경이 조성되어야 한다. 즉 감독당국은 외부 압력으로부터 금융산업을 보호하는 동시에 시장규율을 확보하는 역할을 제대로 수행해야 할 것이다. 금융업계는 업계의 표준을 높이는 역할을 해야 하며, 금융회사들은 금융소비자의 요구에 맞는 금융서비스를 공급하는 역할에 충실해야 한다. 둘째, 각 주체들의 역할 수행이 금융시스템의 발전에 긍정적인 영향을 미쳐야 한다. 예로 감독당국의 시장규율 확보는 금융시스템에 대한 신뢰를 유지케 함으로써 금융기관들이 혁신적인 서비스 개발할 수 있는 환경을 제공할 수 있다. 하지만 반대로 시장규율 확보를 명분으로 한 규제위주의 감독행태는 금융기관들을 규제의 틀 속에 묶어 둠으로써 금융기관들의 혁신역량을 훼손하는 작용을 한다.

우리나라 금융발전이 안고 있는 문제의 근본은 감독당국과 금융업계 및 금융회사들이 공히 소기의 자신의 역할을 제대로 수행하지 않고 있다는 사실에서부터 뿌리를 두고 있다고 하겠다. 예로 감독당국은 외부의 압력으로부터 금융산업을 보호하는 역할을 제대로 수행하지 못했다. 때로는 금융정책의 목표를 달성하기 위해 감독정책의 기본을 훼손하는 것이 불가피했던 경우도 있다. 각종 금융업계의 이익단체인 '협회'는 업계의 대정부관계 역할을 수행하는 데 급급하여 업계의 표준을 향상하려는 노력을 방기해 왔다. 한편 금융기관들은 규제를 이유로 하여 금융소비자의 요구를 충족하려는 노력을 소홀히 해왔다. 따라서 금융시스템을 구성하고 있는 감독당국-업종별 협회-금융기관들이 소기의 자신의 역할에 충실하도록 하는 환경을 조성하는 것이 금융발전의 첫걸음이라고 할 것이다.

박근혜 정부에 들어 정부는 금융개혁을 국가 개혁차원의 과제로 중요성을 부여했으며, 금융당국은 이를 배경으로 전례 없는 규제와 감독혁신을 추진하고 있다. 금융법체계 자체를 불문법이나 네거티브 규제(negative regulation)로 전환할 수는 없으나, 현 금융당국은 규제와 감독 차원에서는 네거티브 규제체제에 근접하는 수준까지 변화를 추진할 것으로 보인다. 물론 금융위원회와 금감원이 불과 몇 달 사이에 뿌리 깊은 그림자 규제를 모두 제거했다고 하더라도 행태적으로 그러한 변화가 시장의 신뢰를 얻어 새로운 관행으로 정착되기까지는 상당한 시간이 걸릴 것이다. 앞서 살펴본 바와 같이 경제상황이나 정치권의 태도 등 규제시스템과 행태를 결정하는 여러 가지 요소들의 변화에 따라 현재 추진하고 있는 규제개혁이 부분적으로 후퇴할 수도 있을 것이지만, 이번 규제개혁을 계기로 금융자유화를 향한 '돌아올 수 없는' 선을 넘었다고 할 수 있다. 특히 '비조치의견서'의 활성화와 검사제도의 개선은 쉽게 과거로 돌아가기는 어려운 이번 규제 개혁의 가장 중요한 성과다.

금융생태계를 둘러싼 이해관계자(stake-holders) 중에서 감독당국의 규제혁신을 추진한다고 해서 정치권에도 변화를 요구할 수는 없을 것이다. 감독당국이 변했다는 것을 시장에게 가장 확실하게 보여주는 방법은 국회의 압력을 '사절'하는 것이다. 즉 수수료에 대한 자율권을 카드업회사에 보장했으므로 더 이상 인하 압력을 넣을 수 없다는 모습을 보여주었다면, 금융업계는 당국의 태도변화를 신뢰할 수 있는 전기(轉機)가 되었을 것이다. 역시나 국회의 압력 앞에 감독당국은 금융업계를 지켜주지 못했다.[42] 따라서 가장 현실적인 해답은 감독당국과 금융산업의 변화를 통하여 정치권의 개입이나 압력을 행사할 빌미를 최소화하는 것이다.

금융발전의 핵심이 '금융의 독립성 확보'이며. 금융부문 독립성 확보의 핵심은 금융감독기구가 독립성을 확보하여 외부로부터 금융시장과 금융산업을 보호하는 한편 금융산업과 금융소비자의 건전한 관계를 감독하는 것이다. 이런 점에서 현재 우리나라의 금융감독체계는 상당한 문제를 안고 있다. 최소한 금융감독 기능이 국회의 압력이나 금융정책 기능으로부터 독립성을 확보할 수 있는 감독체계를 가져야 한다. 한편 현재 추진되고 있는 금융규제개혁도 장기적인 제도적 일관성과 지속성을 확보하기 위해서는 금융감독체계의 독립성 확보가 필요하다. 독립성 확보의 중요성은 외부의 간섭과 개입으로부터 금융업을 보호하는 중요성뿐만 아니라 독립성을 확보함으로써 금융업 내부의 혁신아 가능하고, 나아가 혁신이 부단하게 추진되어야 효율성 확보가 가능하다는 점에서 금융부문의 독립성 확보는 금융발전의 필요조건이라고 할 것이다.

금융생태계를 혁신하는 데 있어 일단 감독당국이 '규제개혁'의 기치를 높이든 만

42) 본문 p. 32, 매일경제, "금융당국, 시장에 '가격' 맡긴다더니", 2015. 9. 12.

큼, 다음 순서는 금융업계가 변화하는 것이다. 감독당국이 변화하지 않는데 금융업계가 변화를 들고 나오기는 어렵다. 그러나 일단 감독당국이 '규제개혁을 통한 금융발전'이라는 큰 그림을 들고 나온 만큼, 이 큰 그림에서 금융업계는 자신들의 몫을 채우는 것이 금융생태계의 변화를 추진함에 있어 상대적으로 쉬운 일일 것이다. 이 절호의 기회를 놓치지 않으려는 절박함이 금융업계에 있어야 한다. 그럼에도 불구하고 2015년 4월 금융위원회가 '규제개혁'을 추진한 이래, 금융업계는 환영의 뜻을 보였을[43] 뿐, 정작 자신들이 해야 할 금융업계의 혁신에 대해서는 이렇다 할 만한 반응을 보인 바 없다.

금융업계는 금융생태계의 핵심이 감독당국과 금융업계 간의 관계가 아니라 금융기관들과 금융소비자들 간의 관계임을 주목해야 한다. 감독당국 개혁의 최종목표도 금융기관과 금융소비자 간의 관계를 바람직한 상태로 개선하는 데 있다. 금융기관과 금융소비자 간의 관계가 적합한 상태를 자율적으로 지속할 수 있다면, 금융감독의 필요성은 축소될 수밖에 없다. 즉 감독당국의 규제와 감독의 필요성을 최소화할 수 있는 여지는 최종적으로 감독당국에 있는 것이 아니라 금융기관이 고객과의 관계를 자율적으로 얼마나 바람직한 상태로 만들 수 있느냐에 의해 결정된다. 일단 감독 당국이 전례 없이 강력한 태도로 '규제개혁'을 추진하고 있는 만큼, 이제 공은 금융업계로 넘어갔다고 보는 섯이 타당할 것이다. 금융생태계 혁신의 과제와 책임은 이제 금융업계의 선택에 넘어갔다.

금융회사들은 더 이상 '규제'나 '관치'의 억압 때문에 제 역량을 발휘할 수 없다는 구실을 내세울 수 없게 됐다. 따라서 금융산업의 발전을 위한 다음 과제는 금융산업 내부의 혁신을 추진하는 것이다. 수요주도 금융발전은 금융수요자가 금융발전의 역동성을 주도하는 모델을 말한다. 즉 금융수요자의 금융서비스 수요를 금융회사가 충족함으로써 자연스럽게 금융시장이 심화되고 금융서비스의 부가가치가 높아가는 것을 의미한다. 그러나 장기간 공급주도 금융체제에 절어 있는 금융업계가 수요주도 체제로 전환하기 위해서는 먼저 금융업계 차원의 준비가 필요하다. 개별 금융기관들의 혁신을 자극하는 생태계를 조성하기 위해서는 먼저 금융업계 차원의 혁신이 선행되어야 한다.

43) 하영구, "'절절포' 금융개혁에 거는 기대", 중앙일보, 2015. 8. 21.

(은행업계 영업표준(standard) 제고의 중요성)

금융업계 차원의 윤리기준과 영업의 모범규준의 혁신적인 개선작업이 필요하다. 금융업계 차원의 혁신 노력이 필요한 이유는 업계의 평균적인 수준이 향상되지 않는 한, 개별 금융기관들이 단독으로 혁신을 추진할 유인이 낮기 때문이다. 예로 영업의 내부통제가 철저한 금융회사의 영업에 대하여 고객은 불편하게 느낄 수 있는 반면에, 내부통제가 느슨한 금융회사를 편하게 생각하고 선호할 가능성이 크다. 즉 금융업계의 전반적인 내부통제 수준이 향상되지 않는 한 내부통제를 철저하게 지키는 금융회사가 오히려 손해를 보는, 즉 '악화(惡貨)가 양화(良貨)를 구축'하는 결과가 일어날 가능성이 크다.

한편 아무리 잘 짜여진 내부통제 규정이 있다고 하더라도 규정을 지키는 것이 현실적으로 불편하기 때문에 금융회사 직원들이 전반적으로 이를 준수하지 않는 경우, 소위 '다들 그렇게 한다'(everybody else is doing it)는 집단적 오류에 빠져 잘못하고 있다는 윤리의식이나 책임을 느끼지 않는 문제가 발생한다. 이 경우 내부통제절차를 위반한 사실이 드러난 경우도 재제의 형평성 문제 때문에 처벌이 어려운 경우가 발생할 수도 있고, 그 결과 내부통제규정은 사실상 사문화된다. 따라서 금융업계가 전반적으로 내부통제 준수수준을 높임으로써 '누구나 그렇게 한다'는 집단적 오류에 빠질 가능성 자체를 제거하는 노력이 필요하다.

금융업계 전체적으로 높은 윤리기준이 정립되지 않으면, 즉 윤리성이 높은 금융인은 그로 인한 영업상의 제약으로 인하여 윤리성을 고려하지 않고 영업하는 금융인보다 성과가 부진하여 손해를 보는 경우, 또는 윤리성에 문제가 있다고 하더라도 업계가 전체적으로 윤리성을 엄격하게 따지지 않는다면 문제가 되는 경우에도 다른 금융회사로 쉽게 옮길 수 있는 경우, 윤리성을 높게 가져야 할 유인이 작용하기 어려운 문제가 발생한다. 즉 어느 금융회사나 윤리기준을 중시하기 때문에 어느 회사에서건 윤리기준을 어기는 경우는 금융업계에 발을 붙일 데가 없어야 금융인들이 윤리기준을 지킬 유인이 작용하게 된다. 따라서 업계 전체적으로 직원들의 윤리성 평가를 인사에 반영하는 것이 필요하며, 윤리성을 위반한 경력이 있는 직원은 금융업계의 어느 회사에도 발을 붙일 수 없게 하는 장치가 필요하다고 본다. 금융산업의 모든 자격시험에 윤리에 관한 문항을 의무적으로 일정비율 포함하도록 출제기준을 지도할 필요가 있다. 한편 개인의 윤리규정의 준수 여부에 대한 평가가 인사상의 중요한 기준으로 고용계약의 갱신 여부와 연봉과 상여금의 결정에 반영되는 보수체계를 금융업계가 공동으로 도입하는 방안을 검토할 필요가 있다.

금융업의 신뢰는 기본적으로 금융산업 전체 내지는 각 금융산업의 공유자산의 성격을 가지고 있기 때문에 어느 금융회사에서 윤리성 문제가 발생하는 경우, 당해 금융회사뿐만 아니라 금융업계 전체에 불신이 확산될 우려가 크다. 이러한 신뢰손상의 전염성 위험을 최소화하기 위해서도 금융업계의 전반적인 또는 평균적인 윤리의식과 영업 모범규준의 수준향상 노력이 필요하다. 이러한 노력은 바로 각 금융업계의 협회가 해야 할 일이다. 규제개혁을 통해 금융시스템의 틀을 수요자중심으로 이동함에 따라 각 협회의 역할도 감독당국을 상대하는 업계의 창구역할에서 업계의 공동기준을 향상하는 업계혁신의 추진체로서 역할의 중심이동이 필요하다. 이런 점에서 각 업계 협회의 혁신이 금융발전에 매우 중요하다.

이러한 금융업계 공동의 신뢰자산을 바탕으로 하여 금융업계에 혁신성을 중시하고 경쟁하는 금융문화가 조성되어야 한다. 각 업계의 자율적인 규율을 통해 소위 '베끼기'를 제거하고 창의성으로 경쟁하는 업계 문화를 정착하는 노력이 있어야 할 것이다. 감독당국의 규제를 최소화하는 대신에 금융업계의 자율적인 시장규율은 강화되어야 하며, 각 업계의 협회는 자율규제기구로서 역할을 강화해야 한다.

이상과 같이 금융생태계를 혁신하기 위한 금융업계 차원의 노력을 체계적으로 추진하기 위해서는 영국의 "The Banking Standard Review Council"과 같이 업계의 윤리기준과 모범규준의 향상을 추진하기 위한 독립적인 위원회를 구성하고 업계가 안고 있는 문제점들을 진실성 있게 검토하여 대안을 찾는 방안이 바람직하다고 본다.

윤리 규범 강화: 윤리적 행동 여부의 판단기준
(ECB, "Ethics in finance: a banking supervisory perspective", Ignazio Angeloni, Sep, 2014)

비윤리적 행위의 정당화 논리	윤리규범 적합성 기준
누구나 그렇게 하는데 나만 왜 문제시하는가?	그대는 고객에게 약속한 그대로 하고 있는가?
우리 모두가 늘 그렇게 해 왔는데, 왜 지금 와서 굳이 고쳐야 하는가?	그대는 그대가 가진 모든 지식과 최선의 성의를 가지고 이 일을 하고 있는가?
이 일은 이런 방식으로 하는 거다.	그대는 감독당국·동업자·회사 동료들이 예상하는 바와 같이 일을 철하고 있는가?
내가 하지 않으면, 누군가는 그렇게 할 것이다	그대는 회사가 고객과 시장에 약속한 가치와 사명을 준수하고 있는가?
일이 잘 돌아 가는데, 굳이 이것 저것 물을 것 없다	그대는 회사에 대한 공공의 신뢰와 금융업계의 평판을 높이는 행동을 하고 있는가?
아무도 신경 안 쓰고, 따라서 아무도 다칠 사람이 없다	그대는 그대 행동을 외부에서 인지하는 경우에도 동일한 행동을 할 것인가?

3.4 금융감독 기구의 역할 재정립

"The regulatory architecture raises a number of concerns. These pertain, in particular, to its independence from political influence or the perception of it, multiple objectives that dilute the focus on the core supervisory mandate, and overlapping responsibilities and complex processes requiring intense inter-agency communication. Therefore, there is a need to further strengthen the independence of the FSC and FSS from the political process to facilitate greater focus on promoting the safety and soundness of the financial sector and sound supervisory and enforcement decisions."

IMF Country Report No. 14/126, REPUBLIC OF KOREA,
FINANCIAL SYSTEM STABILITY ASSESSMENT, May 2014, p. 8.

금융생태계를 개선하는 데 있어 가장 중요한 주체는 감독기구다. 금융감독기구가 소기의 역할을 수행할 수 있도록 바로 정립되지 않는다면, 금융업계나 개별 금융기관들에게 금융생태계의 혁신을 기대할 수는 없다. 따라서 금융생태계의 혁신을 통해 금융발전을 도모한다는 차원에서도 금융감독체계의 개편이 요구된다.

2008년 2월 대폭 개정된 '금융위설치법'에 의한 현행 금융감독체계는 근본적으로 중요한 문제점을 내포하고 있다. 예로 금융위는 법상 합의체조직임에도 불구하고 위원회 구성 자체가 독립성을 가진 위원들로 구성되지 않음으로 인하여 위원장은 사실상 독임제 장관과 같은 권한을 행사하고 있으며, 2008년 2월 법 개정으로 금융위원장과 금감원장의 분리에도 불구하고 금융위와 금감원 간의 법적 관계가 명확하게 정리되지 않음으로 인하여 혼란을 초래하고 있다.[44)]

특히 2011년의 저축은행 사태[45)]를 계기로 하여 금융감독 부실 문제가 중요한 국정과제로 대두되는 한편 금융소비자보호기능 강화에 대한 요구가 높아짐에 따라 2012년 대통령 선거에서는 금융감독체계 개편이 여·야 후보 공히 핵심 공약에 포함되었다. 그러나 박근혜 정부 출범 이후 금융감독체계 개편법안은 국회 정무위원회에서 '강석훈' 의원(안)과 '이종걸' 의원(안)이 합의를 보지 못하고 대치된 상태에서 2년 넘게 대기상태에 있어 사실상 추진동력을 잃은 것으로 보인다.

금융소비자기능을 현행 감독체계로부터 분리하는 문제를 두고 '강석훈' 의원(안)은 현행 체계유지를 틀로 하는 반면에 '이종걸' 의원(안)은 금융소비자보호기능을 별도의 독립된 '위원회' 조직으로 분리하는 소위 '쌍봉형(twin peak)'을 골자로 하고 있다.

이와 같이 금융감독 기구개편 문제는 또 다른 복잡하고도 심각한 과제인 만큼 이 보고서에서 직접 이 문제를 다루는 것은 피하고자 한다. 다만 금융생태계의 혁신을 도모하는 차원에서 요구되는 금융감독 기구의 독립성 확보를 위한 감독체계의 개편 문세반 언급하고자 한다. '금융위원회'라는 명칭이 의미하는 바와 같이 금융감독에 대한 정부조직을 합의체로 하는 이유는 금융감독기구의 독립성과 책임성을 강화하기 위한 것으로 해석된다. 그럼에도 불구하고 현재의 '위원장'은 독임제 장관과 사실상 다름이 없으며, 금융위의 구성 자체가 독립성을 가진 합의체조직의 요건을 갖추지 않고 있다. 금융감독체계를 '통합형'(one peak)으로 하던 '분리형(twin peak)'으로 하던 간에 위원장과 위원의 임기보장 및 위원구성의 대표성에 있어 명실상부한 '독립위원회'로 구성하는 것이 금융감독기구의 독립성과 책임성을 강화하기 위해 필요하다. 감독정책의 운영과 집행에 대한 결정권은 '합의제 위원회'에 있고, 위원장은 위원회에서 의결된 사항을 집행하는 기능을 담당하는 것이 타당하다고 본다. '합의제 위원회'가 되기 위해서는 모든

44) 금융위 설치법 18조, 37조가 시행령에 구체적으로 반영되어 있지 않음.

45) 2011년 부산저축은행에 이어 2012년 미래저축은행 등 4개 저축은행 퇴출과정에서 대주주와 경영진들의 심각한 위법과 도덕적 해이 행태가 드러남에 따라 이를 예방하지 못한 부실감독 문제에 대하여 국민들의 비판 여론이 높았음.

위원이 금융위원장과 동일한 절차로 선임되어야 하며, 당연직 위원보다 민간위원의 수가 많도록 하고, 금융산업·소비자단체 추천 등 위원 구성이 다양화될 필요가 있다.

한편 현재 금융위는 IMF 보고서가 지적한 바와 같이 금융정책과 금융감독정책을 함께 수행함으로써 기능 간의 상충과 혼란 문제를 안고 있다. 정부부처의 기능 개편은 복잡한 문제이나 금융위는 금융정책 기능을 분리하고 금융감독정책 기능에 집중하는 것이 타당하다.

금융생태계 혁신을 통한 금융발전을 도모한다는 차원에서 금융감독체계 개편의 핵심은 금융위원회가 독립성을 확보하는 것이며, 이를 위해 명실상부한 '합의제 위원회'로서 개편되는 것이 타당하다는 주장이다.

3.5 은행 조직문화 혁신

〈영국 Barclays Group의 사례〉

Barclays 지주 이사회는 2012년 여름 Libor Scandal이 발생함을 계기로 하여 조직문화의 근본적인 혁신의 필요성을 절감하고[46] 2012년 7월 은행의 조직문화 혁신을 통해 고객의 신뢰를 높임으로써 금융업계의 리더로서 위치를 확보하기 위해 Anthony Salz를[47] 위원장으로 하는 독립위원회를 구성하고 Boston Consulting Group(경영분석)과 Herbert Smith Freehills LLP(법률자문)을 고용했다. Salz 위원회는 Barclays 그룹의 조직문화, 이사회 운영, 인사, 보수체계, 위험관리 등 경영 전반을 살펴 2013년 4월 "Salz Review"를 제출했으며, Barclays 지주 이사회는 Salz Review"의 권고를 전폭적으로 수용하겠다는 공식적인 입장을 밝혔다.[48] 특히 Salz Review는 Barclays Group의 '민낯'을 있는 그대로 드러내고 지적하고 있다는 점이 주목된다. 이 점에서 Salz Review는 통상의 경영자문보고서와는 차원을 달리하는 일종의 '윤리백서'라고 할 만하다. 주목되는 사례를 몇 가지 소개하면 다음과 같다.

46) Barclays 그룹은 2009년 8월부터 2012년 6월 간 FSA로부터 총 7천만 파운드의 벌금을 받았으며, 미국 법무부로부터 160백만 달러, CFTC로부터 2억 달러의 벌금을 부과 받았다.

47) Anthony Salz(1950~): 기업법 전문가로 Freshfields Bruckhaus Deringer의 파트너, BBC 이사회 의장 역임.

48) Barclays PLC/Barclays' response to the Salz Review.

'Guiding Principles'와 'Group Statement'의 허구[49)]

2005년 당시 그룹 CEO는 다섯 가지 "Guiding Principles"를 제정했으며, 2007년에는 기업 행동강령과 윤리를 "Group Statement"에 추가했다. 또한 Bob Diamond는 'One Barclays'를 핵심가치에 추가했다. 그러나 면담 결과 대부분의 직원들은 'Guiding Principles'을 잘 모르고 있었으며, 아는 직원의 경우도 그 중 하나 또는 둘을 아는 정도에 그쳤다. Guiding Principles'와 'Group Statement'의 이해를 촉진하기 위한 정규적인 과정이 없으며, 이 원칙이나 핵심가치를 실제 업무에 어떻게 적용할 것인가에 대해 토론한 바도 없으며, 연수과정이나 개인의 성과평가에서 구체적으로 반영되고 있다고 느끼지 않고 있는 것으로 드러났다.

조직문화에 대한 이사회의 태도[50)]

Barclays 그룹의 조직문화는 고객의 요구에 대응하는 것보다 재무적 목표를 중시하는 방향으로 발전해 왔다. 이러한 조직문화가 내포하고 있는 문제점에도 불구하고 이사회는 그룹의 문화나 핵심가치 또는 행동준칙에 대하여 관심을 기울이지 않았으며, 더욱이나 이를 향상하는 문제에 대하여 거의 논의한 바 없으며, 그룹의 윤리 문제에 대하여 지속적으로 정보를 수집하고 주목하는 노력을 기울이지 않았다.

PPI(Payment Protection Insurance) 부실판매 문제[51)]

PPI는 2001~2005년간 영국 내 은행 소매영업 세전 수익의 32~42%를 차지할 만큼 중요한 영업인 바 실적평가 목표인 KPI의 중요항목으로써 강력한 영업 압력이 가해졌으며, Barclays는 1996년 이래 영국 PPI 시장에서 가장 높은 점유율을 차지해 왔다.

2009년 KPI의 경우, PPI를 판매하지 않고 대출만 하는 경우에 비하여 PPI를 끼워서 대출하는 경우, 1.5배 내지 2배의 수당이 지급되었다. PPI는 정액소득자가 실직 등으로 일정기간 소득이 없게 되어 대출금을 상환하지 못하게 되는 경우, 은행이 가입자를 대신하여 대출금을 대신 내주는 보험으로 소득이 없거나 자영업자의 경우, 보호대상이 아님에도 불구하고 은행들은 실제로 보호대상이 아닌 고객들에게도 PPI를 판매

---

49) Salz Review, p. 80.

50) Salz Review, p. 91.

51) Salz Review, pp. 56~57.

함으로써 소비자민원이 급증하여 문제가 되었다.

HSBC의 경우 2007년 12월부터 영업점 판매를 중단하였으나, Barclays는 2009년 1월까지 판매를 계속하였다. FSA는 1990년대 이래 2009년까지 약 3백만 명의 부실판매가 발생한 것으로 추정하였다. PPI 부실판매 지적에 대하여 Barclays 등 은행들의 이익을 대변하는 영국은행협회(BBA)는 FSA와 FOS(Financial Ombudsman Service)를 상대로 소송을 제기했으나, 법원은 PPI의 부실판매를 제기한 FSA와 FOS의 판단이 정당하다고 판결함으로써 Barclays는 영국국민들로부터의 신뢰에 큰 손상을 입게 되었다.

PPI 부실판매 건에 대한 잘못된 대처[52)]

PPI 문제는 은행업계 차원의 공통된 문제였으나, 2005년에서 2008년 간 고객의 민원이 급증했던 만큼 이를 주목하고 민원이 급증하는 원인이 대하여 보다 면밀한 조사가 있어야 했다. 특히 경영진은 PPI가 수익성이 높은 영업이라는 점에서 고객에 대한 의무와 상충되는 바가 없는지에 대하여 진지한 의문을 가져야 했다.

그럼에도 불구하고 Barclays는 PPI 문제가 은행업계 공통의 문제라는 데 안주하고 감독당국이 이 문제를 중시하고 있다는 사실을 간과함으로써 적절한 대처 시점을 놓치는 결과를 가져 왔다.

〈'Salz Review'의 시사점〉

이상 살펴본 바와 같이 Barclays Group의 경우는 영국과 미국의 금융감독 당국으로부터 엄청난 벌금을 부과 받았을 뿐만 아니라 국민들과 국제금융시장으로부터 심각한 신뢰 추락에 직면하게 됨에 따라 자구책으로 'Salz Review'를 선택하게 되었다고 할 수 있다. 'Salz Review'가 종래의 흔한 경영자문보고서 차원을 넘어서 주목을 받는 이유는 Barclays Group의 치부를 공개함으로써 'Salz Review' 자체로 과거의 잘못된 경영과 영업에 대한 '참회록' 내지는 '자기반성'의 증거로 제시하고 있다는 점이다. 즉 투명한 '자기반성' 과정을 통해 Barclays의 이해관계자들로부터 차후의 개혁에 대한 신뢰를 얻고자 했다.[53)]

52) Salz Review, p. 58.

53) Salz Review 발표에 대하여 Barclays PLC 이사회 의장 David Walker와 Group CEO Antony Jenkins는 공동성명으로"The Board is committed to implementing all of the recommendations and to publishing

Barclays Group의 경우와는 다르다고 하더라도 우리나라의 은행 문제에 대하여 쏟아지는 숱한 비판과 비난에도 불구하고, 특히 KB국민은행과 신한금융지주의 경우 심각한 지배구조 갈등 사태를 겪었음에도 불구하고 고객과 국민들에게 신뢰를 회복하기 위해 납득할 만한 체계적인 노력을 보인 바 없다. 투명한 자기반성의 과정을 통해 고객과 사회에 사과와 재발방지에 대한 진정성을 전달하지 않고 미봉책으로 상황을 넘기고 고객과 사회가 잊어주기만을 기다리는 조직에서는 체질과 같이 문제의 뿌리가 그대로 남아 있기 때문에 조건만 맞으면 언제든지 같은 문제가 발생할 위험이 있다는 점을 간과해서는 안 된다. 뿐만 아니라 Barclays의 PPI 판매사례에서와 같이 본점은 KPI로 영업점을 압박하고, 영업점은 고객을 압박하는 구조는 우리나라 은행들도 다르지 않을 것이다. 우리나라 은행들이 겸업상품으로 펀드를 팔기 시작한 결과로 펀드 열풍은 2008년 소위 '펀드 파동'을 초래했다. 그럼에도 불구하고 '펀드 열풍'의 과정에서 은행은 고객을 보호하는 데 무엇을 잘못했는지 또는 다시 반복해서는 안 될 과오가 무엇인지 감독 당국이나 은행들 공히 정리한 바가 없다. 반복되는 과오에도 불구에고 진정성 있는 자기반성이 없다는 점에서 우리나라 금융그룹과 은행들은 Barclays Group의 'Salz Review'의 사례를 타산지석(他山之石)으로 삼아야 마땅할 것이다.

조직문화(culture) 혁신의 중요성

조직문화란 '특정조직의 구성원들이 공유하고 있는 본능적 행태와 사고의 특성'이라고 할 수 있다. 조직문화는 규제에 의하여 강제되거나 보상에 의해 유인되는 행위나 판단기준이 아니다. 그 조직에 몸담고 있기 때문에 자연히 그리고 당연히 그렇게 행동하고 판단하는 정형화된 행태를 나타내는 것이다. 조직문화는 조직에 의해 의도적 조성될 것일 수도 있고, 의도적인 조성 없이 자연스런 전통적인 유형으로 내려오는 것일 수도 있다. 또한 윤리적일 수도 있고, 그렇지 않을 수도 있으며, 조직에 이익이 되는 방향으로 작용할 수도 있고, 반대로 손해를 끼치는 방향으로 작용할 수도 있다. 조직문화가 무엇이건 간에 어느 조직에서나 무의식적으로 조직의 움직임에 중요한 작용을 하는 것은 분명하다. 그럼에도 불구하고 조직문화는 감독당국이 규제할 수 있는 것도

an account of our progress in doing so going forward."을 발표했으며, 답신서인 'Barclays' response to the Salz Review'는 다음과 같이 시작한다. "We are committed to implementing the Review's recommendations in full as part of our determination to regain the trust of all of Barclays' stakeholders"

아니며, CEO가 그 실체를 제대로 파악조차 하지 못하고 있는 경우도 많다. 대표적으로 어느 은행이나 '고객지향'을 핵심가치라고 내걸고 있지만, 실제 조직문화에 있어서는 '고객은 KPI 대상'인 경우가 흔하다. 직원들의 행동 가운데 '고객지향' 조직문화가 스며들어 직원들의 일상적인 행동을 통해 고객들이 그것을 느낄 수 있는 상태에 이르지 못한 은행에서는 '소비자보호'는 당연하고도 중요한 의무가 아니라 감독원으로부터 지적 받는 짜증스런 일거리일 뿐이다.

Five Values which Barclays will seek to embed through the bank are:

(From: Salz Review, p. 93)

1. Respect: We respect and value those we work with, and the contribution they make;
2. Integrity; We act fairly, ethically and openly in all we do;
3. Service; We put our clients and customers at the centre of what we do;
4. Excellence: We use our energy, skills and resources to deliverthe best, sustainable results;
5. Stewardship: We are passionate about leaving things better than we found them.

조직문화가 중요한 이유는 바로 그것이 규제나 규율 이전에 본능적 행동을 움직이는 원천이기 때문이다. '고객지향적'인 조직문화가 정착되지 않는 한, 고객은 은행원들의 행동으로부터 은행의 이익보다 고객의 이익을 우선으로 한다는 것을 결코 느낄 수 없고, 그러한 은행과 고객 간의 관계에서는 은행의 이익을 위하여 고객을 이용하지 않는가 하는 의심이 있을 뿐 은행이 고객을 돌봐준다는 편안한 신뢰는 자리할 수 없다. 따라서 고객은 그 은행에 더 머물 이유가 없으며, 사소한 불쾌감이나 작은 변화라도 생기면 다른 은행으로 옮겨 갈 준비가 되어 있다. '고객지향적'인 조직문화를 고객이 느낄 때, 고객은 기꺼이 그 은행에 수익을 줄 용의를 갖기 때문에 '고객지향적'인 조직문화의 정착이 중요하다.

(공정한 인사시스템 확립과 고객지향적인 KPI)

은행조직문화의 핵심은 KPI(Key Performance Indicator)와 인사라고 할 수 있다. KPI는 성과평가의 기준이며, 인사는 주로 KPI 결과로 이루어지기 때문에 KPI와 인사의 혁신을 전제하지 않는 조직문화 혁신은 허구에 불과하다. 본점은 재무목표를 달성하기 위하여 단기성과를 위주로 KPI를 구성하는 유인을 가지고 있으며, KPI 목표를 달성하기 위하여 영업점은 고객들에게 상품을 떠안기는 '밀어내기 영업'을 할 수밖에 없다.

'밀어내기 영업'의 문제는 고객 각자의 요구에 상품이 적합한지 여부를 제대로 고려하지 않고 판매우선의 영업이 이루어지기 쉽다는 점에 있으며, 이러한 영업은 고객에게 그 상품의 '숨겨진 위험'을 충분히 이해시키지 않음으로써 불완전판매가 될 위험이 높다. 특히 최근 저금리로 인해 ELS 상품의 경우, 예금보다 이자가 다소 높은 장점이 있는 반면에 경우에 따라서는 큰 규모의 원금손실이 발생할 위험을 내포하고 있음에도 불구하고, 이 '숨겨진 위험'에 대해 고객에게 충분한 이해를 얻지 않은 상태에서 판매가 이루어질 위험이 크다. 최근 '채무면제 서비스'(DCDS) 카드는 영국의 PPI와 비슷한 성격의 상품으로 금융기관 영업의 도덕성 문제의 심각성을 보여주는 전형적인 사례다.

물론 장기적으로는 고객의 이익과 영업성과가 일치한다. 장기적으로는 고객의 신뢰를 얻는 영업이 좋은 성과를 낸다. 문제는 단기적으로 고객의 이익과 KPI를 달성에 기여하는 영업성과를 함께 얻는 것이 어렵다는 점에 있다. 이러한 문제가 발생하는 이유는 기본적으로 은행이 추구하는 가치가 구체적인 경영전략과 영업 전반에 일관성 있는 원칙으로 작용하지 않기 때문이다. 은행이 추구하는 최고의 가치가 고객의 이익이라면, 이를 구현하는 경로가 바로 직원들의 전문성과 진실성이며, 이러한 가치가 직원들의 행동준칙으로 작용한다면 영업 일선 직원은 상품이 안고 있는 위험을 충분히 이해하고 있어야 하며, 자신이 이해하고 있는 위험은 고객에게 진실 그대로 이해시키는 노력을 기울여야 한다. 이 가치가 제대로 작동하지 않은 경우, 은행원이 고객의 이익을 손상할 의도가 없었음에도 불구하고 상품을 제대로 이해하지 못하고 판매했거나, 상품의 위험을 제대로 이해했음에도 불구하고 판매를 위하여 고객에게 충분하게 이해시키려는 노력을 기울이지 않는 영업을 초래하고 그 결과는 불완전판매를 가져옴으로써 고객의 신뢰를 훼손하는 결과를 낳게 된다. 따라서 Barclays의 PPI 불완전판매 사례와 같이 수익성이 높더라도 고객에게 진실성이 없거나 숨겨진 위험이 있는 상품을 KPI에 높은 유인을 부여하는 것은 고객의 이익을 우선하는 핵심 가치를 위배하는 것이다.

그림 2-5 **은행문화의 산출과정**

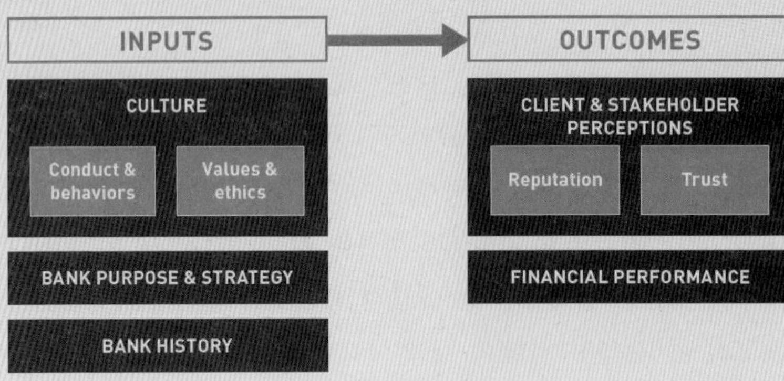

자료: Banking Conduct and Culture, Group of Thirty, July 2015, p. 18.

'Salz Review'에 드러난 Barclays 사례는 실은 대부분의 우리나라 은행에도 크게 다르지 않을 것이다. 어느 은행이나 핵심가치(value) · 의무준칙(mission) · 윤리강령(ethics code) 등이 있지만, Barclays조차도 그랬듯이 이것들은 벽에 걸려 있는 장식품일 뿐 실제 어떻게 그것을 구현할 것인가에 대해서는 논의한 적도 고민한 적도 없는 은행이 대부분이다. 조직문화 혁신은 새로운 것을 추구하는 것이 아니라 벽에 걸려 있는 핵심가치(value) · 의무준칙(mission) · 윤리강령(ethics code) 등을 은행원들의 행동을 통해 고객들이 느낄 수 있도록 보여주는 것이다. 이사회와 최고경영자부터 자신들의 결정이 핵심가치(value) · 의무준칙(mission) · 윤리강령(ethics code) 등을 위배하지 않는지 끊임없이 점검하는 모습을 보여 주어야 하며, 그럼으로써 조직원 전체가 그 준수 여부를 행동으로 고객들에게 증명해 보여야 진정한 신뢰를 얻을 수 있다. 그것이 단기적으로 영업성과나 재무적 이익을 포기하는 경우에도 고객의 이익을 지키는 것이 더 중요하는 것을 이사회와 최고경영자가 보여주지 않는 한 아무리 그럴듯한 핵심가치(core value) · 의무준칙(mission) · 윤리강령(ethics code)을 만들어도 그것은 벽장식에 지나지 않을 것이다. 이제 은행이 해야 할 혁신은 벽에 붙어 있는 핵심가치(value) · 의무준칙(mission) · 윤리강령(ethics code) 등을 직원들의 행동을 통해 고객들에게 증명해 보이는 것이다(〈그림 2-5〉 참조).

상품에 대한 이해부족과 다른 부서와의 소통부족이 문제의 원천이다!

- 응답자의 59%가 금융위기를 극복하는 가장 중요한 대책은 전문적인 지식보강이라고 응답.
- 응답자의 2/3는 지식부족이 금융기관의 위험의 원천이라고 생각하는 것으로 나타났다.
- 고위 임원은 상품의 복잡한 구조에 대한 이해가 부족한 상태에서 상품판매를 승인하고, HR 부서에서는 상품구조가 영업에서 고객의 장기적인 위험수취를 촉진할 수 있다는 문제에 대한 이해 없이 상품판매에 대한 상여금 지급조건을 승인했다.
- 응답자의 62%는 다른 부서에서 어떤 일이 진행되고 있는지 알지 못한다고 응답.

(The Economist의 Intelligence Unit, The crisis of Culture, p. 4)

내 돈, 이렇게 굴릴겁니까
(조선일보, 2014년 8월 21일 B01면)

[계속 사고팔고 수수료만 뜯어가... 증권·펀드의 불편한 진실]
믿고 맡기니... 수익은커녕 손해
주식투자 전담 관리자에 맡겼더니 나홀로 투자보다 수익 6%p 떨어져
달콤한 수익? 사라지는 원금, 한명이 펀드 182개 관리하기도... 히트상품 만들고 비슷한 펀드 양산

몇 년 전 해외펀드에 가입했던 회사원 이승아(35·서울 양재동)씨는 불쾌한 경험을 했다. 펀드 수익률이 몇 년째 -10~-20%대에서 꼼짝 않고 있기에, 증권사 창구에 찾아가 환매를 했다. 이씨가 "이 펀드는 관리가 전혀 안 되는 것 같다"고 말하자, 창구 직원은 사과는커녕 "고객님께서 (상황이 변한 줄도 모르고) 너무 오래 갖고 계셔서 그런 것"이라고 핀잔을 주었다. 이씨는 "운용보고서를 보면 펀드매니저가 신참으로 수시로 바뀌고 벤치마크보다 수익률이 한참 뒤떨어졌다"며 "최소한 미안하다는 사과는 들을 줄 알았는데, 어이가 없었다. 그냥 환매하고 다른 펀드에 재투자하지도 않았다"고 말했다.
최근 증시가 2100포인트를 바라볼 정도로 달아오르고 있지만, 대다수 투자자들은 선뜻 투자에 뛰어들지 않고 관망하고 있다. 이들은 과거 증권사와 자산운용사에 입었던 '상처'가 생생하기 때문이다. 증권사의 영업 행태나 자산운용사의 펀드 운용 실태를 보면 투자자들의 의구심은 근거가 있는 것이다.

4. 소결론: 규제혁신을 넘어서 금융 바로 세우기

한국의 금융발전 수준이 '우간다'와 버금가는지 여부에 대한 진실게임은 논외로 하더라도 실물경제나 기업의 발전 정도에 비교하여 상대적으로 금융발전이 저조하다는 점에 대해서는 누구도 이견이 없을 것이다. 선진국에 근접하는 경제발전에도 불구하고 여전히 금융산업은 후진적 상태를 벗어나지 못하고 있다는 사실은 한국경제의 콤플렉스라고 해도 과언이 아니다.

"채무면제 서비스' 카드사들 배만 불렸다(조선일보, 2015. 9. 1)

지난 2005년부터 카드사가 판매하는 '채무면제유예 서비스(DCDS)'가 과열현상을 보이면서 소비자 피해가 늘고 있다. DCDS 상품은 카드 일시불·할부·카드론·현금서비스 등 카드에서 발행한 채무 잔액에서 일정액의 수수료(0.3~0.6%)를 매달 내고, 사망하거나 암·뇌졸중 같은 질병에 걸렸을 때 5000만원 한도 내에서 빚을 면제해 주는 상품으로 불행한 처지에 놓인 서민 소비자의 빚을 탕감해 주자는 취지에서 도입됐다. 그러나 긴 설명을 요구하는 상품을 소비자에게 제대로 설명도 하지 않고 판매하거나 채무면제나 유예유인이 없는 우량 소비자에게도 강매가 집중되면서 불완전판매가 늘자, 금융감독원은 이번 주부터 카드사 점검에 나서기로 했다.

◇ 소비자보다는 카드사·콜센터 이익 극대화를 위해 설계

30일 금융감독원에 따르면, 지난 2005년부터 올 상반기까지 카드사들이 DCDS를 팔아 거둬들인 수수료는 1조 2,000억 원에 달한다. 지난 6월 현재 상품 가입자는 345만 명으로, 2011년 212만 명에 비해 100만 명 이상 늘었다. 카드사들은 카드 소비자들의 채무 면제가 과다하게 몰릴 것으로 예상해 보험에 따로 가입해 보험사들에게 소비자 채무면제·유예금을 처리하도록 하고 있다. 그런데 카드사가 지난 10년 동안 보험사에 지불한 보험료는 3,580억 원이고, 실제 소비자가 사망·질병 등으로 면제받은 채무는 1,910억 원(전체 수입 수수료의 15%)에 불과하다. 나머지 1조 90억 원은 카드사와 콜센터의 수익으로 처리됐다.(중략)

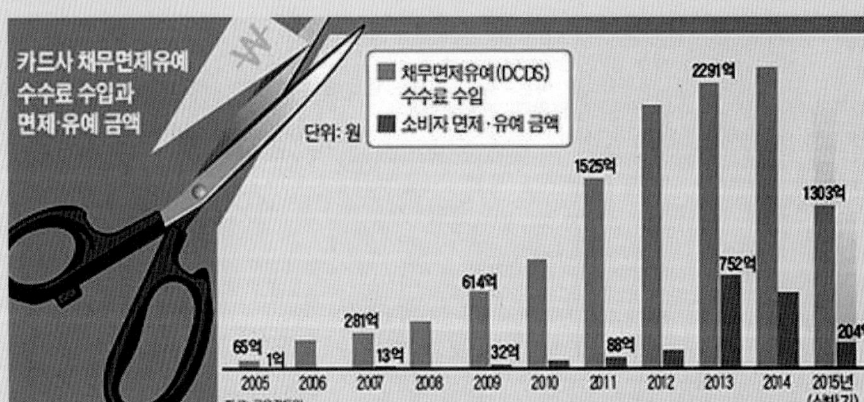

왜 금융산업은 만년 낙후상태를 벗어나지 못하는가? 문민정부 이래 새 정부가 들어올 때마다 금융산업 발전을 중요 국정과제로 내걸었으며, 필수적으로 금융규제 개혁을 추진했다. 그렇다면 왜 정부는 금융규제 개혁에 실패하는가? 금융규제 개혁 실패

하는 이유는 어떤 이유에서든 규제가 필요했기 때문이다. 지난 정부들의 반복된 실패에도 불구하고 박근혜 정부는 금융발전을 4대 국정 혁신과제로 설정했으며, 금융위는 전례 없이 현장 밀착적이며, 시장친화적인 규제개혁을 추진하고 있다. 그러면 이번 금융규제 개혁은 '도루묵'이 되지 않고 금융발전의 전기(轉機)를 마련할 것인가?

본 연구는 이번 규제개혁 역시 그렇게 낙관적으로 보이지 않는다. 정책의지의 문제가 아니라 규제 문제는 정부 차원을 넘어서 보다 근본적으로는 규제를 둘러싼 금융생태계에 의해 결정되기 때문이다. 박근혜 정부의 금융규제 개혁의 목표는 자금이 실물경제에 원활하게 흐르도록 하는 것이다. 하지만 자금이 실물경제에 원활하게 흐르지 않는 이유가 금융기관 임·직원들의 '보신주의'에만 있는 것이 아니다. 거시경제 여건이 장기저성장국면으로 진행함에 따라 금융 측면에서는 가계부채와 기업부채 공히 상당한 구조조정이 불가피한 상황에 다가가고 있다. 과연 이 장기저성장국면에서 금융기관들은 실물경제에 '비 올 때 우산을 받쳐 줄 것인가?' 과연 금융기관들이 우산을 빼앗더라도 감독당국은 불개입을 약속했으므로 인내하고 바라만 보고 있을 것인가?

본 연구는 '미운 오리'와 같은 처지에 있는 한국 금융산업이 발전하지 못하는 이유를 보다 면밀하게 파악하기 위해 '황금 오리' 대접을 받는 영국의 금융산업과 비교해 본 결과, 두 나라의 금융산업은 생신구조가 달랐으며, 현서하게 다른 생태계에 놓여 있는 것으로 분석되었다. 영국의 금융산업은 역사적으로 쌓아온 금융산업의 독립성·혁신성·금융비밀주의·금융업계의 규범과 특유의 금융업문화를 가지고 있으며, 감독당국의 규제도 금융산업이 문제를 일으키지 않는 한 최소한의 규제에 그치는 전통을 가지고 있었다. 이 '황금 오리'도 2008년 세계 금융위기와 특히 2012년 Libor scandal, FX scandal을 겪으면서 '심각하게 병든 오리'로 판정되었으며, 영국 국민들과 국제금융사회로부터 무너진 신뢰를 회복하기 위해 각고의 노력을 기울이고 있다.

과연 '황금 오리'는 치유과정도 남달랐다. 의회 차원의 심도 있는 청문과정과 보고서 발표, 금융업계 차원에서 영업행위와 문화의 'standard'를 높이기 위한 노력, Barclays PLC의 조직문화 혁신 노력은 돌파구를 찾지 못하고 있는 한국금융산업의 발전 과제에 해답을 제시해 주고 있다고 본다.

('금융 바로 세우기' 방안)

금융발전을 도모하기 위해서는 금융생태계가 혁신되어야 한다는 것이 본 연구의 핵심 주장이며, 금융생태계의 혁신은 금융의 독립성－혁신성－효율성이 총체적으로 확보되는 것을 의미한다. 금융의 독립성－혁신성－효율성이 함께 작용할 수 있도록 감독당국의 역할, 각 금융업 －협회의 역할, 개별 금융회사의 역할, 금융인 개인의 역할을 바로 세우는 것이 수렁에 빠진 한국금융산업이 금융발전의 궤도에 진입할 수 있는 길이다. 감독당국의 규제개혁은 필요조건의 일부일 뿐 그것만으로 금융발전이 실현될 수는 없다. 이를 실행하기 위한 방안으로 우리나라 금융발전에 대하여 몇 가지 권고 의견을 제안하고자 한다.

첫째, 감독당국은 외압으로부터 금융산업을 보호하고 일관성 있는 감독정책 기조를 지속해야 한다. 이를 위해 감독기구의 독립성 확보가 필수조건이며, 독립성을 확보하는 제도적인 방안으로 금융위는 금융감독 기능에 집중하고 실질적인 '합의체 위원회'로 개편될 필요가 있다.

둘째, 영국의 1986년 'Big Bang'이 시사하는 바와 같이 규제개혁을 금융발전의 계기로 삼기 위해서는 감독당국은 금융기관들에게 수익기회와 경쟁을 보다 적극적으로 확대하여 자발적인 혁신을 촉진할 필요가 있다.

셋째, 규제개혁의 다음 단계는 금융업계 스스로 금융업의 규범수준(standard)을 높이는 자구노력을 기울어야 한다. 이를 위해 각 금융업협회의 역할이 대정부관계 업무 중심에서 금융업계의 혁신추진자로 전환되어야 한다.

넷째, 금융기관들은 '내부통제'를 감독당국의 규제에 의한 수동적 장치가 아니라 위법적인 사건과 행위로부터 회사의 평판을 보호하기 위한 자발적인 시스템으로 개편해야 하며, 직원들의 '윤리'를 중시하는 조직문화로 혁신해야 한다. 이를 통해 현재 감독당국과의 과제인 소비자보호를 금융회사 자신의 과제로 중심을 전환하여 고객의 신뢰를 회복하는 것이 금융산업 발전의 전기를 마련하는 기본이라고 할 것이다.

〈별첨 2〉

▮ 금융산업 규제 리스트 ▮

〈공통〉

금융위원회의 설치에 관한 법률

금융위원회 행정정보 공개지침

금융산업의 구조개선에 관한 법률

금융회사 부실자산 등의 효율적 처리 및 한국자산관리공사의 설립에 관한 법률

금융지주회사법

금융 중심지의 조성과 발전에 관한 법률

공적자금관리특별법

공적자금상환기금법

기업구조조정 촉진법

기업구조조정투자회사법

기업구조조정조합 등록에 관한 규정

금융위원회 소관 비영리법인의 설립 및 감독에 관한 규칙

금융위원회 민원 및 제안업무 운영준칙

공중 등 협박 목적 및 대량살상 무기 확산을 위한 자금조달 행위의 금지에 관한 법률

정기 금융정보 교환을 위한 조세조약 이행규정

금융위원회 민원 및 제안업무 운영준칙

신용정보의 이용 및 보호에 관한 법률

예금자보호법

금융기관의 해외진출에 관한 규정

외국환거래당사자에 대한 제재규정

전기통신금융사기 피해방지 및 피해금 반환에 관한 특별법

존자금융거래법

조세특례제한법

특정 금융거래정보의 보고 및 이용 등에 관한 법률

금융위원회 자체규제 심사 운영규정

〈보험〉

보험업법

보험회사의 기초서류 관련 의무위반에 대한 과징금 부과기준

화재로 인한 재해보상과 보험가입에 관한 법률

〈은행〉

은행법

금융실명거래 및 비밀보장에 관한 법률

농어가 목돈마련저축에 관한 법률

유사수신행위의 규제에 관한 법률

이중상환청구권부 채권발행에 관한 법률

〈자본시장〉

자본시장과 금융투자업에 관한 법률

자산유동화에 관한 법률

공사채 등록법

공인회계사법

퇴직연금감독규정

담보부사채신탁법

전자단기사채 등의 발행 및 유통에 관한 법률

주식회사의 외부감사에 관한 법률

〈정책금융〉

기술신용보증기금법

농림수산업자 신용보증법

신용기금법

중소기업은행법

한국산업은행법

한국주택금융공사법

〈중소금융〉

대부업 등의 등록 및 금융이용자보호에 관한 법률

상호저축은행법

신용협동조합법

여신전문금융업법

휴면예금관리재단의 설립 등에 관한 법률

〈전국은행연합회 규정〉

1. 휴면계좌 통합조회시스템 구축운영을 위한 공동협약 시행지침(2006. 4)
2. 채권금융기관의 회생기업 관리준칙(2007. 11)
3. 은행 등 사외이사 모범규준(2010. 1)
4. 외화대출 관련 금융소비자보호 강화 및 여신심사체계 개선을 위한 모범규준(2010. 8)
5. 부동산 PF 리스크관리 모범규준(2010. 9)
6. 허위 지급보증서 등 발급 방지대책(2010. 11)
7. 부동산PF 리스크관리 모범규준
8. 허위 지급보증서 등 발급방지대책(2010. 11)
9. 은행 내부자 신고제도 모법규준(2010. 12)
10. 채권은행의 기업신용위험 상시평가 운영협약(2011. 4)
11. 채권은행협의회 운영협약(2011. 4)
12. 대주단협의회 운영협약(2012. 8)
13. 자금용도 외 유용 사후점검기준(2012. 11)
14. PF대주단협의회 운영협약(2012. 11)
15. 구매기업 구조조정 추진에 따른 협력업체 외상매출채권담보대출(B2B) 상환유예 가이드라인(2013. 5)

16. 주택담보대출 프리워크아웃 활성화를 위한 자율협약(2013. 6)
17. 금융소비자보호 모범규준 운영 가이드라인(2013. 7)
18. 유가증권 손절매제도 운영 가이드라인(2014. 1)
19. 중소기업 Fast–Track 프로그램 공동운영지침(2014. 1)

〈손해보험협회〉

1. 개정금융소비자보호 모범규준 가이드라인(2014. 3)
2. 보험계약정보 조회시스템 운영규정(2015. 3)
3. 보험금 지급업무 상담직원 전문화 가이드라인(2014. 12)
4. 보험설계사에 대한 불공정행위 예방을 위한 준수규약(2014. 12)
5. 보험회사의 사회적 책임 가이드라인(2011. 7)
6. 비대면 보험영업에 대한 가이드라인(2014. 4)
7. 종합자산관리사 자격시험 및 등록 등에 관한 규정(2008. 6)
8. 손해보험상품 비교·공시자료 작성지침(2015. 4)
9. 손해보험상품비교·공시세부기준(2015. 4)
10. 손해보험상품공시자료작성지침(2015. 7)
11. 손해보험경영통일공시기준(2015. 2)
12. 정기경영공시작성지침(2015. 3)
13. 손해보험상품공시기준(2015. 1)
14. 수시경영공시작성지침(2014. 9)
15. 손해보험 계리모범규준(2006. 10)
16. 손해보험 광고 선전에 관한 규정(2013. 6)
17. 손해보험 광고 선전에 관한 운영세칙(2013. 6)
18. 해외보험거래 가이드라인(2010. 11)
19. 해외보험거래 가이드라인 세부 운영지침(2010. 11)
20. 손해보험 모집관리업무지침(2014. 10)
21. 모집관리업무 세부처리기준(2014. 1)
22. 퇴직연금제도모집인 등록관리 지침(2012. 12)

23. 퇴직연금제도모집인 등록관리 업무 세부처리기준(2012. 12)
24. 실적배당형 퇴직연금 교육과정의 운영 및 관리지침(2006. 1)
25. 지배구조 연차보고서 작성기준(2015. 2)
26. 금융전산보안 표준지침(2015. 1)
27. 손해보험 공정경쟁질서유지에 관한 상호협정(2015. 4)
28. 공정경쟁 질서 확립 대책위원회 규정(2015. 4)
29. 모집질서문란 신고센터 및 합동조사반 운영지침(2015. 4)
30. 손해보험의 신상품개발이익 보호에 관한 협정(2012. 4)
31. 해상 및 보세보험 공동인수 협정(2014. 7)
32. 자동차보험 구상금분쟁심의에 관한 상호협정(2011. 5)
33. 보험 상담소 설치 및 운영에 관한 협정(1987. 5)
34. 자동차보험불량물건 공동인수에 관한 상호협정서(2012. 10)
35. 재보험 및 재재보험 대차청산 협정(2004. 4)
36. 해외보험 정보교환에 관한 협정(1985. 2)
37. 공동인수 보험계약 대차청산협정(2012. 11)
38. 보험금 찾아주기 사업을 위한 가이드라인

〈생명보험협회〉

1. 생명보험 모집관리 업무지침(2014. 9)
   - 생명보험 모집관리 업무처리 요강(2014. 9)
2. 변액보험판매자격시험 및 자격관리에 관한 규정(2012. 11)
   - 변액보험판매자격시험 및 자격관리에 관한 업무처리 요강(2014. 4)
3. 변액보험 표준계약 권유 준칙(2014. 4)
4. 생명보험 언더라이터 자격시험 및 관리에 관한 규정(2011. 4)
5. 종합자산관리사 자격시험 및 등록 등에 관한 규정(2014. 12)
   - 종합자산관리사 자격시험 및 등록 등에 관한 시행세칙(2014. 12)
6. 보험설계사에 대한 불공정행위 예방을 위한 준수규약(2014. 12)
7. 변액보험 모범판매규준

8. 퇴직연금제도 모집인 등록관리지침(2015. 1)
9. 모집 조직통합 관리시스템 운영 및 사용자관리 규정(2014. 1)
10. 생명보험 경영 통일공시기준(2015. 3)
    – 경영공시 작성 지침(2015. 3)
11. 생명보험 상품통일 공시기준(2015. 1)
    – 생명보험 상품공시 작성 지침(2015. 7)
12. 생명보험 상품비교·공시기준(2015. 4)
    – 생명보험 상품비교·공시정보작성지침(2015. 4)
13. 생보업계 자율적 민원감소를 위한 모범규준(안)(2013. 2)
14. 「금융소비자보호 모범규준」운용에 관한 생명보험회사 가이드 라인(2014. 3)
15. 보험금지급 상담업무 전문화를 위한 가이드라인(2014. 12)
16. 보험회사의 사회적 책임 가이드라인(2011. 7)
17. 생명보험 광고·선전에 관한 규정(2015. 1)
    – 생명보험 광고·선전에 관한 규정 운영세칙(2013. 7)
18. 보험회사의 대주주 등과의 거래 관련 자율규제기준(2013. 12)
19. 보험계약 정보관리 규정(2015. 6)
20. 생명보험 보험계리 모범규준(2006. 10)
21. 생명보험회사 등 사외이사 모범규준(2010. 3)
22. 생명보험 신상품 개발이익 보호에 관한 협정(2013. 11)
    – 생명보험 신상품 개발이익 보호에 관한 협정 세부처리지침(2014. 5)
23. 생명보험 공정경쟁질서 유지에 관한 협정(2012. 12)
    – 생명보험 공정경쟁질서 유지에 관한 협정 시행세칙(2007. 2)
24. 보험설계사 모집경력 처리에 관한 규정(2015. 6)
    – 보험설계사 모집경력 처리에 관한 운영세칙(2015. 7)

Ⅲ

지배구조 등 경영외적 요건과 발전방안

Directions for Financial Reform to Develop the Korean Banking Industry

Ⅲ 지배구조 등 경영외적 요건과 발전방안

1. 지배구조 왜 중요한가?

외환위기(1997. 12~1998) 이후 대우, 삼보 등 여러 대기업의 도산과 은행을 포함한 적지 않은 금융기관의 파산과 매각은 금융산업을 포함한 우리나라 기업에 적지 않은 충격이었다. 소위 말하는 '대마불사(too big to fail)'가 더 이상 규범이 될 수 없음을 확인하였을 뿐만 아니라 은행의 도산은 새로운 경험이었기 때문에 더욱 큰 충격이었다.

외환위기는 결국 시장에서 자본을 조달하고 소유와 경영이 분리되어 있는 자본주의 경제에서 일어나는 대리인 문제(agency problem)[1]가 외환위기라는 계기를 통해 적극적으로 외부에 드러난 경우라고 말할 수 있다. 그리고 당시까지 대부분의 기업은 대주주/경영자의 전권 아래 있었다고 할 수 있으며 그에 대한 견제와 감독은 부실하였다.[2] 이와 같은 경우 나타날 수 있는 전형적인 폐단으로 족벌경영, 지나친 위험추구, 정경유착, 자본의 유용과 비효율적인 배분 등 여러 가지 비정상적인 현상이 나타났다.

기업의 지배구조(corporate governance)는 특히 20세기 후반부터 매우 중요한 주제로

---

1) 기업지배구조와 관련하여 대리인 문제에 관하여는 Coase(1937, 1960), Jensen and Meckling(1976), Fama and Jensen(1983a, b), Grossman and Hart(1986), Hart and Moore(1990), Shleifer and Vishny(1997)를 참조할 수 있다. 그리고 대리인 문제에 관한 교과서적인 안내는 Laffont and Martimort(2002)에서 발견할 수 있다.

2) CEO 리스크의 사례연구는 김동원, 노형식(2013), 이화령(2014)의 연구를 참조할 수 있다.

대두되었다.[3] 그런데 기업지배구조의 양태는 나라에 따라 매우 다르게 나타난다. 미국, 영국, 독일, 일본과 같은 선진국의 경우 어느 정도 합리적인 해결책을 마련하고 있는 것으로 생각되지만 문제를 완벽하게 해결한 나라는 없는 것으로 생각된다. 즉 이 나라들의 지배구조에 대해서도 얼마나 잘 작동하고 있는가에 대하여 여러 견해가 존재한다. 예를 들어 Easterbrook and Fischel(1991)과 Romano(1993)는 미국의 기업지배구조에 관하여 매우 낙관적인 견해를 피력하고 있다.[4] 그러나 Jensen(1989, 1993)은 소유가 지나치게 분산되어 있는 미국의 기업지배구조가 잘못된 것이라고 주장하고 있다. 그리고 Roe(1993)나 Charkham(1994)처럼 소유가 분산되어 있는 영·미식 지배구조를 소유가 집중되어 있는 독일이나 일본식 지배구조[5]로 바꾸어야 한다는 주장도 제기되고 있다.

우리나라에서 지배구조개혁은 외환위기 이후 많은 기업과 은행 등 금융기관의 파산을 경험하면서 시작되었다. 지배구조개선에 대한 컨센서스가 이루어지면서 처음 1998년 「유가증권상장규정」에 사외이사 선임을 의무화한 것이 지배구조개선의 첫 시도였다. 이에 따르면 상장기업은 이사 총수의 25% 이상(최소 1인 이상)을 사외이사로 임명하여야만 하였다. 이후 여러 차례 추가적인 법률 제·개정 그리고 모범규준을 통해 CEO 선임과 승계 및 사외이사 선임규정을 강화하였다.

금융회사의 경우에도 법률의 개정과 제정, 그에 따른 금융위원회와 금융감독원의 모범규준을 통해 끊임없이 지배구조의 개선을 시도하였다.[6] 그러나 금융회사 지배구조(보다 포괄적으로 기업지배구조)의 내용은 아직 진행형이고 진화하고 있다고 할 수 있다. 기업지배구조의 복잡성을 고려할 때 그 내용은 항구적으로 진행형일 수밖에 없다는 생각이 든다. 특히 매우 정교한 법과 규준이 도입되고 있음에도 불구하고 (기업 내부적으

3) 장기적으로 기업지배구조에 관하여 크게 염려하지 않아도 된다는 견해가 존재한다(Alchian(1950), Stigler(1958) 참조). 이 견해에 따르면 먼저 기업은 장기에 산출물 시장의 경쟁 때문에 비용을 극소화하고자 하며 비용극소화의 일환으로 여러 준칙들을 마련하게 되는데 기업지배구조도 그 가운데 하나라는 것이다. 즉 장기적으로 기업은 보다 나은 지배구조준칙을 채택함으로써 가장 낮은 비용으로 외부자금을 조달하고자 한다는 것이다. 이와 같은 이론을 진화론적 접근방법(evolutionary approach to corporate governance)이라고 부른다.

4) 미국식 지배구조는 대주주를 허용하지 않고 소액주주가 중심인 경우로 경영자에게 크게 의존하는 제도이다. 그리고 경영자는 자본의 조달을 은행보다는 금융시장(주식 및 채권시장)에 의존한다.

5) 독일과 일본의 지배구조는 대주주가 중심인 제도로 은행이 자금조달의 주된 창구로 활용된다.

6) 지금까지 모범규준의 완결판이라고 할 수 있는 것이, 금융위원회(2014)가 제정하고 2014년 12월부터 시행되고 있는 「금융회사 지배구조 모범규준」이다.

로) 지배구조의 핵심인 사외이사제도가 잘 작동하지 못하고 있다는 주장이 끊이지 않고 있고 있다. 예를 들어 전형적인 무임승차문제(free ride problem)의 발로라고 생각되는 거수기 사외이사의 문제가 계속해서 제기되고 있다. 이와 더불어 사외이사제도가 잘 작동하지 못하도록 하는 외부적 요인이 존재한다는 주장이 적지 않다. 특히 낙하산인사를 통한 인사개입은 투명성의 측면에서 사회와 언론의 주목을 받고 있고 독립성과 전문성의 측면에서 지배구조의 왜곡을 초래하고 있다.

2. 국내외 사외이사제도 소개

대리인 문제를 해결하기 위한 법적/제도적 장치로서 이사회가 존재한다. 이사회는 투자자/주주의 권익을 보호하기 위하여 법인의 경우 법적으로 설치하도록 되어 있다. 주주총회에서 선출되는 이사는 미국의 경우에 볼 수 있는 바와 같이 3가지 부류로 나누어볼 수 있다(김대업(2012)). 첫째는 회사에 의해 고용된 임직원의 지위를 가지는 사내이사, 둘째는 사내이사는 아니나 회사의 고문변호사·회계사·거래은행의 임직원 등과 같이 회사와 중요한 계약관계 혹은 거래관계가 있는 사람이나 과거의 피고용자, 경영자와 관계가 있는 이해관계인(affiliates), 셋째로 회사와 중요한 이해관계가 전혀 없는 독립적인 사외이사가 있다. 과거에는 사내이사가 이사회의 주류를 이루었으나, 근래에는 대규모 공개회사의 경우 사외이사를 중심으로 이사회가 구성되고 있다.

2.1 외국의 사외이사제도[7)]

앞에서 본 바와 같이 외국의 사외이사제도는 소유권의 집중도와 법적 보호의 정도에 따라 다르게 나타난다. 미국과 영국의 경우 기업 소유권이 광범위하게 분산되어 있기 때문에 소유권의 법적 보호가 강한 편이다. 그러나 독일이나 일본의 경우에는 소유권이 집중되어 있기 때문에 경영자에 대한 주주의 통제권한이 강하다.

사외/독립이사제도는 미국 기업지배구조의 중요한 축이다. 그러나 미국회사법에

7) 김대업(2012, pp. 33-58) 참조.

서는 사외/독립이사(outside/independent director)를 두어야 할 의무나 이사회 내에 각종 위원회를 설치할 의무 등을 규정하지는 않고 있다. 다만 사외/독립이사로만 구성된 감사위원회만은 반드시 설치하도록 규정하고 있고, 이에 따라 증권거래법의 상장규칙에서 독립이사의 설치를 의무화하고 있다.

영국의 지배구조는 전통적으로 자율규제에 의존하고 있었다. 영국의 기업지배구조가 개선된 것은 2008년 세계금융위기 이후이다. 금융기관 관련 지배구조에 대하여 Walker보고서가 발간되었고, 일반 기업의 지배구조와 관련하여서는 「영국기업지배구조규정(The UK Corporate Governance Code)」이 제정되었다. 이에 따라 모든 상장회사는 연차보고서에 영국기업지배구조규정 상의 주요 원칙을 어떻게 적용하고 있는지에 대한 설명서를 포함하여야 하고 그렇게 하지 않은 경우에는 연간사업보고서에 자세히 보고하도록 하고 있다(comply or explain).

영국 대기업의 경우 이사회 의장을 제외하고, 적어도 반수가 독립적 비상근이사로 구성되어야 한다. 즉, 상장회사의 이사회는 상근의 업무집행임원 겸임이사와 비상근의 독립이사가 공존하도록 하고 있다. 또한 이사회의 구성은 일부의 그룹에 편중하여서는 안 되고, 여성을 포함하야야 하며, 폭 넓은 분야에서 인재를 구할 것을 강조하고 있다. 2010년 지배구조규준은 이사회를 총괄하는 의장과 회사의 업무집행책임을 부담하는 CEO는 겸임할 수 없다고 규정하고 있다. 이사회의 의장은 독립성을 가지고 있는 사람으로서 소정의 결격사유가 없어야 한다.

독일은 업무집행기관으로서 이사회, 감독기관으로서 감사회가 존재하는 이중적 구조를 가지고 있다. 이사회의 구성원인 이사는 감사회가 선임하고, 이사가 2인 이상인 경우 감사회는 그 중 1인을 이사회의 의장으로 지명할 수 있다. 이사의 임기는 원칙적으로 5년을 초과하지 못하고, 재임의 경우에도 5년을 초과하지 못한다. 그리고 중대한 업무위반, 정상적인 업무집행능력의 결여, 주주총회의 불신임 등 중대한 사유가 있는 이사는 임기만료 전이라도 해임할 수 있다.

감사회는 관련 법령에 저촉되지 않는 한 기본적으로 3인의 감사로 구성된다. 감사의 수는 자본규모에 따라 3의 배수로 최대 21명까지 둘 수 있다. 감사는 주주총회에서 선임되며, 주주총회의는 감사의 선임에 관하여 정관으로 달리 정한 바가 없으면 단순 다수결로 의결한다. 감사는 장기로 선임될 수 없으며, 임기만료 전이라도 4분의 3

이상의 찬성을 얻은 주주총회의 결의에 의하여 해임될 수 있다.

전통적으로 일본의 이사회제도는 불투명한 의사결정과 불완전한 기능, 책임소재의 불명확성, 경영자에 대한 취약한 견제력 등의 문제가 있는 것으로 인식되고 있다. 일본은 지명위원회, 감사위원회, 보수위원회를 설치한 주식회사를 위원회설치회사로 명명하고 위원회설치회사의 경우 업무집행기관(집행임원)에 대한 업무감독기관이 이사회임을 명문으로 규정하고 있다. 위원회설치회사의 이사회에 대하여는 사외이사에 관한 특별한 규정은 없으나, 각 위원회에 관하여는 집행임원이 아닌 사외이사가 과반수이어야 한다고 규정하고 있다. 그러나 실제로 위원회설치회사로 전환한 기업의 수는 100여개로 그리 많은 편이 아니고, 미국이나 영국과 달리, 위원회설치회사의 이사회에서도 사외이사의 수가 반수 내지는 과반수이어야 할 의무가 없다. 현재 과반수의 사외이사를 두는 회사는 SONY 등과 같은 일부 회사에 불과하다.

2.2 국내 사외이사제도[8)]

우리나라의 사외이사제도는 1997년 말에 발생한 외환위기 이후에 도입되었다. 외환위기의 직접적인 원인은 외환관리의 부실과 경직적인 환율 운용, 금융투자회사들의 외화 단기차입과 장기대출의 불균형, 그리고 고정환율에 가까운 경직적인 환율의 운용 등이었다.

그러나 당시 도산된 대우, 삼보 등의 경우에 볼 수 있는 바와 같이 위기의 배면에 기업의 부실한 지배구조가 큰 원인을 제공하였다는 데에 많은 학자와 전문가들이 의견을 같이하였다. 당시 대부분의 기업들은 채무비율이 과다하였으며 대규모 기업집단에 속한 기업들은 서로의 주식을 상호 교차 보유하고 상호 복잡한 채무관계를 유지하고 있었다. 이런 가운데 동남아에서 발생한 외환위기의 여파가 밀려오면서 과다한 차입경영에 의존하던 많은 기업의 도산이 이어졌다. 그리고 이는 다시 은행을 비롯한 금융기관의 부실로 이어져 큰 위기가 초래된 것이다.

사외이사제도는 이와 같은 시대적 배경 아래에서 부실한 기업지배구조를 개선함으로써 주주의 이익을 도모하고 다시 일어날지도 모를 위기에 대비하고자 하는 것이

8) 우리나라 사외이사제도에 관한 문헌연구는 김재훈·이화령(2절, pp. 17~21)을 참조할 수 있다.

표 3-1 사외이사제도의 연혁

연월	주요내용	관련규정
1998. 2	① 상장법인 사외이사 선임 의무화 ② 이사 총수의 1/4 이상, 최소 1인 이상	유가증권상장 규정
1999. 9	① 기업지배모범규준 제정 ② 금융기관과 자산 1조 원 이상 대규모 공개기업은 이사 총수의 1/2(최소 3인 이상)	기업지배구조 모범규준
2001. 3	① 자산 1천억 미만 벤처기업을 제외한 코스닥 상장법인의 사외이사 선임 의무화 ② 금융기관과 자산 1조원 이상 대규모 공개기업은 이사 총수의 1/2(최소 3인 이상)	증권거래법
2003. 2	① 사외이사 수는 최소 2인 이상 ② 금융기관과 자산 1조원 이상 대규모 공개기업은 이사 총수의 1/2(최소 3인 이상)	기업지배구조 모범규준
2003. 12	자산 2조원 이상의 주권상장법인 또는 코스닥 상장법인의 사외이사 3인 이상 및 이사 총수의 1/2 의무화	증권거래법
2009. 1	① 자산 2조원 이상 상장회사의 이사 총수 1/2(최소 3인 이상) 사외이사 임명 의무화 ② 일반상장회사의 이사 총수 1/4 이상 임명 의무화 ③ 사외이사추천위원회 도입	상법

자료: 기업지배구조원, 2014.

었다. 특히 증권시장에 상장되어 있는 기업의 경우 경영자의 자의적인 의사결정이 회사의 부실이나 파산으로 이어지면 주주들의 피해로 나타나기 때문에 경영자를 견제할 수단이 필요했던 것이다. 즉 사회이사제도는 경영자가 지나친 자의와 재량을 행사할 수 없도록 함으로써 주주의 권익을 담보하기 위해서 도입된 제도이다. 〈표 3-1〉에서 볼 수 있는 바와 같이 사회이사제도는 1998년 2월 「유가증권상장규정」에 상장법인의 사외이사 선임을 의무화하고, 이사 총수의 1/4 이상(최소 1인 이상)을 두도록 함으로써 공식적으로 도입되었다.

표 3-2 금융회사 사외이사 규정

구 분	내 용	근 거
상장회사	이사 총수의 1/4 이상, 자산 2조 원 이상의 경우 이사 총수의 1/2(3인 이상)	상법 제 542조의8 본문 및 단서
금융지주회사	자산 1천억 원 이상인 금융지주회사의 경우 이사 총수의 1/2 이상(3인 이상)	금융지주회사법 제40조, 동법 시행령 제19조 제1항
보험회사	자산 2조 원 이상 보험회사의 경우 이사 총수의 1/2 이상(3인 이상)	보험업법 제15조, 동법 시행령 제21조
은행	이사 총수의 1/2 이상(3인 이상)	은행법 제22조 제2항
상호저축은행	자산 3천억 원 이상인 상호저축은행의 경우 이사 총수의 1/2 이상	상호저축은행법 제10조의3, 동법 시행령 제7조의 제1항
여신전문회사	자산 2조 원 이상의 신용카드업자의 경우 이사 총수의 1/2 이상(3인 이상)	여신전문금융업법 제50조의4, 동법 시행령 제19조의8 제1항
금융투자업자	자산 2조 원 이상인 금융투자업자의 경우 이사 총수의 1/2 이상(3인 이상)	자본시장법 제25조, 동법 시행령 제25조 제1항

출처: 기업지배구조원(2014).

그 이후 사외이사제도는 여러 차례 개선을 통해 현재에 이르게 되었다. 즉 1999년 9월에는 '기업지배구조개선위원회'에서 「기업지배구조모범규준」을 제정하여 금융기관과 자산 1조 원 이상의 대규모 공개기업은 이사 전체의 1/2 이상(최소 3인 이상)을 사외이사로 두도록 하였다. 그리고 2001년 3월에는 「증권거래법」에 자산 1천억 미만의 벤처기업을 제외한 코스닥 상장기업에 대하여도 사외이사의 선임을 의무화하였으며 자산 2조 원 이상의 대기업과 금융기관은 이사 전체의 1/2 이상을 사외이사로 두도록 하였다. 2003년에는 「기업지배구조모범규준」을 개정하여 상장기업으로 하여금 최소 2인 이상의 사회이사를 두도록 하고 자산 1조 원 이상의 대규모 공개기업은 이사 전체의 1/2 이상(최소 3인 이상)을 사외이사로 두도록 한 규정을 유지하였다. 같은 해에 증권거래법 개정을 통해 유사한 의무를 주권상장법인과 코스닥 상장법인에 부과하였으며 2009년에는 상법 개정을 통해 유사한 의무를 부과하고 '사외이사후보추천위원회'를 도입하였다.

앞에서 언급한 바와 같이 사외이사의 역할은 경영자의 지나친 자의적 결정을 견제하는 것이다. 그런 의미에서 그 역할은 경영자의 의사결정이 다양한 이해당사자에 영향을 미칠 뿐만 아니라 국가경제에 큰 효과를 미치는 금융회사의 경우에 더욱 중요하다고 할 수 있다. 은행은 고객의 예금을 관리할 뿐만 아니라 신용을 창출하는 매우 중요한 역할을 하기 때문에 경영자의 잘못된 판단은 많은 이해당사자와 국가경제에 심대한 악영향을 미치게 된다. 그리고 보험회사 또한 많은 가입자의 수익을 담보하여야 하기 때문에, 그리고 증권회사와 투자회사는 투자자의 원금을 보호하고 이익을 창출하여야 하기 때문에 경영자의 감시와 견제는 필수적이다. 따라서 금융회사에 대하여는 상장 여부에 관계없이 일정 규모 이상이면 사외이사를 선임하도록 법률로 의무화하고 있다.

〈표 3-2〉에서 볼 수 있는 바와 같이 상장회사의 경우 상법에 이사 전체의 1/4 이상의 사외이사를 두도록 하였으며 자산 2조원 이상인 경우에는 이사 전체의 과반수(및 3인 이상)를 사외이사로 두도록 하였다. 그러나 금융회사의 경우 다른 상장회사보다 엄격하고 상향된 규정을 적용하고 있다. 금융지주회사의 경우에는 일반 상장회사의 2조원보다 훨씬 낮은 자산 1천억 원 이상의 경우 이사 전체의 1/2 및 3인 이상의 사회이사를 임명하도록 하고 있다. 그리고 부실경영의 경제적 파급효과가 큰 은행의 경우에는 자산규모에 관계없이 이사 전체의 1/2 및 3인 이상의 사회이사를 임명하도록 하고 있다.

우리나라 금융회사 사외이사제도의 결정판은 2014년 12월 금융위원회가 발표한 「금융회사지배구조모범규준」이라 할 수 있다. 이에 따르면 금융회사 이사회에서 차지하는 사외이사의 비율에 관하여 규정하고 있을 뿐만 아니라 이사회 내 위원회로 사외이사후보추천위원회, 감사위원회, 보상위원회, 위험관리위원회를 설치하도록 하고 위원회의 구성은 사외이사가 과반수를 차지할 것을 의무화하고 있다. 그리고 감사위원회의 경우에는 사외이사가 2/3 이상이어야 한다고 규정하고 있다. 나아가 은행지주회사와 은행에는 임원후보추천위원회 설치하도록 하고 있다.

사외이사의 자격에 관하여는 먼저 보상·위험관리위원회에 금융, 회계, 재무 분야 전문가 1인을 포함하도록 하여 전문성을 제고하도록 하고 있다. 사외이사 최초 선임 시 임기는 은행지주회사·은행은 2년, 그 밖의 금융회사의 경우 3년(총 5년)으로 제한하고 있다. 그리고 사외이사의 활동내역에 대해 매년 자체평가를 실시하고, 2년마다 외부 평가를 시행하도록 권고하고 있으며, 외부 평가결과는 공시하고 재선임 등에 활용하도록 하고 있다. 사외이사후보 추천 시 사외이사 경력 등 주요 정보를 공시하고, 연차보고서에 사외이사 개인별 활동내역과 보수를 공시하도록 하고 있다.

3. 국내금융회사 사외이사의 구성과 행태 분석결과

3.1 분석대상 자료

우리나라의 금융회사 가운데 본 장에서 분석대상으로 삼은 금융회사는 〈표 3-3〉에서 볼 수 있는 바와 같이 은행(14개 회사), 은행지주(11개 회사), 저축은행(14개 회사), 보험(16개 회사), 증권(34개 회사)이다. 이 금융회사들은 금융감독원 전자공시시스템(DAR ; Data Analysis, Retrieval and Transfer System)에 재무제표와 이사회의 내용을 공시하고 있다. 이 자료

표 3-3 우리나라의 금융회사

업종(총수: 89)	회 사 (분석기간: 2010~2014년, 5년)
은 행(14)	경남은행, 광주은행, 국민은행, 기업은행, 대구은행, 부산은행, 신한은행, 우리은행, 전북은행, 제주은행, 하나은행, 한국스탠다드차타드은행, 한국씨티은행, 한국외환은행
은행지주(11)	BNK금융지주, DGB금융지주, JB금융지주, KB금융지주, 네오홀딩스, 농협금융지주, 메리츠금융지주, 신한지주, 우리금융지주, 하나금융지주, 한국스탠다드차타드금융지주, 한국씨티금융지주, 한국투자금융지주, 한마음금융
저축은행(14)	공평저축은행, 골든브릿지저축은행, 대백저축은행, 동부저축은행, 스마트저축은행, 에스비아이2저축은행, 에스비아이저축은행, 에이치케이저축은행, 조은저축은행, 푸른저축은행, 현대저축은행
보 험(16)	흥국생명보험, 한화생명, 메리츠화재, 동부화재해상보험, 동양생명, 롯데손해보험, 흥국화재, 미래에셋생명, KB손해보험, 현대해상, DGB생명보험, 삼성생명, 삼성화재해상보험, 한화손해보험, 케이디비생명보험, 동부생명보험
증 권(34)	HMC투자증권, KTB투자증권, NH농협증권, NH투자증권, SK증권, 골드브릿지증권, 교보증권, 대신증권, 대우증권, 동부증권, 리딩투자증권, 맥쿼리증권, 메리츠종금증권, 미래에셋증권, 부국증권, 비엔피파리바증권, 삼성증권, 신영증권, 신한금융투자, 아이비케이투자증권, 아이엠투자증권, 유안타증권, 유진증권, 유화증권, 이베스트투자증권, 케이비투자증권, 케이알선물

들을 이용하여 이사회의 구성과 사외이사의 활동, 특히 안건 찬반에 대해 분석하였다.

분석기간은 2010년 1월 1일부터 2014년 12월 31일까지이다. 이 기간에 공시된 자료에는 상기한 89개 금융회사의 사외이사의 성명과 생년은 모두 공시되어 있으나 이사회의 상세내역 특히 사외이사의 출석 여부, 안건 찬반이 공시되어 있지 않은 업체가 다수(51개 회사)로 이들 업체는 분석에서 제외하였다. 이사회 상세자료를 공시한 금융회사가 〈표 3-4〉에 나타나 있다. 특히 저축은행은 모두 이사회 상세자료를 공시하고 있지 않으며 상세자료를 공시한 금융회사는 은행 9개(64.3%), 금융지주 3개(27.2%), 보험 10개(62.5%), 증권 16개(47.1%)로 보험회사와 은행의 상세정보 공개비율이 가장 높고 금융지주회사가 가장 낮다.

표 3-4 이사회 상세자료 공시회사

업 종	회사(총수: 38, 기간: 2010~2014)
은 행(9)	국민은행, 기업은행, 대구은행, 부산은행, 전북은행, 제주은행, SC은행, 한국씨티은행, 한국외환은행
금융지주(3)	KB금융지주, 하나금융지주, SC금융지주
보 험(10)	메리츠화재, 동부화재해상보험, 동양생명, 롯데손해보험, KB손해보험, 삼성생명, 삼성화재해상보험, 한화손해보험, 케이디비생명보험, 동부생명보험
증 권(16)	HMC투자증권, KTB투자증권, NH투자증권, SK증권, 대신증권, 동부증권, 미래에셋증권, 삼성증권, 아이엠투자증권, 유안타증권, 유진증권. 이베스트투자증권, 키움증권, 한국투자증권, 한양증권, 현대증권

이사회 상세내용을 공개하지 않는 금융회사가 전체의 57.3%라는 것은 충격적이라고 할 수 있다. 전자공시가 경영과 감독의 투명성을 제고하기 위하여 도입된 제도임에도 불구하고 어렵지 않은 정보공개마저 이처럼 꺼린다는 것은 경영 및 감독에 문제가 적지 않음을 보여주는 현상이라고 할 수 있다. 특히 저축은행의 경우 이사회 상세정보를 공개하는 회사가 전무하다는 것은 저축은행이라는 산업 전체적으로 문제가 적지 않음을 암시한다고 할 수 있다.

이사회 상세내용의 공개·비공개가 가지고 있는 의미에 관하여는 김재훈, 이화령(2014)의 연구가 있다. 이들은 이사회 상세내역을 공개하는 100대 비금융회사의 전자공시 등의 자료를 수집하여 분석하였는데 이사회 상세정보를 공개할 가능성에 대하여 다음과 같은 결론을 얻었다. 자산규모가 클수록, 외국인 지분율이 클수록, 부채비율이 낮을수록 투명성에 대한 요구 증가로 이사회정보 공개 가능성이 큰 것으로 나타났다. 이때 외국인 지분율의 경우에는 내생성에 주의하여야 한다. 외국인 지분율이 높은 경우 외국인의 투명성 요구가 이사회 상세정보를 공개하도록 하기도 하지만 반대로 투명성이 높기 때문에 외국인의 지분율이 높은 역인과관계(reverse causality)의 가능성도 배제할 수가 없다.

표 3-5 89개 금융회사의 연도별 사외이사 수

연 도	2010	2011	2012	2013	2014	합 계
사외이사	311	324	363	370	346	1,714

표 3-6 이사회 상세정보 공개회사(38개) 사외이사 수

연 도	2010	2011	2012	2013	2014
사외이사 수	182	207	216	203	208

〈표 3-3〉에 나타나 있는 89개 회사의 연도별 사외이사 수가 〈표 3-5〉에 나타나 있다. 이에 따르면금융회사 사외이사의 수는 300명 이상으로 유지되고 있다. 회사마다 규모에 따라 업종에 따라 사외이사의 비율이 다르게 나타나지만 회사당 연평균 3.5명 이상임을 의미한다. 그리고 금융회사의 사외이사는 2013년까지 증가하다가 2014년에는 감소하였다.

〈표 3-6〉에 나타나 있는, 이사회 상세정보를 공개하는 38개 업체의 사외이사의 연도별 추이를 보면 대략 200명 전후로 나타난다. 그리고 2013년까지 전체 사외이사의 수가 증가하다가 그 이후 감소하였다. 5년간 사외이사의 수를 금융회사의 수로 나누어 보면 이사회 상세내역을 공개한 금융회사(38개)의 평균은 5.3명으로 공개하지 않는 금융회사의 평균 2.7명보다 월등히 높다. 앞에서 언급한 김재훈, 이화령(2014)의 연구에 따르면 비금융회사의 경우 사회이사가 많을수록 이사회가 감독중심이 되는 경향이 있다. 물론 금융회사와 비금융회사의 차이를 무시할 수는 없으나 이와 같은 경향은 금융

회사의 경우에도 무시할 수 없을 것으로 생각된다.

표 3-7 사외이사의 연도별·업종별 분포

구 분	년 도	은행	금융지주	보험업	증권사	합계
50세 미만	2010	3	0	0	8	11
	2011	4	0	0	3	7
	2012	3	0	0	4	7
	2013	2	0	0	1	3
	2014	1	0	0	4	5
50~54	2010	8	3	1	10	22
	2011	10	2	3	10	25
	2012	9	3	6	10	28
	2013	9	3	2	15	29
	2014	7	3	2	14	26
55~59	2010	12	5	10	21	48
	2011	15	6	10	25	56
	2012	9	4	14	16	43
	2013	9	4	13	16	42
	2014	10	3	11	13	37
60~64	2010	9	8	20	22	59
	2011	14	7	19	23	63
	2012	17	9	18	26	70
	2013	17	9	14	21	61
	2014	16	11	16	25	68
65세 이상	2010	10	7	14	11	42
	2011	12	11	16	17	56
	2012	15	11	21	21	68
	2013	17	11	19	18	65
	2014	18	9	23	22	72
합계		256	129	252	376	1,013

3.2 사외이사의 특성분석: 연령과 배경

사외이사의 특성을 연령별, 배경별로 살펴보면 다음과 같다. 먼저 사회이사의 여령별 부포를 살펴보면 〈표 3－7〉과 같다. 이에 따르면 5년간 총 사외이사 1,013명의 업종별 분포는 은행(9개 회사, 256명), 금융지주(3개 회사, 129명), 보험업(10개 회사, 252명), 증권업(16개 회사, 376명)이었다. 물론 이 가운데에는 중복되는 사외이사와 임기의 장·단이 있음에 유의하여야만 한다.

사외이사의 연령별 분포를 보다 쉽게 이해하기 위하여 〈표 3－7〉를 그림으로 나타내어 보면 〈그림 3－1〉과 같다. 먼저 60세 미만의 사회이사를 살펴보면 다음과 같은 특성을 찾아볼 수 있다. 50세 미만의 사외이사는 금융지주회사와 보험회사에는 존재하지 않으며 나아가 이 연령대의 사회이사는 감소하는 추세를 보인다. 그리고 50~59세의 연령대에서는 보험회사의 경우에만 2012년을 기준으로 큰 변동을 보일 뿐 다른 업종에서는 분포에 있어 큰 변동은 없다.

사회이사가 밀집되어 있는 연령집단은 60세 이상이다. 특히 65세 이상의 시회이사 비중은 금융지주회사를 제외하면 모두 증가하는 추세이다. 60~64세의 경우에는 모든 업종에서 안정적인 비율을 유지한다고 볼 수 있으나 보험업의 경우에는 감소하는 경향이, 은행과 은행지주의 경우에는 증가하는 추세가 있다.

5년 동안 전체의 연령별 분포가 〈그림 3－1〉의 우·하단에 나타나 있다. 이에 따르면 60세 이상 사외이사의 비중이 압도적임을 다시 한 번 확인할 수 있다. 특히 금융지주회사의 사외이사는 60세 이상에 지나치게 집중되어 있다. 이와 같이 고령자 비중이 높다는 것은 한편으로는 사외이사들이 풍부한 경험을 가지고 있기 때문에 의사결정과 경영진에 대한 조언에 있어 긍정적인 면이 있다고 할 수 있다. 그러나 다른 한편으로 그 동안의 생애에서 쌓은 인간관계 때문에 경영자에 대한 감독과 견제가 약한 내부자일 가능성이 많다는 약점이 있다. 그리고 지나치게 높은 연령은 금융회사 사회이사들이 지나치게 보수적이고 안정적인 성향을 보일 가능성이 존재함을 의미한다.

그림 3-1 사외이사의 연도별·연령별·업종별 추세

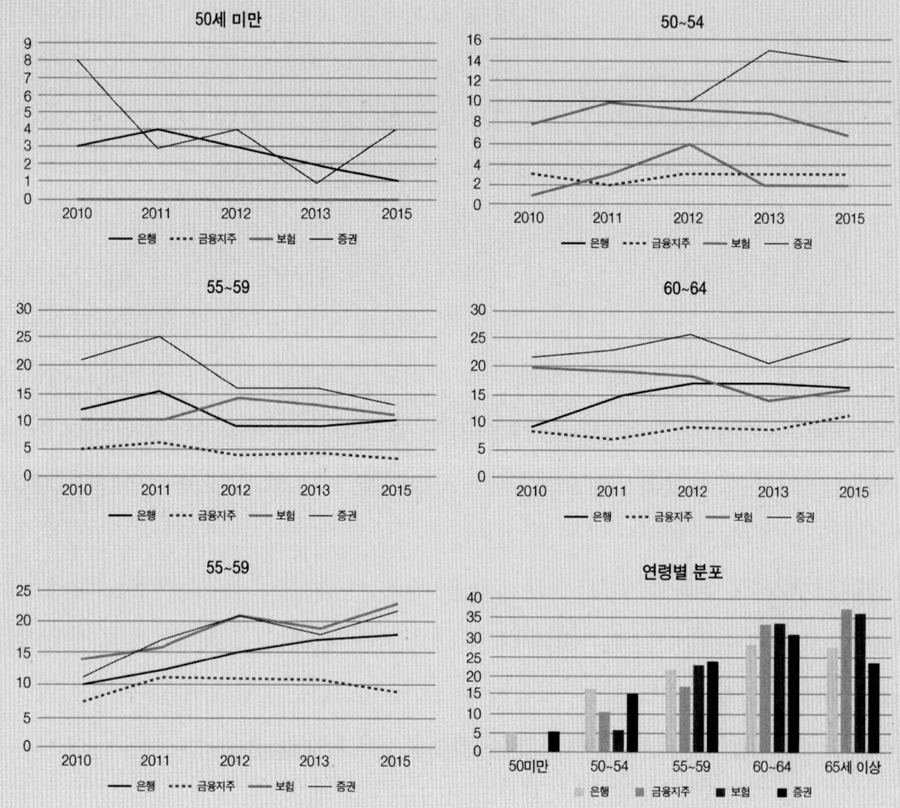

표 3-8 금융회사 사외이사의 배경

구 분	년 도	은 행	금융지주	보 험	증 권	합 계
기업가	2010	12	4	5	8	29
	2011	13	5	7	9	34
	2012	8	5	10	9	32
	2013	6	5	8	10	29
	2014	5	2	6	12	25

관료·국회의원	2010	0	4	10	7	21
	2011	1	4	10	10	25
	2012	3	4	13	10	30
	2013	3	3	14	10	30
	2014	3	2	15	8	28
학계	2010	8	11	13	30	62
	2011	13	11	16	33	73
	2012	15	9	18	31	73
	2013	19	9	17	29	74
	2014	16	10	18	32	76
전문직	2010	3	0	7	14	24
	2011	3	0	6	12	21
	2012	3	1	5	14	23
	2013	2	1	2	10	15
	2014	2	2	3	10	17
은행가	2010	8	2	7	10	27
	2011	7	3	6	11	27
	2012	4	3	7	10	24
	2013	3	4	4	10	21
	2014	4	4	4	11	23
겸직	2010	11	2	3	3	19
	2011	18	3	3	3	27
	2012	20	5	6	3	34
	2013	21	5	4	4	34
	2014	22	6	6	5	39
합계		256	129	253	378	1,016

그림 3-2 사외이사의 배경별 분포

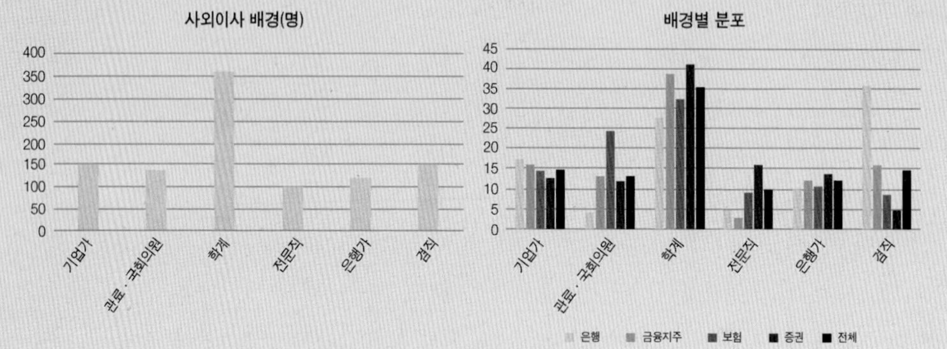

금융회사 사외이사의 배경별 분포와 추세가 〈표 3-8〉과 〈그림 3-2〉~〈그림 3-3〉에 나타나 있다. 먼저 〈표 3-8〉과 〈그림 3-2〉에서 볼 수 있는 바와 같이 전체적으로 사회이사의 배경별 분포는 기업가(149명, 14.7%), 관료·국회의원(134명, 13.2%), 학계(358명, 35.2%), 은행가(100명, 9.8%), 겸직(122명, 12.0%)의 분포를 보이고 있다. 이를 업종별로 보아도 〈그림 3-2〉의 오른쪽 그림에서 보는 바와 같이 대체로 학계가 가장 높은 비중을 차지하고 전문직이 가장 낮은 비중을 차지하고 있다. 그리고 관료·국회의원 배경의 사회이사는 보험업에, 겸직 배경의 사외이사는 은행업에 상대적으로 많이 분포하고 있음을 알 수 있다.

다음으로 배경별 추세를 보면 아래와 같다. 기업가의 비중은 증권 이외 산업에서, 전문가의 비중은 금융지주 이외 업종에서 감소하는 추세를 보이고 있다. 관료·국회의원 배경 사외이사의 경우 보험업에서 위험할 정도로 빠르게 증가하는 추세를 나타내고 있다. 학계 배경의 사외이사의 비중은 5년 동안 35.2%로 다른 배경에 비하여 압도적이라 할 수 있으며 그 비중에 있어 변동 또한 별로 없다. 다시 말해 금융산업이 정체하는 책임의 적지 않은 부분이 학계에 있음을 보여주는 수치라고 할 수 있다. 둘 이상의 배경을 가진 사외이사의 수(35.9%)가 특히 은행에서 학계(27.7%)보다 많고 증가하는 추세이다. 은행산업의 경쟁력에는 학계와 이들 복수배경의 사외이사의 역할이 결정적

그림 3-3 사외이사의 연도별·배경별·업종별 추세

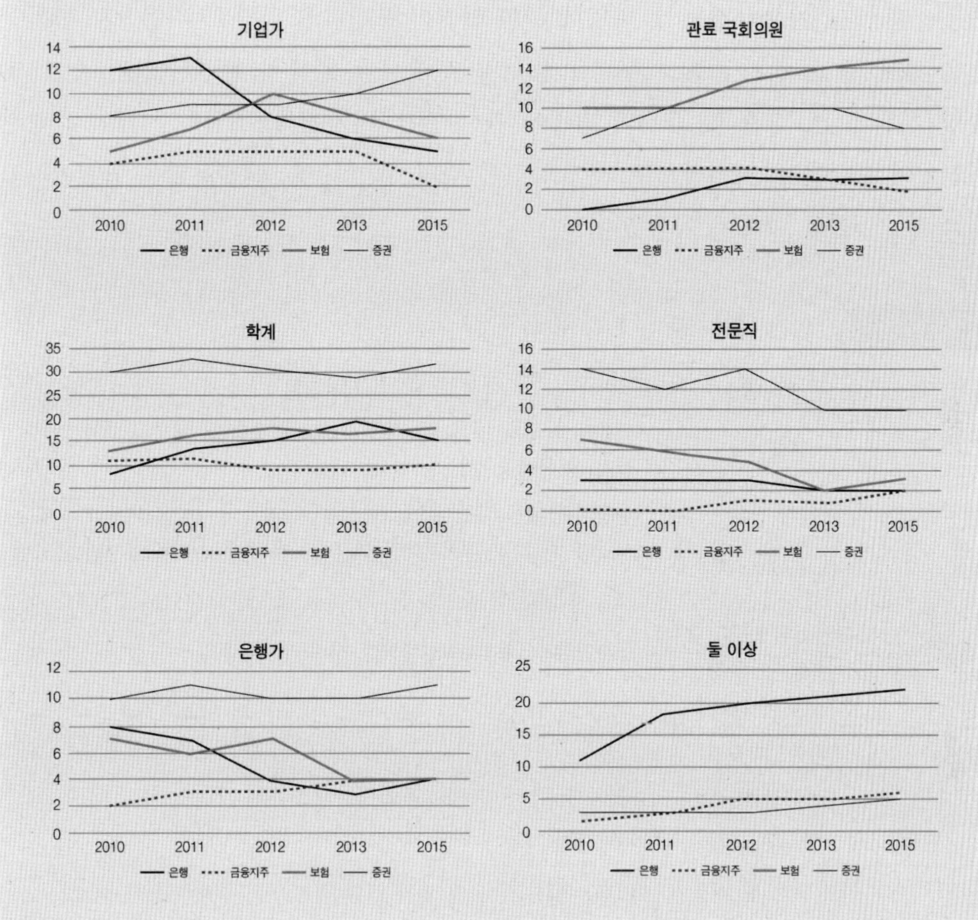

이라는 사실을 알 수 있다. 특히 분석대상인 전 산업에서 복수배경의 사회이사가 약하기는 하지만 증가 추세임은 유의할 만하다.

3.3 이사회의 안건 분류 및 분포

김재훈·이화령(2014)의 연구에서와 같이 본 연구에서도 이사회의 안건을 운영안건, 감독안건 및 기타 안건으로 분류하였다.[9] 〈표 3-9〉에서 볼 수 있는 바와 같이 운영안건은 주로 회사의 경영과 관련된 안건이다. 이는 금융거래안건, 경영, 사업, 계약과 관련된 안건, 주요 자산의 매입, 매각, 투자 및 출자에 관한 안건, 자기주식 및 지분변동관련 안건, 자본금변동 및 배당에 관한 안건이 포함하고 있다.[10] 다음으로 감독안건은 인사, 감사, 출자구조, 재무제표 등의 IR 관련사항, 주주와 관련된 안건, 인수 및 합병·분할 안건, 정관 및 규정의 변경에 관한 안건, 자기거래, 계열사 거래와 관련된 안건들이 포함된다. 마지막으로 기타 안건은 위의 두 범주에 속하지 않은 안건이라고 생각되는 것들을 따로 분류하였다.

표 3-9 안건 분류기준

안 건	분 류	주요사항
운영	금융거래	금융자산 투자 및 출자, 융자, 보증, 금융약정, 어음관련(여신한도 설정, 기한연장 등)
	경영, 사업, 계약, Operating 관련	경영계획(예산계획) 승인, (비금융)거래 승인, (비금융)계약 승인, 사업장 증설 및 폐지, 사업 확장 및 폐지(해외지사, 합자법인 설립 등), 경영위원회 및 TF 등
	주요자산의 매입, 매각, 투자 및 출자	유형자산, 무형자산, 실물자산 투자 및 출자 등
	자기주식 및 지분변동관련	자기주식의 취득 및 처분, 주식매수선택권에 의한 주식사항 변동 등
	자본금 변동	증자, 감사, 신주모집, 공모 등
	배당	배당관련 사항
감독	인사(등기 및 미등기 임원, 임직원의 보수)	CEO, 이사, 감사 및 임원 선임 관련, 이사후보추천위원회, 보수, Stock Option 등
	감사	감사위원회 설치 및 운영, 상근감사제도, 내부회계관리제도 설치 및 운영, 내부회계관리제도 관리자 선임 및 교체, 공정거래자율준수관리자, 감사제도관련, 이사회활동평가, 준법지원인 임명, 윤리위원회 등
	출자구조	계열사 주식 매입 및 처분, 출자승인, 타사 및 계열사 지분 매입 및 매각, 타사 및 계열사 유상증자 등

9) 물론 안건에 따라서는 경계가 모호한 경우도 있기 때문에 안건을 이 세 항목 가운데 하나로 분류하는 것은 자의적인 측면이 있다.

10) 각 항목별로 구체적인 사안들은 〈표 3-7〉을 참조하면 되겠다.

	재무제표 등의 IR 관련사항	재무제표 보고 및 승인, IFRS로 인한 재무제표 작성변경, 사업보고서 보고 및 승인 등
	주주와 관련된 사항	주주총회 개최 및 주주와 관련된 사항, 주주계약서 변경, 주주총회 의장 선임 등
	인수 및 합병, 분할	인수 및 합병 승인 등, 주식매매계약체결, 자산양수도, 영업양수도, 주식양수도, 분할
	정관 및 규정	정관개정, 분류되지 않은 사항에 대한 규정 변경 등
	자기거래	이사(최대주주) 등과 회사 간의 거래승인 등
	계열사 거래	계열사와의 또는 계열사 간의 거래, 내부거래
기타	감독관련	CEO 경영계약서 수정, 경업승인, 임원배상책임보험가입, 이사겸임승인, 겸직승인
	운영관련	사내근로복지기금, 구조조정, 이익소각 승인, 타 법인 대여의 건, 연금·골프 및 기타 회원권 관련, 주주제안 심사의 건, 상호협력방안 실행을 위한 협약서 개정안 승인의 건, 우리사주조합관련, 자산재평가, 상장관련
	기타	긴급소집 이사회/상정안건 없음, 기부금, 장학재단, 사회환원 관련
	보고사항	내부관리제도 운영실태 보고, 외부감사인 선임 보고

(연도별 안건분포)

〈표 3-10〉과 〈그림 3-4〉에서 볼 수 있는 바와 같이 2010년부터 2014년까지 5년간 전체 안건 수는 총 6,351개로 운영안건 1,494개(23.5%), 감독안건 4,758개(74.9%), 기타 안건 99개(1.6%)의 분포를 보였다. 즉 안건 가운데 감독안건이 전체 안건의 4분의 3 정도를 차지하고 있고 기타 안건의 비중은 매우 미미하였다. 전체 안건 가운데 감독안건이 다수를 차지한다는 것은 금융회사이사회의 감독기능이 활발하게 작동하고 있는 증거 가운데 하나라고 할 수 있다. 그러나 뒤에서 분석하게 될 사외이사의 투표행위는 반드시 그런 것만도 아님을 보여준다.

표 3-10 연도별 안건 수와 비중

연 도	운 영	감 독	기 타	계
2010	264(22.1)	920(77.1)	10(0.8)	1194
2011	295(24.8)	880(73.9)	15(1.3)	1190
2012	277(20.8)	1,029(77.4)	24(1.8)	1330
2013	328(24.7)	970(73.2)	28(2.1)	1326
2014	330(25.2)	959(73.2)	22(1.7)	1311
계	1,494(23.5)	4,758(74.9)	99(1.6)	6351

그림 3-4 연도별 안건 수와 비중

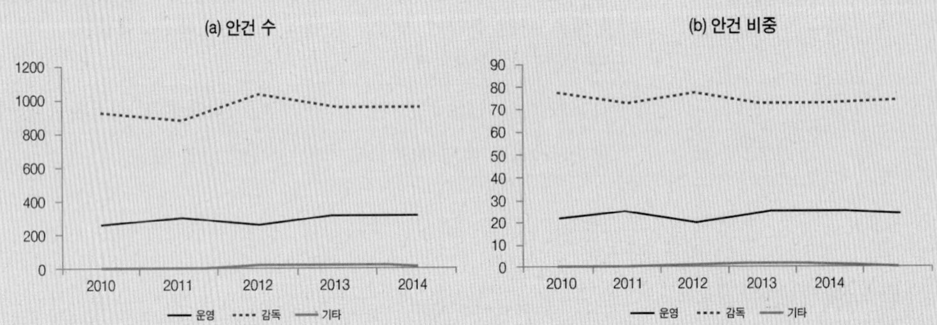

표 3-11 연도별 안건증가율

연 도	운 영	감 독	기 타	계
2011	11.7	−4.3	50.0	−0.3
2012	−6.1	16.9	60.0	11.8
2013	18.4	−5.7	16.7	−0.3
2014	0.6	−1.1	−21.4	−1.1

안건 수는 2013년을 기준으로 감소하는 경향이 있으며 운영안건이 가장 많았던 해는 2014년(330개)이고 감독안건이 가장 많았던 해는 2012년(1,029개)이다. 안건별 전체

에서 차지하는 비중(각각 25.2%, 77.4%)으로 보아도 운영안건은 2014년에, 감사안건은 2012년에 가장 높았다. 전체 안건수가 2010년부터 2013년까지 증가하다가 2014년에는 2.5% 감소하는데 이는 주로 안건 가운데 다수를 차지하는 감독안건의 증감 때문에 나타나는 현상이다(〈표 3-11〉참조).

이와 같은 금융회사의 안건분포는 비금융회사의 안건분포와 매우 다른 양태를 보이고 있다. 김재훈, 이화령(2014)의 연구대상인 이사회 상세내용을 공개하는 100대 비금융회사의 경우, 지배구조의 규제를 받지 않는 자산 2조원 미만 기업의 경우 감독안건의 비율이 운영안건의 50% 정도이다. 그리고 지배구조의 규제를 받는 자산 2조원 이상 기업의 경우 감독안건과 운영안건이 대략 1:1 정도이다.

이와 같이 비금융회사의 경우 지배구조의 규제가 존재하는 기업표본과 그렇지 않은 기업표본은 매우 다른 안건분포를 보이는데 규제가 존재하면 감독안건이 두 배로 증가하고 있다. 이와 같은 결과는 금융회사의 경우에도 다음과 같은 시사점이 있다고 생각된다. 먼저 금융회사의 감독안건 비율이 운영안건의 3배라는 사실을 비금융회사와 비교하여 보면 금융회사의 대리인 문제 때문에 나타나는 도덕적 해이(moral hazard)가 그만큼 더 중요한 문제임을 보여준다고 볼 수 있다. 다음으로 1997~1998년의 금융위기 이전과 그 이후의 금융회사 이사회 안건분포가 크게 다르리라고 추측된다는 점이다. 즉 1997~1998년 금융위기 이후에 사외이사제도가 도입되고 금융회사의 지배구조에 대한 규제가 강화되었다. 따라서 금융위기 이전과 이후의 이사회 안건분포가 크게 다를 것이라고 추론하여 볼 수 있다.

(업종별 안건분포)

업종별 안건분포가 〈표 3-12〉과 〈표 3-13〉에 나타나 있다. 〈표 3-12〉에 따르면 표본에 포함된 회사의 수가 가장 많은 증권의 경우 안건의 수가 가장 많고 포함된 회사수가 가장 적은 은행지주의 경우 가장 적다. 표본의 수를 통제하기 위하여 업종별 평균 안건 수를 구하여 분포를 구하여 보면 〈표 3-13〉과 같다.

이에 따르면 2010년부터 2014년까지 안건의 수는 은행(211개), 은행지주(174개), 증권(160개), 보험(136개)의 순으로 은행의 경우 이사회 안건이 가장 많았고 보험의 경우 가장 적었다. 그리고 업종별 운영안건과 감독안건의 평균도 위의 순서와 같다. 한편,

안건 가운데 운영, 감독, 기타 안건의 비중을 보면 운영안건의 경우에는 위의 순서가 유지되나 감독안건의 경우에는 보험(80.9%), 증권(75.0%), 은행지주(74.7%), 은행(71.1%)로 오히려 위의 순서와 거꾸로 나타난다. 즉 절대적인 안건의 수와 상대적인 안건의 비중은 반드시 일치하지 않고 있다.

표 3-12 업종별 안건분포

	운 영	감 독	기 타	계
은행	482	1349	66	1897
은행지주	131	389	1	521
보험	252	1100	13	1365
증권	629	1920	19	2568
계	1494	4758	99	6351

표 3-13 업종별 회사별 평균안건의 분포

	운 영	감 독	기 타	계
은행	54(25.6)	150(71.1)	7(3.3)	211(100)
금융지주	44(25.3)	130(74.7)	0(0.0)	174(100)
보험	25(18.4)	110(80.9)	1(0.3)	136(100)
증권	39(24.4)	120(75.0)	1(0.3)	160(100)

(월별 안건분포)

안건의 구성뿐만 아니라 안건의 월별 분포도 지배구조에 대한 중요한 의미를 가지고 있다. 안건의 월별 분포가 〈표 3－14〉와 〈그림 3－5〉에 나타나 있다. 먼저 〈표 3－14〉(a)과 〈그림 3－5〉(a)에 나타나 있는 월별 안건분포를 보면 전체 안건이 가장 많이 분포되어 있는 달은 3월(910건, 14.3%)이고 그 다음이 5월(860건, 13.5%), 12월(856건, 13.5%)이다.

그러나 운영, 감독, 기타 안건의 월별 분포는 이와 일치하지 않는다. 먼저 운영안건은 12월을 제외하면 처리건수에 있어 큰 변화를 보이지 않는다. 그럼에도 운영안건은 12월(317건, 21.1%)과 3월(155건, 10.4%)에 가당 많이 처리되었다(〈그림 3-5〉(b), (c) 참조). 그에 비하여 감독안건의 처리건수와 처리비중은 큰 변동을 보인다(〈그림 3-5〉(b), (c) 참조). 감독안건은 5월(757건, 15.9%)과 3월(742건, 15.6%)의 순으로 처리되는 건수의 비중이 높았다. 특히 감독안건은 2~6월(5개월 동안)에 2,851건 곧 60%가 처리되었다. 다시 말해 운영안건은 밀린 안건이 12월에 집중적으로 처리되는 성향을 보이는 반면, 감독안건은 주주총회가 집중적으로 개최되는 전반기에 다수가 처리되는 경향이 있다.

표 3-14 월별 안건수와 분포

월	(a) 월별 안건분포(월별 비중, %)				(b) 각월 안건분포(%)		
	운영	감독	기타	계	운영	감독	기타
1	85(5.7)	270(5.7)	4(4.0)	359(5.7)	23.7	75.2	1.1
2	110(7.4)	498(10.5)	5(5.1)	613(9.7)	17.9	81.2	0.8
3	155(10.4)	742(15.6)	13(13.1)	910(14.3)	17.0	81.5	1.4
4	106(7.1)	428(9.0)	6(6.1)	540(8.5)	19.6	79.3	1.1
5	97(6.5)	757(15.9)	6(6.1)	860(13.5)	11.3	88.0	0.7
6	73(4.9)	426(9.0)	3(3.0)	502(7.9)	14.5	84.9	0.6
7	122(8.2)	264(5.5)	5(5.1)	391(6.2)	31.2	67.5	1.3
8	102(6.8)	184(3.9)	10(10.1)	296(4.7)	34.5	62.2	3.4
9	119(8.0)	202(4.2)	9(9.1)	330(5.2)	36.1	61.2	2.7
10	85(5.7)	230(4.8)	4(4.0)	319(5.0)	26.6	72.1	1.3
11	123(8.2)	240(5.0)	12(12.1)	375(5.9)	32.8	64.0	3.2
12	317(21.2)	517(10.9)	22(22.2)	856(13.5)	37.0	60.4	2.6
계	1,494(100)	4758(100)	99(100)	6351(100)	23.5	74.9	1.6

그림 3-5 월별 안건분포(표본전체)

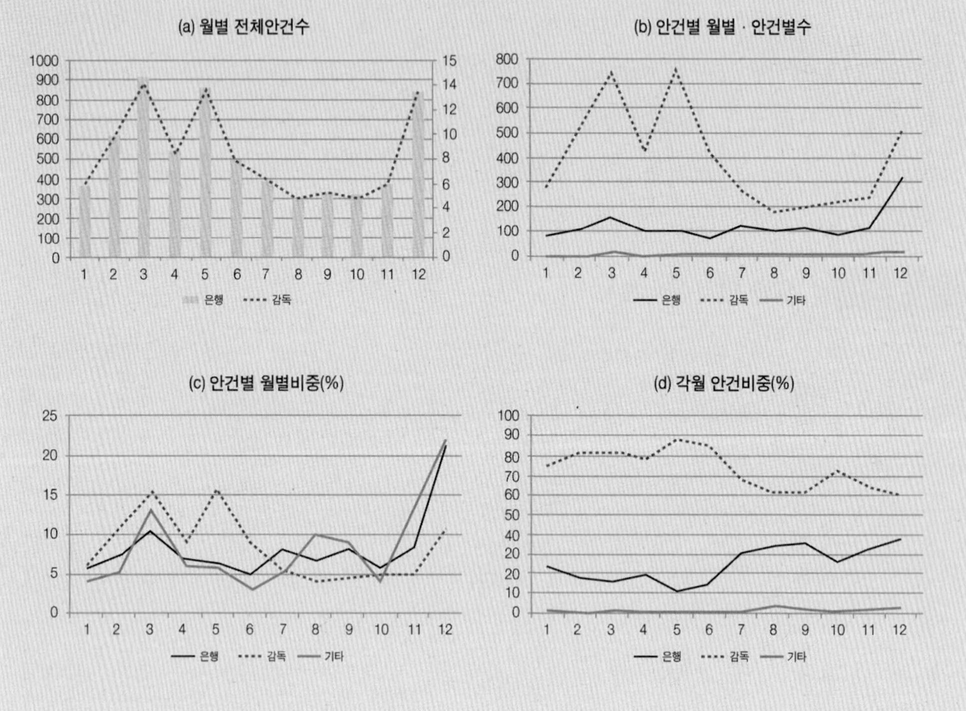

마지막으로 기타 안건이 집중적으로 처리되는 달은 12월(22건, 22.2%), 3월(13건, 13.1%), 11월(12건, 12.1%), 8월(10건, 10.1%)로 위의 운영 및 감독 안건과 정확하게 일치하지는 않는다.

한편, 각월에 처리되는 운영, 감독 및 기타 안건의 처리비중을 그려보면 〈그림 3-5〉(d)와 같다. 흥미로운 것은 각각의 달에 처리되는 안건 가운데 6월 이전, 곧 전반기에는 감독안건의 처리비중이 높고 7월 이후, 곧 후반기에는 운영안건의 처리비중이 높다. 지금까지 살펴본 바와 같이 전반기에 감독안건의 처리비중이 높은 이유에 대하여는 김재훈·이화령(2014)의 흥미로운 연구결과가 있다.

이사회 상세내용을 공개하는 100대 비금융회사의 이사회 안건을 분석한 김재훈·이화령(2014, <그림 1-1>)의 연구에 따르면 비금융회사의 경우에도 정도의 차이는 있으나 금융회사와 유사한 패턴이 나타난다. 즉 운영안건은 연중 후반기에, 그리고 감독안건은 연중 전반기에 처리되는 경향이 존재한다. 그럼에도 불구하고 운영안건은 감독안건에 비하여 연중 고르게 처리되는 성향을 보인다. 그러나 감독안건의 경우에는 2월과 3월에 집중적으로 처리되는 패턴을 보인다.

즉 주주총회가 집중되는 2월과 3월에 감독안건이 집중적으로 처리되는 것이다. 그런데 2월과 3월에 처리되는 감독안건의 집중도가 자산규모 2조 원 이상으로 지배구조의 규제를 받는 회사의 경우에 훨씬 크게 나타난다(김재훈·이화령(2014)의 〈그림1－1〉 참조). 즉 지배구조의 규제를 받지 않는 자산규모 2조원 미만인 회사의 경우에도 감독안건을 2~3월에 보다 많이 처리하는 경향이 존재하지만 그 정도는 지배구조의 규제를 받는 자산규모 2조 원 이상의 회사의 경우보다 훨씬 낮다.

이와 같은 현상을 김재훈·이화령은 다음과 같이 해석하고 있다. 먼저 주주총회가 이 시기에 집중적으로 개최되며 주주총회에서는 인사와 주주관련 사항이 많이 논의된다.[11] 그런데 연중 2월과 3월의 이사회 시즌을 전후로 비교적 독립적이라고 볼 수 있는 사외이사의 수가 감소하는 경향이 존재한다.[12] 즉 (독립적인) 사회이사가 가장 적은 시기인 2~3월경에 감독안건을 집중적으로 처리하는 경향이 있다는 것이다. 이와 같이 안건, 특히 감독안건의 처리에 있어서는 CEO 등 경영을 지배하고 있는 집단이 독립적인 사외이사의 견제를 피하기 위해 안건의 처리시기를 조정하는 경향이 존재한다. 그리고 금융회사의 경우 사외이사의 비중이 비금융회사보다 높기 때문에 그와 같은 경향이 더욱 두드러지게 나타나는 것으로 생각된다.

(회사별 안건분포)

표본에 포함된 금융회사별의 안건분포가 〈표 3－15〉~〈표 3－18〉에 나타나 있다. 이에 따르면 금융회사별 안건의 분포는 다음과 같은 특성을 갖는다.

11) 김재훈·이화령은 인사(사외이사의 선임 등)와 주주에 관한 사항을 제외해도 (정도의 차이는 있지만) 감독안건이 2~3월에 집중적으로 처리되는 현상을 발견하였다.

12) 2월과 3월 주주총회 이전에 사임하는 사외이사가 적지 않으며, 새로 임명된 사외이사도 새로 취임하는 데 시간이 걸리는 경우가 적지 않다.

은 행

앞에서 언급한 바와 같이 표본에 포함된 은행은 국민은행, 기업은행, 대구은행, 부산은행, 전북은행, 제주은행, 한국스탠다드차타드은행, 한국씨티은행, 한국외환은행의 9개 은행이다. 이 가운데 5년 동안 안건이 가장 많았던 회사는 국민은행(275건, 14.5%)이고 그 다음이 외환은행(242건, 12.8%), 부산은행(232건, 12.2%), 대구은행과 스탠다드차타드은행(230건, 12.1%)의 순이었다.

표 3-15 은행의 안건분포

	안건별 회사분포				회사별 안건분포		
	운영	감독	기타	계	운영	감독	기타
국 민	47(9.8)	203(15.0)	25(37.9)	275(14.5)	17.1	73.8	9.1
기 업	73(15.1)	79(5.9)	9(13.6)	161(8.5)	45.3	49.1	5.6
대 구	78(16.2)	145(10.7)	7(10.6)	230(12.1)	33.9	63.0	3.0
부 산	52(10.8)	171(12.7)	9(13.6)	232(12.2)	22.4	73.7	3.9
전 북	47(9.8)	161(11.9)	1(1.5)	209(11.0)	22.5	77.0	0.5
제 주	20(4.1)	115(8.5)	1(1.5)	136(7.2)	14.7	84.6	0.7
스탠다드차타드	72(14.9)	156(11.6)	2(3.0)	230(12.1)	31.3	67.8	0.9
씨 티	47(9.8)	129(9.6)	5(7.6)	181(9.5)	26.0	71.3	2.8
외 환	46(9.5)	190(14.1)	7(10.6)	242(12.8)	18.9	78.2	2.9
계	482(100)	1,349(100)	66(100)	1,897(100)	25.4	71.1	3.5

안건의 구성을 보면 운영안건은 대구(78건, 16.2%), 기업은행(73건, 15.1%), 한국스탠다드차타드은행(72건, 14.9%)의 순이었다. 그리고 감독안건은 국민은행(203건, 15.0%)과 외환은행(190건, 14.1%)의 경우에 가장 많다. 여기서 특기할 것은 표본대상이 된 5년 동안 국민은행은 KB지주회사 회장과 국민은행 행장 사이에 경영권 다툼이 있었으며 한국외환은행의 경우에는 하나은행과의 합병협상이 있었다는 사실이다.

그림 3-6 각 은행의 월별 안건분포

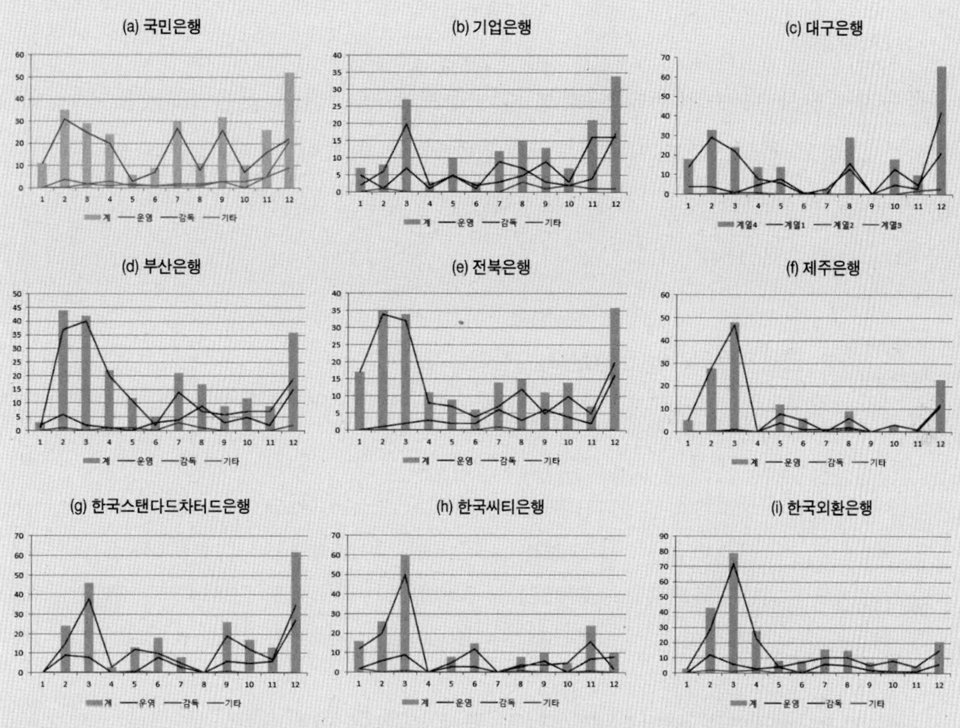

국민은행의 비정상적인 상황은 이사회의 월별 안건분포에도 나타난다. 〈그림 3-6〉에 나타나 있는 안건분포를 보면 국민은행을 제외한 모든 은행에서 감독안건의 처리가 앞에서 언급한 바와 같이 1분기에 집중되는 경향을 보인다. 그러나 국민은행의 경우에는 감독안건의 처리가 분산되어 나타난다. 이는 경영권분쟁이 있을 때 안건의 처리를 뒤로 미루거나 앞으로 당겨 처리할 여유가 없었음을 반영한다고 볼 수 있다. 그러나 국민은행의 경우에도 상반기효과를 전혀 무시할 수는 없음을 알 수 있다.

안건비중의 분포는 안건 수의 분포와 반드시 일치하지는 않는다. 〈표 3-15〉에서 볼 수 있는 바와 같이 운연안건의 비중이 가장 높은 은행은 기업은행으로 45.3%로 감독안건과 비중이 크게 다르지 않다. 이와 같은 안건의 분포는 금융회사 가운데 예외적인 경우라고 할 수 있다. 다음으로 운영안건의 비중이 높은 은행은 하나은행(31.3%)과 대구은행(33.9%)이다. 한편 운영안건의 비중이 가장 낮은 은행은 제주은행으로 14.7%에 불과하다. 국민은행 또한 운영안건의 비중이 17.1%로 매우 낮다.

금융지주회사

금융지주회사 11개 가운데 이사회 상세정보를 공시하는 곳은 KB금융지주, 하나금융지주 그리고 한국스탠다드차타드금융지주의 세 회사이다. 이 가운데 5년 동안 안건을 가장 많이 처리한 곳은 스태다드차타드금융지주로 184건이고 가장 적게 처리한 곳은 KB금융지주로 164건이다.

표 3-16 금융지주회사의 안건분포

	안건별 회사분포				회사별 안건분포		
	운영	감독	기타	계	운영	감독	기타
KB	23(17.6)	141(36.2)	0(0.0)	164(31.5)	14.0	86.0	0.0
하나	63(48.1)	109(28.0)	1(100)	173(33.2)	36.4	63.0	0.6
스탠다드차타드	45(35.7)	139(35.7)	0(0.0)	184(35.3)	24.5	75.5	0.0
계	131(100)	389(100)	1(100)	521(100)	25.1	74.7	0.2

그러나 각 안건별로 살펴보면 순위가 전체 순위와 일치하지는 않는다. 즉 운영안건의 경우에는 하나금융지주(63건)가 가장 많이 처리하였고, 감독안건의 경우에는 KB금융지주(141건)가 가장 많이 처리하였다. 회사별 안건분포를 보면 하나금융지주의 경

그림 3-7 금융지주회사의 월별 안건분포

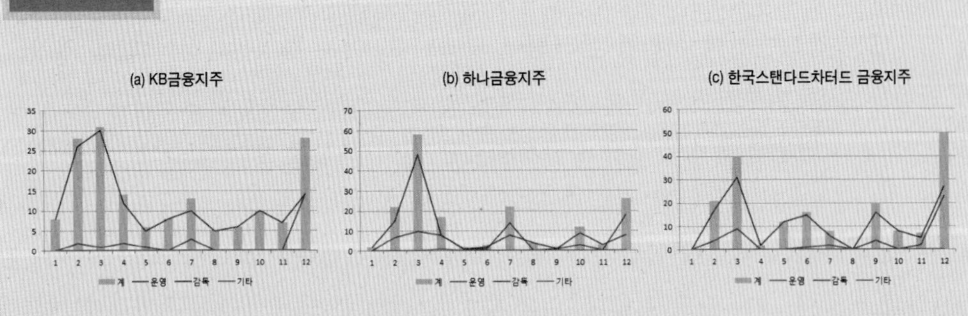

우 감독안건의 비중이 낮고 KB금융지주의 경우 감독안건의 비중이 매우 높다.

금융지주회사의 월별 안건분포(〈그림 3-7〉)는 운영안건이 12월에 다수 처리되고 감독안건은 1분기에 처리되는 전형적인 패턴을 보이고 있다. 다만 KB금융지주의 경우 1분기 이후에도 꾸준히 다루어지는 경향을 보이고 있음이 특이하다.

보험회사

〈표 3-17〉에서 볼 수 있는 바와 같이 보험회사의 경우 감독안건의 평균비중이 80.6%로 자료가 존재하는 네 개의 산업 가운데 가장 높다. 그 가운데에서도 KB손해보험의 감독안건 비율은 89.9%(운영안건 8.9%)로 매우 높다. 그 다음으로 감독안건의 비중이 높은 회사는 동양생명(88.4%), 메리츠화재(84.6%)의 순이다.

표 3-17 보험회사의 안건분포

	안건별 회사별분포				회사별 안건분포		
	운영	감독	기타	계	운영	감독	기타
KB손해보험	14(5.6)	142(12.9)	2(15.4)	158(11.6)	8.9	89.9	1.3
농부생명보험	27(10.7)	75(6.8)	0(0.0)	102(7.5)	26.5	73.5	0.0
동부화재해상보험	35(13.9)	103(9.4)	2(15.4)	140(10.3)	25.0	73.6	1.4
동양생명	11(4.4)	84(7.6)	0(0.0)	95(7.0)	11.6	88.4	0.0
롯데손해보험	17(6.7)	87(7.9)	0(0.0)	104(7.6)	16.3	83.7	0.0
메리츠화재	20(7.9)	110(10.0)	0(0.0)	130(9.5)	15.4	84.6	0.0
삼성생명	57(22.6)	192(17.5)	7(53.8)	256(18.8)	22.3	75.0	2.7
삼성화재해상보험	24(9.5)	108(9.8)	2(15.4)	134(9.8)	17.9	80.6	1.5
케이디생명보험	29(11.5)	111(10.1)	0(0.0)	140(10.3)	20.7	79.3	0.0
한화손해보험	18(7.1)	88(8.0)	0(0.0)	106(7.8)	17.0	83.0	0.0
계	252(100)	1,100(100)	13(100)	1,365(100)	18.5	80.6	1.0

안건의 수를 보면 삼성생명이 256개로 가장 많은 안건을 다루었으며 동양생명이 95개로 가장 적은 안건을 처리하였다. 그런데 삼성생명의 경우에는 운영안건의 비중이 평균보다 높았던 반면에 동양생명의 경우에는 감독안건의 비중이 평균보다 높았다.

그림 3-8 **보험회사의 월별 안건분포**

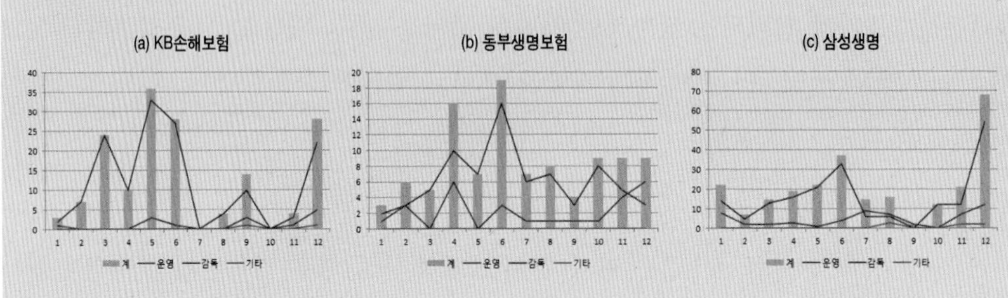

보험회사의 경우 감독안건의 비중이 가장 높은 KB손해보험, 운영안건의 비중이 가장 높은 동부생명보험, 안건의 수가 가장 많은 삼성생명의 월별 안건처리 수가 〈그림 3-8〉에 나타나 있다. 이에 따르면 보험회사의 경우 은행이나 금융지주회사에서 발견된 것과는 다른 월별 안건처리패턴이 나타난다. 즉 보험회사의 경우 2분기에 처리하는 안건, 특히 감독안건의 비중이 매우 높게 나타난다. 이는 보험회사의 경우 주주총회와 사회이사의 임명 사이클이 은행이나 금융지주회사의 경우와 다르기 때문으로 추측된다. 이와 같이 은행과 보험회사의 월별 안건처리 패턴이 왜 다른가는 금융회사 이사회의 행위를 분석하는 데 중요한 단서가 될 수 있을 것으로 생각된다. 그리고 만일 이와 같은 추측이 사실이라면 김재훈·이화령(2014)의 가설이 더욱 사실임을 보여주는 사례라고 할 수 있겠다.

증권회사

증권사의 경우는 평균적인 안건비중은 감독안건의 비중이 은행이나 금융지주회사의 비중보다는 높으나 보험회사의 평균보다는 낮다. 증권회사 가운데 안건의 처리건수가 가장 많은 회사는 대신증권이다. 대신증권이 5년 동안 처리한 안건의 수는 314건으로 15개 증권회사의 전체 안건 수 2,569건 가운데 12.2%인 314건이었다. 그런데 대신증권의 이사회가 처리한 안건의 분포를 보면 다른 회사에 비하여 운영안건의 수가 전체 안건의 43.6%로 그 비중이 매우 높다.

표 3-18 증권회사 안건분포

	안건별 회사분포				회사별 안건분포		
	운영	감독	기타	계	운영	감독	기타
HMC투지증권	25(4.0)	73(3.8)	0(0.0)	98(3.8)	25.5	74.5	0.0
KTB투자증권	45(7.2)	87(4.5)	0(0.0)	132(8.9)	34.1	65.9	0.0
NH투자증권	46(7.3)	182(9.5)	0(0.0)	228(8.9)	20.2	79.8	0.0
SK증권	40(6.4)	104(5.4)	0(0.0)	144(5.6)	27.8	72.2	0.0
대신증권	137(21.8)	174(9.1)	3(15.8)	314(12.2)	43.6	55.4	1.0
동부증권	29(4.6)	104(5.4)	0(0.0)	133(5.2)	21.8	78.2	0.0
미래에셋증권	37(5.9)	94(4.9)	0(0.0)	131(5.1)	28.2	71.8	0.0
삼성증권	14(2.2)	99(5.2)	0(0.0)	113(4.4)	12.4	87.6	0.0
아이엠투자증권	22(3.5)	89(4.6)	0(0.0)	111(4.3)	19.8	80.2	0.0
유안타증권	34(5.4)	110(5.7)	0(0.0)	144(5.6)	23.6	76.4	0.0
유진증권	59(9.4)	127(6.6)	0(0.0)	186(7.2)	31.7	68.3	0.0
이베스트투자증권	38(6.0)	102(5.3)	3(15.8)	143(5.6)	26.6	71.3	2.1
키움증권	22(3.5)	157(8.2)	0(0.0)	179(7.0)	12.3	87.7	0.0
한국투자증권	32(5.1)	151(7.9)	1(5.3)	184(7.2)	17.4	82.1	0.5
한양증권	24(3.8)	152(7.9)	12(63.2)	188(7.3)	12.8	80.9	6.4
현대증권	25(4.0)	116(6.0)	0(0.0)	141(5.5)	17.7	82.3	0.0
계	629(100)	1,921(100)	19(100)	2,569(100)	24.5	74.8	0.7

그림 3-9 증권회사의 월별 안건분포

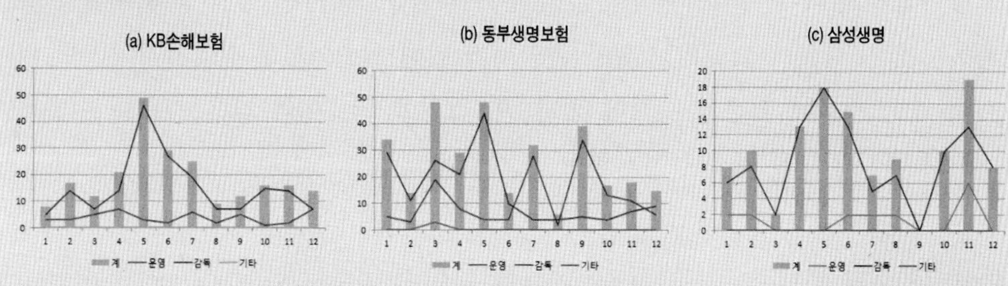

전체 안건 가운데 감독안건의 비중이 가장 높은 증권회사는 키움증권(157건, 87.7%)이었으며 그 다음이 삼성증권(99건, 87.6%)이었다. 증권회사 가운데 감독안건이 80% 이상인 곳은 이 두 회사 이외에 현대증권(82.3%), 한국투자증권(82.1%), 한양증권(80.9%), 아이엠투자증권(80.2%)의 네 곳이다. 한편, 운영안건의 수와 비중이 가장 높은 증권회사는 위에서 언급한 대신증권이었으며 그 다음으로 운영안건의 비중이 높은 증권회사는 KTB증권(34.1%), 유진증권(31.7%)의 순이고 나머지 증권회사의 운영안건 비중은 30% 미만이다.

증권회사의 경우에도 안건의 수가 가장 많은 대신증권,[13] 감독안건의 비중이 가장 높은 회사 가운데 하나인 삼성증권 그리고 대신증권 다음으로 처리안건의 수가 많은 NH투자증권의 월별 안건처리수가 〈그림 3-9〉에 나타나 있다. 〈그림 3-9〉에 나타나 있는 증권회사의 안건처리 월별 패턴은 대신증권의 경우에는 은행의 경우와 유사하나 NH투자증권이나 삼성증권의 경우에는 보험회사의 경우와 유사하다. 즉 대신증권의 경우 감독안건의 처리가 연중 전반기에 집중되어 나타나며 운영안건의 처리는 연중 후반기에 집중되어 나타난다. 그러나 NH투자증권이나 삼성증권의 경우에는 감독안건의 처리가 오히려 연중 중반기에 집중되어 있다. 감독안건 처리에 있어 이와 같은 차이는 왜 나타나는지 그리고 그와 같은 차이가 지배구조와 어떤 연관이 있는지에 대한 연구는 재미있는 과제라고 생각된다.

3.4 사외이사의 투표분석

주어진 데이터에 사외이사의 성향이 두드러지게 나타나는 발언 등에 대한 기록은 존재하지 않기 때문에 그들의 성향을 파악하기 위해서는 이사회 참석률과 찬·반 의사표시에 대한 자료에 의존할 수밖에 없다. 이 소절에서는 이와 같은 자료를 이용하여 사외이사들의 성향에 관하여 분석하여 보기로 한다.

---

13) 대신증권은 운영안건의 비중 또한 압도적으로 높다.

표 3-19 투표수와 찬·반 분포

안건 수(A)	투표수				안건당 평균투표 수 (B/A,%)
	불참	참석		계(B)	
		찬성	반대		
6,351	1,221(4.2%)	27,428(95.3%)	135(0.5%)	28,784	4.5

2010년부터 2015년까지 표본에 포함된 금융회사의 안건은 앞에서 살펴본 바와 같이 6,351건이었다. 〈표 3-19〉에서 볼 수 있는 바와 같이 같은 기간 사외이사들의 투표수는 28,784표였으며 안건당 평균 투표수는 4.5%였다. 이 가운데 투표에 불참한 수는 1,221표로 전체 투표수의 4.2%에 해당한다. 투표에 참석한 사외이사들의 찬성표는 27,428표로 전체 투표수의 95.3%이다. 그리고 반대표는 135표로 전체 투표수의 0.5%이다. 불참까지 안건에 대한 반대의사로 본다면 전체 투표수 가운데 4.7%가 반대표인 셈이다.

금융업종별로 사외이사의 수, 투표참여율과 찬성률은 서로 차이가 있으나 평균은 전체 평균과 크게 차이가 나지 않는다. 분석의 대상이 된 업종에서 평균은 불참률이 반대율보다 훨씬 높고 찬성률은 95% 정도이다. 이제 각 업종 사회이사들의 투표분포에 관하여 알아보면 다음과 같다.

(은행 사외이사의 투표분석)

은행의 경우 전체 안건은 1,897개였고 사외이사의 총 투표수는 9,845표였다. 따라서 안건당 투표수는 5.2표였다. 총 투표 가운데 불참한 표수는 451표로 전체의 4.6%이다. 이는 전체 금융회사의 평균보다 약간 낮은 수치이다. 투표에 참석한 표수는 9,394표(94.9%)로 이 가운데 찬성이 9,343표(94.9%), 반대가 51표(0.5%)이었다. 찬성비율은 전체 금융회사의 평균보다 약간 낮고 반대는 대동소이하였다.

표 3-20 은행 사외이사의 투표분포

안건 수(A)	투표 수				안건당 평균투표수 (B/A,%)
	불참	참석		계(B)	
		찬성	반대		
1,897	451(4.6%)	9,343(94.9%)	51(0.5%)	9,845	5.2

표 3-21 각 은행의 투표분포

기업명	불참(비중)	참석		합계
		찬성(비중)	반대(비중)	
국민은행	33(2.4)	1,306(96.6)	14(1.0)	1,353
기업은행	33(5.2)	607(94.8)	0(0.0)	640
대구은행	39(4.1)	919(95.9)	0(0.0)	958
부산은행	63(5.6)	1,053(94.4)	0(0.0)	1,116
전북은행	22(2.0)	1,057(96.8)	13(1.2)	1,092
제주은행	48(9.5)	457(90.5)	0(0.0)	505
한국스탠다드차타드은행	55(3.8)	1,397(96.2)	0(0.0)	1,452
한국씨티은행	85(9.3)	824(90.2)	5(0.5)	914
한국외환은행	73(4.0)	1,723(94.9)	19(1.0)	1,815
계	451(4.6)	9,343(94.9)	51(0.5)	9,845

개별 은행의 사회이사 투표성향을 분석한 결과가 〈표 3-21〉에 나타나 있다. 은행 가운데 사외이사의 불참률이 가장 높은 경우는 제주은행으로 9.5%이었으며 그 다음이 한국씨티은행으로 9.3%였다. 그리고 불참비율이 가장 낮은 은행은 전북은행으로 2.0%이고 그 다음이 국민은행(2.4%)이었다.

한편, 사외이사들의 반대투표의 비중은 전체적으로 0.5%로 낮으나 은행마다 다른 분포를 보였다. 조사기간 동안 반대의 비중이 가장 높은 은행은 전북은행으로 1.2%이었으며 그 다음이 국민은행과 씨티은행으로 1.0%이었다. 놀라운 것은 기업은행, 대구은행, 부산은행, 제주은행, 한국스탠다드차타드은행 등 조사대상 은행의 과반 이상(55.6%)의 경우에는 반대의견이 전무하였다는 점이다. 물론 안건을 상정하기 전에 경영진으로부터 충분한 설명과 사외이사들의 의견청취의 과정이 있었다고 설명할 수 있으나 수십 건의 안건에 반대의사를 표명해야 할 필요가 전혀 없었는지, 이 점에 대하여 많은 연구가 필요할 것으로 생각된다.

(금융지주회사 사외이사의 투표분석)

〈표 3-22〉에서 볼 수 있는 바와 같이 조사대상이 된 세 금융지주회사의 전체 안건은 521건이었다. 이에 대한 투표수는 3,881표로 안건당 평균투표수가 7.4%이다. 즉 금융지주회사의 이사는 대체로 사외이사로 구성되어 있으며 은행의 경우보다 많다. 전체 금융지주회사의 경우 불참률은 3.5%로 은행의 경우보다 낮다. 그리고 반대율은 0.7%로 은행의 경우보다 높다. 그러나 각 금융지주회사별로 투표의 분포에 차이가 있다.

표 3-22 금융지주회사 사외이사의 투표분포

안건 수(A)	투표수				안건당 평균투표수 (B/A,%)
	불참	참석		계(B)	
		찬성	반대		
521	135(3.5%)	3669(95.8%)	51(0.7%)	3,831	7.4

표 3-23 각 금융지주회사 사외이사의 투표분포

	불참(비중)	참석		합계
		찬성(비중)	반대(비중)	
KB금융지주	36(2.8)	1,248(95.8)	19(1.5)	1,303
하나금융지주	72(5.2)	1,298(94.2)	8(0.6)	1,378
한국스탠다드차타드금융지주	27(2.3)	1,123(97.7)	0(0.0)	1,150
소계	135(3.5)	3,669(95.8)	51(0.7)	3,831

〈표 3-23〉에서 볼 수 있듯이 먼저 출석률에 있어서는 한국스텐더드차터스금융지주회사의 경우 97.7%로 가장 높고 하나금융지주의 경우 94.8%로 가장 낮다. 다음으로 반대율은 KB금융지주가 1.9%로 가장 높다. 이는 국민은행과 KB금융지주 사이에 분쟁이 있었음이 반영된 결과로 보인다. 한편, 한국스탠다드차타드금융지주의 경우 5년 동안 반대가 전무하다. 이는 한국스탠다드차타드금융지주 사외이사의 이사회 참석률이 가장 높다는 것을 고려하면 의외로 생각된다.

(보험회사 사외이사의 투표분석)

〈표 3-24〉에서 볼 수 있는 바와 같이 2010~2014년 동안 보험회사의 전체 안건 수는 1,365개였다. 이에 대한 투표에 불참한 사외이사의 비율은 3.1%로 은행이나 금융지주회사의 경우보다 낮다. 그리고 반대율은 금융비주회사보다는 낮고 은행과는 유사하나 0.5%이다. 앞에서 살펴본 두 업종과 비교하였을 때 높은 참석률과 낮은 반대율이 유사하다고 할 수 있다.

표 3-24 보험회사 사외이사의 투표분포

안건 수(A)	투표 수				안건당 평균투표수 (B/A,%)
	불참	참석		계(B)	
		찬성	반대		
1,365	168(3.1)	5,278(96.5%)	25(0.5%)	5,480	4.0

다음으로 〈표 3-25〉에 나타나 있는 바와 같이 은행이나 금융지주회사의 경우와 마찬가지로 회사별로는 불참률과 반대율에서 차이가 있다. 먼저 출석률이 최고인 보험회사는 동양생명으로 98.8%이고 최저인 곳은 KB손해보험으로 93.7%였다. 그리고 보험회사의 경우, KB손해보험(6회, 비중 0.7%), 삼성생명(5회, 비중 0.5%), 케이디생명보험(14회, 비중 2.2%) 등 3개 회사의 경우에만 반대투표가 있었다. 보험회사의 70%에서는 5년 동안 반대투표가 한 번도 일어나지 않았음을 의미한다.

표 3-25 각 보험회사 사외이사의 투표분포

	불참(비중)	참석		합계
		찬성(비중)	반대(비중)	
KB손해보험	55(6.3)	814(93.0)	6(0.7)	875
동부생명보험	9(3.1)	280(96.9)	0(0.0)	289
동부화재해상보험	8(1.9)	406(98.1)	0(0.0)	414
동양생명	5(1.2)	424(98.8)	0(0.0)	429
롯데손해보험	13(4.4)	284(95.6)	0(0.0)	297
메리츠화재	8(1.7)	458(98.3)	0(0.0)	466
삼성생명	21(1.9)	1,073(97.6)	5(0.5)	1,099
삼성화재해상보험	7(1.3)	529(98.7)	0(0.0)	536
케이디비생명보험	31(4.8)	605(93.1)	14(2.2)	650
한화손해보험	11(2.6)	414(97.4)	0(0.0)	425
계	168(3.1)	5287(96.5)	25(0.5)	5,480

(증권회사 사외이사의 투표분석)

전체 증권회사의 안건 수는 〈표 3-26〉에서 볼 수 있는 바와 같이 2,569개였다. 이에 대한 투표에 있어 불참률은 4.9%로 앞에서의 세 업종에서보다 높다. 그리고 반대율은 0.3%로 앞에서 살펴본 세 업종에서보다 낮다.

표 3-26 증권회사 사외이사의 투표분포

안건 수(A)	투표 수				안건당 평균투표수 (B/A,%)
	불참	참석		계(B)	
		찬성	반대		
2,569	467(4.9)	8,898(92.4)	32(0.3)	9,628	3.7

표 3-27 각 증권회사 사외이사의 투표분포

	불참(비중)	참석		
		찬성(비중)	반대(비중)	계
HMC투자증권	8(3.3)	231(96.7)	0(0.0)	239
KTB투자증권	66(14.0)	404(86.0)	0(0.0)	470
NH투자증권	40(4.3)	872(93.8)	18(1.9)	930
SK증권	37(5.9)	593(94.1)	0(0.0)	630
대신증권	98(6.7)	1,356(93.3)	0(0.0)	1,454
동부증권	1(0.3)	374(99.7)	0(0.0)	375
미래에셋증권	12(2.3)	495(96.7)	5(1.0)	512
삼성증권	21(3.9)	512(96.1)	0(0.0)	533
아이엠투자증권	1(0.3)	320(99.7)	0(0.0)	321
유안타증권	38(6.1)	590(93.9)	0(0.0)	628
유진증권	59(10.3)	514(89.7)	0(0.0)	573
이베스트투자증권	6(1.7)	356(98.3)	0(0.0)	362
키움증권	18(2.2)	799(97.2)	5(0.6)	822
한국투자증권	7(0.8)	899(98.8)	4(0.4)	910
한양증권	0 (0.0)	253(100)	0(0.0)	253
현대증권	55(8.9)	561(91.1)	0(0.0)	616
계	467(4.9)	8898(92.4)	32(0.3)	9,628

증권회사의 경우에 각 회사별 사외이사의 투표분포가 〈표 3-27〉에 나타나 있다. 먼저 출석률이 최저인 곳은 KTB투자증권으로 86.0%이다. 그리고 그 다음이 유진증권으로 89.7%이다. 이와 비교하여 한양증권의 출석률은 100%였다. 그러나 증권회사의 경우에도 사외이사들의 반대투표는 매우 드문 것으로 NH투자증권(18회, 비중 1.9%), 미래에셋증권(5회, 비중 1.0%), 키움증권(5회, 비중 0.6%), 한국투자증권(4회, 0.4%) 등의 경우에만 반대가 있었다. 바꾸어 말해 증권회사의 75%의 경우에는 5년 동안 단 한 번의 반대도 없었다.

(반대의견과 부결안건)

〈표 3-28〉에서 볼 수 있는 바와 같이 조사대상 금융회사의 5년간 반대의견이 개진된 안건 수는 총 135개이다. 반대의견이 가장 많이 개진된 업종은 은행(51회, 전체의 37.8%)이고 금융지주까지 합치면 전체 건수의 57.8%로 과반을 초과한다. 반대의견이 개진된 안건의 수 역시 은행(14건, 44.4%)이 가장 많다. 반대의견이 개진된 안건의 부결 확률은 은행(85.7%), 금융지주(80.0%), 보험(100%), 증권(54.5%)의 순이다. 특기할 만한 것은 사외이사들이 반대의견에서 집단행동(herd behavior)을 보이는 경향이 있다는 점이다. 즉 사외이사들의 반대의견이 특정한 사안에 집중적으로 나타나며 한두 개인이 반대의사를 독립적으로 표명하는 경우는 많지 않다.

표 3-28 반대 및 부결안건

	은행	금융지주	보험	증권	합계
반대의견 수	51(37.8)	27(20.0)	25(18.5)	32(23.7)	135(100.0)
반대의견안건 수(A)	14(44.4)	5(14.3)	5(14.3)	11(31.4)	35(100.0)
부결안건 수(B)	12(44.4)	4(14.8)	5(18.5)	6(22.2)	27(100.0)
B/A(%)	85.7	80.0	100.0	54.5	77.1

표 3-29 부결안건의 분포

	은행(비중)	금융지주(비중)	보험(비중)	증권(비중)	합 계
운 영	7(58.3)	1(8.3)	2(16.7)	2(16.7)	12(100.0)
감 독	4(28.6)	3(21.4)	3(21.4)	4(28.6)	14(100.0)
기 타	1(100.0)	0(0.0)	0(0.0)	0(0.0)	1(100.0)
합 계	12(44.4)	4(14.8)	5(18.5)	6(22.2)	27(100.0)

〈표 3-29〉에 나타나 있는 바와 같이 반대의견이 개진된 안건의 총 수 135개 가운데 운영안건 62회(45.9%), 감독안건 68회(50.4%), 기타 안건 5회(3.7%)이다. 부결된 안건의 수는 27개로 그 가운데 운영안건이 12건(44.4%), 감독안건이 14건(51.9%), 기타

안건은 1건(3.7%)이었다. 부결안건 중 운영안건의 비중이 가장 큰 업종은 은행(7건, 전체 운영안건의 58.3%)이고 감독안건의 비중이 가장 큰 업종은 증권(4, 전체 감독안건의 28.6%)이었다. 감독안건의 부결횟수는 업종별로 유사하나 운영안건의 경우에는 차이가 크게 나타난다.

3.5 외국인 사외이사의 수와 비중

조사대상 기업 38개 업체의 사외이사가 375명인데, 그 중 외국인은 12명으로 3.2%의 비중을 차지하고 있다. 업종별로 분류해 보았을 때, 외국인 사외이사는 은행과 금융지주회사에서만 존재한다. 그리고 전체적으로 외국인 사외이사는 감소하는 추세를 보이고 있다.

표 3-30 사외이사의 수와 비중

	은행(비중)	금융지주(비중)	보험(비중)	증권(비중)	합계(비중)
2010	8(19.0)	1(4.3)	0(0.0)	0(0.0)	9(4.9)
2011	7(12.7)	1(3.8)	0(0.0)	0(0.0)	8(3.9)
2012	3(5.7)	1(3.7)	0(0.0)	0(0.0)	4(1.9)
2013	2(3.7)	1(3.7)	0(0.0)	0(0.0)	3(1.5)
2014	2(3.8)	1(3.8)	0(0.0)	0(0.0)	3(1.4)
합계	22(8.6)	5(3.9)	0(0.0)	0(0.0)	27(2.7)

〈표 3-31〉에서 볼 수 있는 바와 같이 내국인 사외이사의 이사회 불참률은 3.9%인데 반하여, 외국인 사외이사의 이사회 불참률은 20.6%로 외국인 사외이사의 출석률이 매우 낮다. 반면에 이사회에 참석한 외국인 사외이사의 경우 안건의 반대율이 0.2%로 내국인 사외이사의 안건 반대율 0.5%보다 오히려 더 낮음을 보인다. 이와 같은 성향으로 볼 때 〈표 3-30〉에 나타나 있는 외국인 사회이사의 감소추이는 당연한 것으로 생각된다.

표 3-31 내국인과 외국인 사외아사의 투표성향

	불참(비중)	참 석			합계
		찬성(비중)	반대(비중)	계(비중)	
내국인	1,098(3.9)	26,955(99.5)	134(0.5)	27,089(96.1)	28,187(100.0)
외국인	123(20.6)	473(99.8)	1(0.2)	474(79.4)	597(100.0)
합 계	1,221(4.2)	27,428(99.5)	135(0.5)	27,563(95.8)	28,784(100.0)

4. 공기업 임원인사 외부개입 분석결과

금융회사 내부적으로 사외이사제도가 잘 작동하느냐의 문제와 함께 외부적으로 지배구조를 독립적으로 구성할 수 없도록 하는 인사개입(소위 낙하산인사)이 존재하는 것은 언론의 보도를 통하여 모두가 아는 사실이다. 그러나 그와 같은 인사개입에 대한 데이터가 부재하기 때문에 금융회사의 인사개입에 대한 체계적인 연구는 존재하지 않는다. 본 연구도 그와 같은 한계에 있음을 피력하지 않을 수 없다.

다행스러운 것은 금융회사의 자료는 없으나 불완전하지만 금융공기업 자료는 존재한다. 그리고 공기업 안에는 적지 않은 금융회사들이 존재하기 때문에 공기업과 그 가운데 금융공기업을 분석함으로써 금융산업의 지배구조에 가해지고 있는 외부압력의 정도를 유추해 볼 수 있다. 본 소절에서는 먼저 공기업의 외부인사개입에 대하여 분석하여 보기로 한다.

4.1 분석대상 자료

본 장에서 사용하는 자료는 SBS 탐사보도팀 박상진 기자가 『뉴스토리(2015. 2. 15.)』에 보도하기 위하여 수집한 자료를 바탕으로 하고 있다. SBS자료는 2013년 2월 25일 이후 2년 동안 임명된 303개 공기업 임원(2,106명)을 전수 조사하고 있다. 자료에 따르면 2,106명의 임원 가운데 352명(16.7%)이 소위 낙하산인사였다. 이 가운데에는 당연직 주무부처 공무원 34명이 포함되어 있다. 본 연구에서는 주무부처 공무원을 포함한 352

명 전원을 분석하였다.

SBS자료에는 공기업 이름, 임원 이름, 출생지, 학력(고등학교, 대학교, 석사, 박사)과 같은 기본적인 자료가 포함되어 있다. 그리고 정치 유관단체 참여경력(새누리당, 청와대, 인수위, 캠프, 싱크탱크, 정피아(선거지원, 보좌관, 대통령과 인연, 특보, 선대위 등), 친박단체, 지지선언, 자문회의, 보수단체, 정보기관, 실세대학(서강, 영남, 성균관)) 등이 조사되어 있다. 이와 같은 정치유관단체 참여경력은 통상적인 자료에는 포함되어 있지 않으나 미디어의 특성상 조사가 가능했던 자료라고 할 수 있다.

4.2 임원 및 낙하산임원의 출생지별 분포

위에서 언급한 바와 같이 박근혜 대통령이 취임한 2013년 2월 25일 이후에 임명된 공기업 임원의 수는 2,106명이고 그 가운데 낙하산으로 분류된 임원의 수는 352명(16.7%)이었다. 이 임원들을 출생지역으로 분류하여 정리하면 〈표 3-32〉을 얻을 수 있다.

임명된 임원 가운데 가장 많은 임원이 출생한 곳은 서울(375명, 17.8%)이고 가장 적은 임원이 출생한 곳은 울산(11명, 0.5%)이다. 서울, 부산(116, 5.5%), 경남(126, 6.6%), 경북(209명, 9.9%), 충남(117, 5.6%)은 100명 이상의 임원을 배출한 지역이다. 그리고 인천(35명, 1.7%), 울산, 대전(48, 2.3%), 광주(35, 17%), 제주(33, 1.6%)는 50명 미만의 임원을 배출하였다.

낙하산인사의 경우 가장 많은 임원을 배출한 곳은 역시 서울(52명, 14.8%)이고 가장 적은 낙하산을 배출한 곳은 역시 울산(1명, 0.3%)이다. 40명 이상의 낙하산을 배출한 곳은 서울과 경북(49, 13.9%) 두 곳이고 나머지는 모두 30명 이하의 낙하산 임원을 배출하였다. 그런데 출신지역별 비중은 임원과 낙하산임원의 분포가 크게 다르지 않다. 즉 전체 임원과 낙하산임원에서 차지하는 임원과 낙하산임원의 비중은 서울·경기, 부산·경남·울산, 대구·경북에 크게 치우쳐 있다. 낙하산 비중이 임원 비중에 미달하는 곳은 서울, 울산, 대전, 충북이고 나머지는 모두 낙하산 비중이 임원 비중을 초과하고 있다.

이와 같은 임원과 낙하산의 비중은 인구분포와 밀접한 연관을 가지고 있다. 그리고 인구의 편중은 정치권력의 편중을 의미하기 때문에 〈표 3-32〉에 나타난 결과는

표 3-32 2013년 2월 25일 이후 임명된 임원의 출생지역 분포

출생지	임원 수(A)	임원비중	낙하산 수(B)	낙하산비중	B/A(%)
서울	375	17.8	52	14.8	13.9
경기	74	3.5	13	3.7	17.6
인천	35	1.7	6	1.7	17.1
부산	116	5.5	22	6.3	19.0
경남	126	6.0	28	8.0	22.2
울산	11	0.5	1	0.3	9.1
대구	94	4.5	17	4.8	18.1
경북	209	9.9	49	13.9	23.4
대전	48	2.3	6	1.7	12.5
충남	117	5.6	22	6.3	18.8
충북	82	3.9	11	3.1	13.4
강원	84	4.0	20	5.7	23.8
광주	35	1.7	7	2.0	20.0
전북	83	3.9	16	4.5	19.3
전남	98	4.7	17	4.8	17.3
제주	33	1.6	7	2.0	21.2
기타	11	0.5	1	0.3	9.1
미상	475	22.6	57	16.2	12.0
합계	2106	100.0	352	100.0	16.7

당연하다고 할 수 있다. 즉 인구가 많은 지역은 공기업의 임원과 낙하산인사를 더 많이 배출할 수밖에 없다고 볼 수 있다. 그러나 예외적으로 임원과 낙하산임원의 비중이 높거나 낮은 지역이 존재한다. 먼저 인구 비중에 비해 예외적으로 공기업 임원을 많이 배출한 지역은 경남(5.5%), 경북(9.9%), 충남(5.6%), 전남(4.7%)이다. 다음으로 인구 비중에 비해 낙하산임원을 많이 배출한 지역은 경남(8.0%), 경북(13.9%), 충남(6.3%), 강원(5.7%), 전북(4.5%), 전남(4.8%)이다.

그러나 인구 비중에 비하여 공기업임원과 낙하산임원의 비중이 낮은 지역 또한

존재한다. 먼저 공기업임원이 인구 비중에 비하여 적게 배출한 대표적인 지역이 경기도(3.5%)와 인천(1.7%), 울산(0.5%)이다. 부산(5.5)과 광주(1.7%) 또한 그와 같은 지역이다. 다음으로 인구 비중에 비하여 낙하산임원을 적게 배출한 지역은 경기, 인천, 울산, 대전이다.

출신지역별로 임원 가운데 차지하는 낙하산임원의 비중이 〈표 3-32〉에 나타나 있다. 임원 가운데 낙하산임원의 비중이 가장 높은 출생지역은 강원으로 23.8%였다. 그 다음으로 경북(23.4%), 경남(22.2%), 광주(20.0)의 순이었다. 그 밖에도 전북(19.3%), 부산(19.0%), 충남(18.8%), 대구(18.1%)의 임원 가운데 낙하산임원이 차지하는 비중이 높았다. 반면에 임원 가운데 차지하는 낙하산임원의 비중이 낮은 출생지역은 서울(13.9%), 울산(9.1%), 대전(12.5%), 충북(13.4%)이었다.

앞에서 언급하였듯이 공기업임원과 낙하산임원의 수와 비중은 인구가 많은 지역에서 높을 수밖에 없다.[14] 이와 같은 인구에 따른 치우침을 시정하기 위하여 인구의 비중을 고려한 임원과 낙하산임원의 수를 다음과 같이 구하였다. 먼저 출생지 i의 인구를 P_i라고 하고 우리나라 전체인구를 P라고 하여 보자. 그리고 X_i를 임원 수(또는 낙하산임원 수)라고 하면 전체 공기업임원 수(X)와 우리나라 인구 1인당 평균 임원 수(x)는 다음과 같다.

$$X = \sum_{i=1}^{16} X_i, \ \ x = \frac{X}{P}$$

이제 $w_i = \frac{P}{P_i}$(출생지 인구 비중의 역수)라고 하면 다음과 같이 지역별 가중치를 정할 수 있다.

$$\frac{w_j}{\sum_{i=1}^{16} X_i w_i}$$

즉 인구비중이 큰 출생지의 임원 수는 인구비중을 고려하면 임원 수가 작아진다. 그런데 이와 같이 가중치를 정하면 인구 비중을 고려한 다음 전체 임원의 수가 1이

14) 앞에서 언급하였듯이 물론 그렇지 않은 경우도 존재하며 대표적인 지역이 경기와 인천이다.

표 3-33 인구 비중을 고려한 임원 및 낙하산임원

출생지	임원 수(A)	임원 비중	낙하산 수(B)	낙하산 비중	B/A(%)
서울	375	17.8	52	14.8	13.9
경기	74	3.5	13	3.7	17.6
인천	35	1.7	6	1.7	17.1
부산	116	5.5	22	6.3	19.0
경남	126	6.0	28	8.0	22.2
울산	11	0.5	1	0.3	9.1
대구	94	4.5	17	4.8	18.1
경북	209	9.9	49	13.9	23.4
대전	48	2.3	6	1.7	12.5
충남	117	5.6	22	6.3	18.8
충북	82	3.9	11	3.1	13.4
강원	84	4.0	20	5.7	23.8
광주	35	1.7	7	2.0	20.0
전북	83	3.9	16	4.5	19.3
전남	98	4.7	17	4.8	17.3
제주	33	1.6	7	2.0	21.2
기타	11	0.5	1	0.3	9.1
미상	475	22.6	57	16.2	12.0
합계	2106	100.0	352	100.0	16.7

된다. 따라서 인구 비중을 고려한 다음의 임원 수가 인구 비중을 고려하기 전의 임원 수와 같도록 하기 위해서 가중치에 다음과 같이 전체 임원 수 X를 곱하여 가중치로 사용한다.

$$\frac{Xw_j}{\sum_{j=1}^{16} X_j w_j}$$

이와 같이 정하면, 즉 이와 같은 가중치를 출생지별 공기업임원에 적용하면 공기업의 전체 임원 수를 X로 유지하면서 인구의 비중을 반영할 수 있다(곧 1인당 임원 수의 개념으로 환산한 임원 수를 구할 수 있다).

이와 같이 구한 출생지별 (인구 비중을 고려한) 공기업임원과 낙하산임원의 수와 비중이 〈표 3-33〉에 나타나 있다. 먼저 인구비중을 고려하는 경우 공기업의 인구가 상대적으로 많은 출생지의 임원 수는 감소하고 반대의 경우에는 임원 수가 증가한다. 인구가 밀집되어 있는 서울의 경우 임원 수가 375명에서 인구 비중을 고려한 경우 97명으로 감소한다. 낙하산의 경우도 52명에서 13명으로 감소한다. 이와 같은 감소는 경기도와 인천, 부산과 경남, 경북의 경우에도 나타난다. 그러나 경북의 경우에는 그 감소폭이 미미하다.

한편, 인구 비중을 고려한 경우 임원과 낙하산임원의 비중이 증가하는 곳도 적지 않다. 그와 같은 임원 출생지는 울산, 대구, 대전, 충남, 충북, 강원, 광주, 전북, 전남, 제주이다. 예를 들어 강원의 경우 임원 수가 84명인데 인구 비중을 고려하면 144명으로 증가한다. 그리고 낙하산임원 수도 20명에서 33명으로 증가한다. 이와 같이 인구 비중을 고려하면 주로 서울, 경기, 인천과 영남지방의 임원 및 낙하산임원의 수와 비중이 감소하고 충청, 호남, 강원, 제주의 수와 비중이 증가한다. 이와 같이 인구 비중을 고려하면 지역안배(혹은 그 배경이 되는 지역감정)가 공기업 인사에 투영되어 있음을 알 수 있다.

4.3 임원 및 낙하산임원의 출신대학별 분포

앞에서 살펴본 지연과 정치적 네트워크가 공기업임원 인사에 미치는 영향력과 함께 학연이 공기업임원 인사에 크게 영향을 미칠 것이라는 인식이 우리 사회에 널리 퍼져 있다. 이에 대하여 알아보기 위하여 2013년 2월 25일 이후에 임명된 공기업임원의 대학별 분포를 구하여 보았다.

표 3-34 공기업임원의 출신대학별 분포

	임원 수(A)	임원 비중	낙하산 수(B)	낙하산 비중	B/A(%)
서울대	496	23.6	72	20.5	14.5
연세대	134	6.4	27	7.7	20.1
고려대	134	6.4	19	5.4	14.2
실세대	136	6.5	24	6.8	17.6
사관학교	49	2.3	10	2.8	20.4
기타	842	40.0	122	34.7	14.5
미상	315	15.0	78	22.2	24.8
합계	2106	100.0	352	100.0	16.7

〈표 3-34〉에서 볼 수 있는 바와 같이 기타 대학과 출신대학 미상인 경우를 제외하고 공기업임원과 낙하산임원을 가장 많이 배출한 대학은 서울대학교로 임원 496명, 낙하산임원 72명이다. 이를 비중으로 보면 전체임원의 23.6%, 전체 낙하산임원의 20.5%이다. 그 다음이 임원의 경우에는 실세대(서강, 성균관, 영남, 136명, 6.5%)이고 낙하산임원의 경우에는 연세대(27명, 20.1%)이다.

각 대학별 임원 수 대비 낙하산임원 수의 비율이 〈표 3-34〉에 나타나 있다. 낙하산임원의 비중이 평균(16.7%)보다 높은 대학교는 연세대, 실세대, 사관학교, 출신교 미상의 경우이다. 이때 출신교 미상의 경우 낙하산임원의 비중이 24.8%로 가장 높은 것은 출신교를 밝히지 않은 것과 상관관계가 깊어 보인다. 임원 수, 낙하산임원 수 그리고 대학별 임원 수 대비 낙하산임원 수의 비율을 고려할 때 소위 실세대의 경우 인사편중이 지나치다고 할 수 없는 것으로 생각된다.

5. 금융공기업 임원인사 외부개입

앞에서 우리는 공기업임원의 출생지역, 정치적 인연, 학연에 따른 인사편중에 관하여 알아보았다. 그러나 공기업이 금융회사들의 경우 인사 외부개입과 반드시 같은 분포를 가진다고 할 수 없다. 따라서 여기서는 금융회사와 더 밀접한 관계가 있다고 생각되는 금융공기업만을 추출하여 지연, 학연, 정치적 인연이 금융회사의 인사개입에서 얼마나 큰 역할을 하는지에 관하여 알아보기로 한다.

이를 위해 공기업 가운데 21개 금융공기업을 선정하였다. 이 21개 금융공기업에는 중소기업은행, 산은금융지주, 한국산업은행, 한국수출입은행, 기술신용보증기금, 신용보증기금, 예금보험공사, 한국정책금융공사, 한국주택금융공사, 한국무역보험공사 등이 포함되어 있다. 2013년 2월 25일 이후에 임명된 금융공기업의 임원은 161명이고 낙하산임원은 35명으로 전체 임원의 21.7%를 차지하고 있다.

5.1 임원 및 낙하산임원의 출생지별 분포

금융공기업 임원의 출생지역별 분포가 〈표 3-35〉에 나타나 있다. 금융공기업의 임원은 출생지별로 서울(33명, 전체 금융공기업임원의 20.5%), 경북(19명, 11.8%), 부산(17명, 10.6%)의 순으로 많다. 반면에 인천 출신은 전무하며 울산(3명, 1.9%), 대전(4명, 2.5%), 광주(3명, 1.9%), 제주(4명, 2.5%) 출신은 5명 이하의 임원이 존재한다. 이와 같은 수치는 금융공기업 임원의 지역편중을 보여주는 것이라고 할 수 있다.

출생지를 광역으로 나누어보면 지역편중이 보다 명확하게 나타난다. 즉 영남 출신 임원은 54명으로 금융공기업 임원의 33.5%를 차지하고 있다. 이는 서울과 경기의 39명, 24.2%보다도 크다. 호남출신 임원은 20명으로 전체 임원의 12.4%를 차지하고 있으며 충청 출신은 21명으로 전체 임원의 13.0%를 차지하고 있다.

금융공기업의 낙하산임원은 경북(8명, 22.9%), 서울(5명, 14.3%), 경남(4명, 11.4%)의 순으로 많다. 반면에 인천, 충북, 제주 출신은 전무하다. 그리고 경기, 울산, 대구, 대전, 충남, 전북, 전남 출신으로는 각각 1명(2.9%)의 낙하산임원이 존재한다. 이를 광역으로 분류하여 보면 다음과 같다. 먼저 영남출신의 낙하산임원은 16명으로 전체 낙하산임원의 45.7%이다. 그리고 서울, 경기, 인천의 낙하산임원은 6명으로 전체 낙하산임원의 17.1%를 차지하고 있으며, 호남 2명(전체 낙하산임원의 5.7%), 충청 2명(5.7%), 강원 2명(5.7%) 등의 분포를 보이고 있다. 즉 공기업임원과 낙하산임원의 영남편중이 두드러지며 낙하산임원의 비중이 더욱 그러하다고 할 수 있다.

표 3-35 출생지별 금융공기업임원 및 낙하산임원 분포

	임원 수(A)	임원 비중	낙하산 수(B)	낙하산 비중	B/A(%)
서울	33	20.5	5	14.3	15.2
경기	6	3.7	1	2.9	16.7
인천	0	0.0	0	0.0	0.0
부산	17	10.6	2	5.7	11.8
경남	8	5.0	4	11.4	50.0
울산	3	1.9	1	2.9	33.3
대구	7	4.3	1	2.9	14.3
경북	19	11.8	8	22.9	42.1
대전	4	2.5	1	2.9	25.0
충남	8	5.0	1	2.9	12.5
충북	9	5.6	0	0.0	0.0
강원	7	4.3	2	5.7	28.6
광주	3	1.9	0	0.0	0.0
전북	8	5.0	1	2.9	12.5
전남	9	5.6	1	2.9	11.1
제주	4	2.5	0	0.0	0.0
미상	16	9.9	7	20.0	43.8
합계	161	100.0	35	100.0	21.7

각각의 출생지별로 임원에서 차지하는 낙하산임원의 비중이 〈표 3-35〉에 나타나 있다. 지역출신 임원 가운데 낙하산임원의 비중이 가장 높은 곳은 경남으로 4명 가운데 2명 즉 50%이다. 그 다음으로 경북이 19명 가운데 8명으로 42.1%를 차지하고 있

표 3-36 인구비중을 고려한 임원 및 낙하산임원 분포

	임원 수	인구 비중 임원 수	낙하산 수	인구 비중 낙하산 수
서울	33	8	5	1
경기	6	1	1	0
인천	0	0	0	0
부산	17	12	2	2
경남	8	6	4	3
울산	3	6	1	2
대구	7	7	1	1
경북	19	18	8	8
대전	4	6	1	2
충남	8	9	1	1
충북	9	14	0	0
강원	7	11	2	4
광주	3	5	0	0
전북	8	11	1	2
전남	9	13	1	2
제주	4	17	0	0
합계	145	145	28	28

다. 그러나 서울, 경기, 부산, 대구, 충남, 전북, 전남 등은 낙하산임원의 비중이 10%대로 낮다. 권역별로 낙하산임원의 비중이 서울·경기·인천 15.4%, 영남 29.6%, 호남 10%, 충청 9.5%, 강원 28.6%, 제주 0% 등이다. 임원 가운데 낙하산임원이 차지하는 비중이 영남과 강원에서 가장 높고 호남, 충청, 제주에서 낮다.

앞의 4절에서와 같이 인구비중을 고려한 금융공기업임원과 낙하산임원의 분포가 〈표 3-36〉~〈표 3-37〉에 나타나 있다. 인구 비중을 고려하면 서울은 금융공기업임원

표 3-37 인구비중을 고려한 임원 및 낙하산임원 비중

	임원 비중	인구 비중 임원 비중	낙하산임원 비중	인구 비중 낙하산임원 비중
서울	22.8	5.7	17.9	4.9
경기	4.1	0.8	3.6	0.0
인천	0.0	0.0	0.0	0.0
부산	11.7	8.4	7.1	7.1
경남	5.5	4.1	14.3	11.9
울산	2.1	4.5	3.6	8.6
대구	4.8	4.8	3.6	3.6
경북	13.1	12.2	28.6	29.5
대전	2.8	4.4	3.6	6.3
충남	5.5	6.1	3.6	3.6
충북	6.2	9.8	0.0	0.0
강원	4.8	7.9	7.1	13.0
광주	2.1	3.4	0.0	0.0
전북	5.5	7.5	3.6	5.4
전남	6.2	8.7	3.6	5.4
제주	2.8	11.7	0.0	0.0
합계	100.0	100.0	100.0	100.0

수가 33명(22.8%)에서 8명(5.7%), 경기도는 6명(4.1%)에서 1명(0.8%)으로 크게 감소한다. 역시 인구가 많이 밀집되어 있는 부산(17명(11.7%)에서 12명(8.4%)으로)과 경남(8명(5.5%)에서 6명(4.1%)으로)의 경우에도 인구 비중을 고려하면 금융공기업임원의 수가 감소한다. 그러나 울산(3명(2.1%)에서 6명(4.5%))은 오히려 증가하며 경북은 19명(13.1%)에서 18명(12.2%)으로 단 1명이 감소한다.

인구 비중을 고려할 때 영남지방에서의 이와 같은 임원 수 감소는 다른 지방(충청, 호남, 강원, 제주)에서의 전반적인 증가로 나타난다. 예를 들어, 충북 출신 금융공기업임원 수는 9명(6.2%)에서 인구 비중을 고려하면 14명(9.8%)으로 증가하고, 전남의 경우에는 9명(6.2%)에서 13명(8.7%)으로 증가한다. 제주도의 경우 4명(2.8%)의 금융공기업임원이 존재하는데, 인구 비중을 고려하면 17명(11.7%)으로 크게 증가한다. 이와 같이 인구 비중을 고려하면 금융공기업임원의 수와 비중이 대체로 수도권과 영남에서 다른 지역으로 이동하는 효과가 나타난다. 그러나 금융공기업의 경우 영남 편중은 공기업 전체에 비하여 감소하지는 않는다는 점에 주목할 필요가 있다.

공기업 전체의 경우와 비교하여 금융공기업의 경우 인구 비중을 고려한다고 하여도 영남의 비중이 비수도권 다른 지역으로 이동하는 현상은 나타나지 않는다. 다만 수도권의 비중이 감소하고 영남 이외의 비수도권으로 이동하는 현상만 나타난다. 즉 서울의 경우 5명(17.9%)의 낙하산임원이 인구 비중을 고려하면 1명(4.9%)으로 감소하고 경기도의 경우에는 1명(3.6%)의 낙하산임원이 존재하는데 인구 비중을 고려하면 0명(0.0%)으로 감소한다. 그리고 대전, 강원, 전북, 전남의 낙하산 비중은 증가하지만 공기업 전체의 경우만큼 증가하지는 않는다.

이와 같은 현상은 결국 다음과 같은 두 가지 시사점을 갖는다. 첫째, 낙하산인사가 공기업의 경우보다 금융공기업의 경우에 더 심하다. 이와 같은 현상은 금융공기업의 낙하산 비중(21.7%)이 공기업 전체의 낙하산 비중(16.7%)보다 높은 현상으로부터 유추해 볼 수 있다. 둘째, 공기업의 임원과 낙하산임원 영남 편중현상은 인구 비중을 고려하면 크게 완화되지만 금융공기업의 경우에는 공기업 전체의 경우만큼 완화되지 않는다. 다시 말해 공기업임원의 경우에는 지역편차를 고려하는 경향이 강하지만 금융공기업의 경우에는 공기업 전체의 경우만큼 강하지 않다.

5.2 임원 및 낙하산임원의 출신대학별 분포

금융공기업의 경우 출신대학별로 금융공기업 임원과 낙하산임원의 편중을 알아보기 위하여 〈표 3-38〉에서 볼 수 있는 바와 같이 임원을 대학별로 분류하여 보았다. 〈표 3-38〉에서 기타 대학과 출신대학 미상의 경우를 제외하면 서울대 출신 임원이 37명으로 전체의 23.0%를 차지하였다. 이는 전체 공기업의 서울대 출신 임원의 비중 23.0%와 매우 유사하였다. 이는 연세대와 고려대의 경우도 비슷하나 실세대의 경우에는 전체 공기업의 경우 임원의 비중이 6.5%였으나 금융공기업의 경우에는 16.1%(2.5배)였다.

표 3-38 출신대학별 임원 수와 비중

	임원 수(A)	임원 비중	낙하산 수(B)	낙하산 비중	B/A*(%)
서울대	37	23.0	8	22.9	21.6
연세대	10	6.2	0	0.0	0.0
고려대	14	8.7	1	2.9	7.1
실세대	26	16.1	7	20.0	26.9
사관학교	3	1.9	0	0.0	0.0
기타	65	40.4	16	45.7	24.6
미상	6	3.7	3	8.6	50.0
합계	161	100.0	35	100.0	21.7

한편, 기타 대학과 출신대학 미상의 경우를 제외하고 금융공기업 낙하산임원의 수가 가장 많은 곳은 서울대로 8명이고, 이는 전체 낙하산임원의 22.9%에 해당한다. 이와 같은 낙하산임원 비중은 전체 공기업의 경우보다 2.4%포인트 높은 수치이가. 다음으로 낙하산임원의 수가 많은 곳은 소위 실세대로 7명이고, 이는 전체 금융공기업 임원의 20.0%에 해당한다. 그런데 전체 공기업임원 가운데 실세대 출신 낙하산임원의 비율은 6.8%이다. 따라서 실세대의 경우 금융공기업임원의 낙하산 비율은 공기업 전체 실세대 출신 낙하산임원의 비중보다 13.2%포인트나 높다. 특기할 점은 연세대, 고려대, 사관학교 출신 금융공기업 낙하산임원 비율은 전체 공기업의 경우보다 낮다는 사실이다.

각 대학 출신별로 금융공기업임원 가운데 낙하산 출신 임원이 차지하는 비중을 구하여 보면 〈표 3-38〉의 마지막 열과 같다. 이에 따르면 임원 가운데 낙하산임원이 차지하는 비중이 가장 높은 대학은 실세대(26.9%)이고 그 다음이 서울대(21.6%)이다. 이와 같은 비중은 전체 공기업의 낙하산 비중, 곧 실세대 17.6%, 서울대 14.5%보다 각각 9.3%포인트, 7.1%포인트 높은 수치이다. 그러나 연세대, 고려대, 사관학교의 경우에는 임원 가운데 낙하산임원의 비중이 전체 공기업의 경우보다 낮다. 다시 말해 금융공기업에서 학벌에 따른 낙하산인사는 서울대와 실세대 중심으로 나타나며 그 정도는 전체 공기업의 경우보다 크게 나타난다. 다시 말해 외부 인사개입은 공기업보다 금융공기업에서 더 높게 나타난다고 할 수 있다.

그림 3-10 낙하산임원의 소속단체

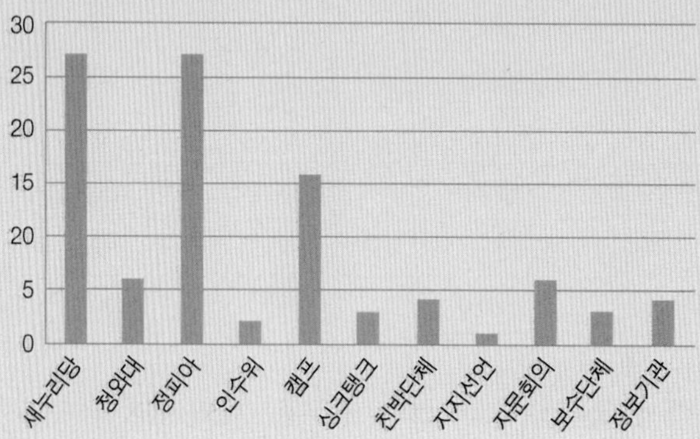

그림 3-11 낙하산임원의 소속단체 수 분포

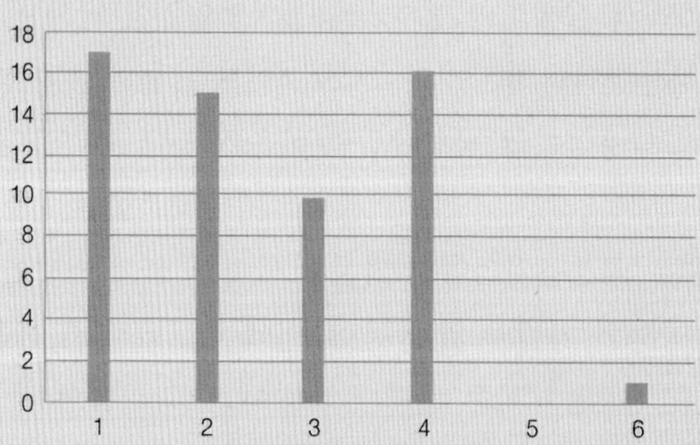

5.3 낙하산임원의 소속 정치단체별 분포

금융공기업의 낙하산임원의 소속 정치단체별로 분류하여 보면 〈그림 3-10〉과 같다.[15] 〈그림 3-10〉에 따르면 금융공기업 낙하산임원이 가장 많이 소속되어 있던 단체는 새누리당과 정치인(정피아)이었다. 그 다음이 대선캠프 소속이고, 자문회의, 친박단체, 정보기관 등의 순이었다. 〈그림 3-10〉에 따르면 금융공기업(보다 넓게는 공기업)의 경우 낙하산의 문제는 정치의 문제이다. 이미 널리 알려져 있는 바와 같이 정치적인 네트워크가 낙하산 문제를 낳고, 낙하산 문제가 금융공기업(또는 공기업)임원의 독립성을 훼손하고 있다고 말할 수 있다.

6. 은행 사외이사 인사외부개입과 금융공기업과의 비교

지금까지 우리는 금융회사 이사회의 구성과 투표행위, 박근혜 정부의 공기업임원 인사개입, 그리고 금융공기업의 임원인사개입에 대하여 알아보았다. 그러나 금융공기업이 금융회사 전반을 반드시 대표한다고 보기가 어렵기 때문에 이 절에서는 시중은행의 인사개입에 관하여 개괄적으로 알아봄으로써 금융공기업이 얼마나 대표성이 있는지에 관하여 알아보기로 한다.[16]

표 3-39 8대 은행의 사외이사 출신대학과 낙하산이사

	서울대	연세대	고려대	실세대	기타	합계
사외이사 수(비중)	21(50.0)	6(14.3)	6(14.3)	1(2.4)	8(19.1)	42(100.0)
낙하산(비중)	6(60.0)	1(10.0)	1(10.0)	0(0.0)	2(20.0)	10(100.0)
낙하산 비율 (%)	28.6	16.7	16.7	0	25	23.8

이 절에서 이를 체크하기 위해 2014년 8대 은행(국민, 기업, 신한, 우리, 하나, SC, 한국씨

15) 〈그림 3-10〉에서는 복수의 소속을 허용하고 있다. 즉 한 사람이 여러 단체에 속할 수가 있다. 〈그림 3-11〉에 소속 단체의 수가 나타나 있다.

16) 우리나라 은행산업의 구조와 수익성에 관하여는 김우진(2015)을 참고할 수 있다.

티, 한국외환)의 사외이사(42명)의 배경을 조사하여 낙하산이라고 볼 수 있는 인사의 수와 학벌 및 배경에 관하여 알아보았다. 〈표 3－39〉에서 볼 수 있는 바와 같이 8대 은행의 사외이사는 42명이었으며 그 가운데 10명(23.8%)이 낙하산인사라고 분류할 수 있었다. 그런데 이와 같은 낙하산인사의 비중은 금융공기업의 경우와 매우 유사하다고 할 수 있다.

이를 출신학교별로 분류하여 보면 시외이사와 낙하산인사에 있어 서울대가 각각 21명(전체 사외이사의 50%), 6명(전체 낙하산인사의 60%)으로 가장 많았다. 다음으로 연세대와 고려대 출신의 사외이사와 낙하산인사가 각각 6명(전체 사외이사의 14.3%), 1명(전체 낙하산인사의 10%)을 차지하였다. 그리고 기타 대학의 사외이사가 8명(전체 사외이사의 19.1%), 낙하산인사가 2명(전체 낙하산인사의 20%)이었다. 소위 실세대(서강, 성균관, 영남)의 경우에는 사외이사가 1명(2.4%)이었고 우려와는 달리 낙하산 사외이사는 존재하지 않았다.

8대 은행 낙하산 사외이사의 배경이 〈표 3－40〉에 나타나 있다. 이에 따르면 관료 출신이 5명(전체의 50%)으로 가장 많고, 그 다음이 정치인 비서관 출신이 3명(전체의 30%)이었다. 그리고 집권당인 새누리당 출신과 정보기관 출신이 각각 1명(전체의 10%)이었다. 이를 전체 사외이사에서 차지하는 비중으로 보면 〈표 3－40〉에서 볼 수 있는 바와 같이 각각 7.1%, 11.9%, 2.4%이었다.

표 3-40 8대 은행 낙하산 사외이사의 배경

	비서관	관료	새누리당	정보기관	합계
임원 수(A)	3	5	1	1	10
비중(A/합계, %)	30.0	50.0	10.0	10.0	100.0
비중(A/전체, %)	7.1	11.9	2.4	2.4	23.8

7. 소 결 론

지배구조의 문제는 소유(ownership, 또는 금융(finance))와 경영이 분리되어 있는 경우에 나타나는 대리인문제(agency problem) 때문에 중요하다. “기업지배구조의 문제는 기업에 대한 금융의 제공자가 투자에 대한 수익을 보장받는 방법을 다룬다"고 한 Shleifer and Vishny(1997)의 지배구조에 대한 정의는 곱씹어 볼 만하다. 즉 기업에 금융을 제공한 사람이 어떻게 하면 경영자가 이윤의 일부를 자신들에게 지불하게 할 수 있는가의 문제, 어떻게 하면 경영자들이 자신들이 제공한 자본을 가로채거나 수익성이 없는 사업에 투자하지 않도록 하는가의 문제가 지배구조 논의의 핵심이라는 점을 다시 한 번 상기할 필요가 있다.

지배구조에 관한 데이터는 매우 한정되어 있고 에피소드 위주로 되어 있다. 따라서 지배구조의 문제를 직접 살펴볼 수 있는 데이터는 사실상 존재하지 않는다고 하여도 좋을 정도이다. 이와 같은 제약 때문에 본 연구에서는 지배구조의 문제를 간접적으로 유추해 볼 수 있는 세 가지 데이터를 이용하였다. ① 금융감독원 전자공시시스템(DART, Data Analysis, Retrieval and Transfer System)의 공시자료로부터 금융회사 이사회의 구성과 사외이사의 활동, 특히 안건 찬반에 대한 자료를 수집 및 분석하였다. ② 공기업 낙하산인사 자료를 이용하여 공기업임원 인사에서 지연과 학연의 역할 및 정치적 개입을 분석하였다. 나아가 금융공기업을 분석함으로써 금융회사에 대한 인사개입의 정도를 간접적으로 추론하여 보았다. ③ 위의 금융공기업 분석결과가 전체 금융회사의 경우를 추론하기에 얼마나 타당한가를 보기 위해 8대 은행 사외이사의 배경을 분석하여 위의 결과와 비교하였다.

먼저 금융회사의 사외이사 분석을 통해 다음과 같은 결과를 얻을 수 있었다. 안건의 성향을 보면 금융회사의 경우 감독안건이 75% 정도였다. 이는 사회이사제도를 처음 도입할 때 의도한 견제와 감시의 기능이 어느 정도 작동하고 있음을 보여주는 수치라고 할 수 있다. 그러나 사외이사들의 투표성향을 보면 CEO를 적극적으로 견제하지 못(안)하는 경향이 존재하는 것이 아닌가 하는 의구심이 들지 않을 수 없다. 즉 사외이사의 투표 참석률은 높으나 반대율과 부결안건은 극소수에 불과하다. 비금융기업과 비교하여 금융기업의 경우 감독안건의 비율이 압도적으로 높음에도 불구하고 부결은 극소수라는 사실이 어느 정도 거수기 사외이사론을 뒷받침한다고 밖에는 달리 설명할 수가 없다. 외국인 사외이사의 경우에도 사정은 크게 다르지 않았다. 외국인 사회이사의 참석률은 저조하고 찬성률은 지극히 높다는 것은 외국인 사외이사의 규율과 성실성을 의심하게 하는 결과였다.

결국 아무리 좋은 제도를 만들어 놓아도 그것은 사람이 운용하는 것이다. 안건의 월별 분포로부터 알 수 있는 바와 같이 CEO가 사외이사의 견제를 피할 수 있는 방법이 있는 것으로 생각된다. 즉 안건의 월별 상정을 조정함으로써 사외이사의 비중이 낮은 달에 안건을 집중 심의하는 편법이 가능하다. 물론 업종별로 안건이 집중되는 달이 다르게 나타나기는 하지만 그와 같은 편법의 존재는 제도를 아무리 정교하게 만든다고 하여도 피할 수 없을 것으로 생각된다.

다음으로 공기업의 임원인사를 분석함으로써 다음과 같은 결과를 얻을 수 있었다. 공기업 전체의 외부 인사개입은 16.7%(낙하산인사/전체 임원인사)이다. 이를 지역과 학벌로 분류하여 보면 다음과 같다. 먼저 지역별 단순 숫자로 보면 공기업 임원과 낙하산인사가 서울·경기와 영남(부산·경남·울산과 대구·경북)에 치우쳐 있다. 특히 서울과 경북에 집중되어 있다. 이는 인구 비중(서울)과 정치적 역학(경북)이 공기업 인사에 작용하고 있음을 보여주는 숫자라고 할 수 있다. 이를 인구 비중을 고려하여 분석하여 보면 지역편중이 감소한다. 인구 비중을 고려하면 서울·경기와 영남을 제외한 지역의 공기업임원과 낙하산임원의 비중이 증가한다. 이러한 현상은 지역안배 때문에 나타나는 인사 패턴이라고 생각된다.

다음으로 공기업 임원인사에서 학력의 역할은 다음과 같다. 표본기간에 공기업 임원에 가장 많이 임명된 출신대학은 서울대로 압도적이다. 그 이외에 연세대, 고려대, 실세대의 경우에는 특별한 대우를 받았다는 모습이 나타나지 않는다. 특이한 것은 이 대학들 이외(기타와 미상)의 임원과 낙하산임원의 비중이 각각 55%, 56.9%로 매우 높다는 것이다. 이는 오히려 정치적 네트워크에서 그리고 공기업인사에서 이미 잘 알려진 대학의 출신보다 그렇지 않은 대학의 출신들의 역할이 더 큼을 보여준다고 할 수 있다.

금융공기업만을 따로 분리하여 분석함으로써 다음과 같은 사실을 발견할 수 있었다. 첫째로 금융공기업의 낙하산임원 비중은 전체 임원의 21.7%로 공기업 전체 16.7%보다 5%포인트 높다. 둘째, 단순 숫자로 볼 때 공기업 전체의 경우와 마찬가지로 금융공기업의 경우에도 서울·경기와 영남 편중이 나타난다. 즉 금융공기업 임원의 경우에는 서울 편중현상(전체의 20.5%)이 두드러지고 낙하산임원의 경우에는 경북 편중현상(전체의 22.9%)이 두드러진다. 이를 인구비중을 고려하여 조정하면 금융공기업임원의 비중은 서울·경기와 영남에서 다른 지역으로 옮겨간다. 그러나 금융공기업 낙하산 임원의 비중은 다른 지역으로 그다지 이동하지 않는 특성이 발견된다. 이는 금융공기업의 인사가 보다 외부개입에 취약함을 보여주는 것이라고 해석할 수 있다. 셋째, 출신대학별로 분석하여 보면 공기업 전체의 경우보다 실세대학의 진출이 두드러져 보인다. 즉 2013년 2월 25일 이후 임명된 실세대학 출신 금융공기업임원의 비중이 서울대 출신에 버금가는 것으로 나타난다. 이 역시 금융공기업이 공기업 전체보다 외부 인사개입에 취약함을 보여주는 것이라고 볼 수 있다. 넷째, 정치적인 네트워크로 보면 집권당, 정치단체, 선거캠프 출신이 대종을 이룬다. 이는 정치가 외부 인사개입의 진원지임을 보여주는 결과이다. 그리고 동시에 낙하산인사의 전문성에 의구심을 일으키게 하는 현상이라고 할 수 있다.

금융공기업과 8대 은행의 외부 인사개입을 비교하여 보면 다음과 같은 사실을 알 수 있다. 첫째, 전체적인 외부 인사개입(낙하산인사)의 비중은 금융공기업과 8대 은행의 경우 유사하였다. 둘째, 금융공기업의 외부 인사개입은 선거에 관여하거나 실세대와 같은 정치적인 네트워크가 중요하였으나 은행의 경우에는 관료의 개입이 많았다. 특히 재미있는 것은 실세대의 은행진출은 금융공기업의 경우와는 달리 크지 않다는 사실이다. 셋째, 금융공기업과 8대 은행 모두 학력으로는 서울대가 임원 및 낙하산인사에서 압도적으로 많았다. 종합하자면 전체적으로 금융공기업과 8대 은행의 외부인사개입의 정도는 상세내용에서 차이가 적지 않았으나 전체적으로는 유사하였다. 그리고 공기업 전체보다 금융공기업과 은행에 낙하산 곧 외부 인사개입이 크게 나타났다.

이와 같은 분석으로부터 우리나라 금융회사의 지배구조에 관하여 다음과 같은 정책적 시사점을 얻을 수 있다. 먼저 자료에 나타난 바에 따르면 사외이사 거수기론은 타당성이 있어 보인다. 5년 동안 단 한 번의 반대도 없는 다수 금융회사 이사회의 존재이유가 무엇인지에 대하여 의문을 제기하지 않을 수 없다는 점이다. 과연 반대할 필요도 없이 지당한 안건만 심의된 것인지, 아니면 책임회피와 무임승차가 금융회사 이사회의 규범인지 분명히 할 필요가 있어 보인다.

「금융회사지배구조모범규준」과 같은 법과 규칙을 만드는 것과 함께 적절한 모니터링 시스템이 필요하다고 생각된다. 즉 전자공시 시스템에 사외이사의 활동에 관한 매우 상세한 공시가 필요하다. 안건별로 출석과 찬반뿐만 아니라 찬반의 이유를 정형화하여 공시함으로써 사외이사의 경영자 견제 능력을 투명하게 볼 수 있도록 하여야만 한다. 그리고 반대의사를 표명하더라도 사회이사의 직위가 영향을 받지 않는 제도의 안정성이 확보되어야만 한다. 다시 말해 지배구조와 관련하여 사외이사제도를 개선하기 위해서 가장 시급하게 확보되어야 할 것은 투명성과 제도의 안정성이라고 생각된다. 그러나 다른 한편으로 사외이사추천위원회를 통해 사외이사제도가 권력화하고 권력의 사유화가 이루어지는 현상에 대하여도 모니터링이 이루어져야만 한다고 생각된다. 물론 이에 대하여도 사회이사 후보군에 대한 관리와 선임의 투명성을 확보함으로써 문제를 완화하거나 해결할 수 있을 것으로 생각된다.

금융회사 지배구조에 대한 외부개입은 앞의 데이터에서 본 바와 같이 그리고 이미 주지하는 바와 같이 지연, 학연, 관료 및 정치로 요약된다. 따라서 결국 사람으로 귀착되며, 그렇기 때문에 좋은 제도뿐만 아니라 그것을 지킴으로써 쌓이는 명성(reputation)에 대한 보상시스템이 제도적으로 마련되어야 할 필요가 있다. 명성 쌓기는 국가채무의 경우에 볼 수 있는 바와 같이 대리인 문제를 해결하는 가장 중요한 수단 가운데 하나이다. 그러나 명성 쌓기에는 비용이 따르기 때문에 당연히 그에 대한 보상이 주어져야만 명성에 의미 있는 가중치가 주어질 것임은 자명하다.

마지막으로 낙하산인사가 특히 금융회사에서 더 심하다는 것은 은행산업의 금산분리 등 소유구조에 대한 연구가 다시 한 번 이루어져야 함을 시사한다고 할 수 있다. 때때로 등장하는 금융회사 CEO의 전횡[17] 문제뿐만 아니라 낙하산인사의 문제는 소유가 지나치게 분산되어 있기 때문인 경우가 적지 않다. 따라서 소액 주주/투자자의 법적 보호와 함께 소유구조에 대한 심도 있는 논의가 필요하다고 생각된다.

---

17) 김동원·노형식(2013) 참조.

IV

핀테크 발전과 은행산업 경쟁력 제고방안

Directions for Financial Reform to Develop the Korean Banking Industry

IV
핀테크 발전과 은행산업 경쟁력 제고방안

1. 핀테크의 등장과 금융산업

1.1 핀테크의 등장과 중요성

최근 선진국에서는 금융과 IT를 접목하여 기존의 금융서비스를 대체하거나 오프라인에서는 가능하지 않았던 새로운 금융서비스를 창출하는 '핀테크' 관련 창업이 활발히 진행되고 있다. 현재 미국, 영국, 중국 등 주요 국가들에서는 핀테크에 대한 투자가 폭발적으로 증가하고 있는 가운데 금융과 IT기술 간의 결합이 점차 고도화되어 가면서 가까운 미래에 핀테크기업이 금융업을 점차 잠식해 나아갈 것이라는 예상이 확산되고 있는 상황이다. 핀테크의 등장으로 인하여 전통적인 금융산업과 ICT 산업의 경계가 허물어지며, 양 산업 간의 교차 진입이 활발해짐에 따라 기존 은행산업에 위기로 작용할 것으로 보는 것이다. 비은행산업의 은행업 진출이 활발해지고 있으며, ICT기업의 지급결제시장 진출과 크라우드펀딩에 기반을 둔 P2P 대출 및 대출전문 사모펀드 등 기존 은행산업의 고유영역이 잠식될 것으로 예상하는 견해도 있다.[1] 최근 하나금융경영연구소의 보고서는 핀테크산업이 발전하면 기존 은행의 수익기반을 잠식하여 10년 뒤 은행의 소비자금융 수익의 60%, 매출액의 40%가 줄어

1) 박재석, 이홍재(2014).

들 것으로 전망하였다.[2]

KB금융지주경영연구소의 보고서에 따르면 세계적으로 글로벌 핀테크기업 투자 규모는 2014년 120억 달러를 상회하였고 이는 2010년에 비해 6배, 2013년에 비해 3배 증가한 규모다.[3] 또한 페이팔, 알리페이 등 인터넷 및 모바일 기반 상거래에서 IT를 이용한 금융결제거래가 확산되고 있으며 결제시장에서 핀테크기업들의 글로벌시장점유율이 점차 높아지고 있는 상황이다.

이처럼 핀테크기업들의 등장으로 글로벌 금융업계와 IT업계에 예고되고 있는 지각변동은 발전이 더딘 것으로 평가받고 있는 우리 은행산업에 대해 시사하는 바가 크다고 본다. 현재 우리 은행산업은 정부당국의 지속적인 제도개선 노력에도 불구하고 경쟁력 제고를 이루지 못하고 있고 새로운 수익원 발굴을 위한 노력이나 글로벌화를 통한 새로운 수익기반 구축의 성과를 보여주지 못하고 있는 실정이다. 이러한 상황에서 핀테크 활성화는 기존 금융시스템에 새로운 충격을 주어 혁신의 계기가 될 가능성이 있을 뿐만 아니라 기존 금융업계에서 찾아보기 어려운 새로운 사업영역 개척의 기회가 될 것으로 예상되어 창조경제에 또한 기여할 것으로 기대된다.

핀테크(fintech)는 '금융 (finance)과 기술(technology)의 융합' 또는 '금융과 기술의 융합을 통한 새로운 사업 분야'를 의미하는 것으로 정의할 수 있다. 이는 기존 금융산업에 대한 IT결합 또는 기존 IT산업의 금융 진출을 모두 포함할 뿐만 아니라, 신규 핀테크 영역, 예를 들어 빅데이터 분석을 활용한 신규 핀테크 분야 등과 같은 영역을 창출하는 것을 포함한다. 아일랜드의 국립디지털연구소(National Digital Research Centre)는 '금융서비스의 혁신'으로 정의[4]하고 있으며, 이성복(2015)은 '금융서비스를 소프트웨어에 기반을 두어 제공하는 사업'으로 정의하고 있다.[5] 그러나 융합을 통한 창조적 혁신이 금융 분야에 한정되지는 않는다는 점에서 여기에서는 다소 중립적인 '금융과 기술의 융합'

2) "핀테크, 10년 후 은행 위협 … 소매금융 수익 60% 감소"(매일경제신문, 2015. 10. 20.).

3) '글로벌 금융회사의 핀테크 도입과 골드만삭스의 사례'(2015. 9. 16.).

4) "So What is Fintech?". National Digital Research Centre. March 2014. Retrieved 26 November 2014.

5) Roland Berger Strategy Consultants(2015)는 '결제, 송금, 예금/대출, 자산관리 등 금융과 IT의 새로운 융합서비스를 통칭'하는 것으로 정의하고 있으며, 박수용(2015)은 'IT를 기반으로 한 금융서비스 기술 및 산업'으로 정의하고 있고, 김남훈(2015)은 '금융에 정보기술을 접목함으로써 전통 금융기관이 채워주지 못하는 금융 니즈(비용절감, 편리성)를 해소하는 사업'으로 정의하고 있다. 박재석·이홍재(2014)는 '글로벌 IT기업들이 폭넓은 사용자 기반을 바탕으로 정보통신기술과 송금, 결제, 자산관리 등 각종 금융서비스를 결합한 새로운 유형의 금융서비스'로 정의한다.

또는 '금융과 기술의 융합을 통한 새로운 사업 분야'로 정의하고자 한다.

핀테크는 금융과 IT 간의 창조적 융합형 산업으로서 현재까지 등장한 형태 이외에 새로운 형태의 융합사업모델이 등장할 수 있으므로 일정한 한계를 짓기는 어렵다. 또한 현재까지 등장한 핀테크의 사업형태도 명확하게 구분하기는 쉽지 않은 것이 현실이며, 이러한 점은 METIA GROUP의 보고서[6]에서도 지적하고 있는 바다.[7]

이처럼 핀테크와 관련된 사업영역은 매우 다양하고 여러 분류가 가능하나 금융 측면에서 바라본다면 영국의 투자무역청에서 제시하고 있는 바와 같이 지급결제, 금융데이터 분석, 금융 소프트웨어, 플랫폼 등 네 개의 큰 범주로 구분할 수 있다.[8]

첫째, 지급결제 분야는 핀테크와 관련된 인프라 및 온라인지급결제 등과 같은 사업영역을 말하며, 둘째, 금융데이터분석 분야는 신용조회, 자본시장, 보험 등의 사업을 말한다. 셋째, 금융소프트웨어 분야는 위험관리, 결제, 은행, 자산관리, 보험, 회계 등과 관련된 사업을 말하며, 마지막으로 넷째, 플랫폼 분야는 크라우드펀딩(P2P), 개인투자, 기관투자와 관련된 사업영역을 말한다.[9]

6) METIA(2014), FINTECH MARKETING REPORT 2014, 9p. "Applying any taxonomy or segmentation to the fintech sector is fraught with difficulty."

7) 이성복(2015)은 핀테크의 혁신영역은 금융의 모든 분야에서 발생할 수 있기 때문에 '핀테크의 혁신영역을 규정하는 것은 핀테크 혁신을 부정하는 것과 같다'고 주장한다.

8) 영국 투자무역청(UK Trade & Investment)은 영국 소재 기업들과 영국에 투자하고자 하는 해외 기업들을 지원하는 부처로서, 최초 1999년 5월 '영국 대외무역청(British Trade International)'으로 설립되었으며, 2개의 부문(무역 및 투자)으로 구성되었다. 2003년 10월 기관명을 지금의 영국 투자무역청으로 변경하고 2개의 부문을 합병하였다. 현재 해외무역 및 투자를 통한 영국 기업들의 경쟁력 강화 및 지속적인 해외 직접투자 유치 지원을 목적으로 하고 있다.

9) 이성복(2015)에서는 핀테크 혁신이 발생할 수 있는 영역을 다소 추상적으로 구분하여, 다음의 4개 영역, ① 거래비용을 절감할 수 있는 영역, ② 정보의 질 격차를 축소할 수 있는 영역, ③ 기존 금융권이 포괄하지 못한 영역, ④ 기존 금융회사의 핀테크 접목을 지원할 수 있는 영역으로 구분하기도 한다.

표 4-1 핀테크 사업영역의 분류

사업영역	주요 특징	세부 영역
지급결제	이용이 간편하면서도 수수료가 저렴한 지급결제서비스를 제공함으로써 지급결제시장의 진입장벽을 완화	Infrastructure, Online Payments, Foreign Exchange
금융데이터 분석	개인과 기업고객과 관련된 다양한 데이터를 수집하여 분석함으로써 새로운 부가가치를 창출	Credit Reference, Capital Markets, Insurance
금융 소프트웨어	보다 진화된 스마트기술을 활용하여 기존 방식보다 효율적이고 혁신적인 금융업무 및 서비스 관련 SW 제공	Risk Management, Payments, Banking, Asset Management, Insurance, Accounting
플랫폼	전 세계 기업과 고객들이 금융기관의 개입 없이 자유롭게 금융거래를 할 수 있는 다양한 거래기반을 제공	P2P Lending, Trading Platforms, Personal Wealth, Aggregators

주: 사업영역의 분류는 영국 투자무역청(UK Trade & Investment)에 의한 것이며, 각 영역별 주요 특징은 서보익·이정·박종선(2015)에서 인용함.

1.2 핀테크의 사업영역

다음은 핀테크의 사업영역을 좀더 구체적으로 살펴보기로 한다.

(지급결제)

지급결제는 이용이 간편하고 수수료가 저렴한 자금결제서비스로서, 핀테크산업 초기에 대부분의 투자가 이루어진 분야이며 핀테크산업 성장의 촉매제로 작용한 분야라 할 수 있다. 대표적으로는 페이팔, 알리페이, 구글월렛, 애플페이 등이 있다. 2008년까지 전체 핀테크산업 투자의 약 70% 가량이 지급결제 분야에 이루어졌으며 핀테크기업과 기존의 금융기관(은행, 카드사 등)이 제휴한 형태의 서비스가 주를 이루고 있다.[10)]

페이팔(Paypal)은 1998년 말 설립되어 2002년에 eBay에 인수되었으며, 최초 계좌개설 시에만 계좌정보 및 신용카드 정보를 입력하면 이후에는 간단한 개인정보만으로도 결제가 가능한 간편한 지급결제서비스를 제공한다. 2015년 현재 가입자 수는 169백만 명이며, 2014년 기준 총 40억 건의 결제(이 중 10억 건은 모바일)가 이루어졌다.

10) Pitchbook, Accenture, CB Insights.

애플페이(Apple Pay)는 2014년 아이폰 신규 모델 출시와 더불어 아이폰에 내장된 지문인식 센서를 통해 손쉽게 결제할 수 있는 서비스를 제공하며, 지문인식을 통해 보안성이 강화된 서비스이나 다른 핀테크 결제시스템과 호환성이 없는 폐쇄적인 특징이 있다.

(금융데이터 분석)

금융데이터 분석은 개인과 기업고객에 관한 다양한 데이터를 수집·분석함으로써 개인 및 기업들의 신용도를 측정하는 데 목적이 있으며, 이를 통해 새로운 부가가치를 창출하는 분야라 할 수 있다. 초기에는 고객정보의 분석을 통해 신용도를 평가함에 목적이 있었으나, 점차 영역이 확대되어 개인 자산관리, 사기 또는 신분도용거래 방지 등의 서비스로 확장되고 있으며, 핀테크산업의 발전에 따라 등장한 분야라 할 수 있다. 이 분야에서는 방대한 자료에 대한 분석의 자동화 및 분석결과의 정밀성 향상 등에서 많은 혁신이 기대되고 있다. 대표적인 기업으로는 민트닷컴(Mint.com), 어펌(Affirm), 빌가드(BillGuard) 등이 있다.

민트닷컴(Mint.com)은 2006년에 설립되었으며, 개인에 대한 금융정보(금융계좌, 신용카드, 주택 및 증권가격)를 분석하여 개인의 자산상황을 알려주는 개인 재무관리서비스를 제공하고 있으며, 빅데이터에 기반을 둔 금융추천 서비스 등으로 확장하고 있다

어펌(Affirm)은 2012년에 페이팔 창업자인 맥스 레브친(Max Levchin)에 의해 설립되었으며, 이름, 전화번호, 이메일, 사회보장번호 4개 정보만 입력하면 SNS 등의 정보를 이용하여 4분 안에 개인의 신용등급을 평가하여 제공한다. 최근 주식 및 회사채 발행으로 275백만 달러의 투자를 유치하였다.

(금융소프트웨어)

금융소프트웨어 분야는 발전된 스마트폰 기술을 이용하여 보다 효율적이고 혁신적인 금융업무 및 서비스 관련 소프트웨어를 제공하는 분야라 할 수 있다. 위험관리, 결제, 뱅킹, 자산관리 및 자본시장, 보험, 회계 등 전통적인 금융서비스 분야에 있어서 효율성을 향상시키고 새로운 시장수요를 창출시킬 수 있는 관련 소프트웨어를 개발함으로써 혁신을 유도하는 영역이라 할 수 있다.

빌가드는 2010년에 3백만 달러의 벤처 투자를 받아 설립되었는데, 앱(App)에 신용카드를 등록하면 예측 알고리즘을 이용하여 사용자의 은행계좌와 카드로 결제한 지출 자료를 분석하여 의심스러운 청구나 거래 징후를 포착하여 사기나 신분도용 거래 여부를 알려주는 서비스를 제공하고 있다.

(플랫폼)

플랫폼 분야는 시장참여자들이 금융기관을 통하지 않고 당사자 간에 직접 자유롭게 금융거래를 할 수 있도록 하는 다양한 거래기반을 제공하는 분야로서, P2P 대출 및 크라우드펀딩이 대표적이며 거래플랫폼이 포함된다. 대표적인 기업으로는 렌딩클럽(Lendingclub), 온덱(Ondeck)이 있다.

렌딩클럽은 2006년 eBay의 창업자에 의해 설립되었으며, 미국 최대 온라인 P2P 대출업체이다. SNS를 이용하여 대출자와 투자자를 연결하는 플랫폼 서비스를 제공하고 있으며, 개인대출 수요자가 온라인으로 대출신청서를 작성하면 신청서를 심사하여

그림 4-1 핀테크기업들의 설립연도별 분포

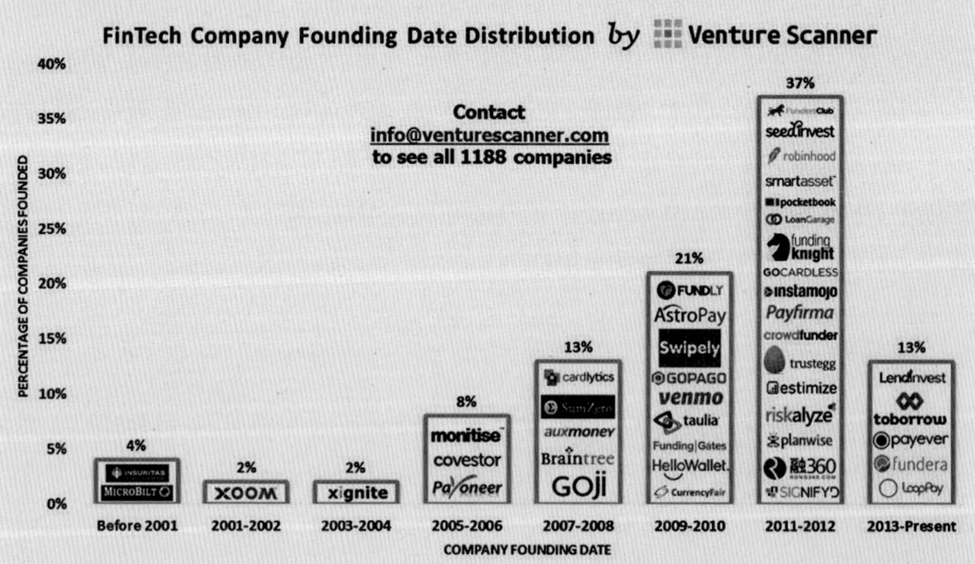

출처: Venturescanner 홈페이지, 2015. 7. 29. update.

대출여부를 판정하고 빅데이터 분석을 통해 신용도에 따라 신용등급을 온라인에 공시한다. 대출한도는 35,000달러 이내이며, 대출이자율은 연 6.5~13%로서 신용카드 대출보다 낮고 은행보다 높은 수준이다. 렌딩클럽 수수료는 1~3% 수준이며, 개인투자자는 25달러 이상부터 투자가 가능하며, 전체 대출 중 80% 가량이 기관 투자자에 의해 공급되고 있다.

온덱은 2006년에 설립되었으며, 소상공인을 대상으로 하는 온라인 대부서비스를 제공하고 있다. 500만 원~2.5억 원의 범위 내에서 소액대출서비스를 제공하는데, 온덱의 대출서비스는 선지급(merchant cash advance)방식을 활용하는 특징이 있다. 선지급방식이란 자영업자에게 대출 실행 이후 자영업자의 카드매출 발생 시 매출액이 온덱의 계좌로 들어오게 한 이후 온덱의 상환금을 제한 나머지를 자영업자에게 송금하는 방식이다. 온덱이 자체 개발한 대출적격 여부 시스템을 활용하여 대출을 신청한 자영업자의 신용도를 평가하는데, 자영업자의 은행거래내역, 현금흐름, 신용도, 소셜미디어 댓글 또는 평점 등을 분석하여 온덱 평점(Ondeck Score)을 산정하여 대출적격 여부를 판정

그림 4-2 글로벌 핀테크산업의 사업영역별 투자 비중(%) 변화

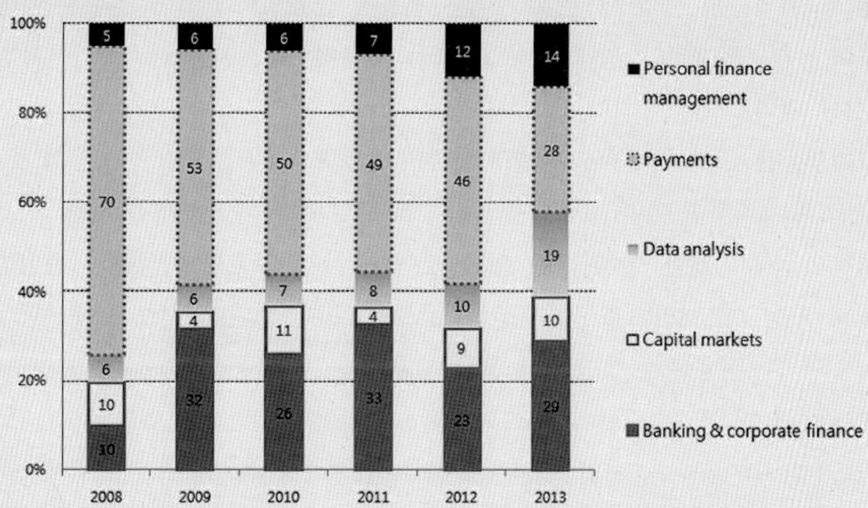

출처: Pitchbook, Accenture, CB Insights.

한다. 온라인으로 대출신청 시 10분 이내 대출 여부를 결정하며, 1일 이내에 대출금을 입금시켜 주는 신속한 대출절차가 강점이다.

1.3 글로벌 핀테크의 시장추이

글로벌 핀테크 시장규모는 투자 측면에서 2008~2013년 기간 동안 연평균 26.1%의 고성장을 기록하고 있으며 이러한 성장추세는 향후 수년간 지속될 것으로 예상되고 있다. 현재까지 생존해 있는 핀테크기업들을 설립연도별로 분석해 보면, 글로벌 금융위기 이후(2009~현재)에 설립된 기업들이 전체의 71%를 차지하는 것으로 나타나 핀테크 기업들의 대부분은 신생기업들로 구성되어 있음을 알 수 있다. 글로벌 핀테크기업의 현황에 대해 주기적으로 관찰하여 시장분석 보고서를 발표하고 있는 글로벌 컨설턴트 기업인 Venturescanner에 따르면 2015년 7월 현재 전 세계의 핀테크기업은 1,188개에 달하는 것으로 알려져 있다.

핀테크산업에 대한 글로벌 투자현황을 살펴보면, 초기에는 지급결제 부문에 집중되었으나, 이후 은행 및 기업금융 분야로 사업영역이 확대되어 가고 있음을 알 수 있다. 또한 개인금융 및 자료분석 분야가 크게 성장하고 있는 것으로 파악된다.

핀테크기업들의 사업영역은 초기에는 전통적 금융영역에 IT가 결합된 영역으로 출발하여, 이후 독자적인 핀테크 사업영역을 구축하였고, 최근에는 크라우드펀딩과 같은 신규 영역으로 확장되고 있다. Venturescanner 발표 자료는 현재 활동하고 있는 핀테크기업들을 14개의 세부 그룹별로 분류하고 있으며 각 그룹별 기업들의 중위 연령을 분석해 제시하고 있다(〈그림 4-3〉 참조). 각 세부그룹별 중위연령을 보면 글로벌 핀테크시장의 진화과정을 이해할 수 있을 것이다. 세부 그룹별 기업들의 중위연령은 6~8년, 4~5년, 4년 미만으로, 각각 설립기준으로 초기, 중기, 최근으로 구분할 수 있다. 초기 기업들은 주로 은행인프라(banking infrastructure), 외환송금(international money transfer), 금융관련 연구 및 자료수집(financial research and data) 분야에 집중되어 있고 중기 기업들은 주로 소기업(small business), 보안(security and fraud), 개인금융(personal finance), 결제(payments), 대출(lending), 소비자금융(consumer banking), 기관투자(institutional investment), 소매투자(retail investment)에 집중되어 있는 편이다. 최근 기업들은 핀테크투자(fintech investment), 자본조달(equity

그림 4-3 핀테크 세부영역별 기업들의 중위연령

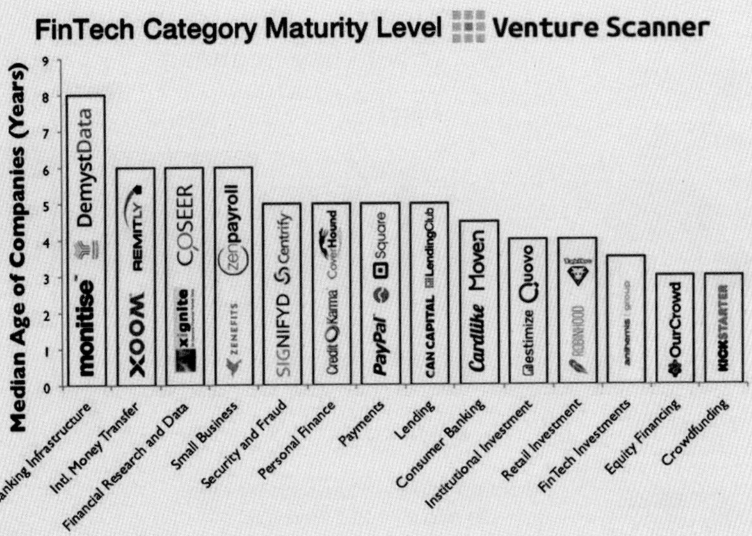

출처: Venturescanner

financing), 크라우드펀딩(crowd funding) 분야에 진출하고 있는 것을 알 수 있다.

최근에는 해외 ICT 기업들이 금융업에 진출하여 사업영역을 확대해 가고 있으며 이에 따라 비대면 금융거래 비중이 점차 높아져 가고 있는 실정이다.[11] 글로벌 ICT 기업들은 플랫폼(OS 운영체계 등) 및 SNS를 통하여 금융업에 진출하고 있으며, 이에 따라 소비자들은 비대면 금융서비스 이용이 증가하여 핀테크산업의 발전에 긍정적인 환경이 조성되어 가고 있다.

1.4 글로벌 핀테크의 지역별 분포

핀테크산업의 글로벌 현황은 지역마다 상이하여, 미국 및 영국은 성장기라 할 수 있으며, 이스라엘·홍콩·호주·싱가포르 등은 도입기라 할 수 있다. 현재 대부분의 핀테크기업들은 북아메리카에 집중되어 있으며, 미국은 세계 최대의 핀테크시장을 형성

11) 조윤정(2014).

그림 4-4 핀테크기업들의 지역별 분포

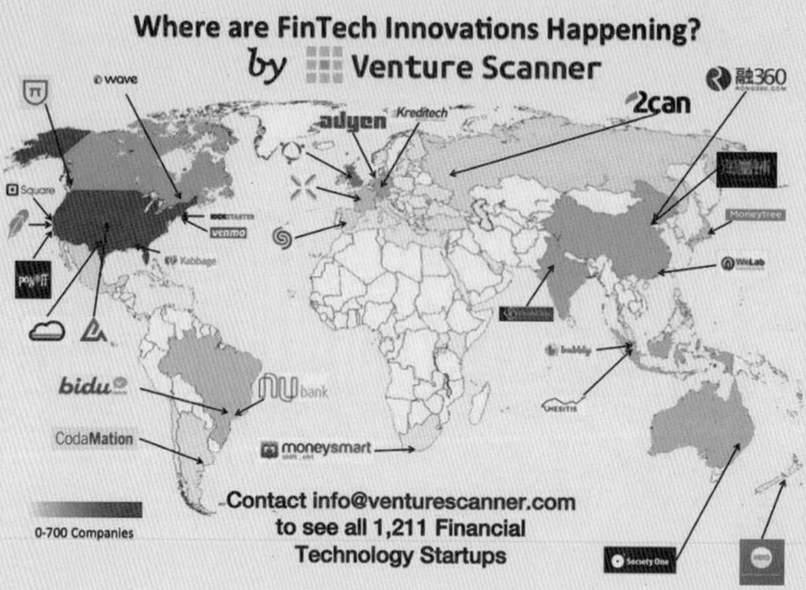

출처: Venturescanner 홈페이지, 2015.06.16. update.

하고 있다. 한편 영국은 핀테크기업들의 성장이 두드러진다. Venturescanner의 조사결과에 따르면, 2015. 6월 기준 1,211개 핀테크기업들을 대상으로 분석한 결과, 대부분의 핀테크기업들은 미국을 포함한 북아메리카에 집중되어 있으며, 영국·아일랜드를 비롯한 유럽과 중국·인도·호주 등의 아시아·태평양 지역, 그리고 케냐를 중심으로 한 아프리카에 분포하고 있다(〈그림 4-4〉 참조).

한편, 〈그림 4-5〉는 Accenture, Venturescanner, Capgemini 등 3개 조사기관에서 파악한 국가별 핀테크기업 수를 나타내고 있는데, 이 467개 핀테크기업들 중에서 80% 가량이 미국에 집중되어 있으며, 그 다음 영국, 싱가포르, 중국의 순으로 나타나고 있다. 한편, 3개 조사기관[12]이 공동으로 조사하여 발표한 전 세계 BEST 50 핀테크기업 목록에 따르면 미국에 약 절반 가량이 분포하고 있다(〈표 4-2〉 참고). 이 자료에 포함된 BEST 50 핀테크기업의 선정기준[13]은 총자본 증가, 자본증가율, 지역, 산업혁신

12) AWI, KPMG Australia and the FSC.

그림 4-5 **국가별 핀테크기업 수 비교**

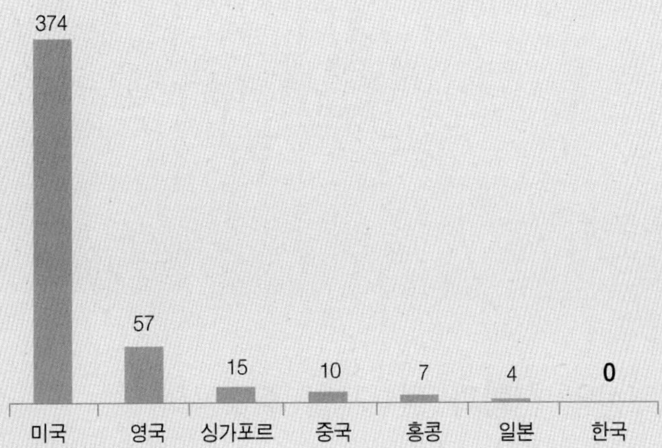

자료: Accenture, Venturescanner, Capgemini.
출처: Venturescanner 홈페이지, 2015. 6. 16. update.

정도 및 조사기관의 전문적 판단에 기초하였다.

표 4-2 **BEST 50 글로벌 핀테크기업의 지역별 분포**

	기업수
아메리카	26
미국	25
캐나다	1
아시아/태평양	7
뉴질랜드	1
인도	1
중국	1
호주	4
유럽/아프리카	17
독일	1

13) KPMG(2014), p. 4.

스웨덴	1
아일랜드	1
영국	11
이스라엘	2
케냐	1
총합계	50

출처: KPMG(2014)를 기초로 작성.

2. 해외 핀테크산업 현황과 정부지원 주요정책

2.1 해외국가별 현황[14)]

글로벌 핀테크산업을 선도하는 국가들은 자국 내 허브도시를 중심으로 핀테크기업들을 육성·발전시키고 있으며, 각 허브도시들은 핀테크산업에 대한 정부의 지원, 자금조달능력, 기술력 및 전문인력, 비즈니스환경 등의 측면에서 각각 상대적 다른 강점을 보이고 있다. KMPG(2013) 및 서보익 외(2015)는 8개의 글로벌 핀테크 허브도시들에 대한 강점들을 비교분석하여 제시하고 있는데, 여기에 선정된 주요 8개 도시는 실리콘밸리, 뉴욕, 런던, 더블린, 베를린, 텔아비브, 싱가포르, 홍콩이다.

미국, 영국, 아일랜드 등에 위치한 핀테크 허브도시들은 글로벌 핀테크산업 활성화 측면에서 가장 앞서 나아가고 있다. 우선 미국은 실리콘밸리와 뉴욕의 허브도시를 중심으로 글로벌 핀테크산업을 선도하고 있다고 평가된다. 실리콘밸리는 정부 주도보다는 실리콘밸리에 형성된 IT관련 전문인력에 벤처투자자가 결합된 형태로 발전하고 있다. 한편, 뉴욕은 글로벌 금융의 중심지라는 기초 위에 정부의 육성정책에 의해서 핀테크산업이 육성되고 있다는 특징을 갖고 있다. 영국과 아일랜드는 미국 다음으로 큰 핀테크 허브지역으로서 두 국가 모두 강력한 정부주도의 육성정책을 추진하여 핀테크를 발전시키고 있으며, 자금조달·IT 전문인력·비즈니스환경 등 기타 특성에서도

14) 본 절은 정유신(2015), 서보익·이정·박종선(2015), KMPG(2013), 김동우(2015), 등 글로벌 핀테크 허브도시들에 대한 선행연구들을 참고하여 정리하였다.

고른 강점을 보이고 있다.

싱가포르와 이스라엘은 핀테크 후발주자이나 정부의 강력한 지원정책을 통해 핀테크를 육성하고 있는 국가라고 할 수 있다. 싱가포르는 정부의 지원 및 IT 기술인력, 비즈니스환경 등이 전반적으로 양호하나 벤처캐피탈 등의 초기 자금지원이 다소 취약한 단점이 있으며, 이스라엘 역시 정부의 강력한 지원정책이 강점이고, 특히 해외자금 투자유인정책으로 인하여 핀테크투자가 빠르게 성장하고 있다. 이스라엘에서 2014년 상반기 핀테크투자의 연평균 증가율은 81%에 달한다.

독일과 홍콩 역시 핀테크 후발주자이기는 하나 정부지원이 약한 편인데, 다른 핀테크 선도 허브도시들에 비해 전반적으로 취약하다고 할 수 있다.

표 4-3 주요 핀테크 허브도시들의 비교

국 가	도 시	평점(1-취약함, 4-우수함)				특 징
		정부 지원	자금조달 능력	ICT 기술 및 인재	비즈니스 환경	
미국	실리콘밸리	1	4	4	3	• 전 세계에서 핀테크가 가장 발전한 지역 • 기업가정신, 기술력, 연구(학계), 도전적 문화 등은 핀테크 성장의 키워드 • 약 11,000명 핀테크 종사자 • 장기적인 금융서비스가 약한 단점
미국	뉴욕	3	3	3	3	• 세계에서 두 번째로 큰 핀테크 허브 • 지난 5년 간 CAGR 31%의 성장률을 기록, Silicon Valley 대비 2배 빠른 성장 • 핀테크기업을 지원할 충분한 금융서비스가 최대 경쟁력 • 약 43,000명 핀테크 종사자(Google, Facebook, Amazon, eBay 등)
영국	런던	4	3	3	3	• 뉴욕과 함께 전세계 2위권의 핀테크 허브 • 정부의 강한 핀테크 육성정책과 금융지원으로 높은 성장 • 약 44,000명 핀테크 종사자

아일랜드	더블린	4	3	3	3	• 정부의 강한 핀테크 육성 의지(세제혜택, 맞춤형 지원, 해외인재 등용) • 엔젤 투자자와 venture capital 네트워크가 발달 • 높은 교육수준과 연구개발, 숙련된 젊은 노동력
독일	베를린	1	1	1	2	• 체계적 교육시스템과 재능을 지닌 젊은 인재 • 양질의 비즈니스환경과 금융서비스가 다소 취약하고 정부지원이 약한 단점 • 엔젤 투자자와 venture capital 네트워크가 취약(외국인 투자자에게 기회)
싱가폴	–	4	2	3	3	• 정부의 강한 지원(직접투자, 세제혜택, 적극적 홍보 등) • 지정학적 위치, 도전정신, 법적 요소, 발달된 금융서비스, ICT 환경 • 엔젤 투자자와 venture capital 등 초창기 자금지원이 다소 취약
홍콩	–	1	1	1	2	• 해외기업가를 지원하는 정부정책 • 비자 및 세금구조가 상대적으로 취약 • 로컬 venture capital 자금력은 약하나, 외국 투자자의 참여가 확대 • 발전된 금융 및 ICR 기술력, 양질의 비즈니스환경, 중국 진출의 gateway
이스라엘	텔아비브	4	3	4	3	• 외국인 투자자 인센티브(Yozma Fund: 이스라엘 정부와 민간이 합동으로 첨단기술기업을 지원하기 위해 1993년 조성한 펀드) • 높은 교육수준과 연구개발 • 300여 venture capital 회사가 활동

출처: 서보익·이정·박종선(2015), p. 15.

주: 각 도시들에 대한 평점은 선행연구의 저자들이 평가한 것으로 1~4점을 부여한 것임.

2.2 국가별 핀테크 현황 및 지원정책

(미국)

미국은 기술혁신을 통해 전 세계의 핀테크시장을 선도하고 있으며, 전 세계 글로벌 핀테크 투자의 83%를 차지하여, 세계 최대의 핀테크시장이라 평가된다. 투자규모로는 실리콘밸리가 뉴욕보다 크나 투자증가율은 뉴욕이 더 높은 특징이 있으며, 글로벌 핀테크기술과 시장확대를 선도하고 있다.

세계 최대 금융가인 뉴욕은 기존의 금융산업을 기반으로 연방정부 및 주정부의 핀테크 육성지원정책 하에 빠르게 성장하고 있다. 뉴욕은 기업·대학·창업자·재단·전문가가 연계된 자금지원 프로그램 등을 실시하고 있는데, Start-up America, SSBCI(State Small Business Credit Initiative), NY Fund Seed, State Fund, Goldman Sachs($10m), Private Investment($450m) 등의 지원정책이 있다. 자금지원 외에도 비자 및 이민정책, 세제 혜택 등의 지원정책을 실시하고 있다.

뉴욕과는 달리 실리콘밸리는 우수한 IT 기술 및 전문인력을 기반으로 벤처캐피탈 등으로부터의 자금지원을 통해 발전하여 왔다. 실리콘밸리는 상대적으로 정부의 지원 및 금융산업 기반은 약하나 첨단 기술과 숙련된 기술자가 집약되어 있으며, 투자자와 기업가의 시너지를 통한 핀테크 생태계가 양호하다는 장점이 있다. 특히 벤처 파이낸싱을 통한 자금조달과 핀테크를 지원하는 글로벌 기업(Apple, eBay, Google, HP 등)들의 존재가 장점이라 할 수 있다.

(영국)

영국은 두 번째로 큰 글로벌 핀테크 허브로서, 정부의 강력한 육성정책 하에 빠르게 성장하고 있다는 특징이 있다. 영국의 핀테크산업은 런던을 허브도시로 하여 핀테크산업을 육성하기 위해서 영국 투자무역청(UKTI)을 통해 적극적인 육성정책을 실시하고 있다(김동우, 2015). 2008년 9억 달러에 불과하던 영국의 핀테크 투자는 5년만인 2013년 29.7억 달러 수준으로 3배 이상 증가하였는데, 2008~2014년 동안 핀테크 투자 연평균 성장률은 74% 수준으로서, 실리콘밸리(13%) 및 전 세계 평균(27%)에 비해 크게 앞선다.

영국의 대표적인 핀테크 육성정책으로는 '테크시티'를 들 수 있는데, 테크시티는 런던 동쪽에 위치한 핀테크산업의 메카로서, 기술창업기업 클러스터이며 5,000개 이상의 창업기업들이 밀집해 있다. 또한 글로벌 금융센터의 위상 유지 및 강화 노력의 일환으로서, 전 세계 유수의 IT 및 컨설팅회사들의 투자를 유치하고 런던 소재 대학들과 파트너십을 형성하고 있다. 투자 및 제휴에 있어서는 기존의 대형은행 중심으로 핀테크산업을 육성하는 특징을 보이는데, 테크시티의 기술력과 글로벌 경쟁력을 갖춘 금융산업과의 시너지 효과를 위해 Level39라는 핀테크 클러스터를 별도로 조성하여, 핀테크 창업기업들의 인큐베이터 역할과 더불어, 대형 금융회사들 간의 연결고리 역할을 수행하고 있다.

테크시티의 창업기업 지원 프로그램으로는 Future Fifty, IOT Launchpad, Tech City UK Cluster Alliance, Digital Business Academy를 들 수 있다.

표 4-4 영국 테크시티의 창업기업 지원 프로그램

지원 프로그램	내용
Future Fifty	• 영국 내 성장성이 유망한 50개 창업기업을 선정해 집중 지원하는 프로그램
	• Algomi, Go Cardless, LMAX Exchange, Qubit, RateSetter, TransferWise, WorldRemit 등 핀테크기업들도 다수 포함
IOT Launchpad	• 100만 파운드 규모의 사물인터넷(IoT) 창업기업 지원 프로그램
Tech City UK Cluster Alliance	• 영국 내 12개 테크 클러스터 간 정보공유 및 교류활동 지원 프로그램
Digital Business Academy	• 런던대학(UCL), 캠브리지 Judge School, Founder Centric의 경영전문가들이 디지털 분야와 관련된 온라인 강의 제공

출처: 김동우(2015), p. 4.

(싱가포르)

싱가포르는 핀테크산업의 후발주자로서 강력한 정부 주도의 육성정책을 실시하고 있으며, 지정학적 측면에서 유리한 투자환경의 장점을 가지고 있다. 싱가포르 정부는 Start-up 및 인큐베이터 지원 펀드를 통해 강력한 기업지원정책을 펼치고 있으며, 비자·이민정책 및 세제상의 지원책을 두고 있다. 전문인력 및 기술력에 있어서도 유리한 환경을 갖고 있으며 또한 풍부한 벤처캐피탈 자금 조달능력을 가지고 있다. 그러나 벤처기업의 생애주기 전반에 걸친 자금조달이 취약하여, 초기자금 소진 이후 실패하는 사례가 보고되기도 한다.

표 4-5 싱가포르 핀테크산업의 특성

분야	세부분야	주요 내용
정부지원	정부자금지원	• Start-up, Incubation 지원 펀드(Spring, i.Jam, MDA i.Jam) • 핀테크 등 신생기업 지원에 대한 강한 정부정책 수행
	비자, 이민 정책	• 개방적 이민정책(비교적 쉬운 영주권) • Entrepass: 외국인 기업가 visa, 미국/영국보다 유연
	세제 혜택	• Start-up 세금면제(3년간 100% 면제), Pioneer 감면(15년) • 세계적으로 낮은 소득세율 및 법인세율
	기타	• Spring Program: 금융기관 innovation 유인
자금조달 능력	풍부한 벤처캐피탈(VC) 자금력	• $1.71billion VC fund(테크 Start-up) • 다양한 분야에 걸쳐 VC 자금이 모집, 집행 • 외국인 투자자들의 펀딩 수요가 높음 • 투자수익 실현은 주로 매각 또는 IPO를 통해 이루어짐 • 싱가폴은행의 적극적인 펀딩: OCBC의 무담보, 회계감사 없이 Start-up 기업에 자금지원
	취약점	• 벤처 생애주기 전반에 걸친 펀딩 부족. 많은 Start-up 기업들이 초기 펀딩 소진 이후 실패하는 사례가 발생 • Start-up 소유주가 지분매각에 소극적, 경영권 집착이 강함
ICT 기술 및 인재	전문인력 및 기술력	• 풍부한 금융서비스(DBS, OCBC, United Overseas Bank 등) • 싱가폴 인력의 5.5%가 금융업에 종사 • 146,700명의 전문가가 ICT 분야에 종사 • 거주자의 11.6%가 최근 3년 내 창업했거나 또는 창업을 준비

	기술개발	• NFIE(National Framework for Innovation and Enterprise): 연구기술의 상업화를 지원 • 창업전문가과정(Nanyang Technological University) • SMU(Singapore Management University): 74개 Start-up 인큐베이팅, \$3.1million 규모의 펀딩
비즈니스 환경	Start-up 기업에 적합한 환경	• 강한 창업문화 • 높은 투자 잠재력과 투자규제의 완화 • 준비된 기술력과 네트워크 인프라 • 교역에 적합한 지정학적 위치 • 공직자의 높은 청렴도
	핀테크에 적합한 금융과 ICT 산업 배치	• 글로벌 대형 금융기관의 본부가 고르게 분포 • 800여 기업이 SGX에 상장 • 63%의 모바일뱅킹 침투율, 높은 수준의 IT 소비 • 금융기관들의 적극적인 핀테크 기술개발 및 도입

출처: 서보익·이정·박종선(2015), p. 23.

(중국)

중국은 막대한 인구를 기반으로 거대한 모바일시장에서 핀테크 수요가 급증할 수 있어 성장잠재력이 가장 클 것으로 예상되고 있다. 또한 중국 내 인터넷 속도 제고, 서비스지역 확대, 방식 업그레이드, 인터넷 및 모바일 사용률 제고 등 사용 저변이 확대되고 있는 상황이어서 IT 인프라의 지속적인 발전과 더불어 고도화된 핀테크 서비스가 지속적으로 출현할 수 있는 적합한 환경을 보유하고 있다.

'알리바바'로 대표되는 온라인 상거래의 급성장에 따라 중국의 온라인 상거래 규모는 2018년 미국의 2배에 이를 것으로 전망되며, 이에 따라 핀테크산업도 급속한 성장을 이룰 것으로 전망된다.[15] 알리바바를 통한 교역액은 2013년 기준 3조 8720억 위안으로서 중국 소비재 총액의 16%에 달하는 규모이며, 정부의 온라인 소비정책으로 모바일 소비가 급속히 확대되고 있는 상황이다.

중국의 경우 은행 등 기존 제도권 금융의 문턱이 높아 아직도 거대한 금융 소외 사각지대가 존재하여 중국정부는 이들에 대한 배려로서 핀테크를 육성한다는 정책적 의지를 표명하고 있다. 2014년 연례 중국금융안정보고서에서는 이례적으로 별도 섹션

15) Walsh and Marcus(2013).

을 두어 핀테크를 언급하고 있으며 중국 핀테크산업이 본격적으로 발전단계에 진입하고 있어 향후 경제성장에 기여할 것으로 예상하고 있다. 본 보고서는 실물경제에 해를 끼치지 않는 수준에서 규제보다는 지원에 초점을 두어야 하며 규제시에도 투기 등 불법적인 금융거래를 조장하는 경우에만 강력한 제제를 하되 나머지는 자율규제원칙을 따를 것을 권고하고 있다. 리커창 총리도 전국인민대회의 정부업무보고에서 여러 차례 "핀테크의 건강한 발전"을 촉진시킬 것을 언급하였으며 이는 중국 정부의 핀테크산업에 대한 긍정적 인식과 높은 기대가 반영된 것으로 파악된다. 가장 최근에는 중국공산당 5중 전회에서 "네트워크 강국 전략 실시, 공유경제 발전과 국가 빅데이터 전략 실시" 등이 주요 정책과제로 언급된 바 있다.

중국정부 및 제도권 금융에서는 현재 혁신을 거듭하고 있는 자국 내 핀테크산업이 무시할 수 없는 영향력을 가진 신규 금융모델이 되어 가고 있음을 인정하고, 중장기적으로 기존 금융업에 엄청난 영향을 줄 것으로 예상하고 있다. 다만, 일단 현행 수준의 핀테크산업 육성은 기존 주류 금융이 서비스를 제공하지 못했던 소외 사각지대에 대한 보조적이고 보충적인 성격으로, 상호 제로섬이 아닌 보완적 발전이 가능할 것으로 인식하고 있다. 실제로 중국에서 핀테크산업의 발전에 따라, 은행으로 대표되는 제도권 금융에서도 핀테크를 접목한 효율성과 혁신성에 관심을 기울이면서, 양 진영 간 건전한 경쟁과 합작이 촉진되어 중소기업, 삼농, 창업 등 중국 정책당국이 목표로 했던 금융 소외 사각지대에 대한 금융서비스의 원활한 제공에 있어 일부 성과를 보이고 있다. 규제 및 감독 측면에서 보면, 과거 핀테크산업의 태동 및 성장기 때에는 법적 태두리 경계에서 다소 자율적인 스탠스를 보였으나, 어느 정도 저변이 확대된 최근에는 핀테크의 정보 보안, 소비자 보호 등과 관련된 리스크에 대해 적절한 관리감독을 시행함으로써 중국 핀테크산업의 건강하고 지속 가능한 발전을 이루고자 하고 있다.[16]

16) 중국 핀테크산업의 저변이 확대되고 산업적으로 어느 정도 성숙함에 따라, 2015년 7월 인민은행 등 10개 정부부처는 공동으로 〈핀테크 건강발전을 촉진하기 위한 지도의견〉을 반포하였다.

표 4-6 주요 핀테크 허브도시들의 핀테크산업 지원정책

	자금지원	비자이민	세제혜택	기타
실리콘 밸리	• 아이디어를 사업으로 이끄는 정부지원 펀드 활성화 • 정부, 민간, 학계가 연계된 펀딩 시스템은 ICT 발전의 원동력	• Start-up 비자(2013. 06): 아직 미제정 • Start-up을 지원하는 다양한 종류의 비자 및 이민 정책	• ATRA(American Taxpayer Relief Act) 세금우대 • 감가상각, R&D, 합병 등의 세제혜택, 소형주 양도차익 면제	• SBDCs(Small Business Development Centers)
뉴욕	• Start-up America: 기업, 대학, 창업자, 재단, 전문가 연계 • SSBCI(State Small Business Credit Initiative) • NY Fund: Seed($45m), State Fund ($35m), Goldman Sachs($10m), private investment($450m)	• Start-up 비자(2013. 06): 아직 미제정 • Start-up을 지원하는 다양한 종류의 비자 및 이민 정책	• ATRA(American Taxpayer Relief Act) 세금 우대 • 감가상각, R&D, 합병 등의 세제혜택, 소형주 양도차익 면제	• SBDCs(Small Business Development Centers)
런던	• UK Angel CoFund, Start-up Loan • Enterprise Capital Fund Program • UK Innovation inv. Fund, Future Fifty Program • UKTI(UK Trade and Investment)	• Entrepreneur Visa: 2008년 도입	• Entrepreneur Relief Program: start-up 기업투자 세금 감면 • (Seed) Enterprise inv. Scheme: 30~50% 세금 감면	• IPO 기준 완화(10% 지분으로도 IPO 가능, 일반 기업은 25%)
텔아비브	• Yozma Fund: 이스라엘에 VC 등 해외자금의 투자를 유인. 'Two to one' 외국인 투자의 2배만큼 이스라엘 정부가 공동 투자 5년 후 정부지분을 매입할 옵션도 부여 • Tnufa(트누파): 초기 Start-up 기업에 $50,000 제공(정부 85%, 창업자 15% 부담). 기술개발, 마케팅, 시장조사 등 비용지원 • R&D Development Fund: Start-up	• Start-up Visa 검토	N/A	N/A

	기업 비용의 20~50%에 달하는 R&D 비용을 지원			
베를린	• 베를린은 정부의 핀테크 지원이 상대적으로 부진 • 베를린 주요 산업은 문화예술에 집중, Start-up 육성은 비주류 • Start-up을 위한 특별한 혜택 부재 (자금지원 등) • TSB(Technologiestiftung Berlin): Start-up 네트워크 (리서치, 정책권자, 기업 등)	N/A	N/A	N/A
홍콩	• InvestHK, ITC: 펀딩 및 인큐베이터 • 핀테크 육성 프로그램 • ITF(Innovation and Technology Fund): 2014년 2월까지 3,779개 프로젝트 승인(2,206개는 R&D 프로젝트) • R&D Cash Rebate Scheme • Co-work and acceleration • Cyberport: 협업 커뮤니티 • 63개 프로젝드 핀딩, 29개 collaboration, 55개 showcase 등	• 6개월 소요, $5,000 비용 부담	N/A	N/A
싱가포르	• Start-up, Incubation 지원 펀드 (Spring, i.Jam, MDA i.Jam) • 핀테크 등 신생기업 지원에 대한 강한 정부정책 수행	• 개방적 이민 정책(비교적 쉬운 영주권) • Entrepass: 외국인 기업가 visa, 미국/영국보다 유연	• Start-up 세금 면제(3년간 100% 면제), Pioneer 감면(15년) • 세계적으로 낮은 소득세율 및 법인세율	• Spring Program: 금융기관 innovation 유인

3. 국내 핀테크산업 현황과 정부지원 정책

3.1 국내 핀테크 현황

IT 및 모바일 활용도가 높은 우리나라는 핀테크산업이 활성화되기에 상당히 유리한 조건을 보유하고 있음에도 불구하고 현재 핀테크산업의 국제경쟁력은 높지 않다. CISC(2014)에 따르면, 우리나라는 금융산업 및 모바일시장의 성숙도, IT 강국으로서의 지위, 모바일 트래픽의 증가 등을 고려할 때, 국내 핀테크산업의 잠재적인 성장가능성은 매우 높은 것으로 평가되고 있다.[17] 〈그림 4-6〉에서 볼 수 있듯이 인터넷뱅킹 이용고객 중 모바일뱅킹 등록고객 비중은 2011년 25%에서 2015년 55% 수준으로 급격히 증가하였으며 일평균 모바일뱅킹 이용금액은 2012년 0.8조에서 2015년 2.4조 원으로 증가하여 모바일뱅킹으로 빠르게 고객기반이 이동하고 있음을 알 수 있다. 국내 모바일 결제규모는 2014년 상반기 6조150억 원으로 전년 대비 2.5배 증가하였다.

그림 4-6 국내 IT금융환경: 인터넷뱅킹 중 모바일 이용 비중 및 일평균 이용금액

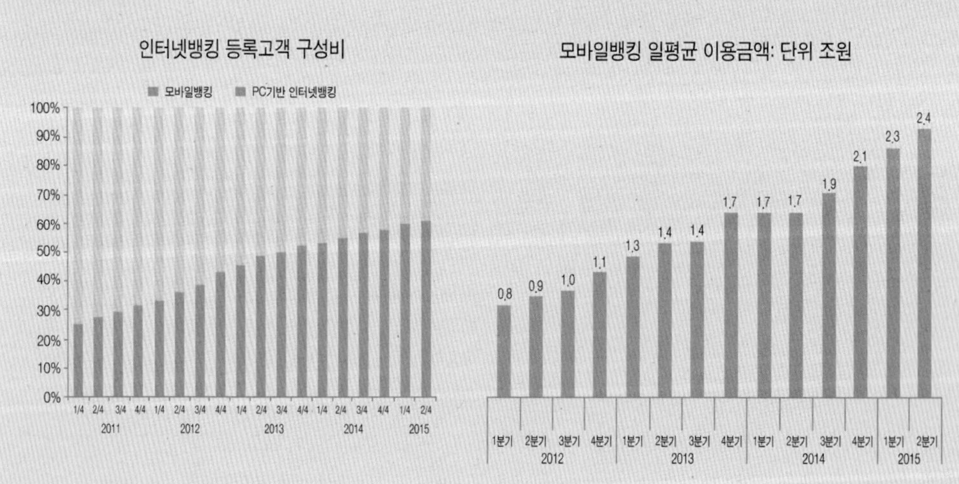

출처: 한국은행, 보도자료.

17) 백강(2015).

그림 4-7 BEST 50 핀테크기업들의 세부 사업영역별 분포

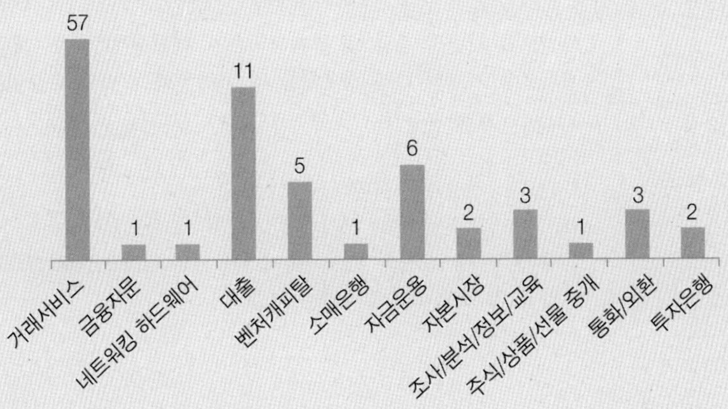

출처: FintechInnovator 홈페이지. 저자의 정리.

한편 International Data Corporation(IDC)이 선정한 2014년 글로벌 100대 핀테크기업 중 우리나라는 단 한 개의 기업도 보유하지 못한 것으로 조사되었으며, 또한 Fintech Innovators.com에서 조사하여 발표한 'The 50 Best Fintech Innovators of 2014'에서도 우리나라의 기업은 단 하나의 기업도 포함되지 못하였다.

글로벌 BEST 50 핀테크기업들은 초창기에 집중되는 사업 분야인 송금·결제(거래서비스)와 대출 외에도 금융자문, 네트워킹 하드웨어, 자금운용, 조사·분석·정보·교육, 통화·외환 등 다양한 사업영역에 속한 기업들이 랭크되고 있지만, 우리나라의 핀테크기업들은 아직도 초기사업 분야인 송금·결제분야에 주로 집중되어 있다.

국내 핀테크산업이 부진한 이유는 다양하지만 그 중에서도 가장 큰 원인은 금융부문의 높은 규제장벽으로 볼 수 있으며 그로 인하여 핀테크기업의 진입 및 성장이 더딘 상황이다. 현재 규제체계 하에서는 비금융회사가 금융업에 진출하는 것은 매우 어려우며, 비금융회사는 주로 기존 금융회사와의 업무제휴를 통해 금융영역의 사업을 영위하고 있는 상황이다. 전자금융거래법에 따라 비금융회사는 일반적인 금융업무 영위가 불가하며, 다만 전자화폐와 관련한 일부 업무는 감독당국의 허가 또는 등록을 통해 수행할 수 있을 뿐이다. 강한 금융규제로 인해 IT업계는 전자지갑 서비스 등 핀테크사업 개발에 소극적으로 대응해 왔으며, 통신사 및 휴대폰 제조사 등이 내수 위주의

표 4-7 국내 비금융 핀테크기업 현황: 결제·송금영역

업종	기업	주요 서비스
SNS	다음카카오	• 카카오톡 기반의 송금 및 결제서비스인 '뱅크월렛카카오' 제공 • 카카오톡 기반의 주식 정보제공 및 매매서비스 '카카오 증권플러스' 제공
제조	삼성	• 신용카드사와 연계하여 전자지갑 서비스 '삼성월렛' 서비스 제공
통신	SK Telecom	• 3사 모두 전자지갑 서비스 출시 • SKT '스마트월렛', KT '모카월렛', LG U+'스마트웰렛' • 은행 및 신용카드사와 연계하여 스마트폰의 바코드, QR 코드, NFC 등으로 온라인 및 오프라인 결제기능 제공
	KT	
	LG U+	

출처: 조윤정(2014), p. 62.

전자지갑 중심 금융서비스를 출시했으나 큰 성과를 내지는 못하고 있는 형편이다.

3.2 사업영역별 핀테크산업 및 기업현황

국내에서는 금융당국의 정책적 지원에 따라 최근 새로운 핀테크 스타트업들이 출현하고는 있으나 여전히 결제 및 송금 중심이라는 한계가 존재한다. 〈표 4-8〉에서 볼 수 있듯이 2015년 2/4분기 현재 등록된 124개의 전자금융업자 중 59개의 핀테크기업들이 전자지급결제대행업자로 등록되어 있으며 선불전자지급수단 발행 및 관리업, 결제대금예치업 등 대부분은 지급결제대행업에 집중되어 있다. 지급결제 및 송금, P2P 투자중개 등은 이미 일부 Start-up에 의해 도입되었는데, 지급결제 및 송금 분야는 성장기 또는 성숙기라 할 수 있고, P2P 투자중개는 태동기를 지나 차별화된 서비스를 제공하는 성장기라 할 수 있다. 그 외의 분야는 아직 제도 마련 또는 도입 추진 등 태동을 준비하는 단계라 할 수 있으며, 정부의 핀테크산업 활성화 방안 마련에 따라 도입될 것으로 예상된다.

국내 주요 결제 및 송금업체로는 삼성페이, 카카오페이, 네이버페이, 코리아페이, 케이페이, 페이나우, 뱅크월렛카카오 등이 있다. 카카오페이의 경우 카카오톡 메신저 내에 내장된 기능이므로 별도의 앱(App)을 다운 받을 필요가 없으며, 단 한 번의 비밀

번호 입력을 통해 신용카드 또는 체크카드를 결제할 수 있는 서비스를 제공하고 있다. 단, 카카오페이에 가맹된 가맹점에서만 사용이 가능하다는 단점이 존재한다. 뱅크월렛카카오는 송금서비스를 제공하며, 송금자와 수금자 모두 별도의 앱(App)을 설치하여야 한다. 미리 50만원 한도 내에서 충전을 한 뒤, 비밀번호 한 번으로 편리하게 송금할 수 있다는 장점이 있다. 2015년 9월에 출시한 삼성페이는 국내 결제시장뿐 아니라 해외 결제시장, 그리고 나아가 휴대폰시장의 판도에 영향을 주고 있다. 삼성전자의 모바일 간편결제서비스인 삼성페이의 장점은 애플페이나 안드로이드페이와 같이 근거리 무선통신(NFC)방식 단말기에서 결제가 가능함과 동시에 기존 마그네틱보안전송(MST) 단말기에서도 접촉으로 결제가 이루어진다는 데 있다. 기존 핀테크 결제기술이 매장에 새로운 장비를 요구하는 반면에 삼성페이는 기존 및 새로운 단말기 모두에서 사용이 가능하여 편의성 면에서 앞선다는 평가를 받고 있다. 이러한 편의성의 우위는 현재 삼성 신형 휴대폰 판매량 증가에 유의한 영향을 주고 있다는 것이 시장의 분석이다.

표 4-8 전자금융업자 등록현황

구 분		업체수	계
선불전자지급수단 발행 및 관리업	IC카드형	14	25
	네트워크형	11	
직불전자지급수단 발행 및 관리업	네트워크형	11	11
전자지급결제대행업(PG)	전문PG업자	40	59
	쇼핑몰 운영업체	5	
	기타	14	
결제대금예치업	PG업자 겸영	20	24
	오픈마켓 운영업체	4	
전자고지 결제업	PG업자 겸영	3	5
	전자고지 결제전문	2	

자료: 한국은행, 보도자료 「2015년 2/4분기 중 전자지급서비스 제공 현황」.

P2P 대출 및 P2P 대출과 관련한 일부 Start-up이 출현하고 있으며 이와 연계한 금융데이터 분석 및 소프트웨어 영역으로도 확대되고 있다. 먼저, 결제 및 송금서비스 이외의 사업영역으로는 주로 온라인 대출 또는 P2P 대출 및 투자 중개서비스 Start-up이 대부분이라 할 수 있다. 머니옥션의 경우 2006년 8월에 설립되어 국내 최대 규모의 P2P 플랫폼을 제공하고 있는데, 대출자가 대출용도 및 상환조건을 등록하면 경매 형태로 게시판에 등록된다. 이후 투자자는 신청하는 자금의 크기 이내에서 자유롭게 입찰하며, 수수료는 대출자로부터 대출금의 2~3.5%, 투자자로부터 회수시마다 융자잔고의 0.25%를 받는다. 머니옥션 외에도 8퍼센트, 팝펀딩, 오퍼튠과 같은 P2P 대출중개서비스 핀테크업체가 등장하고 있다.

기존의 P2P 대출은 단순히 투자자와 창업자를 연결해 주는 플랫폼 역할만을 수행하였으나, 최근에는 빅데이터를 기반으로 차별화된 서비스를 제공하는 업체들이 등장하기 시작하였는데, 소상공인 전문 P2P 대출기업인 펀다, 전환대출 전문기업인 피플펀드, 건축자금 전문 대출업체인 테라펀딩 등이 있다. 이들 기업은 대부분 P2P 대출을 기반으로 하되, 단순 투자중개뿐만 아니라 빅데이터 분석을 기반으로 한 신용등급 평가 등의 추가 서비스를 제공하고 있다.

금융데이터 분석 기업으로는 뱅크샐러드(Bank Salad)가 2,300여 종에 달하는 신용카드 중 본인의 소비패턴을 분석하여 가장 혜택이 많이 돌아가는 신용카드를 추천해 주는 서비스를 제공한다. 2015년 8월 현재 가입자 수는 19,800여명에 달하여, 아직 초창기라 할 수 있다. 교보라이프플래닛은 온라인 보험서비스를 제공하는데, 비대면이므로 보험료가 낮다는 강점이 있으며 가입부터 보험금 지급까지 모두 온라인(모바일도 가능)으로 가능하다. 인슈파인더는 보험가격을 비교해 주는 기업으로서 다양한 보험상품에 대해 나이와 성별만 입력하면 다양한 보험료를 비교해주는 서비스를 제공한다. 개인정보를 입력하지 않아도 보험료 비교가 가능하며 동일한 보험상품과 비교할 때 약 30%가량 비용이 저렴한 장점이 있다.

표 4-9 국내 비금융 핀테크기업 현황: 기타 영역

사업영역	업체	내용
플랫폼 +대출	펀다	• 소상공인 전문 P2P 대출기업 • 상점의 POS 단말기에 입력된 매출 데이터를 신용평가지표로 사용
플랫폼 (+대출)	테라펀딩	• 건축자금 전문 대출업체 • 짓고 있는 건물을 담보로 기존 대부업체 이율의 절반 수준으로 대출
	8퍼센트	• P2P 대출업체로 개인간 투자중개서비스 및 대출형 크라우드 펀딩 제공 • 대출자의 대출신청시 소득 등의 개인정보 및 SNS 데이터 등을 이용하여 신용등급 판정 • 매주 수요일 및 금요일에 등록되는 '이주의 상품' 목록을 보고 투자자들이 투자 여부 및 투자금액을 결정하여 대출자가 원하는 대출금액이 모이면 대출 실행
	머니옥션, 팝펀딩, 오퍼튠 등	• 8퍼센트와 유사한 P2P 투자중개서비스 및 크라우드펀딩 중개 서비스 제공
금융데이터분석	피플펀드	• 전환대출 전문기업 • 연이율 20%가 넘은 제2금융권의 고금리 대출을 절반 수준의 이율로 전환 • 코리아크레딧뷰로 등 신용평가회사에서 일했던 전문가들이 신용평가 알고리즘 개발
	뱅크샐러드	• 신용카드 소비패턴 분석 • 혜택이 좋은 신용카드 추천서비스
	교보라이프플래닛, 인슈파인더,	• 온라인 보험서비스 제공 • 다양한 맞춤형 보험상품의 보험료 비교
소프트웨어	렌딧	• 벤처캐피탈 투자금을 이용 직접 대출 • 빅데이터 기반 개인 신용평가모형 개발 중 • 2015년 미국계 벤처캐피탈 알토스벤처스로부터 15억 원 유치

출처: 조윤정(2014) 및 고제헌(2015)에서 발췌·정리 및 저자의 보완.

표 4-10 핀테크산업 활성화 방안: 3대 분야 11개 세부과제

3대 분야	11개 세부과제	주요 내용
핀테크산업의 창업·성장 촉진	핀테크기업 진입규제 완화	• 전자금융업 등록을 위한 자본금 기준인하로 활발한 시장진입 유도
	금융회사의 핀테크기업 출자 활성화	• 현행 법령으로도 핀테크기업에 대한 금융기관의 출자가 가능하므로 출자가능 여부 및 사업범위를 명확화하여 활성화 유도
	핀테크기업의 자금조달 지원	• 정책금융기관 등을 통해 핀테크기업에 대한 자금조달 지원 활성화(산업은행, 기업은행) • 핀테크기업 지원에 적극적인 우수 영업점에 대한 인센티브 제공 및 핀테크기업에 대한 보증우대 지원
	핀테크 기술활용 제약요인 해소	• 금융사고 시 핀테크기업도 금융기관과 공동책임자가 되도록 법령을 개정함으로써, 금융기관과의 제휴 활성화
국민체감형 서비스 본격화	온라인 등을 통한 실명확인 허용	• 비대면방식의 본인 확인을 허용하되 복수의 방식을 적용하여 부작용 방지
	크라우드펀딩 제도 도입	• 크라우드펀딩 제도의 신속한 시행을 위한 제도적 기반 마련(중앙기록관리기관, 증권발행 인프라 등)
	인터넷전문은행 도입	• 무점포 인터넷전문은행 허용으로 이용자 편의 제고 및 금융산업 경쟁촉진
	온라인보험 판매채널 활성화	• 온라인 가입규제를 개선하여 다양한 보험상품의 비교·검색·가입이 가능한 핀테크 출현 가능성 제고
핀테크 인프라 구축	핀테크 생태계 활성화	• IT업체, 금융회사, 정부 간 소통 및 협력을 위해 핀테크 지원센터 활성화 및 지원협의체 운영
	민간 중심의 확고한 자율보안체계 구축	• 규제체계를 사후점검책임강화 방식으로 전환하여 금융회사의 자율적 보안체계 확립 유도
	빅데이터를 활용한 IT금융 융합 지원	• 통합신용정보 집중기관을 통한 비식별화된 금융권 빅데이터 제공 및 금융권 빅데이터 개인정보보호 가이드라인 마련

출처: 금융위원회 보도자료(2015. 5. 6.).

3.3 우리나라의 핀테크 지원정책

최근 우리 정부는 우리나라 핀테크 산업발전에 큰 장애물로 지목되어 온 규제 중심의 제도를 개선하는 등 규제 패러다임의 전환을 시도하고 있다. 2015년 1월 IT·금융융합협의회에서는 전자금융 규제 패러다임을 전환하고 오프라인 위주의 금융제도를 개편하는 등 정책전환 및 제도개선을 추진하기 시작하였다. 정부는 2015년 5월 6일 핀테크산업 활성화 방안을 발표하여, 핀테크산업의 창업·성장 촉진, 국민체감형 서비스 본격화, 핀테크 인프라 구축이라는 3대 추진목표 및 11개 세부과제를 제시하는 등 핀테크에 대한 지원정책을 구체화한 바 있다. 이를 통해 그 동안 우리나라 핀테크기업의 진입에 가장 큰 애로사항으로 지적되어 오던 관련 규제개선 및 지원정책을 제시하였다.

우리 금융당국은 현재 빠르게 진행되고 있는 글로벌 핀테크산업의 변화가 우리 경제에 미치는 영향을 감지하고 이에 대응하여 핀테크 활성화에 대한 필요성을 인식하여 최근 핀테크 육성을 위한 4단계 추진전략을 발표한 바 있다.[18] 발표된 추진전략은 1단계 핀테크산업 진입장벽 완화, 2단계 핀테크 생태계 조성, 3단계 핀테크산업 성장을 위한 규제 패러다인 전화, 4단계 Emergent 핀테크 활성화의 4단계로 제시되어 있다.

우선 1단계 전략으로는 핀테크산업의 진입장벽을 낮추기 위해서 핀테크 활성화의 걸림돌로 언급되어 오던 여러 주요 규제들을 폐지하였다. 기존 「전자금융거래법령」에서는 인증수단과 거래수단을 분리하도록 하는 '매체분리 원칙'을 규정하고 있는데 이는 스마트폰과 신용카드를 접촉하여 본인인증을 할 수 있도록 하는 최신 핀테크 서비스 혁신을 가로막는 규제로 2015년 2월 이를 폐지하도록 하였다. 또한 전자금융감독규정 조항에 따라 전자기기로 금융거래를 할 때 보안프로그램을 반드시 내려받아야 하는 보안프로그램 설치의무 제도(방화벽, 키보드보안, 공인인증서)를 폐지하였다. 3월에는 전자금융규정 개정안에 의하여 인터넷뱅킹이나 인터넷쇼핑 등 전자금융거래시 '공인인증서 또는 동등한 수준의 안전성이 인정되는 인증방법'을 사용할 의무를 폐지한 바 있다. 공인인증서 의무사용 규제는 핀테크 활성화를 저해하는 대표적인 규제

18) 금융위원회, 보도자료, 2015년 5월 20일.

로 지목되어 왔으며 규제폐지에 따라 금융회사와 기업들은 다양한 전자금융거래 인증수단을 사용할 수 있는 길이 열리게 되었다. 특히 인증방법평가위원회는 공인인증서와 동등한 안전성이 인정되는 인증방법을 결정하는 기관으로서, 기술중립성 원칙에 위배되어 왔는데 본 제도를 폐지하여 특정 기술사용을 강제하지 않는 '기술중립성 원칙'이 비로소 지켜지게 되었다.

표 4-11 정부의 핀테크산업 육성을 위한 단계별 추진전략

단계	추진전략
1단계	□ 핀테크산업 진입장벽 완화 • 핀테크 육성을 위한 정책방향을 마련. 핀테크산업 진입의 장애요인인 기본적 보안관련 규제 대폭 정비 • 예: IT－금융융합 지원방안 발표, 매체분리원칙 폐지, 보안프로그램 설치의무 및 공인인증서 사용의무 폐지
2단계	□ 2단계: 핀테크 생태계 조성 • 1단계에서 진입한 핀테크기업의 성공적인 안착을 위해 핀테크기업－금융회사－정부가 상호 소통－협력채널을 구축 • 예: 핀테크지원센터 운영, 지원협의체 출범, 자금지원 확대
3단계	□ 핀테크산업 성장을 위한 규제 패러다임 전환 • 창의 혁신을 저해하는 오프라인 위주 규제체계를 재정비하고 실제 걸림돌이 되어왔던 절차적 보안규제를 철폐 • 예: 보안성 심의폐지 및 핀테크기업 책임분담 허용, 모바일카드 발급 허용, 비대면 실명 확인 허용, 핀테크기업 출자활성화 등
4단계	□ Emergent Fintech 활성화 • 국민들이 체감하고 편익을 향유할 수 있는 핀테크 서비스를 활성화하고 핀테크기업과 금융회사 간 협력체계 강화 • 예: 인터넷 전문은행 도입, 빅데이터 활성화 기반, 투자형 크라우드펀딩, 온라인 보험슈퍼마켓 도입 등

출처: 금융위원회 보도자료(2015. 5. 20.).

2단계 전략으로는 핀테크 생태계를 조성하기 위한 방안을 제시하고 있는데 우선 핀테크지원센터를 설립하여 운영하도록 하였다. 핀테크지원센터에서는 13개의 금융기관들이 참여하는 Demo Day를 개최하여 핀테크기업들과 금융사 간의 제휴협력의 장을 제공하고 있으며 금융사 1:1 멘토링 연계, 자금조달, 법률, 특허상담, 창업절차, 특허문제 등과 관련하여 상담서비스를 제공하고 있다. 또한 금융위, 미래부, 중소기업청 등 26개 기관이 참여하는 민관합동 협력채널로서 '핀테크지원협의체'가 출범하여 매월 1회 이상의 회의를 통하여 핀테크 생태계 구성원 간 상호 이해를 도모하고 규제개선 및 적극적 지원정책을 모색하도록 하였다. 이러한 제도개선과 더불어 핀테크 및 기술창업에 대한 자금지원도 강화하였다.

표 4-12 핀테크 생태계 조성을 위한 지원정책

정책수단	내 용
핀테크지원센터	Demo Day: 13개 금융기관 참여
핀테크지원협의체	월 1회의 주기적 회의 개최: 업무협조, 정보공유, 제도개선, 애로사항 수렴
자금지원 강화	산업은행: 스타트업 투자 지원한도 상향 조정 (15억 원 → 30억 원) 기술보증기금: 보증료 감면(0.3%), 보증비율 우대(90%) 및 신용도 유의기업 적용 완화 등 신용보증기금: 최대 100억 원까지 보증료 0.2%p 차감

출처: 금융위원회 보도자료(2015. 4. 14.).

3단계 전략으로는 규제패러다임의 전환을 위해서 창의와 혁신을 저해하는 오프라인 위주 규제체계를 재정비하고 걸림돌이 되어왔던 절차적 보안규제를 철폐하는 조치를 취했다. 우선 핀테크 서비스를 제공하는 회사에게 특정 보안기술을 갖추도록 하는 사전보안성 심의제도가 기술중립성 원칙에 어긋날 뿐만 아니라 심의기간이 실질적으로 6개월 이상 걸리는 등 심의기간이 과다하여 핀테크기업들의 부담이 과중할 뿐 아니라 빠른 기술혁신의 주요 저해 요인으로 지목되어 온 바 이를 전면 폐지하였다. 대신 신규 전자금융서비스에 대해서는 사후적 검사를 강화하도록 관련 규정을 개정하였다.

금융사고 발생 시 핀테크기업이 책임을 분담할 수 있도록 금융사고 책임분담을 허용하도록 하여 금융회사가 핀테크 기술을 도입하는 데 유인을 제공하도록 하였으며, 기존 실물카드 인증만을 허용하던 방식에서 실물카드 없는 모바일카드 단독 발급을 허용하도록 하였다. 핀테크기술이 온라인 플랫폼 및 IT를 전제로 하고 있기 때문에 비대면 거래 및 비대면 실명확인이 중요한 이슈가 되었다. 이에 대해 금융당국은 '비대면 실명확인'방법에 대해 네 가지 방식(신분증 사본 제시, 영상통화, 현금카드 전달시 신분 확인, 기존 계좌 이용)을 제시하고 이를 2015년 말까지 시행하기로 하였다.

마지막으로 4단계에서는 크라우드펀딩, 인터넷 전문은행, 송금서비스 등 기존의 금융서비스를 대체하는 새로운 금융서비스인 Emergent 핀테크를 활성화하는 것을 목표로 하고 있고 이를 위한 노력이 현재 진행 중이다. 국민들이 체감하고 편익을 향유할 수 있는 핀테크 서비스를 활성화하고 핀테크기업들과 금융회사 간 협력체계 강화하는 것을 골자로 하고 있는데, 주요 내용은 인터넷 전문은행 도입, 빅데이터 활성화 기반 확립, 투자형 크라우드펀딩, 온라인 보험슈퍼마켓 도입 등의 이슈가 있다.

3.4 세부 핀테크 지원정책

정부는 핀테크 활성화를 위한 제도개선 및 규제개혁뿐만 아니라 다양한 측면에서 핀테크 생태계 조성과 지원을 위한 방안을 추진하고 있다.

인터넷 전문은행과 관련해서는 지난 6월 신규 인터넷 전문은행의 최소자본금 규모를 500억 원으로 제시해 기존 시중은행 대비 50% 수준으로 낮추었으며 ICT기업이나 제2금융권 등의 참여를 유도하여 최근 한국카카오뱅크와 K뱅크가 예비인가를 받았고 2016년 상반기 본인가를 앞두고 있다. 크라우드펀딩과 관련해서는 관련 법안이 국회 본회의를 통과했으며 그 내용은 자본시장법에 투자중개업의 하나로 '온라인 소액투자중개업'이 신설되는 방식으로 크라우드펀딩이 합법화되었고 내년 1월부터 시행이 예정되어 있다. 외환 핀테크와 관련해서는 은행에게만 허용해 오던 국경 간 지급/결제 업무가 전자지급결제대행업체(PG)에게도 허용되어 직구와 역직구에 활용할 수 있게 되었다.

표 4-13 '핀테크산업 활성화 방안: 세분분야별 규제개혁 및 지원방안

분야		국내 현황	비 고
분야별 핀테크 활성화 추진현황	지급결제	• 카드사 및 PG사 등의 간편결제서비스 출현	• 공인인증서 사용의무 폐지, Active-X 제거 등 제도개선 노력 지속
	송금	• 금융회사를 통하지 않고 비금융회사의 플랫폼을 활용한 온라인송금서비스 출현	• 해외와 같이 금융회사를 통하지 않고도 서비스가 가능토록 관련 업계와의 지속적 의견수렴 및 애로사항 개선 예정
	예금·대출	• 인터넷 전문은행 도입	• 인터넷 전문은행 도입방안 발표
	투자자금 모집	• 투자형 크라우드펀딩법안 국회 통과예정	• 관련 제도적 기반의 신속한 마련
	자산관리	• 온라인 투자자문 등에 대한 제도적 제약은 없음	• 현행 법령으로도 규제가 없으며, 향후 신청 시 신속한 심사 진행 예정
		• 온라인 펀드슈퍼마켓 도입 완료	
	보험	• 개별 보험회사 홈페이지를 통한 온라인 보험 가입	• 보험료 비교 등이 가능한 온라인 보험 슈퍼마켓 구축으로 소비자의 상품 선택권 확대 예정 ('15. 12)
		• 온라인 보험 슈퍼마켓 도입 추진 중	
	기타	• (빅데이터) 빅데이터 가이드라인 마련 및 통합 신용정보 집중기관 설립 추진 중	
		• (보안·인증) 핀테크 보안업체 및 금융회사 간 제휴확대, 스마트 OTP 출시 준비, 금융보안원 실립 등	
핀테크 생태계 지원	핀테크 지원센터 개소	• 핀테크기업, 금융회사, 정부 간 협력채널 구축 및 규제개선 과제 발굴	
	핀테크 스타트업 지원	• 핀테크기업에 적극적 자금지원 실시	• (산업은행) 8개 기업 540억 원 기 지원 ('15. 1~5) • (기업은행) 50개 기업 276억 원 지원 ('15. 3~5)
		• 정책금융기관 등을 통한 자금지원 강화	• (산업은행) 스타트업 투자 지원한도 상향 조정(15억 원 → 20억 원) • (기술보증기금) 보증료 감면(0.3%p), 보증비율 우대(90%) 및 신용도 유의기업 적용 완화 등 • (신용보증기금) 최대 100억 원(운전자금은 30억 원)까지 보증료(0.2%p 차감) 등

출처: 금융위원회 2015. 5. 20. 보도자료, 한국인터넷진흥원(2015), 핀테크 국내외 산업 동향과 전망, p. 5

현재 논의가 진행 중인 주요 이슈들은 다음과 같다. 금융 빅데이터 활용과 관련해서는 비식별화 개인정보 활용이 관건인데 현재 개인정보보호법과의 상충관계로 인해 해결되지 않고 있는 상황이다. 비식별화된 개인정보는 본인 동의 없이 활용할 수 있어야 빅데이터 분석이 가능하나 시민단체 등은 식별정보 변환가능성에 우려를 표명하고 있다. P2P 대출과 관련해서는 이를 '전자여신대행업'이라는 새 업종으로 분류하는 방안이 추진되고 있다. 전자금융업자에 전자자금결제대행업자(PG), 전자고지결제업자, 전자투자자문업자, 전자여신대행업자를 포함하는 법안이 발의되어 추진 중이다.

금융당국과 금융권은 공동으로 핀테크 오픈플랫폼 개발을 추진 중인데 이는 금융회사들이 공개한 금융서비스를 한데 모아놓은 공간으로, 금융회사 내부의 금융서비스를 표준화된 응용프로그램 인터페이스(API: 특별한 프로그래밍 기술 없이 앱을 쉽게 만들 수 있도록 구성한 프로그램 명령어) 형태의 오픈 API로 제공하게 된다. 또한 금융당국은 핀테크 서비스가 금융전산망에서 작동하는지 시험해 볼 수 있도록 업계 공동 테스트베드도 함께 구축한다는 계획이다.

핀테크기업의 해외진출을 돕기 위해 최근 금융위는 원스톱 지원체계 구축, 맞춤형 전략 수립, 해외진출 채널 다변화 등 3단계 전략을 기본으로 하는 '핀테크기업 해외진출 지원방안'을 발표했다. 핀테크업체를 상담하는 핀테크지원센터에서 KOTRA, 한국특허정보원, 법무법인을 연결해 주어 해외진출과 관련된 시장분석, 네트워크 지원, 지적재산권 분쟁 컨설팅, 법률자문 등을 지원하는 방안을 제시하였다. 또한 이미 개발된 인터넷 기반 금융을 발전시켜 글로벌 보편성을 확보하고 이를 기반으로 글로벌화 진출의 기회로 삼는 전략을 취하고 있다.

4. 핀테크가 우리 경제에 미치는 파급효과

4.1 핀테크의 경제적 기대효과

소비환경의 변화, 빠른 기술혁신, 금융시장 성장의 한계 및 글로벌 IT기업의 경쟁심화 등이 핀테크가 등장한 이유로 지목되고 있다.[19] 스마트폰의 대중화에 따라 편의성이 높은 모바일 소비 및 거래가 확대되었고, 빠른 기술혁신을 통해 융합기술이 발달하게 되었으나, 현재의 금융시장은 성장의 한계에 직면하고 있어 혁신적인 금융기법을 활용한 새로운 수익모델을 필요로 하게 되었다는 것이다. 여기에 더하여 글로벌 IT 기업들 역시 경쟁심화로 인하여 신규 수익모델 개발을 위해 모바일 금융시장에 진출하게 됨에 따라 세계적으로 핀테크기업들이 성장하게 된 것으로 볼 수 있다.

최근 우리나라의 금융거래는 다른 금융선진국과 마찬가지로 오프라인 거래에서 모바일 및 비대면 거래 위주로 빠르게 변모하고 있다. 국내에서 인터넷뱅킹이 도입된 지 십여 년이 지난 현재 은행관련 거래 중 비대면 금융거래는 2014년도에 이르러 88.8%까지 성장했고 비대면 금융거래는 PC기반에서 모바일 기반으로 이동 중에 있다. 우리나라의 인터넷뱅킹 및 스마트뱅킹의 발전단계는 여타 선진국들에 비해 상대적으로 높은 편이고 인터넷뱅킹은 이미 보편적으로 이용되고 있는 상황이다. 하지만 국내 인터넷뱅킹 플랫폼은 까다로운 인증절차와 복잡한 보안 소프트웨어를 설치해야 하는 등 사용자에게는 불편하지만 금융거래 공급자에게는 상대적으로 편리하고 안전한 방식으로 되어 있다. 이러한 공급자 위주의 환경이 조성된 것은 우선 강한 금융감독과 규제체계에서 그 원인을 찾을 수 있을 것이고 아울러 이러한 규제환경에 순응하는 기존 금융권의 대응방식에 기인한다고 볼 수 있다. 결국 현재 국내에서는 IT기술을 기존 금융에 접목하여 금융거래를 효율화하는 방식으로 제한적인 범위에서 핀테크가 활용되고 있는 실정이다. 금융의 다양한 측면에서 혁신이 빠르게 진행되고 있는 해외 핀테크의 발전과는 대조적인 상황이다.

본 장에서는 이러한 국내현실을 감안하여 핀테크 활성화가 성공적으로 이루어진다면 우리 경제 전체에 어떠한 변화가 초래될 것인지에 대한 면밀한 분석과 평가를 해보고자 한다. 현재 국내에서는 핀테크 활성화에 대한 논의가 심도 있게 진행 중이지만 대부분의 경우 핀테크 도입의 효과를 개별 핀테크기술의 사업성 측면이나 고객편의성 제고 측면에서 다루는 데 그치고 있다. 그에 반해 여기에서는 우리 경제가 처한 여건을 감안하여 핀테크 활성화가 우리 경제에 어떠한 영향을 줄 것인지에 대한 논의를 다양한 측면에서 분석하고자 한다.

19) 정유신(2015).

핀테크 활성화에 대해서는 두 개의 다른 시각이 존재한다. 우선 핀테크가 성공적으로 진행된다면 우리 경제는 큰 변화를 맞이할 것으로 보는 시각이 있다. 핀테크가 활성화된다면 혁신적 상품 및 서비스가 출현하여 소비자의 후생을 높일 것이고, 금융산업 경쟁력 제고에 도움이 될 것이며, 기존의 IT산업의 기반을 확대시켜 국내 서비스산업 경쟁력 향상에 기여할 것이라고 기대하는 시각이다. 더 나아가 고용의 구성에 영향을 줄 것이며 금융 및 IT 글로벌화에 기여할 것으로 예상한다.

다른 한편에서는 핀테크 활성화가 우리경제에 큰 영향을 주지 못할 것이라는 회의적인 시각이 있다. 그 이유는 우리나라의 경우 다른 나라들과는 달리 인터넷 및 모바일 기반 뱅킹이 이미 정착되어 있기 때문에 핀테크가 추가적으로 소비자 후생을 높일 수 있는 금융서비스의 영역이 크지 않을 것으로 보는 시각이다. 이러한 견해는 설사 핀테크가 정착되더라도 경제 전체에 미치는 영향은 미미할 것으로 보는 것이다. 더 나아가 현재 우리 금융업계의 체질적 변화가 진행되지 않는 이상 현재와 같은 규제체계 하에서는 창조적 핀테크가 출현하기 어려울 것으로 본다.

본 장에서는 우리경제가 처한 금융 및 IT환경을 감안하여 핀테크 활성화가 우리경제에 미치는 직·간접적인 경제적 기대효과에 대한 분석을 제시하고자 한다. 즉, 우리나라 인터넷뱅킹의 발전단계 및 IT 인프라의 현황을 감안하고 향후 핀테크 도입과 확산에 따른 경제적 기대효과를 분석하고자 한다.

4.2 핀테크의 직접적 경제효과

핀테크 활성화가 경제에 미치는 직접적인 효과는 다음 세 가지를 생각해 볼 수 있다. 첫째, 금융거래 활성화를 통한 경제의 배분적 효율성 제고, 둘째, 금융산업 경쟁력 제고, 셋째, 고용구조의 변화 등의 세 가지 직접적인 경제효과를 기대할 수 있다. 다음에는 그 효과들을 각각 살펴보기로 한다.

(금융거래 활성화를 통한 경제의 배분적 효율성 제고)

첫째, 핀테크 활성화는 IT기술을 기반으로 하기 때문에 금융거래에 수반되는 거래비용을 크게 낮출 것으로 기대할 수 있다. 핀테크 발달은 금융소비자들에게 동일한 금융서비스 이용에 대한 비용절감을 의미한다. IT기술을 기반으로 하는 핀테크 특성상 인건비 의존도가 낮아질 것이고 온라인상에서 확보된 빅데이터 활용이 현실화되어 금융서비스의 경쟁력을 높여 줄 것으로 예상할 수 있다. 이는 기존 금융회사들의 기술적인 비효율성을 제거해 주어 더 낮은 비용에 동일한 금융서비스를 제공하는 것을 의미하고 예금의 경우 더 높은 금리, 대출의 경우 더 낮은 대출금리, 그리고 동일한 금융서비스에 낮은 수수료를 의미한다. 이처럼 금융거래에서 거래비용을 낮추어 경제 내 배분적 효율성을 높여주는 데 기여할 것으로 본다. 핀테크기업은 가능한 모든 일을 IT기술이 처리하고 불가피한 경우에만 일부 사람이 개입하여 가능한 한 최대한의 자동화를 실현시킨다. 이러한 자동화는 기업의 비용을 크게 절감시킬 뿐만 아니라 소비자의 거래비용도 크게 줄여준다. 투자자와 대출자를 연결해 주는 온라인 투자중개회사인 렌딩클럽(Lending club)이나, 가장 저렴한 비용으로 외화를 송금할 수 있게 해주는 개인 간 외환거래중개회사인 트랜스퍼와이즈(TransferWise) 등이 그 예라 할 수 있다.

둘째, 핀테크 활성화는 풍부한 데이터를 활용한 정보분석의 개선으로 대차인간 정보의 비대칭성을 완화시킬 것으로 기대할 수 있다. 기존의 정형화된 개인정보에 더하여 온라인 빅데이터 분석으로 정보기반을 확대해 줄 것으로 보이며 이러한 정보분석의 개선이 투자수익성 제고로 이어질 것으로 예상할 수 있다. 소비자들에게는 보다 정확하고 신속한 맞춤형 투자정보를 제공할 수 있게 되어 소비자들의 투자수익성과 리스크 관리에 기여할 수 있을 것이다. 예를 들어, 미국의 온라인전용 증권회사인 모티프 인베스팅(Motif Investing)의 경우, 빅데이터를 이용하여 산업별 트렌드 등을 파악하여 투자자에게 의사결정에 필요한 정보를 제공하고 있는데, 모바일기술을 기반으로 금융소비자가 원하는 만큼의 정보를 언제 어디서나 빠르고 쉽게 제공한다. 모바일 지급결제 카드리더기인 스퀘어는 단순히 카드결제시스템을 제공할 뿐만 아니라 실시간으로 매출규모 및 재고관리, 재무관리에 필요한 정보를 제공한다. 핀테크 활성화는 금융서비스를 수요자 맞춤형으로 변화시킬 것이며 보다 정확하고 신속한 서비스를 제공하여 금융서비스의 질적 개선을 기대할 수 있을 것이다.

셋째, 핀테크로 인해 금융관련 거래비용 절감과 정보적 우월성이 확보된다면 대차간 상호편익을 증진하는 더 많은 금융거래가 실현되어 금융거래 활성화에 기여할 것으로 기대할 수 있다. 다시 말해서 정보의 불완전성 완화와 거래비용 감소로 인해 자금이 경제 내에서 보다 더 효율적으로 배분되는 긍정적인 효과가 있을 것이다. 또한 이에 따른 금융제약 완화는 창업과 기업운영에 도움이 될 것이고, 상품거래 활성화에 직접적으로 기여하게 될 것으로 예상할 수 있다. 더 나아가 자금 배분의 효율성이 제고되어 생산성과 수익성이 높은 부문에 자금이 흘러 들어가 투자효율이 높아질 것이며 자금공급자 입장에서는 우월한 정보에 기반을 두어 더 높은 투자수익률을 기대할 수 있다.

(금융산업 경쟁력 제고)

핀테크 활성화에 대해서 가장 주목하고 있는 경제효과는 국내 금융산업 경쟁력 제고효과에 있다고 본다. 우리 금융산업은 최근 정부와 금융당국의 노력에도 불구하고 경쟁력 저하, 저성장, 저수익성에서 좀처럼 벗어나지 못하고 있다. 우리나라 금융산업이 이토록 부진한 데에는 이를 초래한 많은 원인들이 있지만 그 중에서도 과도한 금융감독 규제, 이에 길들여진 금융회사들의 보신주의, 그리고 소유지배주주의 부재 등이 지목되고 있다. 현재 금융회사들은 수익성 개선 노력, 고비용구조 해소, 신상품과 신시장 개척을 통한 경쟁 등의 면에 있어서 미흡한 성과를 보이고 있으며 이를 타개하기 위해서는 금융감독규제의 혁신과 함께 금융산업에 경쟁을 도입해야 한다는 의견이 지배적이다. 하지만 현재 우리나라 금융의 틀은 우리 경제발전 과정의 산물이고 복잡한 이해관계와 거버넌스 이슈로 말미암아 현실적으로 변화가 쉽지 않은 상황이다. 그러므로 현재의 틀을 깨고 금융시스템에 혁신적 변화가 일어나기 위해서는 변화하지 않으면 안 되는 절실한 이유가 있어야 하는 상황이다.

글로벌 경제에서 빠르게 진화해 가며 영역을 넓혀가고 있는 핀테크는 기존 금융서비스를 위협하는 한편 금융산업 발전의 기회를 제공하고 있다. 핀테크 도입을 위한 제도적 기반이 적절히 마련되어 만약 우리 경제에 적절히 정착된다면 핀테크는 기존 금융에 대한 대체서비스와 혁신적인 새로운 서비스(P2P, 크라우드펀딩, 송금 등)를 제공할 것이어서 금융권에서는 지금까지 볼 수 없었던 치열한 경쟁을 초래할 것이다. 이러한 경쟁 출현에 기존 금융권은 비용절감과 영업효율화를 불가피하게 실현해야 할 것이다. 핀테크 기반의 새로운 금융기업의 출현은 금융회사 간 경쟁을 촉발하여 혁신상품 개발, 글로벌시장 개척 등 금융산업 경쟁력 제고에 기여할 것으로 보인다. 결론적으로 핀테크 활성화는 기존 금융회사의 혁신을 유도하고 금융산업 전반의 경쟁력을 끌어올리는데 중요한 기여를 할 것으로 예상할 수 있다.

(고용구조의 변화)

핀테크가 우리 경제에 가져올 변화 중에서 가장 가시적인 효과는 고용에 관한 것이다. 사실 우리 정책당국의 유연하고 신속한 정책적 대응도 이러한 효과를 염두에 둔 것이라고 볼 수 있다. 핀테크가 고용에 미치는 영향은 사실 두 가지 상반된 효과를 예상해 볼 수 있다. 우선 핀테크는 기존의 금융서비스 시스템을 인력절감형 체제로 바꾸는 효과가 있기 때문에 기존 금융권은 경쟁을 통하여 인력절감으로 대응할 수밖에 없고 기존 금융회사의 대규모 노동인력 감소를 예상해 볼 수 있다. 핀테크를 기존 금융서비스에 적용한다면 기본적으로 비대면 채널을 기반으로 금융서비스를 제공하는 것이고 이는 기존 업계의 인력구조에 큰 충격을 줄 것으로 기대된다. 현재 진행되고 있는 인터넷 전문은행이 기존 금융회사들에게 위협적인 존재로서 정착하는 시점이 오면 기존 금융회사들의 인력구조는 매우 부담스러운 짐이 될 것이고 이를 해결하기 위한 힘겨운 노력이 예상된다. 핀테크 기반 인터넷 전문은행이 선도하여 금융구조가 변화한다면 기존의 오프라인 지점망의 필요성이 약해질 것이고 그 결과 현재 지점에 배치된 대다수의 인력은 새로운 역할로 재배분되어야 할 것이다. 인터넷 전문은행의 성패는 비교적 빠른 시간 안에 결판이 날 것으로 보이기 때문에 이러한 고용감소 효과는 상대적으로 단시일 내에 실현될 것으로 예상된다.

다른 한편 핀테크는 새로운 고용기회를 열어줄 것으로 기대한다. 그 이유는 핀테크 금융서비스의 성공적 활성화를 위한 조건 중에 하나가 빅데이터 기반의 정보분석이 핵심이므로 빅데이터 수집, 데이터 관리, 투자행태 분석, 프로그래밍 등 빅데이터 관련 전문인력의 필요성이 부각될 것이고 이를 통해 새로운 고용창출이 구현될 것이다. 은행 내 고용은 감소하겠지만 핀테크 기술을 구현하고 핀테크 기반 서비스를 제공하는 기업들이 다수 출현하여 고용창출에 기여할 것이다.

이처럼 단기적으로는 기존 금융권의 고용감소가 예상되는 한편 핀테크 기반 서비스 확대에 따른 IT 및 금융전문 인력 고용확대가 예상되어 노동수요에 대한 구조적 변화가 나타날 것으로 예상되므로 고용정책의 변화가 요구된다.

4.3 핀테크 활성화의 간접효과

핀테크 활성화는 기존 규제위주의 금융권 질서를 재편하도록 하는 기능이 있다고 본다. 현재 우리 금융감독체계는 금융산업 활성화보다는 금융시스템 리스크를 철저히 차단하는 데 치중되어 있고 이에 따라 규제와 감독의 강도가 매우 높은 편이라고 판단된다. 이러한 규제환경을 유지하면서 핀테크 활성화는 불가능한 상황이다. 그러므로 핀테크 활성화를 정책목표로 삼는 이상 기존 금융규율체계에 변화가 초래될 것이고 IT로 무장한 새로운 비금융회사의 금융사업 영역의 진출이 허용될 수밖에 없다. 이는 곧 금융권에 새로운 경쟁을 촉발할 것이며 이로 인해 금융회사들은 혁신을 통한 경쟁력 제고에 힘쓰며 수요자중심의 혁신을 통한 소비자 후생증진 등에 노력할 것이다.

이처럼 핀테크 활성화는 기존 금융체계를 개혁시키는 힘으로 작용할 것이며 그 과정 속에서 국내 금융감독체계도 글로벌 경쟁에 노출되어 있다는 사실을 인식하는 계기가 될 것으로 기대된다. 즉, 국내에서 핀테크 활성화가 가능하도록 규제개선을 하기 위해서는 해외 금융규제 질서와 경쟁해야 하므로 국내의 기존 금융규제 체계가 파괴되고 새로운 규제 패러다임으로 이행되는 매우 중요한 기회가 되는 것이다. 실제로 새로운 인터넷 전문은행 도입을 비롯하여 금융업 자격완화, 각종 규제완화 등 금융위가 최근 추진한 개혁들은 과거 금융개혁조치들의 수준을 뛰어넘는 것으로 판단된다.

5. 핀테크산업 발전을 위한 정책방향

핀테크 활성화가 성공적으로 진행된다면 우리나라 은행산업 경쟁력에 긍정적인 영향을 줄 것이고 이에 따른 기대효과가 클 것으로 예상할 수 있다. 하지만 최근 금융당국이 발표한 다양한 정책과 지원에도 불구하고 핀테크가 우리 경제에서 제대로 정착되기 어려운 장애요인들이 다수 존재한다. 우선 금융당국의 지원 노력에도 불구하고 여전히 금융당국의 규제강도는 높은 편이며 개인정보보호법, 자본시장법, 여신전문금융업법, 전자금융업법 등 관련 법령 등에 의해 비금융기관이 금융영역에 진출하기 어려운 상황이다. 특히 은행들이 지급결제시스템의 주도권을 쥐고 있는 우리나라의 경우 지급결제시스템에 대한 진입장벽은 핀테크산업 발전을 위한 중요한 극복과제로 지적되고 있다. 또한 핀테크가 기존 금융서비스를 대체하거나 새로운 서비스를 원활히 제공하기 위해서는 빅데이터 분석 및 머신러닝 등에 있어서 높은 수준의 기술이 요구되나 우리나라는 아직 상당히 미흡한 수준에 머물고 있다는 점이 있다. 이러한 현실적인 제약을 감안하여 여기에서는 핀테크 활성화를 위해서 시급히 해결해야 하는 중요한 이슈들을 짚어 보기로 한다.

5.1 인터넷 전문은행의 경쟁력 확보를 위한 여건 조성

최근 금융당국은 인터넷 전문은행이 금융부문의 경쟁력을 높이고 소비자의 편의성을 높일 수 있는 금융개혁의 중요한 요소 중 하나로 인식하고 인터넷 전문은행 도입을 진행 중에 있으며, 2016년 상반기 중 본인가를 목표로 하고 있다. 정부는 핀테크 기술을 기반으로 하는 인터넷 전문은행이 진입하여 정착하게 되면 은행시장에 치열할 경쟁이 일어날 것으로 기대하는 것이다. 인터넷 전문은행은 과거 2001년도와 2008년도에 두 차례에 걸쳐 추진된 바 있으나 은산분리규제, 금융실명제상의 제약, 은행건전성에 대한 우려 등으로 무산된 바 있다. 최근 IT와 금융의 융합을 통한 핀테크산업의 부상에 따라 금융산업의 경쟁력 강화와 금융소비자의 이용편의 제고, 미래 신 성장 동력 창출을 위하여 인터넷 전문은행 도입 필요성이 높아지는 가운데 핀테크산업의 활성화 및 규제패러다임의 전환 요구에 의해 인터넷 전문은행 허용 여건이 조성되었다.

인터넷 전문은행은 점포를 통한 대면거래를 하지 않고 인터넷을 주요 영업채널로 하는 무점포 비대면 거래방식의 은행으로서, 운영비 절감, 유리한 예대금리 책정의 장점 등으로 인하여 최근 핀테크산업의 발전에 따라 해외 각국에서는 빠르게 성장하고 있다.[20] 미국의 통화감독청(OCC)은 인터넷 전문은행을 무점포 순수 인터넷 전문은행, 인터넷을 위주로 제한된 숫자의 점포 및 ATM기 등을 운영하는 은행, 기존 은행이 제공하는 인터넷뱅킹 등 세 가지로 분류하고 있다, 인터넷 전문은행은 무점포로 인한 점

20) 인터넷 전문은행에 관하여는 성종화·전배승(2015)의 연구 내용을 참고하여 요약·정리하였음.

포운영비 절감 및 유리한 예대금리 책정으로 기존 은행보다 유리한 경쟁력을 지닐 수 있고 시간적·공간적 제약에서 자유로우며, 빅데이터를 활용한 고객주도형 맞춤형 서비스가 가능하다.

표 4-14 기존 은행과 인터넷 전문은행 비교

구분	기존 은행(Traditional Bank)	인터넷 전문은행(Internet Primary Bank)
대면채널	• 점포(Branch): 핵심채널, 창구 중심 영업 – 점포 역할 점점 약화 추세 – 한국의 은행 점포수도 가파른 감소세	• 점포(Branch): 기본적으로는 무점포 – 고객서비스 차원의 최소한의 점포 운영 (고객센터 등)
비대면채널	• 인터넷뱅킹PC/모바일): 보조채널 • 콜센터 • ATM: 직접운영	• 인터넷뱅킹PC/모바일): 핵심채널 • 콜센터 • ATM: 소수 직접운영, 기존은행 ATM망 활용
금융서비스	• 모든 금융서비스(Full Banking) 제공 – 대면/비대면 채널 모두 활용 – 특별한 금리/수수료 우대 없음	• 은행마다 금융서비스 범위 다름(은행별 특화) – 대체로 소매금융 특화 서비스 – 점포 운영비 절감으로 금리/수수료 우대
운영시간	• 점포 운영시간: 평일 오전 9시~오후 4시	• 365일 24시간
경쟁력	• 대면서비스를 통한 전문성	• 비용절감 통한 금리 및 수수료 우대

출처: 성종화·전배승(2015).

정부는 인터넷 전문은행 도입에 새로운 사업자의 진입을 유도하기 위해 인터넷 전문은행에 한하여 은산분리를 일부 완화하였다. 비금융주력자의 은행지분 보유한도를 인터넷 전문은행에 한하여 4%에서 50%로 상향조정(단, 상호출자제한 기업집단은 제외)하였으며 최저자본금 규모는 시중은행 대비 50% 수준인 500억 원으로 완화하였다. 주요국의 경우 최저자본금은 우리보다는 낮으나 실제 투입된 자본금은 우리나라의 최저자본금 수준 또는 그보다 상회하는 것에 근거한 것이다. 인터넷 전문은행의 인가기준은 사업계획의 혁신성, 주주구성과 사업모델의 안정성, 금융소비자 편익 증대, 국내 금융산업 발전 및 경쟁력 강화에 기여, 해외진출 가능성 등을 고려하는 것으로 되어 있으며 자본규제 등 주요 건전성 기준과 영업행위 규제 등도 일반은행과 동일하게 적용하기로 하였다.

인터넷 전문은행 도입은 보수주의에 사로잡힌 기존 은행들에게 경쟁과 혁신을 유도할 수 있는 중요한 수단이 될 수 있다고 판단된다. 현재 기존 은행들은 인터넷 기반의 기술적 가능성이 있음에도 불구하고 보수적인 인적 구조와 사업구조를 그대로 유지하고 있는 상황이다. 이와 같이 금융소비자의 수요변화에 대하여 기술적으로 대응하지 못하고 있어 은행들의 수익성 악화가 지속되고 있는 환경에 처해 있다고 본다. 기존 은행의 경우 내부 경직성 요인으로 인해 오프라인 점포 및 인적 구성에 대한 조정이 매우 어려운 상황이다. 인터넷 전문은행은 비용적 우위를 갖고 유연한 조직을 구성할 경우 기존 업계에 소매금융 및 자산관리 부문에 상당한 도전이 될 가능성이 있다. 이를 위해서는 인터넷 전문은행 진입과 정착이 성공적으로 이루어질 수 있는 여건 조성이 우선적으로 필요한 상황이다.

인터넷 전문은행이 성공하기 위해서는 빅데이터 활용 허용 및 비대면 실명확인의 편의성이 보장되어야 한다. 인터넷 전문은행의 경우 무점포 또는 소수점포 운영으로 비용 상의 우위가 있으나 한편 고객접점 및 서비스에 한계가 있다. 이러한 한계를 넘어서기 위해서는 빅데이터 활용을 통한 수익성 및 비용절감 측면의 경쟁력 확보가 핵심적 성공조건이 될 것이다. 하지만 현재 비식별 개인정보 활용허용에 대해 사회적 합의가 도출되고 있지 않아 빅데이터 활용이 어려운 상황이다. 인터넷 전문은행 도입과 함께 비식별 개인정보 활용을 통한 빅데이터의 적극적인 활용이 전제되어야 성공가능성이 높아질 것으로 본다. 빅데이터 활용이 허용된다고 하더라도 현재 우리 경제에 빅데이터 분석 전문가가 매우 적은 상황이어서 전문가 양성을 위한 제도가 마련되어야 하는 상황이다. 즉 인터넷 전문은행 본연의 기술적 경쟁력이 발휘되기 위한 주요 요소들이 확보되고 허용되어야 성공적인 정착을 예상할 수 있을 것으로 본다.

비대면 실명확인에 대해서는 최근 금융위에서 허용하기로 하여 인터넷 전문은행의 중요한 걸림돌이 제거되었다고 본다. 다만 금융위에서는 구체적인 방법 네 가지를 열거하고 있는데, 제시된 비대면 실명확인의 방법이 과연 고객의 편의성에 부합하고 금융사의 사고위험을 줄일 수 있는 방법인지 고객편의성과 보안적 요소를 모두 충족하는지에 대해서는 향후 고객과 금융사의 피드백을 통하여 개선해 나아가야 할 것이다.

5.2 금융사고에 대한 책임소재 문제

우리나라와 해외의 핀테크 발전과정 상에서 차이점은 금융인프라 수준뿐만 아니라 금융관련 정부정책 기조의 차이에서도 찾을 수 있다. 핀테크가 가장 활발한 미국과 비교해 볼 때 전자금융거래 규제에 대한 정책적 입장에 대해 우리나라는 전강후약(前强後弱), 미국은 전약후강(前弱後强)으로 요약할 수 있다. 핀테크산업이 태동한 미국의 경우 보안에 관한 사전규제가 상대적으로 약한 대신 금융사고 발생 시 이용자를 보호하고 금융기관에게 사고책임을 무겁게 지우는 정책적 입장을 취하고 있다. 핀테크산업 태동 이전의 미국 금융산업 환경은 금융기관을 통한 송금 및 결제가 느리고, 신용카드 도용사고 등이 빈번하여, 금융서비스의 편의성 개선에 대한 소비자의 요구가 상대적으로 높았다. 한편 미국의 금융정책은 우리나라에 비해 금융사고를 예방하기 위한 사전적 규제가 덜한 반면, 금융사고 발생 시 사후적 점검이 강한 정책상의 특징을 지니고 있다. 특히 미국의 관계법령은 금융사고 발생 시 이용자의 과실 여부를 묻지 않고 금융기관이 사고의 책임을 지게 하여 소비자 보호가 강화되어 있다.[21)22)] EU 및 호주 등의 국가에서도, 미국과 같이 금융사고 발생 시 대부분 금융기관의 무과실책임주의를 취하고 있으며, 이용자의 책임을 낮추는 입장을 취하고 있다.

반면 우리나라는 사고 발생 시 이용자의 고의·과실 여부에 따라 이용자에게 책임을 묻는 제도를 취하고 있어 사전적 규제가 강화되는 결과를 낳았으며, 이는 핀테크산업 발전의 걸림돌로 작용하고 있다고 판단된다. 우리나라는 우수한 IT환경과 더불어 신용카드, 인터넷뱅킹 등 금융기관의 결제수단을 통해 신속하고 저렴한 결제·송금 서비스의 이용이 가능하여 새로운 서비스에 대한 소비자의 요구가 상대적으로 낮았다.

전자금융거래법 제9조 및 제10조는 이용자에게 사고에 대한 고의·과실이 존재하는 경우 금융기관의 책임을 경감하는 규정을 두고 있다. 전자금융거래법 제9조에서는 제①항에서 사고로 인한 책임은 원칙적으로 금융기관에 있음을 명시하면서도 제②항

---

21) 김기창(2014), 이준호(2013).

22) The Fair Credit Billing Act(FCBA), the Electronic Fund Transfer Act(EFTA) 등은 EFTA는 이용자의 승인 없는 거래 또는 송금(unauthorised transaction or payment)에 대해 이용자의 과실 여부를 묻지 않고, 금융기관에 통지를 하는 경우 이용자의 책임을 면책해 주는 제도를 취하고 있다.

표 4-15 **해외 주요국의 무권한 거래에 대한 이용자배상책임 규정**

<table>
<tr><th rowspan="2">주요
접근매체
도난·분실</th><th rowspan="2">이용자의
금융기관에
대한 통지</th><th colspan="2">미국</th><th colspan="3">유럽연합</th><th>호주</th></tr>
<tr><th colspan="2">EFTA / Reg. E</th><th>PSD</th><th>PSR(영국)</th><th>BGB(독일)</th><th>e-Code</th></tr>
<tr><td rowspan="2">×</td><td>통지</td><td colspan="2">60영업일 이내
통지 시 면제</td><td>13개월
이내 면제</td><td>13개월 이내
면제</td><td>13개월 이내
면제</td><td>최대
150호주달러</td></tr>
<tr><td>미통지</td><td colspan="2">60영업일 이후
통지 시 총액</td><td>13개월
이후 최대
150유로</td><td>13개월 이후
최대
50파운드</td><td>13개월 이후
최대
150유로</td><td>고의·중과실
－전액</td></tr>
<tr><td rowspan="4">○</td><td rowspan="3">통지</td><td>2영업일 이내</td><td>최대 50달러</td><td rowspan="3">13개월
이내 면제</td><td rowspan="3">13개월 이내
면제</td><td rowspan="3">13개월 이내
면제</td><td rowspan="3">최대
150호주달러</td></tr>
<tr><td>3~60영업일</td><td>최대 500달러</td></tr>
<tr><td>60영업일 이후</td><td>도난·
분실통지이전
피해액</td></tr>
<tr><td>미통지</td><td colspan="2">60일 이후 통지 시 총액</td><td>13개월
이후 최대
150유로</td><td>13개월 이후
최대
50파운드</td><td>13개월 이후
최대
150유로</td><td>고의·중과실
－전액</td></tr>
</table>

출처: 이준호(2013).

에서 이용자의 고의·과실이 있는 경우 책임의 전부 또는 일부를 이용자에게 부담하게 할 수 있다고 규정하고 있다. 또한 전자금융거래법 제10조에서는 접근매체(공인인증서, OPT 등)의 도난·분실의 경우, 이용자로부터 도난·분실의 사실을 통지받은 때로부터 금융기관의 책임을 규정하고 있으므로, 통지 이전까지 발생한 모든 사고의 책임을 이용자에게 부담지우고 있다. 이러한 금융환경 및 정책적 차이는 우리나라의 핀테크산업 등장 지연의 한 원인으로 지적할 수 있으며, 최근 핀테크산업 활성화를 위한 전자금융 규제 패러다임 전환 논의에 있어서 고려되어야 할 중요한 부분일 것이라고 본다.

이처럼 다양한 사전적 규제와 함께 금융사고 발생 시 금융회사에게 면책권을 부여한 상황에서는 금융회사들은 변화와 혁신을 모색할 유인이 약할 것으로 예상할 수 있다. 예를 들어 핀테크 발달에 중요한 걸림돌이 되고 있는 공인인증서에 대해서 금융당국이 공인인증서 사용의무를 폐지한 이후에도 현재 고객에게 편리한 다른 인증방법을 채택하려는 금융회사들은 전무한 상황이다. 그 이유는 현행법에서는 공인인증서를 사용할 때 생긴 금융사고는 금융회사에 민사적·행정적 책임이 없고 고객이 책임을 지도록 규정하고 있기 때문이다. 공인인증서 사용은 법과 각종 금융감독규정에서 규정된 대로 정부의 지시대로 사용하는 것이기 때문에 금융회사에는 책임이 없다는 것이다. 금융회사 입장에서는 공인인증서를 사용하지 않고 대체인증서를 사용할 때 발생하는 사고에 대해서는 책임을 져야 하기 때문에 새로운 인증방법 채택에 소극적일 수밖에 없는 것이다. 이처럼 공인인증서과 관련해 금융권에 집중된 행정적인 징계 문제가 핀테크벤처들이 이 분야에 진입하지 못하게 막는 장벽으로 작용하고 있다고 본다.

핀테크산업 활성화를 위해서는 전자금융 보안규제에 관한 패러다임의 전환이 요구되는 시기라 할 수 있으며, 이에 따라 국회에서는 관련제도의 개선 논의가 진행 중에 있다. 현재 전자금융 보안사고에 대해 제출된 전자금융거래법 개선안은 2건이 있다.[23] 그러나 현재 규제패러다임의 전환에 대해 논의되고 있는 여당안 및 야당안은 모두 일부 미흡한 점이 있으며, 합리적 최적 규제의 균형점을 찾고자 하는 노력이 필요할 것이다. 여당안은 현행 전자금융거래법 상의 전강후약에 대해서는 변화 없이 핀테크기업의 등장에 따라 핀테크기업의 과실 책임을 명확히 하는 것에 불과하여 규제패러다임의 변화라고 하기 어렵다고 본다. 야당안은 우리나라의 전강후약을 미국과 같은 전약후강으로 변환시키는 규제패러다임의 변화라 할 수는 있으나, 핀테크기업의 등장 및 핀테크산업의 활성화를 꾀하고자 하는 노력이라고는 할 수는 없으며, 단순히 규제정책의 방향 전환에 불과하다 할 것이다.

우리나라와 같이 사전규제가 강하면 핀테크산업의 발전에 제약으로 작용할 여지가 높으며, 규제패러다임의 전환 없이 사전규제를 완화하는 경우 사고발생 증가 및 이용자의 피해가능성이 증대될 것이며, 이는 또 다시 핀테크산업 발전에 제약으로 작용할 수 있다. 정부는 최근 핀테크산업의 활성화를 위한 방안으로서 사전규제 최소화, 기술중립성 원칙 구현, 책임부담 명확화, 규제의 예측가능성 제고 등을 추진하고 있

23) 2015. 7. 7 발의된 여당안(신동우 의원 외 10인)은 핀테크기업의 연대책임 규정하고 있으며 2015. 2. 24 발의된 야당안(이종걸 의원 외 12인)은 금융기관의 무과실책임 대상 확대 및 무권한거래에 대한 통지 이전의 금융기관의 무과실책임 규정하고 있다.

다. 하지만 이에 더하여 금융사고에 대한 책임부담에 대해서 구체적인 개선안이 제시되어야만 금융권에 변화를 유도할 수 있을 것이다. 그 동안 금융당국의 사전규제 및 획일적 인증제도는 금융회사에게 금융사고에 대한 책임부담 없이 서비스를 제공할 수 있도록 하여 비용적 측면에서 도움이 되었으나 금융소비자의 편의성이 무시되어 혁신을 저해하였고, 보신주의가 만연하게 되었으며, 금융회사의 자율성이 훼손되는 부작용이 있었다고 평가할 수 있다. 금융회사 입장에서는 사고책임의 부담에서 벗어나기 때문에 비용절감을 누려온 한편 금융당국 의존적인 금융업계의 환경이 조성되었다는 것이다.

핀테크가 정착되기 위해서는 금융회사의 자율성과 혁신을 기반으로 하는 경쟁적 환경이 확보되어야 한다. 이러한 측면에서 금융회사의 책임소재 문제와 사전규제 개선방향을 생각해 보면 기존 금융당국의 인증제를 통한 사전규제 패러다임에서 벗어나 민간 자율체계를 확립해야 한다. 또한 금융사고에 대한 책임소재를 다시 정립하여 금융회사에게 무과실책임주의의 원칙을 부과하는 것이 금융산업 발전에 도움이 될 것이다. 다만, 민간자율 시스템으로 이행하는 과정에서 발생하는 공백을 금융당국, 금융회사, 핀테크기업 등과의 협의를 통해 민간자율 인증기준 및 시스템을 신속히 구축해야 할 것이다. 현재 정부정책은 올바른 방향설정을 했다고 볼 수 있으나 여전히 사전규제 패러다임에서 벗어났다고 보기 어렵다.

5.3 빅데이터 활용을 위한 기반구축

핀테크 활용을 통한 새로운 금융시스템이 기존 금융권의 배분적 효율성과 투자성과를 넘어설 수 있는 중요한 이유 중에 하나가 빅데이터 기반분석에 있다고 본다. 핀테크의 핵심적인 역할을 할 빅데이터 분석을 위해서는 비식별 개인 금융정보를 활용할 수 있어야 하는데, 현재로서는 비식별 개인금융정보 공유가 허용되고 있지 않아 핀테크 기반 투자서비스의 개발 및 확산이 이루어지지 않고 있는 상황이다.

인터넷전문은행을 비롯하여 핀테크산업이 급성장하고 있는 외국의 경우, 자산관리·펀딩·대출과정에서 발생하는 정보의 비대칭성 문제에 대해서 빅데이터를 활용한 신용평가기법을 적극 도입하여 대출 여부 및 신용등급을 평가함으로써 정보의 비대칭을 해결해 나아가고 있다. 예를 들어 미국의 렌딩클럽(Lending Club)은 개인대출 수요자가 온라인으로 대출신청서를 작성하면 신청서를 심사하여 대출 여부를 판정하고 SNS를 이용한 빅데이터 분석을 통해 신용도에 따라 신용등급을 온라인에 공시하고 있다.

개인의 자산관리 측면에서도 빅데이터에 기반을 둔 자산관리 서비스가 제공되고 있다. 영국의 마킷(Markit)은 주요 고객인 은행, 헤지펀드, 보험회사, 자산운용회사 등을 위해 빅데이터 기술을 이용해 금융정보를 가공하고 분석하고 있어 빅데이터에 기반을 둔 금융추천 서비스 등이 확장되어 가고 있는 상황이다. 또한 투자 및 펀딩 측면에서도 빅데이터 분석에 기반을 두어 정보의 비대칭성을 극복해 가고 있다. 미국의 온라인 전용 증권회사인 모티프 인베스팅(Motif Investing)의 경우, 빅데이터를 이용하여 산업별 트렌드 등을 파악하여 투자자에게 의사결정에 필요한 정보를 제공하고 있다.

우리나라의 경우 빅데이터 분석을 위한 기술수준과 인프라(빅데이터 분석기술, 빅데이터 수집·가공, 빅데이터 정보 접근성 등)가 절대적으로 미흡한 실정이다. 우선, 빅데이터가 제대로 활용되기 위해서는 정보추출에 용이한 형태의 데이터베이스 구축이 필요하다. 이는 자료 수집단계에서부터 어떤 변수를 어떻게 수집할 것인지에 대한 고려가 있어야 하고 이러한 과학적 접근을 기초로 데이터베이스 설계를 해야 하는 것이다. 하지만 현재 우리나라 대부분의 빅데이터는 비정형화된 파편으로서 존재하여 여기에서 유의미한 정보를 추출하는 데에는 한계가 있을 뿐만 아니라 높은 가공 및 관리 비용이 드는 문제가 존재한다. 더 나아가 기존 금융기관들이 확보하고 있는 빅데이터에 대한 정보 접근성도 낮은 상황이라 핀테크 활용 및 확산이 절대적으로 어려운 실정이다.

자본시장 및 보험업계에서 빅데이터 분석 및 머신러닝을 적용하여 상용화하기 위해서는 상당히 높은 수준의 기술이 요구되고 있으나 우리나라의 경우 아직도 미국과 비교하여 3~5년 정도의 기술격차가 존재한다고 본다. 빅데이터 수집 및 가공관련 핵심기술도 부족하며 이러한 서비스를 담당하고 소화해 낼 수 있는 관련 전문인력도 부족한 상황이다.

최근 금융당국은 빅데이터 분석을 위한 기반구축을 추진 중에 있으며, 통합신용정보 집중기관을 통한 비식별화된 금융권 빅데이터 제공 및 금융권 빅데이터 개인정보보호 가이드라인을 마련하였다. 2014년 12월에 발표된 방송통신위원회의 보도자료[24]에 따르면, '비식별화' 조치가 선행될 경우 개인정보의 수집·활용이 가능하도록 하였다.[25] 여기에서 비식별화 조치란 빅데이터 처리과정에서 수집된 데이터에 개인정보가 포함된 경우, 이를 다른 정보로 대체하거나 다른 정보와 결합하여도 특정 개인을 식별하기 어렵도록 하는 '비식별화' 조치를 말하고, 수집 시부터 개인식별 정보에 대한 철저한 비식별화 조치가 선행되어야 하며 비식별화 조치를 취한 후에야 수집·저장·조합·분석 및 제3자 제공 등이 가능하도록 하는 것이다. 2015년 6월 금융위원회는 '금융권 빅데이터 활성화 방안'을 발표하여 법령상 제약요건 해소, 빅데이터 활성화 인프라 구축, 비식별화 지침 마련을 제시한 바 있다.

하지만 현재는 비식별화 정보를 두고 개인의 동의 없이 금융회사가 빅데이터를 활용할 수 있다는 의견과 개인정보보호를 위해 이를 반대하는 의견이 충돌하면서 논란이 되고 있는 상황이다. 금융위는 개인정보보호법상에서 개인정보는 동의 받은 목적으로 활용해야 하나, 비식별화시 동의 목적 외 이용이 가능하다고 해석하고 있다. 그러나 신용정보법에서는 신용정보가 동의 받은 목적으로만 활용되도록 하고 있어 논란이 예상된다.

금융권은 금융산업과 핀테크 활성화를 위해 비식별화 정보를 빅데이터에 활용하도록 규제완화를 요구하고 있는 반면 경실련과 진보네트워크센터 등 시민단체를 비롯한 일각에서는 개인정보보호 규범을 약화시켜 국민 기본권에 중대한 제한을 초래하기 때문에 반대하고 있어 의견대립이 있는 상황이다. 앞서 논의한 바와 같이 핀테크 활성화 및 핀테크산업 발전을 위해서는 빅데이터 활용이 절대적으로 필요한 부분이므로 이러한 논란을 해소하는 방안이 조속히 제시되어야 하고 그에 따른 시행령 및 제도 개선이 시급히 필요한 상황이다.

5.4 비대면 실명확인 방식

핀테크는 비대면 서비스를 기본으로 하며, 이는 곧 핀테크의 뛰어난 접근성과 낮

24) 2014. 12. 23. "빅데이터, 수집 시부터 철저히 비식별화 조치해야 빅데이터 개인정보보호 가이드라인 발표" 방송통신위원회.

25) 빅데이터 처리 사실·목적 등의 공개를 통한 투명성 확보를 요구하고 있으며 개인정보 재식별시, 즉시 파기 및 비식별화 조치, 민감정보 및 통신비밀의 수집·이용·분석 등 처리 금지, 수집된 정보의 저장·관리 시 '기술적·관리적 보호조치'를 시행하도록 하였다.

은 수수료라는 장점을 낳는 핵심 원천이라 할 수 있다. 핀테크는 기존의 금융기관과 같은 대면 접촉이 필요하지 않기 때문에 규모의 경제를 실현할 수 있으며 또한 접근성 및 편리성의 근본 이유가 된다. 그러나 우리나라의 경우, 금융실명제법(금융실명거래 및 비밀보장에 관한 법률)에 따르면 모든 최초 금융거래에서 거래자를 대면으로 확인토록 규정하고 있다. 또한 전자금융거래법에서는 아이디, 비밀번호, 공인인증서, OTP카드 등의 전자 접근매체 교부 시 반드시 본인 실명증표를 확인토록 하고 있어 실질적으로는 대면 지급을 강제하고 있다.

정부는 인터넷 전문은행 도입과정에서 주요 이슈로 제기되어 온 실명확인 방법에 대해서 「실명확인 합리화 방안」[26]을 발표하였고 2015년 12월 시행을 목표로 추진 중에 있다. 정부는 해외에서 검증된 다양한 비대면 확인방식을 우선 허용하되 다중확인(multi-check)을 통해 실명확인의 정확도를 높이고 FATF 국제기준 등 글로벌 정합성을 유지하며 전반적인 금융거래과정에서 대면확인 관행을 개선하고자 하고 있다. 다시 말해서 금융회사가 해외사례 및 핀테크 기술발전 추세 등을 고려하여 다양한 비대면 확인방식을 활용토록 함으로써 소비자 편익을 제고하는 것이 목적이다. 비대면 확인과정에서 명의도용 금융사기나 대포통장 발급 등 부작용 가능성은 최대한 차단하면서 자금세탁 방지를 위한 FATF 국제기준 등 글로벌 정합성을 유지하고 접근매체 발급 등 전반적인 금융거래과정에서의 대면확인 관행도 함께 개선하여 실효성을 제고하고자 하는 것이다.

비대면 확인의 제도적 허용 문제는 금융회사에 비대면 확인방식 선택의 자율성을 얼마나 부여할 것인지에 달려 있으며, 현재 금융당국은 금융회사가 선택 가능한 비대면 확인방식을 열거하는 방식을 채택하여 ① 실명확인증표 사본 제출, ② 영상통화, ③ 접근매체(예: 현금카드) 전달시 확인, ④ 기존계좌를 활용 등 네 가지 방식을 제시하고 있다.

하지만 비대면 확인방식을 열거하는 방식은 기술중립성 원칙에 어긋날 뿐만 아니라 역시 사전 규제적 패러다임에 따른 것으로 볼 수 있어 향후 전자금융 발전을 저해할 가능성이 있다고 판단된다. 금융에 있어서 국가 간 경계가 허물어지고 있고 글로벌 금융을 포용하는 새로운 규제의 틀을 새로 조성하기 위해서는 비대면 확인방식은 금

26) 금융위원회 2015. 5. 18, 계좌 개설시 실명확인방식 합리화 방안.

융회사 책임 하에 자율에 맡기는 것이 바람직하다고 본다. 금융회사들은 금융소비자의 편의성을 최대한 고려하면서 금융보안 및 사기를 방지해야 하는 노력을 기울이는 과정에서 가장 적절한 방식을 선택할 것이며 이러한 과정 속에서 금융회사 간 진정한 경쟁과 혁신이 유도될 것으로 보인다.

6. 소결론: 핀테크 발전과 은행산업 발전

핀테크는 현재 우리 금융산업과 금융규율체계에 새로운 변화를 일으키고 있다. IT환경이 상대적으로 우위에 있는 우리 경제에서 IT기술을 금융에 접목하여 새로운 금융서비스를 제공하는 핀테크는 부진에 빠진 우리 은행산업의 경쟁력을 높이는 데 중요한 역할을 할 것으로 기대되고 있다. 본 분석에서는 광범위한 핀테크산업을 세부 사업영역별로 구분해 살펴보았고, 국내외 현황과 더불어 각국의 핀테크 육성을 위한 정부 지원정책들을 살펴보았다. 또한 핀테크 활성화가 우리 경제에 초래할 경제효과들을 세부적으로 논의해 보았고, 마지막으로 우리 경제에서 핀테크 활성화를 위해서 시급하게 해결해야 할 문제들을 짚어 보았다.

우선 핀테크 활성화는 우리 경제에 여러 면에서 긍정적인 변화를 초래할 것으로 기대되고 있다. 핀테크는 금융거래에 수반되는 거래비용을 크게 낮출 것이고 풍부한 데이터를 활용한 정보분석의 개선으로 금융거래에서 정보의 비대칭성을 완화시켜 주어 상호편익을 증진시키는 더 많은 금융거래가 실현되어 금융거래 활성화에 기여할 것이다. 또한 핀테크는 기존 금융서비스를 위협하는 한편 금융산업 발전의 기회를 제공하고 기존 금융에 대한 대체서비스와 혁신적인 새로운 서비스를 제공할 것이어서 금융권에 치열한 경쟁을 초래할 것이다. 핀테크 기반의 새로운 금융기업의 출현은 금융회사 간 경쟁을 촉발하여 혁신상품 개발, 글로벌시장 개척 등 금융산업 경쟁력 제고에 기여할 것으로 보인다. 한편 핀테크가 정착되는 과정에서 단기적으로는 기존 금융권의 고용감소가 예상되지만 핀테크 기반 서비스 확대에 따른 IT 및 금융전문인력 고용확대가 예상되어 노동수요에 대한 구조적 변화가 나타날 것으로 예상되므로 고용정책의 변화가 요구될 것이다.

핀테크 활성화를 위한 규제개혁을 하는 과정에서 해외 금융규제 질서와 경쟁해야 하므로 국내 금융감독체계도 글로벌 경쟁에 노출되어 있다는 사실을 인식하는 기회가 될 것이며 국내의 기존 금융규제체계가 파괴되고 새로운 규제패러다임으로 이행하는 기회가 될 것이다.

한편 금융당국의 정책적 지원에도 불구하고 핀테크의 성공적인 발전을 위해서는 시급히 해결되어야 하는 몇 가지 이슈들이 있다. 첫째, 인터넷 전문은행 도입은 기존 은행들에게 경쟁과 혁신을 유도할 수 있는 중요한 수단이 될 수 있으므로 인터넷 전문은행 진입과 정착이 성공적으로 이루어질 수 있도록 적절한 여건을 조성하는 것이 우선적으로 필요한데 빅데이터 활용 허용 및 비대면 실명확인의 편의성 보장이 시급한 상황이다. 둘째, 핀테크가 정착되기 위해서는 금융회사들이 자율과 혁신을 통해 경쟁하는 환경이 확보되어야 한다. 기존 사전규제 패러다임에서 벗어나 민간 자율체계를 확립해야 하고 금융사고에 대한 책임소재를 다시 정립하여 금융회사에게 무과실 책임주의의 원칙을 확립하는 것이 필요하다. 셋째, 빅데이터 기반분석은 핀테크의 배분적 효율성과 투자성과를 높일 수 있는 중요한 원천이 된다. 빅데이터 분석을 위해서 현재 허용되고 있지 않은 비식별 개인금융정보 공유문제를 시급히 해결해야 할 것이다. 또한 빅데이터 분석을 위한 기술수준과 인프라(빅데이터 분석기술, 빅데이터 수집·가공, 빅데이터 정보 접근성 등)와 관련 전문인력 확보도 중요한 이슈가 된다. 마지막으로 핀테크에 절대적으로 필요한 비대면 실명확인방식은 금융회사 책임 하에 자율에 맡기는 것이 바람직하다고 본다.

V

해외 주요선진은행의 경영사례와 시사점

Directions for Financial Reform to Develop the Korean Banking Industry

V
해외 주요선진은행의 경영사례와 시사점

1. TD Canada Trust: 소매금융의 신흥강자[1)]

1.1 성장과정

TD 뱅크는 캐나다에서 두 번째로 큰 은행인 토론토 도미니언 뱅크(Toronto-Dominion Bank)에서 출발한다. 1980년대 초반의 오일쇼크 때에도 건재했던 토론토 도미니언 뱅크는 개발도상국의 불황과 이자율상승 등으로 심각한 대출채권 부실에 직면했다. 이에 적극적인 채무조정을 실시하였는데, 이 시기의 경험으로 보다 엄격한 대출을 실시하는 등 보수적인 경영전략이 자리잡았다. 1996년에는 북미 최초로 뱅킹과 브로커리지가 통합된 PC패키지를 선보였으며 1998년에는 인터넷뱅킹 서비스를 도입하는 등 고객의 편리함을 위해 멀티채널을 제공하는 은행으로 거듭났다.

토론토 도미니언 뱅크는 2005년 3월 미국 북동지역을 기반으로 하고 있는 뱅크노스(Banknorth)의 지분 51%를 인수하면서 미국시장에 본격적으로 진출하였다. 이후 은행명을 'TD 뱅크노스'로 변경하고 2005년 허드슨 유나이티드 뱅크(Hudson United Bank),

---

1) 본 장의 TD Canada Trust 은행에 대한 논의내용과 이후의 US Bancorp, Standard Chartered, Wells Fargo 은행에 대한 논의내용은 김우진·이수진(2015) 및 김우진(2014)을 주로 참조하였다. 그러나 각 은행의 웹사이트에서 제공하는 IR자료와 proxy statement 등을 활용하여 재무제표의 업데이트, 주요 논지 보완 등의 작업이 이루어졌음을 밝힌다.

2006년 인터체인지 파이낸셜 서비스(Interchange Financial Services Corp) 등을 인수하여 코네티컷, 뉴욕, 필라델피아 등으로 서비스 지역을 확대하였다.

2008년에는 뉴저지를 기반으로 하고 있는 커머스 뱅코프(Commerce Bancorp)를 인수하며 북미지역에 ATM 5,300개, 온라인고객 550만 명을 보유하고 있다. 2010년에는 남부지역의 파산한 은행들을 미국 예금보험공사로부터 인수하여 남부지역의 영업망을 확대하였으며, 2011년에는 캐나다 4위(발급 수 기준) 규모인 뱅크 오브 아메리카(BOA)의 캐나다 신용카드 부문을 인수하며 자국 내에서의 기반을 확고히 하고 있다.

1.2 현 황

TD 뱅크 파이낸셜 그룹(TDBFG)의 사업은 은행, 자산관리, 보험, 증권으로 구분되며 은행부문에 TD 캐나다 트러스트, TD 뱅크, 오토파이낸스(Auto Finance), 신용카드 부문이 포함된다. 'TD 캐나다 트러스트(TD Canada Trust)'는 소매금융을 주로 담당하며 1,168개의 지점, 2,800의 자동화기기를 통해 약 1,300만 고객에게 편리한 서비스를 제공하고 있다.

TD 뱅크 그룹은 2014년 78.8억 달러의 당기순이익을 기록하였다. 당기순이익 증가율은 2010년 48.8%, 2012년 7.0%, 2014년에는 18.3% 증가하며 78.8억 달러를 기록했다. 2014년 영업이익도 90.8억 달러로 전년 대비 20.5% 증가했다. 당기순이익과 영업이

표 5-1 수익성 추이

(단위: 백만 CAD, %)

	당기순이익	영업이익	ROA
2008	3,833	4,104	0.79
2009	3,120	3,169	0.58
2010	4,644	5,777	0.81
2011	6,045	7,125	0.86
2012	6,471	7,329	0.84
2013	6,662	7,533	0.80
2014	7,883	9,075	0.87

주: 1) GAAP(2008~10), IFRS(2011~14).

자료: Annual Report, Bankscope.

익의 2008~2014년까지 연평균 성장률은 각각 12.8%, 14.1%로 높은 성장세를 보이고 있다. ROA는 2009년 0.58%를 기록한 이후 2011년 0.86%, 2014년 0.87%를 기록했다.

TD 뱅크 그룹의 사업 부문별 당기순이익 구조를 살펴보면, 캐나다소매금융 부문이 64.2%로 가장 높은 비중을 차지하고 있으며, 미국의 소매금융 부문(25.9%)을 포함하면 총 소매금융 비중이 90.0%이다.

표 5-2 사업부문별 수익

(단위: 백만 CAD, %)

	당기순이익	비중
Canadian Personal and Commercial Banking3)	5,234	64.2
U.S. Personal and Commercial Banking	2,110	25.9
Wholesale Banking	813	10.0
Corporate	(274)	–
Total	7,883	100.0

주: 1) corporate 부문을 제외한 금액을 전체로 설정하여 계산.
2) TD Wealth and Insurance 포함.

2014년 TD 뱅크 그룹의 총이익 중 이자이익 비중은 58.7%, 비이자이익은 41.3%이다. 비이자이익 구성비를 살펴보면 보험수수료관련(31.4%) 이익이 가장 높은 비중을 차

표 5-3 수익성 구조 및 추이

(단위: 백만 CAD, %)

	2011	2012	2013	2014
이자이익	13,661	15,026	16,078	17,584
	(57.3)	(58.8)	(59.0)	(58.7)
비이자이익	10,179	10,520	11,184	12,377
	(42.7)	(41.2)	(41.0)	(41.3)
총이익	23,840	25,546	27,262	29,961

주: ( )는 총이익 대비 비중임.
자료: Annual Report.

표 5-4 비이자이익 구성 추이

(단위: 백만 CAD, %)

	2012		2013		2014	
TD Waterhouse fees and commissions	384	(3.7)	403	(3.6)	412	(3.3)
Full-service brokerage andother securities services	562	(5.3)	596	(5.3)	684	(5.5)
Underwriting and advisory	437	(4.2)	365	(3.3)	482	(3.9)
Investment management fees	241	(2.3)	326	(2.9)	413	(3.3)
Mutual fund management	997	(9.5)	1,141	(10.2)	1,355	(10.9)
Total investment and securities services	2,621	(24.9)	2,831	(25.3)	3,346	(27.0)
Credit fees	745	(7.1)	785	(7.0)	845	(6.8)
Net securities gains	373	(3.5)	304	(2.7)	173	(1.4)
Trading income (loss)	-41	(-0.4)	-281	(-2.5)	-349	(-2.8)
Service charges	1,775	(16.9)	1,863	(16.7)	2,152	(17.4)
Card services	1,039	(9.9)	1,345	(12.0)	1,552	(12.5)
Insurance revenue	3,537	(33.6)	3,734	(33.4)	3,883	(31.4)
Trust fees	149	(1.4)	148	(1.3)	150	(1.2)
Other income	322	(3.1)	455	(4.1)	625	(5.0)
Total	10,520	(100.0)	11,184	(100.0)	12,377	(100.0)

주: ( )는 총비이자이익 대비 비중임.
자료: Annual Report.

지하고 있으며, 서비스수수료가 17.4%를 차지하고 있다. 신용카드·뮤추얼펀드 부문은 전년 대비 증가세를 보이고 있다.

표 5-5 NIM 추이

(단위: %)

2008	2009	2010	2011	2012	2013	2014
2.22	2.54	2.35	2.30	2.23	2.20	2.19

자료: Annual Report.

순이자마진은 2009년 2.54%를 기록한 이후 2012년 2.23%, 2014년 2.19%로 소폭 하락하는 추세이다.

TD 뱅크 그룹의 지점 수 대비 영업이익은 2012년 289만 달러에서 2014년 359만 달러로 증가했으며, 동기간 종업원 대비 영업이익은 9.4만 달러에서 11.2만 달러로 증가하였다.

표 5-6 지점 및 종업원 대비 영업이익

(단위: 천 CAD)

	2009	2010	2011	2012	2013	2014
영업이익/임직원 수	42.8	84.0	92.1	93.5	97.0	112.2
영업이익/지점 수	1,437.2	2,356.1	2,869.5	2,891.1	2,996.5	3,592.7

자료: Bankscope.

영업이익경비율(cost to income ratio)은 2010년 62.2%, 2012년 60.5%, 2014년에 60.7%로 60%를 상회하고 있다. 1인당 인건비 역시 2012년 9.2만 달러에서 2014년 10.4만 달러로 증가하였다.

표 5-7 Cost to Income ratio 및 경비율

(단위: 천 CAD %)

	2009	2010	2011	2012	2013	2014
cost to income ratio	68.4	62.2	60.2	60.5	61.6	60.7
1인당 인건비[1)]	88.6	86.7	87.0	92.4	97.2	104.2

주: 1) Personnel Expenses/직원 수.
출처: Bankscope.

1.3 소유구조와 지배구조

(소유구조)

TD 뱅크 그룹의 최대주주는 9.18%의 지분을 소유하고 있는 RBC(Royal Bank of

Canada)이며 몬트리올 은행이 5.65%, CIBC가 5.56%를 보유하고 있다.

표 5-8 주요주주 현황

(단위: %)

주요주주	국가	지분
ROYAL BANK OFCANADA(RBC)	캐나다	9.18
BANK OF MONTREAL	캐나다	5.65
CANADIAN IMPERIAL BANK OF COMMERCE (CIBC)	캐나다	5.56
BANK OF NOVA SCOTIA (THE)	캐나다	4.27
POWER CORPORATION OF CANADA	캐나다	3.67
SELF OWNED	–	3.52

주: 2015년 5월 기준 지분 3.5% 이상 주주현황.
자료: Bankscope.

TD 뱅크 그룹의 2014년 PBR은 1.82배로 전년대비 증가했으며 동기간 PER 역시 12.98배로 전년과 유사한 수준을 기록하였다.

표 5-9 PBR, PER 및 배당성향

(단위: 배, %)

	2011	2012	2013	2014
PBR	1.54	1.52	1.69	1.82
PER	11.20	11.48	13.19	12.98
dividend pay-out ratio	38.31	40.50	44.69	42.93

자료: Bankscope.

(지배구조)

TD 뱅크 그룹은 기업지배구조위원회(Corporate Governance Committee), 인적자원위원회(Human Resources Committee), 감사위원회(Audit Committee), 리스크위원회(Risk committee)로 구성된다.

기업지배구조위원회는 기업의 경영계획 수립과 모든 경영관련 업무를 집행하고 이사회를 감독하는 역할을 한다. 위원회는 Brian M. Levitt가 의장을 맡고 있으며, 의장 외 4인으로 구성된다.

인적자원위원회는 기업의 보상프로그램과 직원의 복리후생을 계획하고 검토하는 일을 주로 하며, 경영진 및 이사회의 경영실적을 평가, 주주관련 업무를 담당한다. 또한 이사회 후보 선정, 이사회 활동 평가, 이사회 및 임원의 퇴직 및 승계 결정, 기업지배구조의 감독 및 개선방안 추진한다. 위원회는 Wilbur J. Prezzano외 6인으로 구성된다.

감사위원회는 내부통제시스템의 효율성 감독, 재무제표의 건전성 검토 및 외부공시 감독, 내부와 외부의 감사를 감독한다. William E. Bennett외 4인으로 구성되며 William E. Bennett는 CEO 겸 의장을 맡고 있다.

리스크위원회는 기업리스크 체계(Enterprise Risk Framework, ERF)를 검토하고 승인하는 일을 주로 하는데, 비즈니스 전략 및 운영에 따른 위험도 여기에 포함된다. 또한 개발 및 전략리스크, 신용리스크, 시장리스크, 운영리스크(기술 위험과 정보 보안 등), 보험리스

그림 5-1 TD Bank Group의 지배구조

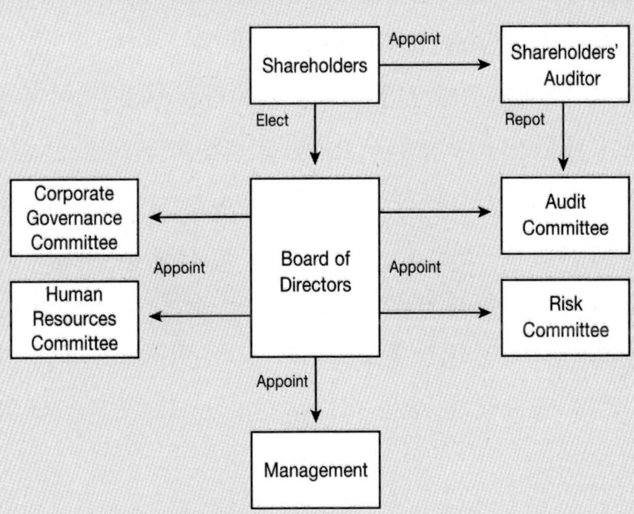

크, 유동성리스크, 자본 적정성에 대해 ERF를 통해 관리한다. 적어도 매년 이사회와 최고 리스크관리 책임자 등을 포함한 경영진에게 통계와 분석자료를 보고하고 모니터링을 한다. 은행의 내부자본 적정성 평가절차(internal capital adequacy assessment process, ICAAP)의 효과적인 관리와 평가를 담당하고 있다. Harold H. MacKay가 위원장을 맡고 있으며 의장 외 6인으로 구성된다.

1.4 시 사 점

(핵심사업 중심의 지역확장)

'TD Bank'라는 명칭으로 미국에 진출했으며, 미국에 진출한 2005년 총자산 기준 40위에 있던 TD 뱅크의 순위는 커머스 뱅코프(Commerce Bancorp)를 합병한 직후(2008년 말) 21위로 상승하였으며 2011년 말에는 11위로 크게 상승하였다. TD 뱅크의 성장은 리테일 중심의 고객기반 확대를 위한 M&A가 기여한 바가 크다. 2010년에 미국 예금보험공사로부터 인수한 3개 은행은 TD 뱅크가 향후 2년간 동일지역에 점포 개설시 발생하는 비용보다 적은 비용이 소요된다는 분석 하에 인수하였다. 현재 TD 뱅크의 미국 내 점포는 약 1,300개로 캐나다의 1,168개를 넘어선 상황이다. TD 뱅크는 향후에도 추가적인 은행 인수보다는 점포 확대에 집중할 것으로 알려졌으며 자본 확대 측면에서 캐나다보다는 미국에서의 성장전략을 고수할 방침이다.

TD 뱅크가 점포 확대를 통한 성장전략을 유지하는 이유는 이 은행의 최대 강점이 소매금융에 있기 때문이다. TD 뱅크 파이낸셜 그룹의 2014년 말 기준 전체 당기순이익에서 소매금융이 차지하는 비중은 90.0%(캐나다 64.2%, 미국 25.9%)로 기업금융(10.0%)을 월등히 앞서고 있다. 대출의 경우 금융위기로 대부분 은행들의 대출이 감소하는 상황에서도 TD 뱅크 그룹의 대출은 2009년 말 기준 전년 대비 15.3% 증가하였으며 2011년 10.6% 2014년 7.6%로 지속적인 성장세를 보이고 있다. 이러한 결과는 "좋은 시절에 부실대출을 만들지 않고, 불황일 때 좋은 대출을 한다"는 TD 뱅크 그룹의 철학을 잘 보여준다.

(차별화된 기업문화)

TD의 우수한 실적을 (1) 캐나다가 유니버설 뱅킹 시스템을 보유하고 있어 은행의 수익다변화가 가능했다거나, (2) 지난 몇 년 동안 캐나다 경기가 여타 선진국에 비해 부진하지 않았던 덕택으로 글로벌 금융위기의 파고를 무사히 넘길 수 있었다는 점에서 찾으려는 학자들도 있다. 그러나 유니버설 뱅킹 시스템을 보유한 대부분의 유럽국가 내 대형은행들이 파산 직전 수준까지 재무상태가 악화된 점으로 미루어 볼 때 어떠한 금융시스템을 보유하고 있느냐는 금융그룹의 실적에 결정적인 변수로 작용하지 않음을 추론할 수 있다. 마찬가지로 캐나다가 금융위기의 유탄을 맞지 않으면서 위기를 슬기롭게 극복함에 따라 은행도 반사이익의 수혜를 받았다는 주장 또한 캐나다계 경쟁은행들의 실적을 보면 TD 금융그룹이 얼마나 차별화된 전략을 추진해 왔는지를 가늠할 수 있다.[2)]

금융이 내수산업이라는 점에 동의하면서도 금융시스템이나 경기는 금융회사의 성과에 결정적인 변수가 될 수 없음을 우리는 경험적으로 체험하고 있다. 오히려 내부의 인재육성 전략이나 영업방식의 고유성 등 미시적 측면에서의 기업문화(corporate culture)가 은행의 경쟁력에 절대적인 영향을 미친다는 점을 TD 그룹의 특징에서 찾아볼 수 있다. 즉, TD의 성공은 소비자만족(customer satisfaction), 편의성(convenience), 충성도(loyalty) 등의 항목에서 경쟁사들이 쉽게 따라할 수 없는 구조를 보유한 데 주로 기인한다.[3)] TD는 은행에 대한 사람들의 관심이 은행경영의 핵심 카타르시스(catalyst)라는 것을 먼저 깨달았던 몇 안 되는 글로벌 플레이어 중 하나이다.[4)]

TD는 한인금융센터, 중국인금융센터 등 이민자 대상의 전담부서(desk)를 설치하고 이들을 대상으로 한 상품과 서비스 제공에 노력하고 있다. 캐나다는 이민자 중심의 사

2) TD는 RBC에 이어 캐나다 2위 수준의 경영성과를 꾸준히 나타내고 있다.

3) 예를 들어 TD에서는 라인 오브 크레딧(line of credit) 형태의 모기지상품을 제공하고 있는데, 동 상품을 보유한 고객의 대부분은 변동금리부 대출을 선호하기 때문에 금리상승 시 이들의 이자상환 부담이 커진다. 이때 은행은 우수고객을 대상으로 매우 낮은 수준의 고정금리로 전환할 것을 권유하는데, 이러한 은행의 전략은 단기적으로 수익성 하락요인이 될 수 있으나 장기적으로 우수고객을 유지하게 만드는 원동력이 되고 있다.

4) TD Bank의 경영 모토는 웹사이트에 잘 나타나 있다. 이를 그대로 인용해 보면 "It's time to bank human again. We work hard to create the best experience for our customers. That's what it means to bank human. That's what it means to be America's Most Convenient Bank®."

회이고 현재도 매년 많은 수의 이민자가 유입되기 때문에 이들에게 제대로 투자하고 운영하는 금융회사가 높은 성과를 나타낼 수밖에 없다.

TD의 경우 해외영업(foreign operations) 부문이 미국 빼고는 거의 없는데 이것이 위기로부터 멀어질 수 있었던 한 가지 이유이고, 둘째로 미국 영업부문에서 파생상품 거래(derivative trading)를 안하고 소매금융(retail)만 한 것이 좋은 실적의 원인이라 보이는데 어떤 내부 메커니즘(internal mechanism)이 이와 같은 결정을 내릴 수 있게 만들었는지 찾아볼 필요가 있다. 외국까지 가서 파생상품 취급을 많이 하기 어렵겠지만, 유럽계 은행들은 미국에서 파생손실을 많이 발생시킨 바 있다.

2. US Bancorp[5]: 리스크관리의 대명사

2.1 성장과정

US Bancorp는 1853년 밀워키(Milwaukee)에서 Farmers and Millers Bank가 $50,000의 자본으로 설립하였으며, 위스콘신주의 최초의 은행이었다. 1929년 지주회사로 전환했으며, 1968년에 First Bank System으로 명명되기까지 First Bank Stock Corporation 형태로 운영되었다. US Bancorp은 설립 이래 유기적 성장전략 및 다수의 M&A를 통해 성장하여 2013년 6월 말 현재 105개의 자회사를 지닌 지주회사로 발돋움하였다. 특히 1980년대 이후의 M&A들은 변화하는 경제 및 산업환경에 의한 전략적 대응에 따른 결과였다. 즉, 2001년 금리인상에 따른 자금조달 비용 상승과 대형은행과의 경쟁심화로 수익이 감소하던 미국의 지방은행들은 적극적으로 합병에 나서게 되었는데, 이 과정에서 US Bancorp은 Firstar 은행 등을 인수할 수 있었다. 이 합병으로 US 뱅코프는 미국 내 자산순위 10위권 내로 부상하게 되었다.

5) 본 섹션의 많은 내용은 이수진(2013, 금융연구원 내부자료)의 "해외은행 모범사례 연구"에서 발췌한 것이다.

2.2 현 황

US 뱅코프는 2014년 78.8억 달러의 당기순이익을 기록하였다. 당기순이익 증가율은 글로벌 금융위기의 영향으로 2009년 24.1% 감소했으나 2011년 46.6%, 2013년 4.4%, 2014년에는 37.5% 증가하며 78.8억 달러를 기록했다. 2014년 영업이익도 80.0억 달러로 전년 대비 소폭 증가했다. 당기순이익과 영업이익의 2008~2014년까지 연평균 성장률(CAGR)은 각각 17.8%, 12.1%로 높은 성장세를 보이고 있다. ROA는 2009년 0.82%를 기록한 이후 2011년 1.53%, 2014년 1.54%를 기록했다.

표 5-10 수익성 추이

(단위: 백만 달러, %)

	당기순이익	영업이익	ROA
2008	2,946	4,033	1.21
2009	2,237	2,632	0.82
2010	3,265	4,200	1.16
2011	4,788	6,629	1.53
2012	5,490	7,726	1.58
2013	5,732	7,764	1.60
2014	7,883	7,995	1.54

자료: Annual Report, Bankscope.

US 뱅코프의 사업부문별 당기순이익 구조를 살펴보면, 재무관련 기업지원(Treasury and Corporate Support)이 37.3%, 소매·소기업금융(Consumer and Small Business Banking)이 20.6%, 지급서비스(Payment Services)가 19.3%를 차지하고 있다.

2014년 US 뱅코프 총이익 중 이자이익 비중은 54.0%, 비이자이익 비중은 46.0%이다. 특히 기업의 재무관련 업무를 중점적으로 함에 따라 비이자이익 비중은 2010년 46.6%를 기록한 이후 40% 이상의 비중을 유지하고 있다. 비이자이익 구성비를 살펴보면 Merchant processing services가 16.5%로 가장 큰 비중을 차지하고 있으며, Trust and investment management fees가 13.7%로 뒤를 잇고 있다. 순이자마진은 2009년 3.67%를

표 5-11 사업부문별 수익

(단위: 백만 달러, %)

	당기순이익	비중
Wholesale Banking and Commercial Real Estate	1,115	18.9
Consumer and Small Business Banking	1,215	20.6
Wealth Management and Securities Services	237	4.0
Payment Services	1,138	19.3
Treasury and Corporate Support	2,203	37.3
total	5,908	100.0

주: 2014년 말 기준.
자료: Annual Report.

기록한 이후 2011년 3.65%, 2014년 3.23%로 하락하는 추세이나 여전히 3% 이상의 수준을 유지하고 있다.

표 5-12 수익성 구조 및 추이

(단위: 백만 달러, %)

	2010	2011	2012	2013	2014
이자이익	9,579	10,123	10,745	10,604	10,775
	(53.4)	(53.6)	(53.6)	(54.7)	(54.0)
비이자이익	8,360	8,760	9,319	8,774	9,164
	(46.6)	(46.4)	(46.4)	(45.3)	(46.0)
총이익	17,939	18,883	20,064	19,378	19,939

주: ( )는 총이익 대비 비중임.
자료: Annual Report.

표 5-13 NIM 추이

(단위: %)

2008	2009	2010	2011	2012	2013	2014
3.66	3.67	3.88	3.65	3.58	3.44	3.23

자료: Annual Report.

표 5-14 비이자수익 구성 추이

(단위: 백만 달러, %)

	2010	2011	2012	2013	2014
Credit and debit card revenue	1,091 (13.1)	1,073 (12.2)	892 (9.6)	965 (11.0)	1,021 (11.1)
Corporate payment products revenue	710 (8.5)	734 (8.4)	744 (8.0)	706 (8.0)	724 (7.9)
Merchant processing services	1,253 (15.0)	1,355 (15.5)	1,395 (15.0)	1,458 (16.6)	1,511 (16.5)
ATM processing services	423 (5.1)	452 (5.2)	346 (3.7)	327 (3.7)	321 (3.5)
Trust and investment management fees	1,080 (12.9)	1,000 (11.4)	1,055 (11.3)	1,139 (13.0)	1,252 (13.7)
Deposit service charges	710 (8.5)	659 (7.5)	653 (7.0)	670 (7.6)	693 (7.6)
Treasury management fees	555 (6.6)	551 (6.3)	541 (5.8)	538 (6.1)	545 (5.9)
Commercial products revenue	771 (9.2)	841 (9.6)	878 (9.4)	859 (9.8)	854 (9.3)
Mortgage banking revenue	1,003 (12.0)	986 (11.3)	1,937 (20.8)	1,356 (15.5)	1,009 (11.0)
Investment products fees and commissions	111 (1.3)	129 (1.5)	150 (1.6)	178 (2.0)	191 (2.1)
Securities gains (losses), net	−78 (−0.9)	−31 (−0.4)	−15 (−0.2)	9 (0.1)	3 (0.1)
Other	731 (8.7)	1,011 (11.5)	743 (8.0)	569 (6.5)	1,040 (11.3)
Total	8,360	8,760	9,319	8,774	9,164

주: ( )는 총비이자이익 대비 비중임.
자료: Annual Report.

BIS비율은 글로벌 금융위기 직후인 2009년 12.9%를 기록한 이후 13% 이상의 안정적인 수준을 유지하고 있으며, Tier1비율 역시 양호한 수준을 보이고 있다.

표 5-15 BIS비율 및 Tier1비율

(단위: %)

	2008	2009	2010	2011	2012	2013	2014
BIS비율	14.3	12.9	13.3	13.3	13.1	13.2	13.6
Tier1비율	10.6	9.6	10.5	10.8	10.8	11.2	11.3

자료: Bankscope.

US 뱅코프의 지점 수 대비 영업이익은 2011년 214.9만 달러에서 2014년 251.7만 달러로 증가했고, 동기간 종업원 대비 영업이익은 10.6만 달러에서 12.0만 달러로 증가했다.

표 5-16 지점 및 종업원 대비 영업이익

(단위: 천 달러)

	2009	2010	2011	2012	2013	2014
영업이익/임직원 수	45.2	69.3	106.0	119.8	118.4	119.8
영업이익/지점 수	876.7	1,400.0	2,148.8	2,505.2	2,520.0	2,517.3

자료: Bankscope.

영업이익경비율(cost to income ratio)은 2011년 52.4%에서 2014년 53.7%로 소폭 증가했다. 1인당 인건비 역시 2011년 7.8만 달러에서 2014년 8.3만 달러로 증가했다.

표 5-17 Cost to Income ratio 및 경비율

(단위: 천 달러, %)

	2009	2010	2011	2012	2013	2014
cost toincome ratio	48.5	52.0	52.4	51.9	53.0	53.7
1인당 인건비[1)]	63.7	73.8	78.1	81.6	84.1	83.4

주: 1) 인건비=Personnel Expenses/직원 수.
출처: Bankscope.

2.3 소유구조와 지배구조

(소유구조)

US 뱅코프의 최대주주는 6.48%의 지분을 소유하고 있는 블랙 록(Black Rock)이며, BERKSHIRE HATHAWAY이 5.37%를 보유하고 있다.

표 5-18 주요 주주 현황

(단위: %)

주요주주	국가	지분
BLACKROCK	미국	6.48
BERKSHIRE HATHAWAY	미국	5.37
VANGUARD GROUP	미국	5.11
FMR LLC	미국	5.04
STATE STREET CORPORATION	미국	4.10
CAPITAL GROUP	미국	2.80
T. ROWE PRICE GROUP	미국	1.59
SUN LIFE	캐나다	1.53
BROWN BROTHERS HARRIMAN & CO	미국	1.42
NORTHERN TRUST CORPORATION	미국	1.32

주: 2015년 5월 기준 지분 1.3% 이상 주주현황.
자료: Bankscope.

US 뱅코프의 2014년 PBR은 1.82배로 전년 대비 증가했으며 동기간 PER 역시 13.61배로 증가했다.

표 5-19 PBR, PER 및 배당성향

(단위: 배, %)

	2009	2010	2011	2012	2013	2014
PBR	1.61	1.71	1.48	1.49	1.77	1.82
PER	19.24	15.86	10.78	10.94	12.87	13.61
dividend pay-out ratio	16.76	11.79	20.07	26.85	28.45	29.54

자료: Bankscope.

(지배구조)

US 뱅코프의 지배구조는 감사위원회(Audit Committee), 지배구조위원회(Governance Committee), 보상 및 인적자원관리위원회(Compensation and Human Resources Committee), 리스크 위원회(Risk Management Committee), 지역사회재투자 및 공공정책위원회(Community Reinvestment and Public Policy Committee), 집행위원회(Executive Committee) 총 6개 부문으로 나뉜다.

감사위원회(Audit Committee)는 재무보고에 대한 감사·회계뿐 아니라 내부 통제, 법률 및 규제사항의 적합성 등을 고려한다. 또한 내부 및 외부 감사의 기능을 수행하며 주요 논의된 사항을 보고하는 일을 주로 한다. 지배구조위원회(Governance Committee)는 주주들의 제안과 이사회의 권고사항, 이사회 활동평가, 기업지배구조의 감독 및 개선방안 추진을 주 업무로 하며, 연간 6번의 회의를 개최한다. 보상 및 인적자원관리위원회(Compensation and Human Resources Committee)는 임원 및 직원, 이사회의 인센티브 관련된 업무를 담당한다.

리스크위원회(Risk Management Committee)는 금융·시장 리스크, 운영리스크의 정책을 수립하고 신용 위험관리에 관한 사례를 수집하여 분석하는 역할을 한다. 지역사회재투자 및 공공정책위원회(Community Reinvestment and Public Policy Committee)는 지역사회의 공공이익을 위한 재투자의 적합성을 검토하고, 지속 가능한 개발을 위해 기업의 역할을 제고한다. 집행위원회(Executive Committee)는 정기이사회에서 이사회의 권한을 행사할 수 있다.

한편, 이사회 산하에 CEO를 비롯한 관련 임원들이 참여하는 리스크관리위원회를 두고 있는 점은 형태상으로는 여타 금융회사들과 큰 차이가 없지만, 운영 측면에서 CFO 아래 리스크 유형별 committee의 활발한 활동을 통해 리스크관리의 공백을 최소화하고 있다.

표 5-20 US Bancorp 의 기업지배구조 현황

	audit committee	Community Reinvestment and Public Policy Committee	Compensation and Human Resources Committee	Executive Committee	Governance Committee	Risk Management Committee
Douglas M. Baker, Jr.					○	○
Y. Marc Belton	○	○				
Victoria Buyniski Gluckman		○	○			
Arthur D. Collins, Jr.			○	○	○**	
Richard K. Davis				○**		○
RolandA. Hernandez	○	○				
Doreen Woo Ho	○					○
Joel W. Johnson	○					○
Olivia F. Kirtley	○**		○	○		
Jerry W. Levin			○**	○	○	
David B. O'Maley			○	○	○	
O'dell M. Owens, M.D., M.P.H.	○	○**		○		
Craig D. Schnuck		○				○
Patrick T. Stokes*				○	○	○**

주: * Lead Director **chair person.
자료: Annual Report.

2.4 시 사 점

(보수적인 비즈니스 모델)

US Bancorp은 균형 잡힌 수익구조를 발판으로 다른 미국계 money centre bank들이 금융위기를 겪으면서 힘들어 할 때 US Bancorp은 탁월한 경영성과를 기록할 수 있었다. 그 배경에는 느리지만 안전하게 그리고 지속적으로 성장하고자 하는 보수적인 비즈니스 모델과 자신들의 재산을 안전하게 지키고 불려줄 은행과 거래하려는 고객성향이 함께 작용한 것으로 보인다. 가치투자가인 Warren Buffet이 Wells Fargo만큼이나 US Bancorp을 인정하여 많은 주식을 보유하고 있다는 점에서 보듯이 US Bancorp은 리스크관리를 가장 잘하는 은행으로 인식되고 있다.

표 5-21 Warren Buffet이 가장 많이 보유한 주식

순위	종목(업종)	보유 규모(억 달러)	지분율(%)
1	웰스파고(은행)	155.92	8.7
2	코카콜라(음식료)	145	8.9
3	IBM(IT)	130.48	6
4	아메리칸 익스프레스(카드)	87.15	13.7
5	월마트(유통)	37.41	1.6
6	뮌헨레(보험)	35.99	11.3
7	P&G(필수소비재)	35.63	1.9
8	US 뱅코프(은행)	24.93	4.2
9	사노피(제약)	24.38	1.9
10	데스코(유통)	22.68	5.2
11	무디스(신용평가)	14.3	12.7
12	코노코필립스(정유)	13.99	2
13	포스코(철강)	12.95	5.1
14	다이렉TV(미디어)	11.54	3.8
15	필립스 66(정유)	10.97	3.3

주: 2012년 말 포트폴리오 기준.
자료: 버크셔 해서웨이, 매경에서 재인용.

US Bancorp은 현재 미국 시장에서 자산규모 기준 및 업계선정 기준 높은 위상을 시현하고 있다. 2013년 6월 말 자산규모 기준으로 US Bancorp은 미국 내 금융지주회사(FHC) 중 10위에 있으며, 주력 자회사인 U.S. Bank는 2012년 자산규모 기준 미국 내 5위에 위치한다. 또한 2009년 Euromoney 선정 "Best Bank in the U.S."로 선정되기도 하였고, 2006~2009년 4년 연속으로 Ponemon Institute 선정 미국 내 최고 은행으로 지명된 바 있다.

US Bancorp는 글로벌 금융위기 당시 대출규모가 축소되었던 경쟁은행들과 달리 꾸준한 대출 확대를 통한 이익 확대 및 수익성 제고를 지속하였다. 이는 경기둔화 시기에 신규고객보다 리스크가 검증된 기존고객을 대상으로 대출을 확대하는 '보수적 대출 태도' 전략으로 대출 증가율의 변동성을 최소화한 데 기인한 것으로 평가된다.

(신용위험관리 부문의 경쟁우위)

US 뱅코프의 신용위험관리는 분산투자, 지속적인 신용위험 모니터링과 분석, 부실여신 조기발견과 신속한 행동 등이 특징이다. 즉, 기업이나 소비자에 대해 신용등급 시스템을 갖춰놓고 주기적으로 대출포트폴리오를 확인하고 용도 변화를 관찰하여 이상 징후가 생길 때는 즉각 행동에 돌입한다.

US 뱅코프가 신용대출 의존도가 높으면서도 좋은 성과를 유지하고 있는 것은 분산투자원리를 적극 살리면서 지속적인 신용위험 모니터링, 발 빠른 대응으로 경기침체가 주는 악영향을 최소화할 수 있었기 때문이다. 신용위험관리에 수반되는 차입자에 대한 지속적인 모니터링과 정보수집은 다시 신용위험 분석능력을 향상시켜 어려운 시기에 자산부실화의 위험을 피해가며 좋은 대출처를 발굴할 수 있게 해주고 있다. 또한 차입자에 대한 정보수집은 기업이나 소비자의 욕구를 파악하는 데 큰 도움을 줘 경기침체기에 교차판매로 판매수입을 더욱 늘릴 수 있는 계기를 마련해 주고 있다. 뿐만 아니라 신용대출 위주의 관행은 순이자마진을 3.5% 전후의 안정적인 수준을 유지시키도록 해서 대출의 채산성을 높여주고 있다.

US Bancorp의 고정이하여신비율은 2012년 3.31%에서 2014년 2.60%로 소폭 감소하였는데, 이는 US Bancorp의 뛰어난 리스크관리능력을 시사한다.[6] 미국계 은행들은

6) "US Bancorp is one of the most conservative banks in terms of underwriting and loan lending,

내부적으로 보유하고 있는 신용평가모델에 근거하여 충당금을 설정하는데, 커버리지 비율이 매우 낮다는 점은 자신들의 대출포트폴리오 건전성에 대한 확신이 높다는 것을 의미한다. 특히, 당기순이익에서 기업금융, 소매금융, IB 부문이 각각 37.3%, 20.6%, 18.9%를 차지하는 등 사업구조가 잘 분산되어 있는데, 이러한 안정적 사업구조는 은행의 리스크관리를 가능케 하는 엔진이라 할 수 있다.

(지리적 분산)

US Bancorp의 사업포트폴리오와 관련하여 또 다른 특이사항은 사업부문별로 상이한 지리적 시장을 유지하고 있다는 것이다. 즉, 지급결제 서비스는 북미, 유럽, 멕시코를 포함하는 글로벌시장에 진출해 있는 반면, 도매금융은 미국 국내시장에서 영업을 하고 있으며 소매 및 중소기업 금융 등은 지역 내 시장만 커버하고 있다. US Bancorp의 타깃형 확장 전략은 리스크관리의 경쟁력으로 직결되는 것으로 분석된다. 특히, 전통적 은행업무에 집중하면서도 산업·지역별로 분산투자가 이루어짐으로써 신용위험을 크게 낮추는 것으로 나타났다.[7)]

결과적으로 US Bancorp은 M&A를 통해 지역적 확장을 도모하는 가운데 전통적 은행업무 중심으로 성장해 왔다. 이는 신용위험관리의 경쟁력 강화로 이어져 글로벌 금융위기 속에서도 견고한 수익성 및 건전성을 시현할 수 있었다. 그러나 보수적인 신용위험 관리는 경기 호전 시 수익성에 있어 불리한 방향으로 작용할 소지가 있는데, 이런 관점에서 US Bancorp은 '중위험－중수익' 전략을 추구한다 할 것이다.

3. Standard Chartered: 기업금융과 현지화

3.1 성장과정

The Chartered Bank는 19세기 전반 영국의 동인도무역의 금융을 맡고 있던 인도

---

which enables it to maintain higher credit quality than its peers." (Vector Strategy Group, 2010).

7) 산업용 대출은 소비재산업부터 에너지산업 등에 이르기까지 16개 산업 이상으로 분산되어 있으며, 미국 내 30개 주를 커버함으로써 지리적으로도 분산되어 있다.

주재 에이전시 하우스의 대부분이 1847년의 공황으로 파산하고, 동인도회사의 선하증권(船荷證券) 금융이 막혀버렸을 때 영국의 대(對) 인도·오스트레일리아 무역 및 인도·오스트레일리아 간 무역의 금융을 촉진할 목적으로 1853년 런던에서 설립되었다. 이후 런던의 본점을 중심으로 맨체스터, 리버풀, 웨스트엔드 외에 동남아시아, 중국(홍콩·상하이) 등에 지점망을 설치하고, 뉴욕·함부르크에도 대리점을 두어 동양무역에 수반되는 각종 금융업무에 종사해 왔다. 1939년 영국 선주회사(船主會社)의 P&O 은행을 장악하고, 알라하버드 은행의 보통주 86%를 매입하여 인도에 지반을 굳혔다.

The Standard Bank는 존 패터슨에 의해 1862년 남아프리카 공화국의 케이프 지방에 설립되었다. 1867년 다이아몬드 필드의 개발에 참여했으며, 1885년 요하네스 버그 지역에 금이 발견되면서 사업을 확장했다. 이후 남부, 중부 및 동부 아프리카지역을 중심으로 발전하였으며, 1953년에 600개 이상의 사무실을 개설했다. 1965년에는 카메룬, 감비아, 가나, 나이지리아, 시에라로 운영을 확대하고, 서아프리카의 은행들과 합병하며 확장해 나가기 시작했다.

Standard Chartered Bank는 1969년 차타드 인도은행(The Chartered Bank of India)과 스탠다드 뱅크 오브 브리티시 사우스 아프리카(The Standard Bank of British South Africa)가 합병해 탄생되었다. 2000년 Standard Chartered는 ANZ 은행으로부터 그라인드레이즈 은행(Grindlays Bank)을 인수했다. 2005년 HSBC와의 매각 경쟁에서 이기면서 한국의 제일은행을 인수했다. 2005년 4월 Standard Chartered는 제일은행의 지분 100%를 인수하고, 같은 해 9월 SC제일은행으로 명칭을 바꿨다. 2006년 파키스탄연합은행의 지분 81%를 소유하게 되었으며 2007년 개인 은행업무의 글로벌 본사를 싱가포르에 세웠다. 2010년 6월 Standard Chartered는 중국농업은행과 전략적 관계 강화에 합의하고 홍콩을 주요 업무 거점으로 정했다. Standard Chartered는 150년 이상의 오랜 역사를 지닌 금융기관으로 70개국 이상에 진출해 있으며, 1,700여개 이상의 지점·직원 수 8만 명 이상을 보유하고 있는 글로벌 금융기관이다.

3.2 현 황

Standard Chartered의 당기순이익은 2011년에는 전년 대비 11.8% 증가하였으나,

2013년 15.7% 감소, 2014년에는 37.6% 감소하며 26.2억 달러를 기록했다. 2014년 영업이익은 48.6억 달러로 전년 대비 29.9% 감소했다. 당기순이익과 영업이익의 2008~2014년까지 연평균 성장률(CAGR)은 각각 −4.0%, 2.5%를 기록하였다. ROA는 2009년 0.8%를 기록한 이후 2011년 0.8%, 2014년 0.4%를 기록했다.

표 5-22 수익성 추이

(단위: 백만 달러, %)

	당기순이익	영업이익	ROA
2008	3,344	4,184	0.9
2009	3,477	4,887	0.8
2010	4,414	6,122	0.9
2011	4,933	6,723	0.8
2012	4,985	6,781	0.8
2013	4,200	6,933	0.6
2014	2,620	4,860	0.4

자료: Annual Report, Bankscope.

Standard Chartered의 사업부문별 영업이익 구조를 살펴보면, 기업금융(Corporate & Institutional)이 79.7%로 큰 비중을 차지하고 있으며, 소매금융(Retail)이 20.3%를 차지하고 있다.

표 5-23 사업부문별 수익

(단위: 백만 달러, %)

	세전이익	비중
Corporate & Institutional	4,140	79.7
Commercial	218	4.2
Private Banking	149	2.9
Retail	1,052	20.3
Corporate Items	(366)	(7.0)
Total	5,193	100.0

주: 2014년 말 기준.
자료: Annual Report.

2014년 Standard Chartered의 총이익 중 이자이익 비중은 60.0%, 비이자이익 비중은 40.0%이다. 비이자이익 구성비를 살펴보면 수수료이익이 57.0%로 가장 큰 비중을 차지하고 있으며, 한국의 모기지 프로그램(MPP)을 통한 방카슈랑스의 판매가 증가하면서 수수료 이익이 증가하였다. 트레이딩 수익은 19.0억 달러로 25.9%를 차지하고 있다.

표 5-24 수익성 구조 및 추이

(단위: 백만 달러, %)

	2011	2012	2013	2014
이자이익	10,153 (57.6)	10,781 (57.4)	11,156 (59.4)	11,003 (60.0)
비이자이익	7,484 (42.4)	8,002 (42.6)	7,621 (40.6)	7,331 (40.0)
총이익	17,637	18,783	18,777	18,334

주: ( )는 총이익 대비 비중임.
자료: Annual Report.

표 5-25 비이자이익 구성 추이

(단위: 백만 달러, %)

	2011		2012		2013		2014	
Fees and commissions income, net	4,046	(54.1)	4,079	(51.0)	4,101	(53.8)	4,179	(57.0)
Net trading income	2,645	(35.3)	2,739	(34.2)	2,514	(33.0)	1,896	(25.9)
Other operating income	793	(10.6)	1,184	(14.8)	1,006	(13.2)	1,256	(17.1)
Total	7,484	(100.0)	8,002	(100.0)	7,621	(100.0)	7,331	(100.0)

주: ( )는 총비이자이익 대비 비중.
자료: Annual Report.

순이자마진은 2009년 2.03%를 기록한 이후 2011~2012년 다소 개선되었으나 2014년 1.90%를 기록하며 다시 감소하였다.

표 5-26 NIM 추이

(단위: %)

2008	2009	2010	2011	2012	2013	2014
2.27	2.03	2.05	2.16	2.11	2.03	1.90

자료: Bankscope.

BIS비율은 글로벌 금융위기 이후인 2008~09년에도 15~16%대의 높은 수준을 유지하고 있으며 2012년 17.4%, 2014년 16.7%를 기록하고 있다. Tier1비율 역시 양호한 수준을 보이고 있다.

표 5-27 BIS비율 및 Tier1비율

(단위: %)

	2008	2009	2010	2011	2012	2013	2014
BIS비율	15.6	16.5	18.4	17.6	17.4	17.0	16.7
Tier1비율	9.9	11.5	14.0	13.7	13.4	10.9	10.5

자료: Annual report.

Standard Chartered의 지점 수 대비 영업이익은 2012년 398.9만 달러에서 2014년 419.2만 달러로 증가했고, 동기간 종업원 대비 영업이익은 7.6만 달러에서 5.5만 달러로 감소했다.

표 5-28 지점 및 종업원 대비 영업이익

(단위: 천 달러)

	2008	2009	2010	2011	2012	2013	2014
영업이익/임직원 수	51.9	63.2	71.8	77.4	76.1	80.0	55.3
영업이익/지점 수	2,461.2	2,874.7	3,601.2	3,954.7	3,988.8	4,078.2	4,191.7

자료: Bankscope.

영업이익경비율(cost to income ratio)은 2012년 56.9%에서 2014년 59.6%로 증가했다. 1

인당 인건비는 2012년 7.3만 달, 2013년 7.6만 달러, 2014년 7.5만 달러로 전년 대비 소폭 감소했다.

표 5-29 Cost to Income ratio 및 경비율

(단위: 천 달러, %)

	2009	2010	2011	2012	2013	2014
cost toincome ratio	53.2	56.0	56.2	56.9	53.9	59.6
1인당 인건비[1)]	63.5	67.6	76.3	72.9	75.8	74.6

주: 1) Personnel Expenses/직원 수.
자료: Bankscope.

3.3 소유구조 및 지배구조

(소유구조)

Standard Chartered의 최대주주는 DOVER INVESTMENTS으로 18.1%의 지분을 소유하고 있다. 이 밖에 테마섹(TEMASEK)이 17.8%, ABERDEEN ASSET MANAGEMENT가 7.8%를 소유하고 있다.

표 5-30 주요주주 현황

(단위: %)

주요주주	국가	지분
DOVER INVESTMENTS	싱가포르	18.06
TEMASEK HOLDINGS	싱가포르	17.75
ABERDEEN ASSET MANAGEMENT	영국	7.78
DODGE & COX	미국	4.90
BLACKROCK	미국	4.86
BANK OF NEW YORK MELLON CORPORATION	미국	2.52
LEGAL & GENERAL GROUP	영국	2.15
NORTHERN CROSS	미국	2.10

주: 2015년 6월 기준 지분 2.0% 이상 주주현황.
자료: Bankscope.

Standard Chartered의 2014년 PBR은 0.8배로 전년 대비 소폭 감소했으며 동기간 PER은 13.7배로 전년 대비 소폭 증가했다.

표 5-31 PBR, PER 및 배당성향

(단위: 배, %)

	2008	2009	2010	2011	2012	2013	2014
PBR	0.8	1.9	1.6	1.3	1.3	1.2	0.8
PER	5.4	14.9	14.4	10.5	12.0	13.0	13.7
dividend pay-out ratio	34.8	40.1	36.3	23.4	41.2	49.5	78.5

자료: Bankscope.

(지배구조)

Standard Chartered의 지배구조는 감사위원회(Audit Committee), 리스크위원회(Risk Committee), 브랜드가치위원회(Brand and Values Committee), 지배구조위원회(Governance Committee), 인사위원회(Nominating Committee), 보상위원회(Remuneration Committee) 총 6개 부문으로 나뉜다.

감사위원회(Audit Committee)는 기업의 내부통제 시스템을 구축하고 재무제표의 공시 및 감독을 담당한다. 리스크위원회(Risk Committee)는 유동성 및 신용위험을 포함한 금융시장의 전반적인 리스크에 대해 대비하고 관리·감독하는 역할을 한다. 브랜드가치위원회(Brand and Values Committee)는 기업차원에서의 체계적이고 종합적인 전략을 통해 대내외적으로 기업의 위상과 품격을 높이고 브랜드 가치를 제고하기 위해 활동한다.

지배구조위원회(Governance Committee)는 이사회 및 임원의 활동을 평가하고 기업지배구조의 감독 및 개선방안을 수립한다. 인사위원회(Nominating Committee)는 이사회 후보 추천 및 임원의 선정 등에 관련된 업무를 주로 한다. 보상위원회(Remuneration Committee)는 기업보상 프로그램과 직원 복리후생 계획 및 검토, 경영진 및 이사회의 경영실적을 평가한다.

Standard Chartered의 위험관리는 위원회(Board Committee)와 그룹리스크위원회(Group Risk Committee)가 담당하게 된다. 위원회(Board Committee)는 사외이사로 구성되어 있으며,

그림 5-2 Standard Chartered의 기업지배구조 현황

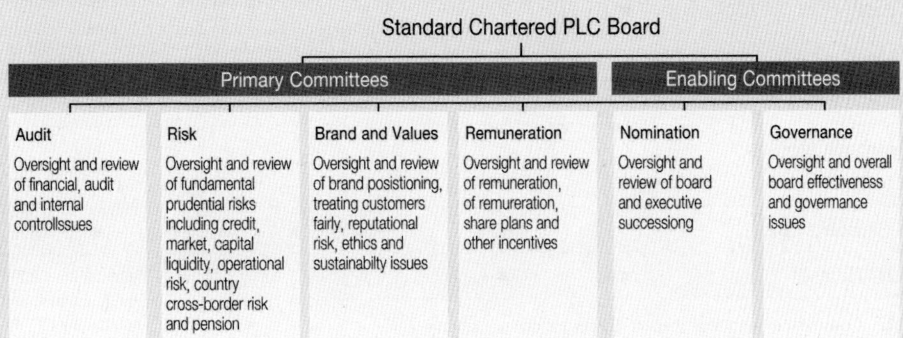

이사회로부터 위임받은 각 리스크 분야에 대한 리뷰, 특히 GRC와 GALCO에서 논의되는 이슈들에 대한 리뷰를 분석한다. 그룹리스크위원회(Group Risk Committee)는 그룹차원에서의 리스크 수용도 정의 및 모니터링을 하고 리스크관리 기준과 운영원칙을 수립한다. 또한 리스크 측정에 사용되는 모델의 실질성과 견고성을 확보하고, 리스크 측정·관리 및 모니터링을 위한 시스템 및 내부 통제체제를 확보한다.

표 5-32 Standard Chartered의 위원회 현황

Membership of the Board committee

As at 4 March 2015	Audit Committee	Board Risk Committee	Govermance and Nomination Committee	Remuneration and Conduct Committee	Brand, Values and Conduct Committee	Board Financial Crime Risk Committee
Sir John Peach	□	□	■	□	□	□
P A Sands	□	□	□	□	□	
O P Bhatt		■				□
Dr K M Campbell					■	
Dr L Cheung				■		
Dr B E Grote	■				■	

A N Halford	□	□				
C M Hodgson	▪			▪	▪	▪
N Kheral	■	▪	▪			▪
S J Lowth						■
R Markland	▪		▪	■		▪
Dr Han Seung-soo, KBE					▪	
P D Skinner, CBE		▪	▪	▪	■	
Dr LH Thunell	▪	■	▪			▪

1. The Committee also comprises three extemal experts.

■ Chalrman ▪ Member □ Permanent Invitee

그림 5-3 Standard Chartered의 리스크관리 현황

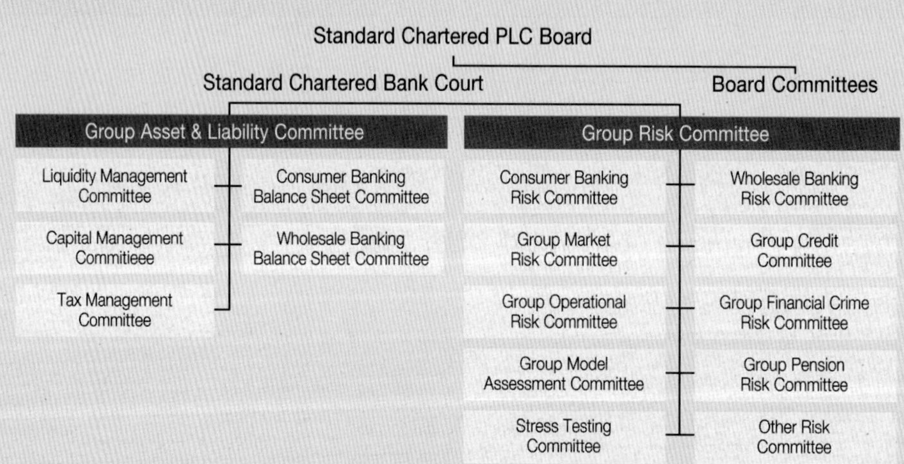

3.4 시 사 점

(핵심사업인 기업금융에 집중)

Standard Chartered는 HSBC와 달리 M&A에 적극적이며, 금융기관 인수를 통해 특정지역에 진출한 후 장기적인 관점에서 영업을 추진하는 편이다. 또한 HSBC가 소매금융에 강하다면 SC는 기업금융 및 파생상품 매매 등 자본시장 업무에 강점을 지니고 있다.

Standard Chartered의 사업은 기업금융과 소매금융 부문으로 나뉜다. 특히 기업금융은 2014년 세전이익 기준 79.7%를 차지하는 가장 핵심적인 사업이다. 기업금융은 글로벌 기업들을 대상으로 국가 간 서비스를 제공하고, 금융기관에 위험관리 및 투자 솔루션 서비스를 제공한다. 또한 현지기업들에게 지역의 광범위한 네트워크를 제공함으로서 전략적 목표를 달성하는 데 도움을 주며, 농업관련 산업에는 아시아, 아프리카, 중동지역 등 다양한 생산자에 맞는 맞춤형 서비스와 솔루션을 제공한다.

이에 따라 소매금융의 경우 모든 고객 군을 대상으로 하기보다 중상류(Upper Middle) 및 상류(HNWI, High Net Worth Individual) 계층을 대상으로 한 프라이빗 뱅킹에 집중하는 경향이 있다. 소매금융은 고객들의 다양한 요구조건에 맞는 맞춤형 금융상품과 예금, 대출, 모기지, 신용카드 등 뱅킹서비스를 제공하고 있다.

(차별화 전략)

Standard Chartered는 영국에 본사가 있지만 90% 이상의 고객이 아시아, 아프리카, 중동에 있다. 따라서 전략의 일관성을 유지하며 아시아, 아프리카, 중동을 대표하는 세계 최고의 은행을 추구한다. 상품개발보다는 고객에게 집중하고, 고객과 장기관계 형성에 노력하며, 지역에 대한 지식을 축적하여 세계적인 경쟁력 확보를 우선시하고 있다. 기본적인 방향은 3가지로 구성되는데, 첫째는 금융업의 기본을 충실히 지켜 도매와 소매 영업 간 균형 잡힌 성장과 엄격한 비용 및 리스크관리를 통해 유동성을 유지하는 것이다. 둘째, 국가별로 고수익 분야에서 3개의 사업모델을 구축한다. 셋째, 고객에게 초점을 두고 차별화된 가치를 제공한다. 이러한 전략적 방향을 바탕으로 빠르게 성장하고 있는 아시아, 아프리카, 중동에서 확실한 경쟁력을 확보하고 핵심 거점지역에서는 충분한 사업규모를 확보하여 동 지역에서 금융시스템적으로 중요한 은행으로 자리매김하는 것이 중요하다. 또한 단기적으로 이윤이 감소하더라도 자기자본, 리스크, 유동성을 보수적으로 관리하는 것을 기본 철칙으로 한다.

(현지화(localization) 중심의 영업전략 추진)

Standard Chartered는 영국에 본사가 소재해 있지만 전체 수익의 대부분이 아시아에서 발생하고 있는데, 이러한 배경은 현지화를 통해 문화적 이질감을 해소한 데 기인한다.

인도를 예로 들면 Standard Chartered는 인도인들에게 외국계 은행이 아닌 자국은행으로 인식될 정도로 친숙한 존재이며 1998년에는 Citigroup 출신의 인도 현지인이었던 Talwar를 CEO에 임명하기까지 했다.[8] 또한 현지영업에 충실하기 위해 비 핵심역량 사업은 포기하고 토털 금융서비스 제공을 통한 시너지 창출에 노력하고 있다. 즉, 소매금융시장 진출 대신 기업금융과 PB에 주력하고 대기업금융 강화를 통한 시너지 제고 차원에서 2007년 현지 증권사인 UTI Securities 지분 49%를 3,600만 달러에 인수하였다. 현지회사 합병이나 현지법인 설치가 불가능한 상황에서 외국금융회사[9] 인수로 인도 내 최대 외국계 은행으로 등극할 수 있었던 것이다.

(글로벌 사업 전개를 위한 인프라 구축)

글로벌 차원의 영업은 지역별, 상품별, 고객별 모니터링 시스템의 구축을 필연적으로 수반하게 되는데, Standard Chartered는 매트릭스 조직구조의 구축을 통해 내부통제를 강화해 왔다. 지역별 및 비즈니스 사업별로 자본투자율을 분석하고 역량 집중지역 선정이나 수익 기여도가 낮은 국가의 퇴출전략 수립에 동 지표를 활용하고 있다.

이와 함께 리테일, 홀세일, 기타 영업 부문을 포괄하면서 각국의 금융규제정책을 준수하기 위해 금융지주회사 체제를 조직구조로 채택하고 있다. 금융지주회사는 유니버설 뱅킹과 같은 완전 겸업화는 실현하지 못하더라도 중앙집중식 통제형(hands- on,

---

8) 스탠다드 차타드의 전신인 차타드 은행은 1858년 뭄바이에 첫 지점을 개설한 바 있다.

9) 호주 ANZ Bank가 보유하고 있던 인도·파키스탄 PB 부문을 2000년 인수.

controller) 모델을 통해 유사한 효과를 발휘할 수 있으며, 무엇보다도 매트릭스 조직구조와 맞물려 작동될 경우 글로벌 영업, 인수 및 합병, 다양한 포트폴리오 구성, 분사(spin-off) 등을 실행하는 데 매우 유리한 조직체계이다.

4. Wells Fargo: 소매금융의 전통적 강자(교차판매 효시)

4.1 성장과정

1852년 미국 골드러시 붐과 함께 헨리 웰스(Henry Wells)와 윌리엄 조지 파고(William G. Fargo)가 캘리포니아 지역에서의 수송과 금융업무를 담당하는 Wells, Fargo & Company를 설립하였다. 1905년 웰스파고는 은행과 운송사업을 분리하면서 순수한 은행으로 전환되었으며, 이후 Hellman(1907년), Union Trust Company(1924) 등과, 1960년 캘리포니아 내 대형 소매은행인 American Trust Company와 합병하면서 미국 내 11위 금융기관으로 발돋움하게 된다. 당시 웰스파고는 미국 은행 최초로 온라인 서비스를 제공했고, 1995년에는 인터넷뱅킹 서비스를 개설하고 지점영업 대신 보다 비용 효율적인 슈퍼마켓 내 소규모 지점을 운영하는 등 혁신적 사업선략을 추진하며, 하이테크뱅킹(high-tech banking)의 선두주자로 나서기 시작했다.

웰스파고는 1996년 로스앤젤레스에 기반을 둔 '퍼스트 인터스테이트(First Interstate)' 은행을 인수하면서 자산규모 1,160억 달러의 미국 내 9위 은행으로 성장한다. 하지만 문화적 이질성을 고려하지 않은 무리한 통합과정 및 조직문화 충돌로 인해 어려움을 겪게 된다. 또한 인수 실패와 고객을 외면한 지나친 하이테크(high-tech) 전략으로 웰스파고는 한동안 침체에서 벗어나지 못했으며, 결국 1998년 미네소타에 기반을 두고 있는 노웨스트 은행에 흡수 합병된다. 이를 계기로 웰스파고는 성장의 기반을 마련하게 되었고, 자산규모 1,960억 달러의 미국 내 7위 은행으로 도약할 수 있었다.

노웨스트 은행과의 합병 이후, 웰스파고는 노웨스트 은행의 선택적 인수전략에 따라 50여 건의 추가 합병을 성공시켰으며, 2000년 퍼스트 시큐리티(First Security)를 인수하면서 자산규모 2,630억 달러의 은행으로 성장하였다. 웰스파고는 미국 서부지역에서의 은행업무 집중을 통한 지역기반 구축에 힘썼으며, 무리한 확장을 도모하지 않았다.

지역 내 거점에서의 기반 구축이 어느 정도 이루어지자 웰스파고는 소규모 M&A를 통해 새로운 영역과 지역으로의 영향력을 점진적으로 확대해 나가기 시작했다. 그 결과 2007년 웰스파고는 양호한 실적과 높은 성장성을 기반으로, S&P로부터 AAA 신용등급을 받은 미국 내 유일한 은행으로 부상하게 된다. 또한 Fitch 및 S&P의 장기 외환 신용등급과 Moody's Investor Service가 발표하는 장기 은행예금 랭킹에 기초하여 '세계에서 가장 안전한 은행'으로 불리게 되었다.

2008년 당시 부도 위험에 직면했던 와코비아(Wachovia)를 인수하면서 웰스파고는 자산규모 1조 4,000억 달러 규모의 대형은행으로 거듭나게 됐다. 와코비아 인수에 따른 규모 확장과 함께 기존의 보수적 경영노선의 탈피를 선언했던 웰스파고가 최근 증권사업 확장에 본격적으로 나서면서 변화를 모색하고 있다. 한편 웰스파고는 미국 정부의 7,000억 달러 규모의 구제금융법에 의거, 250억 달러의 공적자금을 지원받게 되었다.

4.2 현 황

웰스파고는 2014년 230.6억 달러의 당기순이익을 기록하였다. 당기순이익 증가율은 2012년 19.1%, 2014년에는 5.4% 증가하며 230.6억 달러를 기록했으며, 2009~2014년까지 연평균 성장률(CAGR)은 13.4%로 높은 성장세를 보이고 있다. 2014년 영업이익도

표 5-33 사업부문별 수익

(단위: 백만 달러, %)

	당기순이익	비중
Community Banking	14,180	61.5
Wholesale Banking	7,584	32.9
Wealth, Brokerage and Retirement	2,083	9.0
Other	−790	−3.4
Total	23,057	100.0

주: 2014년 말 기준.
자료: Annual Report.

표 5-34 **수익성 추이**

(단위: 백만 달러, %)

	당기순이익	영업이익	ROA
2008	2,655	3,257	0.28
2009	12,275	17,998	0.99
2010	12,362	19,001	1.01
2011	15,869	23,656	1.26
2012	18,897	28,471	1.42
2013	21,878	32,629	1.51
2014	23,057	33,915	1.45

주: 1) Wachovia는 2009년부터 포함.
자료: Annual Report, Bankscope.

339.2억 달러로 전년 대비 3.9%증가했다. ROA는 2009년 0.99%, 2011년 1.26%, 2014년 1.45%를 기록했다.

웰스파고의 사업부문별 당기순이익 구조를 살펴보면, 소매금융(Community Banking)이 61.5%로 가장 높은 비중을 차지하고 있으며, 기업금융(Wholesale Banking)이 32.9%, 자산관리와 중개부문이 9.0%를 차지하고 있다.

2013년 웰스파고의 총이익 중 이자이익 비중은 51.6%, 비이자이익 비중은 48.4%이다. 특히 소매금융 중심의 교차판매가 많은 웰스파고의 비이자이익 비중은 2010년

표 5-35 **수익성 구조 및 추이**

(단위: 백만 달러, %)

	2010	2011	2012	2013	2014
이자이익	44,757	42,763	43,230	42,800	43,527
	(52.5)	(52.8)	(50.2)	(51.1)	(51.6)
비이자이익	40,453	38,185	42,856	40,980	40,820
	(47.5)	(47.2)	(49.8)	(48.9)	(48.4)
총이익	85,210	80,948	86,086	83,780	84,347

주: ( )는 총이익 대비 비중임.
자료: Annual Report.

영업이익경비율(cost to income ratio)은 2012년 58.5%에서 2014년 58.1%로 감소했다. 1인당 인건비는 2012년 10.7만 달러에서 2014년 11.3만 달러로 증가했다.

표 5-40 Cost to Income ratio 및 경비율

(단위: 천 달러, %)

	2009	2010	2011	2012	2013	2014
cost toincome ratio	55.3	59.2	61.0	58.5	58.3	58.1
1인당 인건비[1)]	99.0	100.0	104.7	107.0	113.8	113.2

주: 1) Personnel Expenses/직원 수.
출처: Bankscope.

4.3 소유구조 및 지배구조

(소유구조)

웰스파고의 최대주주는 9.50%의 지분을 소유하고 있는 워렌 버핏(MR WARREN E BUFFETT)이며, 버크셔 해서웨이(Berkshire Hathaway)가 9.43%, 블랙 록(Black Rock)이 5.36%를

표 5-41 주요주주 현황

(단위: %)

주요주주	국가	지분
MR WARREN E BUFFETT	미국	9.50
BERKSHIREHATHAWAY	미국	9.43
BLACKROCK	미국	5.36
VANGUARDGROUP	미국	5.30
STATE STREETCORPORATION	미국	3.96
ONTARIO TEACHERS PENSION PLAN	캐나다	3.45
CAPITAL GROUPCOMPANIES	미국	3.19
FMR LLC	미국	3.10
WELLINGTONMANAGEMENT COMPANY	미국	2.36
JP MORGAN CHASE & CO	미국	2.18

주: 2015년 4월 기준 지분 2.0% 이상 주주현황.
자료: Bankscope.

보유하고 있다.

웰스파고의 2014년 PBR은 1.54배로 전년 대비 소폭 증가했으며 동기간 PER 역시 12.05배로 전년 대비 증가했다.

표 5-42 PBR, PER 및 배당성향

(단위 : 배, %)

	2008	2009	2010	2011	2012	2013	2014
PBR	0.96	1.11	1.27	1.03	1.13	1.40	1.54
PER	36.94	9.98	12.84	8.97	9.29	10.76	12.05
dividend pay-out ratio	162.41	16.78	8.25	15.65	24.05	27.39	29.94

자료: Bankscope.

(지배구조)

웰스파고의 지배구조는 감사위원회(Audit and Examination Committee), 기업의 사회적 책임위원회(Corporate Responsibility Committee), 신용위원회(Credit Committee), 재무위원회(Finance Committee), 지배구조 및 인사위원회(Governance and Nominating Committee), 인적자원관리위원회(Human Resources Committee), 리스크위원회(Risk Committee) 총 7개의 부문으로 나뉜다.

감사위원회(Audit and Examination Committee)는 기업의 재무제표 및 회계관리를 담당하고 있으며, 외부 감사를 포함한 모든 감사를 승인하고 내부통제 기능을 수행한다. 기업의 사회적 책임위원회(Corporate Responsibility Committee)는 기업의 이윤을 사회에 환원하고 공익사업에 적극적으로 참여하는 등 사회에 재투자하는 사업을 총괄한다. 신용위원회(Credit Committee)는 신용 포트폴리오에 영향을 미치는 신용관련 정책분석과 대손충당금 적정성 관리·감독을 주로 한다. 재무위원회(Finance Committee)는 시장 리스크, 금리리스크, 유동성 위험과 투자위험을 평가하고 관리하며 위험관리정책과 프로세스의 효율성을 감독한다.

지배구조 및 인사위원회(Governance and Nominating Committee)는 이사회 및 감독위원회의 후보를 추천하고 연간 보고서를 통해 기업지배구조의 가이드라인을 분석하고 평가하는 일을 맡고 있다. 인적자원관리위원회(Human Resources Committee)는 임원 및 직원들에 대한 인센티브 보상 계획 및 모니터링을 하고 있다. 리스크위원회(Risk Committee)는 운영·유동성·투자·시장·평판·이자율 위험 등 회사 전체적인 리스크 관리체계를 구축하고 운영하는 역할을 맡고 있다.

표 5-43 Wells Fargo의 기업지배구조 현황

Name	Audit and Examination Committee	Corporate Responsibility Committee	Credit Committee	Finance Committee	Governance and Nominating Committee	Human Resources Committee	Risk Committee
John D. Baker II	√	√	√				
Elaine L.Chao		√		√			
John S.Chen						√	
Lloy H. Dean		√	√			√*	√
Susan E. Engel			√	√		√	
Enrique Hernandez, Jr.	√	√		√*			√*
Donald M. James				√		√	
Mackey J. McDonald					√	√	
Cynthia H. Milligan		√	√*		√		√
Nicholas G. Moore	√*		√				√
Federico F. Pena	√						
Philip J. Quigley	√		√		√		
Judith M. Rustad		√*	√	√			√
Stephen W. Sanger					√*	√	√
Susan G. Swenson	√				√		

* Committee Chair

4.4 시 사 점

(기본에 충실한 영업전략)

웰스파고의 사업구조는 소매금융, 기업금융, 자산관리 및 중개업 등으로 구분된다. 특히 소매금융이 전체 사업부문에서 차지하는 비중은 55.5%로 가장 높다. 웰스파고의 경쟁력은 외형 확장보다는 소매금융을 중심으로 '기본에 충실'한 영업전략에 있다. 실제 웰스파고는 해외영업 비중이 2%에 불과하며 모기지론 등 예금, 대출업무, 신용카드, 인터넷뱅킹 등 기본적인 상업은행 업무에 중점을 두고 있다. 웰스파고는 규모의 확장을 통한 성장보다는 내적 역량 강화 및 고객과의 밀접한 관계구축을 통해 지역 내 기반을 확충하는 데 주력해 왔으며, 이에 따라 세계적으로 잘 알려지지는 않았으나 미국 내에서는 확고한 기반을 갖춘 역량 있는 은행으로 성장할 수 있었다.

(고객과 함께 성장하는 은행)

웰스파고의 기본 영업전략은 '고객과 함께 성장한다'는 것이다. 고객지향적 마인드를 통해 기존 고객 서비스를 강화하는 지역밀착 영업에 힘써 왔다. 그 결과 수익의 80%는 기존 고객에게서 나온다는 말이 있을 정도로 미국 은행들 중 교차판매율[10)]이 높은 은행으로 유명해질 수 있었다. 실제 2009년 웰스파고의 소매금융 부문 가계당 교차판매 실적은 5.95개로, 미국 은행 평균의 약 두 배에 이른다. 이처럼 우수한 교차판매 실적을 기반으로 웰스파고는 48.4%(2014년 말 기준)라는 높은 비이자수익 비중을 기록할 수 있었다. 교차판매 강화를 위해 웰스파고가 취한 전략은 고객 요구에 맞는 다양한 상품 및 서비스 개발과 적극적인 고객정보 분석이었다. 웰스파고는 고객의 라이프사이클 및 특성을 고려한 다양한 상품을 개발하는 한편, 고객의 시간과 비용 절약을 위한 패키지 상품도 함께 출시하였다. 특히, 패키지 상품의 경우 한 번에 패키지로 다양한 상품을 구매하도록 고객을 유인할 수 있다는 점에서 교차판매의 효과적 수단으로 자리잡았다. 또한 적극적인 고객정보 수집 및 분석을 통한 고객 그룹별 차별화된 가격 및 서비스 정책을 통해 고객의 교차판매율 증대에 힘썼다.

(탁월한 리스크관리 능력)

웰스파고는 미국 내 모기지 분야 1위 금융회사이면서도 서브프라임 모기지 사태 당시 지속적인 흑자를 이어가는 저력을 보여줬다. 이는 웰스파고의 고객에 대한 엄격한 리스크관리 능력에 기인한다. 미국의 대표적 모기지 신용등급 평가회사인 피코(FICO)에 따르면 금융위기 발생 당시 웰스파고의 주택담보대출 고객의 평균 신용점수

10) 교차판매란 한 명의 고객에게 다양한 상품을 반복적으로 판매하는 것을 말한다.

는 725점으로 프라임급 이상인 것으로 나타났다. 660점 이하부터 서브프라임 고객으로 분류된다는 점을 감안할 경우, 매우 높은 고객신용도를 나타내고 있었음을 알 수 있다. 웰스파고의 리스크관리 문화는 신용카드 영업에서도 나타나고 있다. 기본적으로 신용점수 720점 이상 고객에 한해서만 신용카드 발급이 가능하며, 웰스파고 직원이라도 신용기록이 충분하지 않은 신입사원에게는 카드를 발급해 주지 않고 있다. 실제 과거 웰스파고가 미국 최고 신용등급인 AAA를 받을 수 있었던 배경에는 웰스파고의 이러한 리스크관리 능력이 크게 기여하였다. 이러한 높은 고객신용도 및 리스크 관리 능력에 기반을 두어 웰스파고는 서브프라임 발 금융위기를 성공적으로 극복해 나갈 수 있었다.

5. Santander: M&A의 귀재[11)]

5.1 성장과정

(설립 및 초기 성장과정)

Santander 그룹은 1857년 스페인 북쪽 항구도시 산탄데르에서 설립되었으며 설립 초기에는 주로 미국과 산탄데르 간 무역금융 주선 업무를 담당하였다. 1990~1919년 사이에 산탄데르의 규모는 두 배로 성장하였지만, 그 동안 스페인에서는 Banco Hispano-Americano(1900년), Banesto(1902년), Banco Central(1919년) 등 스페인의 3대 은행이 설립되었고, 1935년이 되면 Banesto가 스페인에서 가장 많은 점포망(400개)을 가진 은행으로 성장하게 된다.

국내에서 1인자가 되지 못한 산탄데르는 1940~1950년대 들면서 적극적인 M&A 전략을 추진하게 되고, 이를 통해 자국시장의 점유율을 확대하는 한편 본격적인 해외 진출의 발판을 마련한다. 즉, 1942년에 비록 소형은행이지만 Banco de Avila를 인수함으로써 마드리드 지역으로의 진출기반을 확보하였고, 1946년에는 주요 경쟁은행이었

11) 본 장의 Santander 은행에 대한 논의내용은 김우진·이석호·이시연(2014)을 주로 참조하였다. 그러나 Santander 은행의 웹사이트를 통해 재무제표를 업데이트하고 시사점 등을 보완하였음을 밝힌다.

던 Banco Mercantil de Santander를 인수하며 자국시장 점유율 확대에 성공하였다. 이후 쿠바의 하바나('51년), 런던('55년), 멕시코시티('56년) 등에 사무소를 설치하는 등 본격적으로 해외진출을 시작하였다.[12)]

1960~1980년대에는 현지의 은행인수를 통해 남미 및 유럽지역으로 네트워크를 확대하였다. 즉, 1963년에는 라틴아메리카 지역의 첫 해외 자회사인 Banco El Hogar Argentino를 인수하였다. 1976년에는 First National Bank of Puerto Rico, 1982년에는 Banco Espanol de Chile, 1987년에는 독일의 자동차금융회사인 CC Bank를 인수하기도 했다.[13)]

(인수 및 합병을 통한 본격적 성장)

산탄데르는 마침내 1989년 이후 스페인 내 1위 은행으로 도약할 수 있었고, 자국의 national champion이 되면서 라틴아메리카 진출을 위한 현지은행 인수를 본격화하였다. 이러한 성공에는 혁신이라는 소프트웨어 경쟁력과 M&A라는 하드웨어적 성장기반이 작용하였다고 판단된다. 즉, 1989년 스페인 최초로 슈퍼통장(Supercuenta)[14)]을 출시하면서 자국 소매시장을 선도하기 시작했으며, 1993년에는 모기지대출 상품을 출시하는 등 신상품을 앞세운 산탄데르의 공격적인 영업으로 스페인 은행산업은 치열한 경쟁체제로 전환되었다. 특히 금융위기를 겪으면서 국유화되었던 스페인 4위 은행인 Banesto를 1994년 공개입찰을 통하여 인수한 것이 도약에 결정적 역할을 하였다. 자국 내 1위를 확보한 이후 1996년부터 외국의 중소형 현지은행들을 인수함으로써 중남미에 진출한 산탄데르는 브라질 대형은행인 Banespa를 인수함에 따라 남미에서의 입지를 구축할 수 있게 되었다.

1999년에 산탄데르는 또 하나의 대규모 M&A를 성사시키는데, 즉 스페인 3위 은행인 Banco Central Hispano와 합병하여 Banco Santander Central Hispano(BSCH)로 출범하였다. 이 거래는 자국 내 1위 은행의 입지를 공고하게 만드는 한편, 라틴아메리카

12) 1950년에는 Latin America 부서를 은행 내에 출범시켰다.

13) 1986년에는 Emilio Botín이 의장으로 선임되었는데, 이때까지만 해도 산탄데르는 스페인 내 은행 중 5위(자산기준)의 중위권 수준 은행에 불과하였다.

14) 잔고가 5십만 페세타(약 4,000달러) 이상일 때 11%의 이자를 주는 상품으로 슈퍼통장 출시로 '게라델 파시보(guerra del pasivo)'라는 이른바 예금전쟁이 촉발되었다.

지역에서의 선도은행이 되는 시발점으로 작용하였다. 2003년에는 기존에 인수한 독일의 CC Bank 등을 통합하여 유럽지역의 소매금융을 커버하는 Santander Consumer Finance를 출범하였고, 2004년에는 RBS와의 전략적 제휴를 통해 구축한 영국 네트워크를 활용하여 Abbey National을 인수하면서 세계 12위의 금융그룹으로 도약하였다.

2007년 이후에는 금융위기로 경영난에 봉착한 금융회사들을 대상으로 공격적인 사업 확장에 나서기도 했다. 2007년 RBS 및 Fortis 은행과 함께 ABN AMRO를 공동 인수하였으며 ABN AMRO의 자회사였던 브라질의 Banco Real과 이태리의 Antoveneta를

표 5-44 산탄데르 은행의 주요 M&A

연도	합병 및 인수 은행	비고
1994	Banesto(스페인) 인수	스페인 내 1위 은행으로 도약
1995~2002	브라질 등 라틴 아메리카 은행인수 본격화	남미에서의 입지 구축
1999	BCH(Banco Central Hispano, 스페인)와 합병	유럽 3대 은행으로 성장
2003	Santander Consumer Finance 출범	유럽지역 소매금융을 포괄
2004	Abbey(영국, 6위) 인수	영국시장에 진출함으로써 다각화된 글로벌 플레이어로 도약
2006	Sovereign Bank(미국, 18위) 인수 ('09. 1월 완료)	미국시장 본격 진출
2007	ABN AMRO (RBS와 Fortis와 공동 인수)	브라질과 이탈리아 부문만 인수하면서 08년 세계 9위로 도약
2008	Bradford & Bingley, Alliance & Leicester(영국) 소매금융 인수	영국에서의 네트워크 확장
	GE Money 및 RBS의 소매금융 인수	Santander Consumer Finance 부문 경쟁력 강화
2010	스웨덴 SEB 그룹의 소매금융 부문, 폴란드 3대 은행 인수	유럽 핵심시장 지위 강화 및 지역적 다각화 심화
2011	중국 자동차회사인 Anhui Jianghuai Automobile과 합작으로 자동차금융회사 Fortune Auto Finance에 투자(지분 50%)	투자지역과 사업영역에 다양화 추진
2013	Bank of Beijing의 소비자금융 자회사 지분 20% 인수	중남미 네트워크와의 시너지 창출을 위해 적극적인 중국 진출
	Bank of Shanghai의 지분 8% 인수	

흡수하면서 2008년 세계 9위의 금융그룹으로 도약할 수 있었다. 2008년 중에는 GE Money의 독일, 호주, 핀란드 사업부문 및 영국의 자동차금융 부문을 인수하여 Santander Consumer Finance에 흡수하였고, 영국의 Bradford & Bingley 및 Alliance & Leicester의 소매금융 부문을 인수함으로써 영국 내 소매금융 기반을 강화하였다. 2009년에는 2006년(25%)부터 시작된 미국 Sovereign Bank(미국 내 자산규모 18위)의 인수가 완료되었고, 2010년에는 스웨덴 SEB 그룹의 소매금융 부문, RBS의 사업부문 및 폴란드 3대 은행의 지분인수를 통해 유럽의 핵심시장인 독일, 영국에서의 지위를 강화한 바 있다.

한편 중국과 중남미의 무역과 자본거래가 빠르게 증가함에 따라 중국에 영업거점을 확보할 경우 중남미 네트워크와 시너지효과를 기대할 수 있어 최근 들어 중국으로의 진출을 모색하고 있다. 2012년 스페인과 중남미 은행으로는 처음으로 위안화 영업허가를 취득했으며, 2013년 5월 Bank of Beijing의 소비자금융 자회사의 지분을 20% 취하기도 했다. 2013년 12월 산탄데르는 Bank of Shanghai의 지분(8%)을 6억 5,000만 달러에 인수했는데, 이는 중국시장의 약점을 보완하여 중남미를 잇는 균형적인 글로벌 오퍼레이션 네트워크를 구축하겠다는 전략의 일환으로 풀이된다.

5.2 현 황

1985년 세계 152위 은행이었던 산탄데르는 적극적 해외 M&A를 통해 세계 15위(The Banker 2015년 7월)의 글로벌 은행으로 성장하였다.

2014년 말 현재 산탄데르는 브라질, 멕시코, 영국 등 10개의 주력국가를 포함한 40여 개 이상의 국가에 진출해 있으며, 12,951개의 지점, 1억 1,700만 명의 고객을 보유

표 5-45 산탄데르 은행의 영업점 및 임직원 수 추이

(단위: 백만 명, 개, 명)

	2009	2010	2011	2012	2013	2014
고객	92.0	97.2	100.0	102.1	106.6	117.0
지점	13,660	14,082	14,756	14,238	13,781	12,951
임직원 수	169,460	178,869	189,766	189,460	186,540	185,405

자료: 사업보고서.

그림 5-4 산탄데르 은행의 총자산 및 증가율 추이 (단위: 십억 유로, %)

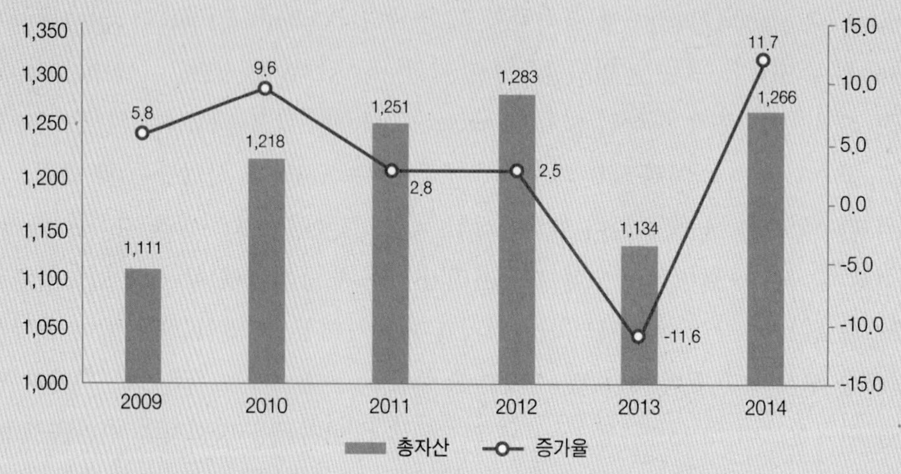

자료: 사업보고서.

하고 있다. 산탄데르의 고객 수는 2011년 1억 명을 돌파한 이후 지속적으로 증가하고 있으며, 임직원 수는 18만 명을 상회하고 있다.

산탄데르의 총자산은 2009년 이후 지속적인 증가세를 보이다가 2013년 큰 폭으로 감소하였으나, 최근 회복세를 보이고 있다. 산탄데르의 자산증가율은 2010년 전년 대비 9.6% 증가하였으나 2011~2012년 사이 증가율이 둔화되었으며 2013년에는 전년 대비 11.6% 감소한 1조 1,341억 유로를 기록하였다. 그러나 2014년 들어 산탄데르의 자산은 1조 2,663억 유로로 전년 대비 11.7% 증가하였다.

산탄데르의 당기순이익은 유럽 및 스페인 재정위기 등으로 영업환경이 악화되면서 2009년 이후 큰 폭으로 감소하다가 2013년 이후 회복세를 보이고 있으나 이전 수준에 미치지는 못한 상황이다. 즉, 산탄데르의 당기순이익은 2009년 89.4억 유로를 기록한 이후 지속적으로 감소하였으며 2012년에는 전년 대비 57.2% 감소하며 최근 10년 중 가장 낮은 수준을 기록한 바 있다. 2014년 당기순이익은 전년 대비 39.3% 증가한 58.2억 유로를 기록하면서 회복세를 나타내고 있으나 이전 수준을 기록하지는 못하고 있다.

그림 5-5 산탄데르 은행의 당기순이익 및 증가율 추이 (단위: 백만 유로, %)

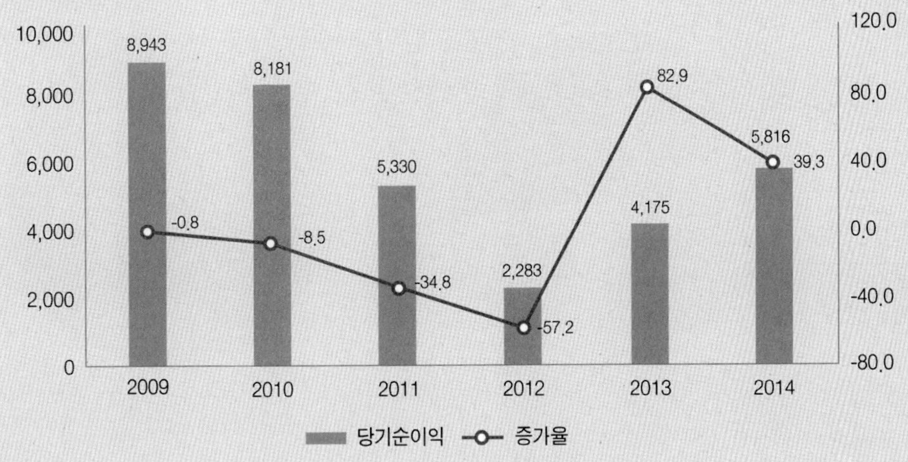

자료: 사업보고서.

산탄데르의 지역별 수익을 살펴보면 라틴아메리카와 유럽, 미국, 영국에서 대부분의 수익을 창출하고 있다. 산탄데르의 당기순이익 중 브라질(20.5%), 멕시코(8.7%) 등을 포함한 라틴아메리카의 비중이 41.4%로 가장 높으며, 영국이 20.7%, 미국이 10.5%를 차지한다. 산탄데르는 소매금융에 집중하는 은행으로서 사업부문별로는 소매금융부문(Retail banking)이 전체 당기순이익의 70% 이상을 차지한다.

산탄데르의 BIS비율은 안정적인 수준을 유지하는 반면 여신건전성은 악화되고 있으며, 수익성 개선은 미미한 수준으로 평가된다. NIM은 2012년 이후 하락세를 이어가다 최근 회복세를 보이고 있으며, ROA 및 ROE는 2009년 이후 큰 폭으로 감소하였으나 2013년 이후 소폭 상승하였다. BIS비율은 2012년 13.09%, 2013년 14.59%, 2014년에는 13.30%로 감소하였으나 안정적 수준을 유지하는 반면에 s비율은 2009년 3.24%, 2012년에는 4.0%를 넘었으며 2014년에는 5.20%를 기록하며 여신건전성은 악화되는 추세에 있다.

그림 5-6 산탄데르 은행의 2014년 지역 및 사업별 수익비중

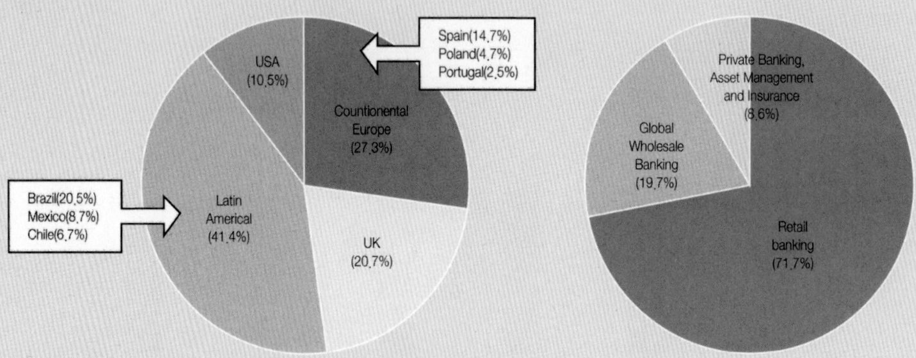

자료: 사업보고서.

표 5-46 산탄데르의 수익성·여신건전성·자본적정성 지표

(단위: %)

		2009	2010	2011	2012	2013	2014
수익성	NIM	2.74	2.85	2.91	2.82	2.58	2.89
	ROA	0.86	0.76	0.50	0.25	0.44	0.60
	ROE	13.90	11.80	7.12	2.91	5.80	7.00
NPL비율		3.24	3.55	3.90	4.54	5.64	5.20
BIS비율		14.20	13.10	13.56	13.09	14.59	13.30

자료: 사업보고서.

5.3 소유구조 및 지배구조

(소유구조)

기관투자자 중 미국의 스테이트 스트리트 뱅크 앤 트러스트컴퍼니(State Street Bank and Trust Company)는 2010년 이후 지분율이 큰 폭으로 상승하면서 최대주주가 되었으며,

그림 5-7 산탄데르 은행의 주요주주 추이

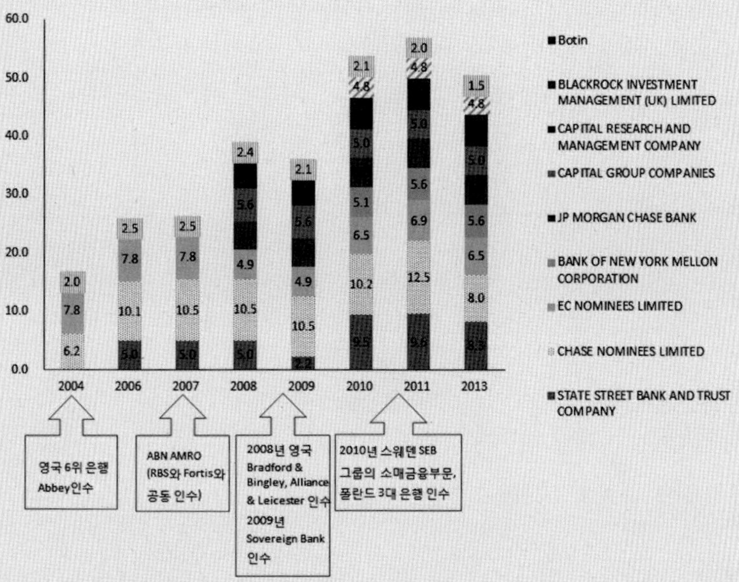

자료: Bankscope.

체이스 노미니즈는 2012년 7.7%, 2013년에는 8.0%를 보유하면서 점차 지분율이 감소하였다. 개인주주 중에서는 CEO인 에밀리오 보틴(Emilio Botín)이 최대주주인데, 보틴의 지분율은 2004년 2.0%에서 2006년 2.5%로 증가했으나 2008년 이후 점차 감소하는 추세이며 2013년 말에는 1.5%만을 보유하고 있다.

2014년 2월 말 기준 산탄데르의 최대주주는 10.0%를 소유하고 있는 스테이트 스트리트 뱅크 앤 트러스트컴퍼니이며 체이스 노미니즈가 8.0%, EC 노미니즈(EC Nominees Limited)가 6.5%를 소유하고 있다.

그림 5-8 산탄데르 은행의 주요주주

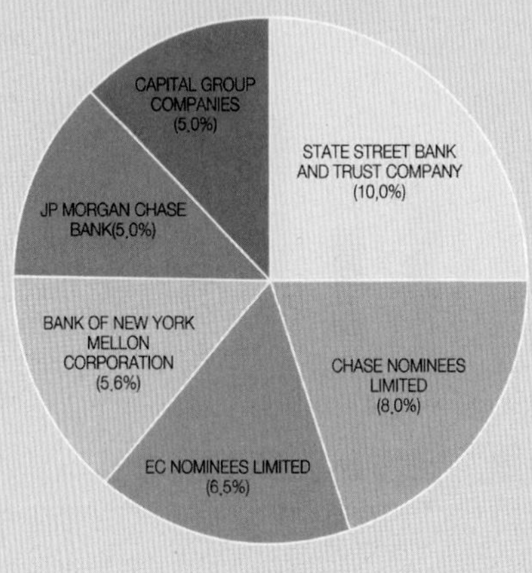

주: 2014. 2월 말 현재 5% 이상 주주기준.

(지배구조)

산탄데르 은행은 한 집안이 최고경영진으로 있으면서 휘하에 전문경영진을 둔 체제로 운영되는 현대 기업의 한 형태에 속하지만, 거대은행으로는 유일하게 2% 남짓에 불과한 지분을 소유한 집안에서 4대가 연속해서 최고경영자로 일하고 있다는 특징이 있다.[15)]

1986년 취임한 에밀리오 보틴 3세는 1986년부터 28년간 산탄데르 은행을 이끌면서 국내 금융분야의 규제완화를 수용하면서도 강력하고 경쟁적인 행보를 이루었다. 보틴 회장은 신속 과감한 오너의 리더십을 발휘하여 1989년 고금리 예금계좌, 1993년 저금리 모기지를 처음으로 선보이는 등 공격적인 영업방식으로 스페인 은행업계를 치열한 영업경쟁 속으로 몰아넣은 바 있다.

15) 보틴 3세의 딸인 아나 파트리시아(Ana Patricia Botin)는 2014년 9월 여성으로는 처음으로 세계에서 가장 크고 영향력 있는 금융기관 중 하나인 산탄데르의 수장이 되었다. 스페인에서 태어나고 미국에서 교육을 받은 파트리시아 보틴은 개인계좌 수 기준으로 영국에서 가장 큰 은행인 산탄데르 U.K.를 경영한 바 있다.

보틴 3세가 30여 년간 50개 이상의 금융회사를 인수하면서도 산탄데르를 크고 강한 조직으로 발전시킬 수 있었던 것은 소매금융에 초점을 맞춰 운영효율성, IT 기술, 마케팅을 주요 도구로 이용해 시장점유율을 늘리고 수익을 증대시킨 데 기인한다. 사실 산탄데르 은행은 지리적으로 유리한 위치에 입지해 있지 않았었고, 시티은행이나 HSBC처럼 다각적인 서비스를 제공하지 않음에도 불구하고 지속적인 성장을 유지하였다. 여기에는 산탄데르 특유의 문화가 작용한 것으로 풀이되는데, 예를 들어 중소형 현지은행들의 인수를 통해 남미시장에 진입하였을 때 현지 경영인에게 영업을 전적으로 일임(리스크는 본사 파견인이 관리)함으로써 현지 경영인의 근로의욕을 고취시킨 바 있다. 또한 멕시코, 브라질 등 비교적 안정적인 국가에서는 현지 브랜드와 본사 브랜드를 혼용하고 아르헨티나와 베네수엘라 등 정치적으로 불안정한 국가에서는 철저하게 현지 브랜드만 사용하는 등 현지사정에 맞는 마케팅 전략을 실행하였다.

이 밖에 산탄데르는 의사결정의 신속성, 리스크 부문의 독립성 등에서 경쟁은행들과 차별되며, 해외진출 시 이러한 장점들을 최대한 활용하였다. 산탄데르는 최고경영진 멤버에 M&A 전문가들이 다수 포진되어 있는데다 주요 의사결정체계를 중앙집권적으로 단순화하였기 때문에 M&A에 경쟁력이 있었고, 이러한 점을 현지화에 적극 활용하였다. 사업부문별로 영업 부서와 리스크관리 부서가 따로 분리되어 있음은 물론인데다 최종적인 의사결정이 리스크관리 부서에 의해 이루어졌다. 현지은행 인수·합병 시 리스크관리와 회계, 감사 등은 반드시 본사의 원칙을 철저히 지키도록 하며, 이를 관철시키기 위해 반드시 은행에 대한 지배권을 행사하기에 충분한 지분을 인수하였다.

보틴 3세는 정통성과 우수한 경영실적을 바탕으로 주주들에게 꾸준히 배당을 하면서 주주들에게 경영권과 리더십을 인정받았다. 보틴 3세는 2009년 연례보고서에서 "주주들에게 순이익 50% 이상을 돌려주는 게 우리 목표"라고 밝힌 바 있는데, 산탄데르는 2009년 순이익 89억 4,300만 유로 중 55%인 49억1,900만 유로를 배당으로 지급했으며, 2013년에는 전년 대비 10.6% 증가한 67억 7,500만 유로를 배당하였다.

5.4 시 사 점

(변방의 작은 은행에서 글로벌 금융그룹으로 성장)

1857년 설립 시점의 산탄데르 은행은 납입자본금 기준으로 스페인 주요 상업은행 전체 자본금의 7% 정도를 소유하였으며, 보유 유가증권 규모 또한 그 절반도 채 되지 않은 중소형은행에 불과하였다. 당시에 Barcelona 같은 은행은 산탄데르의 5배에 달하는 자본금을 보유하였으며, Bilbao, Málaga, Cádiz, Servilla, Valladolid처럼 산탄데르보다 규모가 큰 은행들이 다수 존재하였다. 이후 20여 년간 Jerez, Zaragoza, Pamplona, Coruña 등과 같은 은행들이 새로 생겨나고, Cádiz, Servilla, Valladolid 등이 사라지는 이합집산 과정에서 산탄데르는 규모가 다소 축소되기도 했다.

표 5-47 19세기 Banco de Santander의 스페인 내 위치

(단위: MILLIONS OF REALES)

은행명	납입자본(Paid-up capital)		Notes in circulation	
	1857	1873	1857	1873
Balear	–	4.0 (1.3)	–	11.4 (2.9)
Barcelona	20.0 (10.6)	30.0 (9.9)	29.0 (10.1)	78.4 (20.1)
Bilbao	8.0 (4.2)	10.0 (3.3)	3.0 (1.0)	15.2 (3.9)
Burgos	–	–	–	–
Cádiz	13.7 (7.3)	–	36.1 (12.6)	–
Coruña	–	4.0 (1.3)	–	5.2 (1.3)
Jerez	–	6.0 (2.0)	–	4.5 (1.2)
Málaga	10.0 (5.3)	12.5 (4.1)	10.4 (3.6)	24.8 (6.4)

Oviedo	–	4.0 (1.3)	–	1.5 (0.4)
Palencia	–	–	–	–
Pamplona	–	4.5 (1.5)	–	1.5 (0.4)
Reus	–	2.5 (0.8)	–	1.8 (0.5)
San Sebastián	–	4.0 (1.3)	–	5.3 (1.4)
Santander	5.0 (2.6)	7.0 (2.3)	2.8 (1.0)	11.4 (2.9)
Santiago	–	–	–	–
Servilla	6.0 (3.2)	–	12.9 (4.5)	–
Tarragona	–	3.0 (1.0)	–	1.1 (0.3)
Valladolid	6.0 (3.2)	–	6.5 (2.3)	–
Vitoria	–	4.0 (1.3)	–	2.6 (0.7)
Zaragoza	–	7.4 (2.4)	2.5 (0.9)	5.1 (1.3)
Sub total	68.7 (36.4)	102.9 (34.0)	103.2 (36.1)	169.8 (43.6)
Bank of Spain	120.0 (63.6)	200.0 (66.0)	183.0 (63.9)	220.0 (56.4)
Total	188.7 (100.0)	302.9 (100.0)	286.2 (100.0)	389.8 (100.0)

이후 1980년대 중반까지만 해도 스페인 내 중위권 은행에 머물던 산탄데르는 80년대 후반의 유기적 성장, 90년대 중후반의 M&A를 통해 스페인 1위 은행으로 도약하게 된다. 1989년 수시입출식 고금리 슈퍼통장(Supercuenta)의 출시로 시장점유율이 8%에서 14%까지 확대되었고, 1993년 혁신적인 저금리 모기지대출(Super Hipoteca) 상품을 판

매하는 등 스페인 은행산업의 시장혁신자(market innovator)로 자리매김하게 되었다. 결정적으로 1994년 스페인 4위의 정부출자 은행인 Banesto를 인수하고 1999년 스페인 3위의 Banco Central Hispano와 합병하는 등 외부로부터의 성장을 통해 리딩뱅크로 등극하였다. 2000년대 들어서는 90년대부터 진출해 왔던 남미시장을 본격적으로 공략하는 한편, 유럽의 거점지역으로 영역을 확장하였으며 금융위기 과정에서 북미와 기타 지역으로까지 진출하게 되었다.

(보틴 일가의 낮은 지분율과 높은 지배력)

산탄데르 그룹은 에밀리오 보틴 1세가 1909년 회장에 선출된 이후 지금까지 보틴 일가에 의해 경영되고 있으나 실제 보틴 일가 소유의 지분율은 높지 않은 것으로 나타났다. 1930년 말 기준으로 보틴 일가의 산탄데르 지분율은 6.5% 수준이었고, 그마저도 인수·합병 과정을 거치면서 2000년대 들어 3% 미만으로 하락하였다.[16)]

그럼에도 불구하고 산탄데르 그룹이 보틴 일가 소유로 착각될 정도의 높은 지배력을 발휘하는 것은 경영의 연속성에 바탕을 둔 일관된 경영전략 및 높은 경영성과에 기인한다고 판단된다. 보틴 1세 취임 이후 산탄데르 은행은 1946년 지역 내 최대의 경쟁사였던 메르칸틸 은행 인수를 통해 본격적으로 발전하기 시작하였다. 보틴 2세는 활기 없는 지방은행을 스페인 상위 7위의 은행으로 만들면서 중앙무대로의 진출에 성공하였으며, 보틴 3세는 스페인 금융분야의 규제완화를 활용하여 국내 1위의 자리를 차지하는 한편 글로벌화에도 성공하였다.

아울러 '혈연'이 아닌 '실력'에 의한 CEO 승계가 이루어지고 있음을 이해관계자들은 인식하고 있다는 점 또한 보틴 일가의 오랜 지배권 행사를 설명할 수 있는 근거가 될 것이다. 보틴 3세는 1958년 manager급으로 입사하여 1977년이 되어서야 CEO가 될 수 있었으며, 그 시기 동안 경력능력을 시장에서 검증받았다. 보틴 3세는 이사회와의 높은 유대감을 바탕으로 전 세계에 퍼져 있는 경영관리부서 간 일체감을 확립하는 등 강력한 리더십을 발휘한 바 있다.

---

16) 1930년 말 기준으로 Banco de Aragón 같은 기관투자자뿐만 아니라 개인투자자들 중에서도 보틴 1세의 지분보다 많은 주식을 보유하였다.

표 5-48 Banco de Santander의 30대 주주(1930년 12월 말 기준)

Shareholders	Number of shares	%
Banco de Aragón	800	7.2
Banco Guipuzcoano	800	7.2
Revilla y Fernández, María Asunción de la	785	7.1
Hijos de Manuel Rodríguez Acosta	700	6.3
Briz Larín, Saturnino	601	5.4
Botín y Sanz de Sautuola, Emilio	500	4.5
Pardo Sáinz, Manuel	450	4.1
Banco Hispanoamericano	431	3.9
Pérez Venero, Francisco	400	3.6
Quijano de la Colina, Ramón	350	3.2
Fayet Candeau, Francisco	349	3.1
Banco Castellano	300	2.7
Corral A. de la Puente, Alberto	300	2.7
Crédito Navarro	300	2.7
RibalayguaCarasa, Jaime	300	2.7
Smith, Horn & C°	300	2.7
Martínez Gómez,Antonio	288	2.6
Roiz de la Parra, Jerómino	285	2.6
Illera Serrano, César	272	2.4
Rábago García, Teresa	264	2.4
Lastra Álvarez, Rosa Ernestina	263	2.4
Negrete Herrera, Fernando	250	2.3
Banco Herrero	247	2.2
Pombo y Pombo, Maria	246	2.2
Tijero Aguirre, Casimiro	227	2.0
Banco de Bilbao	220	2.0
Botín y Sánchez de Porrúa, Rafael	220	2.0
Huidobro de la Cuesta, Gabriel	220	2.0
Sánchez de Movellán, Antonio	219	2.0
The Countess of las Forjas de Buelna	216	1.9
Total	11,103	100.0

자료: 1857－2007 Banco Santander 150 years of his history.

(은행산업 규제정책에 대응하여 적극적인 M&A 추진)

M&A에 의한 산탄데르의 성장방식은 60년대 규제강화 시기에도 효과를 발휘하였고, 90년대 은행산업 구조조정 시기에는 획기적인 도약(Quantum Jump)을 가능하게 만들었다.

1962년 스페인 정책당국의 규제강화로 인해 신규지점 개설이 어려워졌는데 이에 대응하여 산탄데르는 은행 매수 전략을 지속적으로 추진함으로써 성장동력을 유지할 수 있었다. 당시 은행법에서는 각 은행마다 매년 자산성장 범위를 설정하여 지점 수에 제한을 가할 수 있도록 조치하였다.17) 이런 상황에서 산탄데르는 Banco de Cid(1967), Fomento de Gerona(1968), Banco Industrial de Cataluňa(1969), Banco Continental(1969) 등의 은행을 인수하여 자산규모를 확대할 수 있었다. 그러나 본격적인 M&A는 80년대 후반부터 진행된 금융자율화 과정에서 바네스토 은행을 인수하면서부터 이루어졌으며, 이후 유럽 및 남미 등 해외까지 진출하게 되었다.

(유연한 비즈니스 모델)

대부분의 스페인계 은행들이 과점시장의 경제적 지대에 안주하여 아웃바운드 고객에 대한 관심이 부족하였으나, 산탄데르는 고객유치 활동을 지속적으로 추진하는 등 앞서 나가는 대고객 전략을 추진하였다. 잠재고객을 선제적으로 유치하는 등 고객과 직접 대면 접촉하는 마케팅 기회를 확대하는 한편, 무분별한 자산성장을 경계하기 위해 고객군별 신용한도를 사전에 할당하고 지점 규모와 관계없이 관리에 신중을 기하는 등 리스크관리에 철저했다.

은행이 성공적으로 운영되고 있었지만 유능한 신규 직원들을 대거 채용함으로써 세대교체에 성공하고, 새로운 피(New Blood)와 함께 경영방식의 변화를 꾸준히 시도하는 등 인사관리의 선진화를 도모하였다. 특히, 개인보다는 팀 위주의 경영을 통해 기존인력과 신규인력 간 화학적 결합을 도모하였다.

17) Bank of Spain을 국유화하면서 은행, 공공대출기관, 저축은행에게 적용되는 기본원칙을 제시하였는데, 지점 설립 제한 이외에도 ① 금리 제한, ② 상업은행과 투자은행(mixed bank) 간 경계 설정, ③ 본사 위치를 기준으로 한 신규 은행들의 최소 보유 자본금 설정(1,000만~1억 pesetas), ④ 은행의 자립성 확보 취지로 타 은행 지분 50% 초과보유 금지 등의 조치를 취하였다.

영업방식이나 인력관리 등의 측면에서는 적극적인 변화를 시도하였지만 산탄데르의 가치와 전통을 유지하려는 노력은 지금까지도 고수되고 있다. 이러한 경영철학에는 동료와의 친밀한 관계 강조, 성과와 기여도에 따라 상당한 권한과 책임 위임,[18] 주주에게 적절한 보상 보장 등이 있다.

6. 소결론: 선진금융기법을 찾아서

금융이 내수산업이라는 점에 동의하면서도 금융시스템이나 경기는 금융회사의 성과에 결정적인 변수가 될 수 없음을 우리는 경험적으로 체험하고 있다. 오히려 내부의 인재육성 전략이나 영업방식의 고유성 등 미시적 측면에서의 기업문화가 은행의 경쟁력에 절대적인 영향을 미친다는 점을 국제적 모범사례 은행에 대한 분석을 통해 알 수 있었다. 유니버설 뱅킹이면서 보수적인 IB 비즈니스만 하는 것이 캐나다 유니버설 뱅킹의 핵심이다. 유니버설 뱅킹이 아니라도 성공 가능성을 보여주는 것이 US Bancorp이라 하겠다. 조직구조는 그 나라의 규제체계에 순응하면서 금융회사가 성장하기 위해 채택한 최적의 모델에 불과하며, 중요한 것은 기능(function) 측면에서는 모두 공통점이 있는데 그것이 소프트웨어 측면의 경쟁력이라 하겠다. Warren Buffet이 주도하는 버크셔 해서웨이 그룹의 핵심 포트폴리오에 Wells Fargo와 US Bancorp이 포함되어 있다는 사실은 우연이 아닐 것이다.

TD나 Wells Fargo는 CRM이 강한 소매금융 중심의 은행으로서 고객유지율(customer retention rate)이 매우 높다. US Bancorp는 리스크관리를 잘하는 은행으로 정평이 나 있는데, 이런 은행은 이익의 변동성이 상대적으로 낮게 나타난다.[19]

이처럼 US Bancorp, TD Canada Trust, Wells Fargo 등 세 은행은 국내은행에게 많은 시사점을 던져준다. 왜냐하면 셋 다 국내영업 중심이고 전통적 은행업무에 강점을

18) 이러한 시스템의 장착으로 산탄데르는 양질의 중간 관리직을 확보할 수 있었고 이들이 1980년대 말~1990년대 초 Emilio Botín Ríos 조직을 구성하는 등 CEO 승계작업의 핵심역할을 수행하였다.

19) USBancorp의 mortgage banking revenue가 많은데도 불구하고 주택산업 부실로부터 자유로울 수 있었던 것은 적격대출과 같은 형태의 저위험방식의 영업을 한 데 기인한 것으로 판단된다. 저위험-저수익 방식에서 약간의 리스크를 더해 중위험-중수익 방식으로 국내은행들은 진화할 필요가 있다.

가지고 있기 때문이다. IB업무는 최소화함에도 불구하고 리스크관리를 통해 최고수준의 TSR, PBR, ROA, ROE를 시현하고 있다. 그럼에도 불구하고 SC, Santander를 추가적으로 선택한 이유는 국내은행들이 국내영업에 한계를 느끼고 결국 국제화를 확대해야 할 필요성이 있으며 실제 실행계획(action plan)을 추진 중에 있기 때문에 국제화를 통해 비즈니스 모델을 구축한 두 은행 사례를 통해 시사점을 찾고자 함이었다. 특히, 두 은행은 지배구조가 강하고 매트릭스 조직에 대한 이해도가 매우 높아 강한 인프라를 활용하여 현지화에 성공하면서도 통일된 브랜드(one brand)의 이미지 구축에 성공한 결과 대형은행임에도 불구하고 비교적 우수한 TSR, PBR 등을 유지하고 있다.

글로벌 모범사례(best practice) 은행들은 핵심역량 중심의 다양한 성장경로를 보여주고 있으나, 변화와 혁신 과정에서 리더십, 시장선도성 등의 가치를 공유하고 있다. 틈새시장 창출이나 해외 등과 같은 새로운 시장으로의 진출을 선도하고 상품 및 서비스를 혁신적으로 만들어 내는 시장혁신자(market innovator)로서의 리더십을 발휘할 뿐만 아니라 오랜 기간 동안 임직원 간 공유되어 왔던 기업문화 또는 기업철학을 제외하고는 인사시스템, 평가 및 보상, 조직구조 등의 측면에서 변화를 두려워하지 않는 행보를 보여 왔다. 이러한 노력은 성장과 함께 시가총액이 기하급수적으로 증가하고 업종이 다각화되는 등 금융그룹의 면모를 갖추게 되었다.

글로벌 모범사례 은행들은 고객유지를 위한 체계적인 마케팅 전략의 실행, 인사관리 선진화, 임직원이 공유할 수 있는 기업문화 유지, 기타 금융기관의 무형자산(intangible asset) 경쟁력 제고에 필요한 모든 조치를 강구하는 등 유연한 비즈니스 모델을 구축하고 있고, 여기에는 일관된 전략을 실행할 수 있는 지배구조의 확립이 작용한다.

즉, 소유구조의 형태보다는 최고경영자의 역량, CEO 승계·발굴과정의 구비, 합리적인 보상체계 및 내부통제체제 구축 등과 같은 지배구조 이슈가 은행의 지속경영을 담보할 수 있다. 앞서 언급한 것처럼 산탄데르 그룹이 보틴 일가 소유로 착각될 정도의 높은 지배력을 발휘하는 것은 경영의 연속성에 바탕을 둔 일관된 경영전략 및 높은 경영성과에 기인한다고 판단된다. 아울러 '혈연'이 아닌 '실력'에 의한 CEO 승계가 이루어지고 있음을 이해관계자들은 인식하고 있다는 점 또한 보틴 일가의 오랜 지배권 행사를 설명할 수 있는 근거가 될 것이다.

아울러 해외의 대표적인 은행들은 해당 국가의 금융산업 규제정책이 변화할 때

이에 적극적으로 대응하여 M&A를 추진하거나 글로벌 금융위기와 같이 금융시장이 불안하고 변동성이 증가할 때 보다 공격적인 행보를 보여 왔다. M&A에 의한 산탄데르의 성장방식은 60년대 규제강화 시기에도 효과를 발휘하였고, 90년대 은행산업 구조조정 시기에는 획기적인 도약(Quantum Jump)을 가능하게 했다.

마지막으로 TD뱅크 그룹의 최대주주는 8.74%의 지분을 소유하고 있는 RBC(Royal Bank of Canada) 산하 펀드이며 몬트리올 은행계 펀드가 5.71%, CIBC가 5.65%를 보유하고 있다. 국내 은행계 금융지주회사들도 그룹 내 자산운용사를 활용하여 세계적 은행의 지분을 점차 확대해 나갈 필요가 있다. 이런 과정을 통하여 해당 금융회사와의 포괄적인 전략적 제휴가 가능한 지분교환까지 고려할 수 있을 것이다. 또는 적어도 인력교류 등이 이루어지면 인적 역량의 업그레이드에도 도움이 될 것으로 판단된다. 은행도 장치산업처럼 돈을 벌던 시대는 지나갔고, 추가적인 수익을 발생시키기 위해서는 제품(product)을 서비스나 해법(solution)으로 전환시켜 제공할 수 있어야 한다.

참고문헌

강임호, 「금융경쟁력과 국가경쟁력」, 하나금융연구소 Weekly Hana Financial Focus, 2013. 11.

고제헌, 「핀테크의 부상: 비전통적 은행의 등장」, HF 이슈리포트 15-7호, 한국주택금융공사, 2015.

금융감독원, 「금융통계정보시스템」, 2008-2014.

금융감독원, 「은행경영통계」, 거시감독국, 2008-2014.

금융감독원, 금융위원회, 「그림자 규제 근절, 이제 그림자 규제 안 하겠습니다」, 2015. 9. 18.

금융감독원, 금융위원회, 「금융규제 개혁 추진방향」, 2015. 6. 15.

금융감독원, 금융위원회, 「금융분야 제재 개혁 추진방향」, 2015. 9. 1.

금융감독원, 금융위원회, 「비조치의견서 활성화 추진」, 2015. 7. 13.

금융감독원, 금융위원회, 「은행의 자율성·책암성 제고방안」, 2015. 8. 13.

금융위원회, 「국민편익 향상과 금융산업 경쟁력 강화를 위한 핀테크 산업 활성화 방안」, 2015. 5. 6. 보도자료

금융위원회, 「핀테크 산업 활성화를 위한 단계별 추진전략과 향후 과제」, 2015. 5. 20. 보도자료.

금융위원회, 「계좌 개설시 실명확인 방식 합리화방안」, 2015. 5. 18. 보도자료.

금융위원회, 「금융회사 지배구조 모범규준」, 2014.

금융위원회, 「IT·금융융합 지원방안: 제1차 IT·금융융합협의회 운영결과」. 2015. 1. 27. 보도자료.

금융위원회·금융감독원, 「IT·금융 융합 및 신 성장동력 창출을 위한 인터넷전문은행 도입방안」, 2015. 6. 18. 보도자료.

김기창, 「전자금융거래 사고의 책임-접근매체 위조, 변조의 의미」, 정보법학, 제17권 제3호, 145-174, 2015.

김남훈, 「핀테크 주요 국내외 현황과 제언」, 서강핀테크정책세미나 발제자료. 2015.

김대업, 「商法上 社外理事制度 改善方案」, 성균관대학교 법학대학원 박사 학위논문, 2012.

김동우, 「영국의 테크시티(Tech City)와 핀테크」, KB지식비타민 15-8호, KB금융지주경영연구소, 2015.

김동원·노형식, 「금융지주회사의 CEO리스크와 지배구조 개선방안」, KIF 금융리포트 2013-5, 금융연구원, 2013.

김우진, 「우리나라 은행산업의 구조평가와 시사점」, 금융연구원, 2015.

김우진, 「국내은행의 경쟁력 제고방안: 해외사례를 중심으로」, KIF연구보고서, 한국금융연구원, 2014.

김우진, 「국내은행의 경쟁력 제고방안: 해외사례를 중심으로」, KIF 연구보고서, 한국금융연구원, 2014.

김우진, 「우리나라 은행산업의 구조평가와 시사점」, KIF 금융리포트, 한국금융연구원, 2015.

김우진·이석호·이시연, 「금융전업가 육성을 위한 정책방향」, 연구용역보고서, 한국금융연구원, 2014.

김우진·이수진, 「글로벌 100대 은행의 성과분석 및 시사점」, KIF VIP 시리즈, 한국금융연구원, 2015.

김우진·이수진, 「글로벌 100대 은행의 성과분석 및 시사점」, KIF VIP 시리즈, 한국금융연구원, 2015.

김재훈·이화령, 「이사회 독립성과 행태에 관한 연구, 임원혁(편), 기업 「지배구조 개선정책의 효과와 향후 과제」, 제1장(pp.13-99), 연구보고서 2014-09, KDI.

남주하·김정렬·이규복, 「금융위기와 한국의 금융제도 개혁」, 율곡출판사, 2012. 5.

매일경제, 「금융당국, 시장에 가격 맡긴다더니 … 」, 2015. 9. 12.

머니투데이, 「규제 풀어 줘도 좌불안석인 금융권」, 2015. 8. 17.

문화일보, 「금융산업, 규제·무사안일 탓에 정체 …. 고부가가치 창출해야」 임종룡 위원장 인터뷰, 2015. 8. 21

박근혜 대통령, 「경제 재도약을 위해 국민 여러분께 드리는 말씀」, 2015. 8. 6.

박수용, 「핀테크의 오해와 진실」, 서강핀테크 정책세미나 발제자료, 2015.

박재석·이홍재, 「핀테크 동향과 금융기관의 대응 방향」, 우정정보, 2014년 겨울호, 75-97.

박창균·연태훈, 「은행의 순이자마진 결정요인에 관한 연구」, 한국금융연구원, 2009.

방송통신위원회, 빅데이터 개인정보보호 가이드라인. 2014. 12. 23. 보도자료.

백 강, 「중소기업의 핀테크(Fintech) 활용방안 및 정책과제」, 중소기업·소상공인 핀테크 활용방안 세미나 자료, 2015.

서보익·이정·박종선, 「핀테크(Fin-Tech) 금융에서 본 핀테크, IT에서 본 핀테크」, 유진투자증권, 2015.

서울경제, 「韓 금융, 아프리카 수준 아니다」, 2015. 8. 12.

서울경제, 「은행, 중기 대출 늘리라더니, 이제와 좀비 기업 구조조정? 불만」, 2015. 9. 9.

서울경제, 「진웅섭, '비 올 때 우산 뺏지 말라」, 2015. 8. 12.

서지용, 「은행수익성과 경기 및 금융시장변화와의 관련성 연구」, 재무와 회계정보저널, 10권, 93-110, 2010.

서지용, 「한국의 로컬은행과 외국계 은행의 이익결정요인 비교 연구」, 산업경제연구, 24권, 2011.

성대규, 「그림자 규제」, 성문기획, 2015.

성종화·전배승, 「한국 인터넷 전문은행 Zero Sum? or Plus-Sum?」, 이베트스투자증권, 2015.

세계일보, 「금융사고 막자」, 2015. 7. 21.

송치훈, 「수수료 수익 확대로 초저금리를 돌파한 웰즈파고」, 주간 금융경제동향 제5권 20호, 우리 금융경영연구소, 2015.

이경태, 「싱가포르의 금융허브성공과 한국의 실패」, 국가미래연구원, 블로그, 2015. 5. 14.

이데일리, 「임종룡, 시중은행장 만나 '비 올 때 우산 뺏지 말라'」, 2015. 6. 22.

이석근, 「글로벌 핀테크 모델과 전략적 시사점」, 서강핀테크정책세미나 발제자료, 2015.

이성복, 「핀테크 혁신이 금융산업에 미칠 영향」, 금융리스크리뷰, 2015년 봄호, 55-101.

이수진, 「해외사례를 통해 살펴본 은행의 경영전략」, mimeo, 한국금융연구원, 2013.

이영수·정용관, 「은행의 자산 및 자본조달구조가 수익성에 미치는 효과 분석」, 금융안정연구 (한국예금보험공사), 3(2), 57-82, 2002.

이재우, 「군만두 '서비스'와 우리나라 금융 서비스」, 국가미래연구원, 블로그, 2015. 4. 12.

이재화·곽병진·박광우·박래수, 「겸업화와 은행의 경영성과: 66개 상업은행자료를 이용한 실증연구」, 증권학회지, 제38권 제1호, 53-75. 2009.

이준호, 「주요국 전자금융사고 책임소재 관련 법규 분석 및 시사점」, 금융보안리포트, Vol. 2013-001, 금융보안연구원, 2013.

이화령, 「이사회 독립성과 최고경영자 교체에 관한 연구」.

임마누엘 페스트라이쉬, 「한국인만 모르는 다른 대한민국」, 21세기북스, 2013. 8.

임원혁(편), 「기업지배구조 개선정책의 효과와 향후 과제」, 제2장(pp. 100-157), 연구보고서 2014-09, KDI.

정유신, 「핀테크 성장과 기회, 서강핀테크 정책세미나 발제자료, 2015.

징지민, 「우리니리 銀行의 收益性 決定要因과 政策代案 」, 금융연구 15권, 2001.

정형권·강종구, 「은행 대형화 및 시장집중도 상승이 은행 효율성에 미친 영향」, 한국은행, 2006.

조병택·신동진, 「은행위기 전후의 5개 대형은행의 효율성 분석: DEA기법을 적용하여」, 한국금융학회, 2004.

조선일보, 「'채무면제 서비스' 카드사들 배만 불렸다」, 2015. 9. 1.

조선일보, 「내 돈, 이렇게 굴릴 겁니까」, 2014. 8. 24.

조성제·박순식, 「은행의 이익구조와 이익예측모형에 관한 연구」,기업경영연구, 20권, 161-178, 2013.

조윤정, 「ICT업계의 금융업 진출에 따른 시장영향 분석, 산업이슈」, KDB산업은행, 50-68, 2014.

최덕천, 「은행의 소유·지배구조에 따른 은행경영의 효율성 분석」,아태경제학회 학술발표논문집, 1998.

하영구, 「'절절포' 금융개혁에 거는 기대」, 중앙일보, 2015. 8. 21.

한국은행, 「한국은행 경제통계시스템」, 2008-2014.

한국인터넷진흥원, 「이슈분석: 핀테크 국내외 산업 동향과 전망」, 과학기술&ICT 정책·기술 동향, 2015.

한국일보, 「보험업계 눈치 보랴, 규제 따르랴, 복합점포 개점 휴업」, 2015. 9. 15.

현석원, 「국내 금융산업 경쟁력 분석」, 사회과학연구, 15(1), 31−44, 2008.

홍정효·고보현, 「은행의 수익성 결정요인에 관한 실증적 연구」, 산업경제연구, 제23권 제2호, 889−906, 2010.

Abreu, M., and V. Mendes, "Commercial bank interest margins and profitability: evidence from some EU countries", In: Paper presented at the Proceedings of the Pan−European Conference Jointly Organised by the IEFS−UK & University of Macedonia Economic & Social Sciences, Thessaloniki, Greece, (2001) May 17−20.

Alchian, A., "Uncertainty, Evolution, and Economic Theory", Journal of Political Economy 58, (1950) 211−221.

Angbazo, L., "Commercial bank net interest margins, default risk, interest−rate risk, and off−balance sheet banking", Journal of Banking and Finance, 21 (1997), 55−87.

Annual Reports and Proxy Statements, TD Canada Trust, US Bancorp, Standard Chartered, Wells Fargo, Santander.

Asli Demirguc−Kunt and Vojislav Maksimovic, "Law, Finance and Firm Growth", Journal of Finance 53 (1998): 2107−2137.

Athanasoglou, P. P., S. N. Brissimiss, and M.D. Delis, "Bank−specific, Industry−specific and Macro−economic Determinants of Bank Profitability", International Financial Markets Institutions and Money, 18 (2008), 121−136.

Bank of England, "Fair and Effect Markets review", June 2015.

Bank of England, Foreign Exchange Market Investigation, A Report by Lord Grabiner QC

Banking Standard Review, "Consultation Paper", February 2014.

Barclays PLC/"Barclays' response to the Salz Review", April 2013.

Barclays PLC/"Salz Review", April 2013.

Ben, N. S., "The determinants of the Tunisian banking industry profitability: panel evidence", In: Paper presented at the Proceedings of the Economic Research Forum (ERF) 10th Annual Conference, Marrakesh-Morocco, (2003) December 16−18.

Berger, A. N, "The Profit−Structure Relationship in Banking Tests of Market Power and Efficient Structure Hypothesis", Journal of Money, Credit and Banking (1995), 27, 404−431.

Berger, A. N., "The relationship between capital and earnings in banking", Journal of Money Credit Bank (1995), 27, 432−456.

Bourke, P., "Concentration and other determinants of bank profitability in Europe, North America and Australia", Journal of Banking and Finance, 13 (1989), 65−79.

Charkham, J., "Keeping Good Company: A Study of Corporate Governance in Five Countries", Oxford: Clarendon Press(1994).

Coase, R., "The Nature of the Firm", Economica 4, 386－405 (1937).

Coase, R., "The Problem of Social Cost", Journal of law and Economics 3 (1960), 1－44.

Demirguc－Kunt, A. and H. Huizinga, "Bank Activity and Funding Strategies－The Impact on Risk and Returns", Policy Research Working Paper, 4837 (2009) (World Bank).

Demirguc－Kunt, A. and H. Huizinga, "Determinants of commercial bank interest margins and profit－ability: some international evidence", The World Bank Economic Review, 13 (1999), 379－408.

Easterbrook F. and D. Fischel, "The Economic Structure of Corporate Law", Cambridge, MA: Harvard University Press(1991).

ECB, Ethics in Finance: a banking supervisory perspective, Sep. 2014.

Fama, E. and M. Jensen, "Agency Problems and Residual Claims", Journal of Law and Economics 26 (1983b), 327－349.

Fama, E., and M. Jensen, "Separation of Ownership and Control", Journal of Law and Economics 26 (1983a): 301－25.

FT, "UK banks rule reformers call end to age of big stick", June 11, 2015.

FT, "UK banks rule reformers call end to age of big stick", Fair and Effective Markets Review, June 2015, The Bank of England.

FT, "Regulation alone will not restore faith in markets", May 26, 2015.

FT, "Tom Hayes says he was not alarmed by warnings over Libor fixings", July 16, 2015.

Grossman, S. and O. Hart (1986), "The Costs and Benefits of Ownership: A Theory of Vertical and Lateral Integration", Journal of Political Economy 94, 691－719.

Group of Thirty, "Banking Conduct and Culture", July 2015.

Guru, B. K., J. Staunton, B. Balashanmugam, "Determinants of commercial bank profitability in Malaysia", In: Paper presented at the Proceedings of the 12th Annual Australian Finance and Banking Conference, Sydney, Australia, (1999) December 16－17.

Hart, O. and J. Moore, "Property Rights and the Nature of the Firm", Journal of Political Economy 98 (1990), 1119－1158.

Heffernan, S, A. and X,Fu, "Determinants of Financial Performance in Chinese Banking", Applied Financial Economics, 20 (2010), 1585－1600.

Ho, T. S. Y. and A. Saunders, "The Determinants of Bank Interest Margins: Theory and Empirical Evidence", Journal of Financial and Quantitative Analysis, 16 (1981), 581－600.

Hongyi Li., "Explaining International and Intertemporal Variations in Income Inequality", Economic

Journal 108 (2001): 26-43.

IMD, "World Competitiveness Yearbook", IMD World Competitiveness Center, 2008－2014

IMF, "Rethinking Financial Deepening: Stability and Growth", 2015.

Jensen, M., "Eclipse of the Public Corporation", Harvard Business Review 67 (1989), 60－70.

Jensen, M., "The Modern Industrial Revolution, Exit, and the Failure of Internal Control Systems", Journal of Finance, 48(3) (1993): 831－80.

Jensen, M. and W. Meckling, "Theory of the Firm: ManagerialBehavior, Agency Costs, and Ownership Structure", Journal of Financial Economics 3 (1976), 305－360.

KMPG, "Unlocking the potentia : The Fintech opportunity for Sydney", (2013).

Kosmidou, K., S. Tanna, F. Pasiouras, "Determinants of profitability of UK domestic banks: panel evidence from the period 1995-2002", In: Proceedings of the 37th Annual Conference of the Money Macro and Finance (MMF) Research Group, (2005) Rethymno, Greece, September 1－3.

KPMG, "The 50 Best Fintech Innovators Report", (2014).

Laffont, J－J. and D. Martmort, "The Theory of Incentives", Princeton and Oxford: Princeton University Press (2002).

Liu, H. and J.O.S. Wilson, "The Profitability of Banks in Japan", Applied Financial Economics, 20, (2010), 1851－1866.

Mamatzakis, E. C. and P. C. Remoundos, "Determinants of Greek commercial banks profitability", 1989－2000 Spoudai,(2003), 53(1), 84－94.

Margaret Reid, "All－Change in the City", The Macmillan Press, 1988.

Mark Carney, "Building real markets for the good of people", June 10, 2015.

Maudos, J. and J. F. de Guevara, "Factors Explaining the Interest Margin in the Banking Sectors of the European Union", Journal of Banking and Finance, 28 (2004), 2259－2281.

METIA, Fintech Marketing Report, 2014.

Molyneux, P. and J. Thorton, "Determinants of European bank profitability: a note", Journal of Banking and Finance, 16(6), (1992), 1173－1178.

Nichols Shaxson, "Treasure Islands", 2012, Vintage.

Parliamentary Commission "Changing banking for good", 2013.

Pasiouras, F., and K. Kosmidou, "Factors influencing the profitability of domestic and foreign com－mercial banks in the European Union", Research in International Businessand Finance, 21 (2007), 222－237.

Patrick Honohan, "Financial Development, Growth and Poverty: How Close Are the Links?", World Bank Policy Working Paper 3203, (2004).

Pyle, D. H ."Descriptive Theories of Financial Institutions Under Uncertainty", Journal of Financial and Quantitative Analysis, 7 (1972), 2009－2029.

Raghuram Rajan and Luigi Zingales, "Financial Dependence and Growth", American Economic Review 88 (1998): 559－586.

Robert King and Ross Levine, "Finance and Growth: Schumpeter Might Be Right", Quarterly Journal of Economics 108 (1993): 717-737.

Roe, M.J., "Strong Managers, Weak Owners: The Political Roots of American Corporate Finance", Princeton, N.J.: Princeton University Press. (1994).

Romano, R., "The Genius of American Corporate Law", Washington,D.C.: American Enterprise Institute Press, (1993).

Ross Levine and Sara Zervos, "Stock Markets, Banks, and Economic Growth", American Economic Review, 88 (1998): 537－558.

Ross Levine et al., "Financial Intermediation and Growth: Causality and Causes", Journal of Monetary Economics, 46 (2000): 31－77.

Ross Levine, "Finance and Growth: Theory and Evidence," in Handbook of Economic Growth, eds. Philippe Aghion and Steven Durlauf, (Amsterdam: Elsevier Science, 2005), 865－934.

Shleifer, A. and R. Vishny, "A Survey of Corporate Governance", Journal of Finance 52, no. 2 (1997): 737－84.

Short, B. K., "The relation between commercial bank profit rates and banking concentration in Canada", Western Europe and Japan. J.Bank. (1979) Finance 3, 209－21.

Staikouras, C. H., G. Wood, "The determinants of bank profitability in Europe", In: Paper presented at the Proceedings of the European Applied Business Research Conference, Venice, Italy, (2003), June 9－13.

Stigler, G., "The Economics of Scale", Journal of Law and Economics 1, 54－71 (1958).

The Economist의 Intelligence Unit, "The crisis of Culture", 2013.

The Telegraph. "George Osborne: we will not backtrack on ring fence rules", July 22 2015.

The City UK, "Key Facts about the UK as an International Financial Centre report", 2015.

The City UK, "Key Facts about UK Financial and related Professional Services", March, 2015.

Thorsten Beck et al., "Finance and the Sources of Growth", Journal of Financial Economics, 58 (2000): 261-300.

Thorsten Beck et al., "Finance and the Sources of Growth", Journal of Financial Economics, 58 (2000).

Tracy McDermott, "Learning the lessons of the pastas an industry", FCA, 2014. 2.12.

Vector Strategy Group, 2010.

Walsh, Mike and David Marcus, Modern Spice Routes, Paypal, (2013).

WEF, “The Global Competitiveness Report”, 2014－2015.

WEF, “The Global Competitiveness Report”, 2015－2016.

WEF, “The Global Competitiveness Report”, World Economic Forum, 2008－2014.

William Easterly and Ross Levine, “It's Not Factor Accumulation: Stylized Facts and Growth Models”, World Bank Economic Review 15 (2001): 177－219.

Williams, B., “Factors Determining Net Interest Margins in Australia: Domestic and Foreign Banks”, Financial Markets, Institutions and Instruments, 16 (2007), 145－165.

Zyen－QFC, “Global Financial Centres Index 18”, September 2015.

日本銀行, “銀行の競争力について”, 「日本銀行月報」, 1992.

http://www.santander.com/

http://www.sc.com/

http://www.tdcanadatrust.com/

http://www.usbank.com/

http://www.wellsfargo.com/

찾아보기

지은이에 대하여

남 주 하

전공 분야: 금융경제학, 거시경제학, 금융제도

주요 학력 및 경력

서강대학교 경제학과(학사, 1979~1983), Duke 대학교(경제학 박사, 1986. 9~1990. 12), 한국외환은행(1983. 2~1985. 1), 한국경제연구원 연구위원(거시경제연구실장 및 연구조정실장 역임, 1991. 1~2000. 2), 대통령직속 금융개혁위원회 전문위원(1997. 2~1998.1), 서강대학교 경제대학원 부원장(2007. 3~2009. 2), 한국금융학회 부회장(2010.7~2011.6), 정부산하기관 경영평가단위원(기획예산처, 2005. 3 ~2005. 6), 한국은행법 개정 TF 위원(국민경제자문회의, 2009.6~2009. 9), 금융발전심의회 위원(금융위원회, 2010. 4~2010. 12)

현 서강대학교 경제학부 교수(2000. 3 ~ 현재)
서강대학교 시장경제연구소장(2015. 3 ~ 현재)

주요 연구논문 및 저서

"Bubbles and Weibull distribution: was there an explosive bubble in US stock prices before the global economic crisis?", Applied Economics, Vol. 47, No. 3, 2015. 1, pp. 255~271.(coauthored with Kyhyang Yuhn and Sang Bong Kim)

"What Happened to Pacific Emerging Markets After the 1997 Financial Crisis?", Applied Financial Economics, Vol. 18 Issue 8, 2008.06. (coauthored with Kyhyang Yuhn and Sang Bong Kim)

"Bankruptcy prediction: evidence from korean listed companies bankrupt during IMF crisis", Journal of International Financial Management and Accounting, Vol. 11. Num. 3, Autumn 2000, p. 178－197.(coauthored with Taehong Jinn)

"생애주기가설과 개별가구의 나이－부의 프로파일 추정", 「국제경제연구」 제12권 제3호 2006.12., pp. 145－1 78.(3인 공저)

"소비행태와 개인파산", 「금융연구」, Vol. 23, No. 4, 2009. 12 (2인공저)

『금융위기와 한국의 금융제도 개혁』, 김정렬, 이규복 공저, 율곡출판사, 2012. 5.(대한민국 학술원 우수도서, 2013)

『2005 전국 도소매·서비스업 소상공인 경제지도』, 효일출판사, 2007. 12

김 동 원

전공분야: 화폐금융

주요 학력 및 경력

고려대학교 경제학과 학사, 석사, 박사, 수원대학교 경제학과 교수(1984. 2~2000. 4), 매일경제 논설위원(2000. 1~2004. 11), 국민은행 부행장(2004. 1~2007. 12), 금융감독원 부원장보(2008. 6~2009. 11), 연세대학교 경영대학 객원교수(2010. 3~2012. 2)

현 고려대학교 경제학과 초빙교수(2012. 3 ~ 현재)
금융감독원 옴부즈맨(Ombudsman)(2014. 6 ~ 현재)

주요 연구논문 및 저서

"The Principal Transactions Bank System in Korea", Sang Woo Nam and Dong Won Kim, In The Japanese Main Bank System, edited by Masahiko Aoki and Hugh Patrick, Oxford University Press, 1994.

"Korea: Development and Structural Change of the Banking System", Yung Chul Park and Dong Won Kim, In Financial Development of Japan, Korea, and Taiwan, edited by Hugh T. Patrick and Yung Chul Park, Oxford University Press, 1994.

"經濟危機의 原因과 金融構造 分析", 韓國經濟學會, 「經濟學硏究」, 제46권 제4호, 1998. 12.

"금융지주회사의 CEO 리스크와 지배구조 개선방안", 김동원·노형식, KIF 금융리포트 2013－05. 한국금융연구원.
『미완의 개혁』, 박영철, 박경서 공저, 2005. 5.
『화폐금융과 경제활동』, 김기화 공저, 2003. 1.

조 장 옥

전공분야: 거시경제학, 금융경제학, 노동경제학

주요 학력 및 경력

서강대학교 경제학과 (학사, 1982. 2, 석사, 1984. 2), University of Rochester(경제학 석사, 1988, 9, 경제학 박사, 1990. 5), 서강대학교 경제연구소장(1997. 3~1998. 2), 서강대학교 국제문화교육원장(2005. 2~2008. 1), 한국계량경제학회 회장(2008. 3~2009. 2), 한국금융학회 회장(2010. 7~2011. 6)
현 서강대학교 교수(1994년 4월 ~ 현재)
한국경제학회 (수석)부회장(차기 회장)(2015. 3 ~ 현재)

주요 연구논문 및 저서

"Welfare Cost of Business Cycle", Review of Economic Dynamics 18, 185－200. (T. F. Cooley, H. Eric Kim과 공저)
"Weekly Hours, Weeks Worked and Intertemporal Substitution", journal of Monetary Economics 41, 185－199, 1998. (with L. Phaneuf and P. Merrigan)
"Welfare Costs of Nominal Wage Contracting", Review of Economic Studies 64, 465－484, 1997. (with T. F. Cooley and L. Phaneuf)
"Ex Post Heterogeneity and the Business Cycle", Journal of Economic Dynamics and Control 19, 533－551, 1995.
"The Business Cycle with Nominal Wage Contracts", Economic Theory 6, 13－33, 1995. (with T.F. Cooley)

박 정 수

전공분야: 거시경제학, 국제경제학, 금융기관

주요 학력 및 경력

서울대학교 경제학과(학사, 1988. 2, 석사, 1990. 2), Stanford University(경제학 박사, 1999. 4), 정부업무평가 민간전문위원(총리실, 2012. 5~2012. 12), 서강대학교 경제대학원 부원장(2013. 1~2015. 1), 중장기 조세정책심의원회 위원(기재부, 2014. 4~2014. 8), 한국응용경제학회 회장(2014. 4~2015. 3)
현 서강대학교 경제학부 교수(2005. 9 ~ 현재)
대통령 직속 국민경제자문회의 위원(2015. 2 ~ 현재)

주요 연구논문 및 저서

"Bank creditor structure and bank risk during liquidity crises: A survey with policy implications"(with Hyun－Han Shin and Jeong Ho Suh) International Finance Review 14, December 2013, 433~447
"은행의 대출확대가 은행수익성과 위험성에 미치는 영향: Bankscope 자료를 중심으로",(서정호, 박보경 공저) 국제경제연구 19(1), 2013년 3월, 51~73
"우리나라 은행산업의 구조적 변화가 은행 생산성에 미치는 영향 분석",(조은영, 김선옥 공저) 응용경제 13(1), 2011년 6월, 55~82
"글로벌 금융위기와 은행산업의 경영전략: 평가와 시사점",(서정호, 함준호 공저) 한국경제연구 28 (4), 2010년 12월, 251－307
"유동성위기상황에서 수신고객구조가 은행위험에 미치는 영향",(서정호, 신현한 공저) 금융연구 24(1), 2010년 3월, 99－129

은행산업 발전을 위한 금융개혁 방향

2015년 12월 25일 초 판 인쇄
2015년 12월 30일 초 판 발행

共著者 남주하·김동원·조장옥·박정수
發行人 林 勸 圭
發行處 弘 文 社

121-856 서울시 마포구 토정로 222
登錄 1993. 6. 24 第 1-1543 號
TEL : (02) 712-5311(代) FAX : (02) 716-5311
http://www.hongmoonsa.co.kr

값 33,000원

ISBN 978-89-7770-371-1 93320